창업론

Theory &
PRACTICE OF ENTREPRENEURSHIP

박한수

도서출판 청람

■ 머리말 ■

현대의 많은 사람들은 여러 가지 이유로 창업을 희망하고 있다. 대학 졸업자들의 극심한 취업난, 경기침체로 인한 직장인들의 근무여건 악화, 정리해고, 명예퇴직 등이 그 이유일 것이다. 그러나 많은 사람이 희망하는 창업이 쉽고 성공만을 보장하지 않는 것이 현실이다. 창업성공을 기대하고 창업을 시작한 사람들이 왜 폐업을 하는 것일까? 이는 창업의 성공확률이 30% 이하라고 할 만큼 성공하기가 매우 힘들다는 것을 의미한다. 저자는 손쉬운 창업, 무계획적인 창업, 준비되지 않은 창업, 도피창업 등이 창업실패를 경험하게 되는 것이라고 판단한다. 창업실패의 경우 경제적인 손실뿐만 아니라 가정파탄으로까지 이어지는 상황에 내몰리는 형편이다.

본서를 통하여 창업마인드를 개발하고, 창업과 관련된 여러 가지 이론을 소개하여 창업을 희망하는 많은 사람들에게 조금이나마 성공적인 창업에 보탬이 되기를 희망한다.

본서는 크게 제1부 창업의 기초, 제2부 창업의 요소 그리고 제3부 창업의 관리로 구분하여 서술하였다. 제1부에서는 제1장 창업의 개념과 제2장 창업의 절차에 대해 서술하였다. 제2부는 제3장에서 제6장으로 구성되어 있다. 제3장 창업자에서는 성공적인 창업을 위해서 가져야 할 창업자의 자질과 정신자세에 대해 서술하였고, 제4장 창업아이템에서는 무엇을 가지고 창업을 할 것인가에 대해 살펴보았다. 제5장에서는 창업의 성공과 실패를 결정지을 수도 있는 사업장(점포)에 대해 서술하였고, 제6장 창업자금에서는 창업을 할 경우 창업자금 조달과 운용에 관해서 서술하였다. 마지막으로 제3부는 제7장에서 14장으로 구성되어 있다. 제7장 사업타당성분석과 사업계획서에서는 창업을 실행하였을 경우 객관적으로 그 사업이 성공적으로 이루어질 것인가를 판단하고 분석해보는 사업타당성분석과 완벽한 창업을 위한 사업계획서 작성에 대해 서술하였다. 제8장에서는 창업기업을 유지하면서 지속적으로 관리해야 하는 손익관리에 대해 서술하였고, 제9장 고객관계관리에서는 자신의 사업체에 방문하는 고객과의 관계를 어떻게 유지 · 개선할 것인가에 대해 서술하였다. 제10장 가격관리에서는 취급제품의 가격을 어떻게 관리해야 하는가에 대해 서술하였고, 제11장 사업장(점포)관리에서는 점포의 크기, 진열, 조명, 색상 등에 대해 서술하였다. 제12장 고객응대관리에서는 점포 방문고객을 어떻게 응대하여 매출액 향상에 기여할 것인가를 서술하였고, 제13장에서는 판매관리에 대해서 서술하였다. 마지막으로 제14장에서는 사업장등록 및 세무관리에 관해 서술하였다.

창업은 성공하기 매우 힘들다고 한다. 이 한 권의 책으로 창업성공을 보장해주지는 못한다. 본서는 창업을 희망하는 일반인과 대학의 창업관련 교과목의 교재로 사용하기 위해 저술하였다. 또한 창업을 희망하는 사람들에게 창업에 대해 체계적으로 이해할 수 있도록 꾸민 입문서 또는 지침서로 활용되기를 바란다. 창업에 관한 이론적인 내용을 위주로 서술하였고 창업관련 사례를 첨부하였다. 앞으로도 새로운 사례를 수집 · 보충해 나갈 것이고 사회적 환경변화에 따라 수정되어야 할 부분도 계속적으로 보완해 나갈 것이다.

부족한 본서가 출판되는 데 수고하여 주신 도서출판 청람 이수영 대표님을 비롯한 직원 여러분 그리고 편집에 수고하신 관계자 여러분에게 진심으로 감사를 표한다. 끝으로 아내, 소라, 사위 철수, 재헌에게 항상 고마움과 사랑을 전한다.

2018년 6월 상문골 연구실에서 저자

■ 차례 ■

Part 01 | 창업의 기초

Chapter 01 | 창업의 개념

Chapter 02 | 창업의 절차

Part 03 | 창업의 관리

Chapter 07 | 사업타당성분석과 사업계획서

Chapter 08 | 손익관리

Chapter 09 | 고객관계관리

Chapter 10 | 가격관리

PART 01

창업의 기초

Theory & Practice of Entrepreneurship

Chapter 01

창업의 개념

제1절 | 창업의 개념

제2절 | 창업의 종류

제3절 | 창업기업의 기능

제4절 | 창업의 요소

제5절 | 창업의 성공요건

제1절 | 창업의 개념

1. 창업의 개념, 범위 및 중요성

1) 창업의 개념

창업이란 "개인 혹은 법인이 이윤 혹은 자기만족을 추구하기 위한 목적으로 적성, 특성, 자신만의 개성을 담을 수 있는 전문적인 기술, 자금, 영업 및 경영능력 등을 동원하여 수익을 창출하는 기업을 새로이 설립하는 것"이라고 할 수 있다.

「중소기업 창업지원법」에서는 창업은 다음 각 호의 어느 하나에 해당하지 아니하는 것으로서 중소기업을 새로 설립하여 사업을 개시하는 것으로 정의하였다. 즉, 「중소기업 창업지원법」에 의해 창업으로 인정받지 못하면 창업지원을 받을 수 없다는 것이다.

① 타인으로부터 사업을 승계하여 승계 전의 사업과 같은 종류의 사업을 계속하는 경우. 다만, 사업의 일부를 분리하여 해당 기업의 임직원이나 그 외의 자가 사업을 개시하는 경우로서 「중소벤처기업부령」으로 정하는 요건에 해당하는 경우는 제외한다.

② 개인사업자인 중소기업자가 법인으로 전환하거나 법인의 조직변경 등 기업형태를 변경하여 변경 전의 사업과 같은 종류의 사업을 계속하는 경우

③ 폐업 후 사업을 개시하여 폐업 전의 사업과 같은 종류의 사업을 계속하는 경우

2) 중소기업 창업지원 대상 업종

① 「중소기업 창업지원법령」(법 제3조, 시행령 제4조)은 아래와 같은 일부 업종을 제외하고 모든 업종을 창업지원 대상으로 하고 있다.

㉠ 금융 및 보험업으로서 정보통신기술을 활용하여 금융서비스를 제공하는 업종을 그 주된 업종(「중소기업기본법 시행령」 제4조에 따른 주된 업종

을 말한다. 이하 이 항에서 같다)으로 할 것

㉡ 그 외 기타 여신금융업을 주된 업종으로 하지 아니할 것

② 「중소기업 창업지원법」 제3조 제3호에서 "대통령령으로 정하는 업종"이란 다음 각 호의 어느 하나에 해당하는 업종을 말한다. 이 경우 업종의 분류는 한국표준산업분류를 기준으로 한다.

㉠ 숙박 및 음식점업(호텔업, 휴양콘도 운영업, 기타 관광숙박시설 운영업 및 상시근로자 20명 이상의 법인인 음식점업은 제외한다)

㉡ 무도장 운영업

㉢ 골프장 및 스키장 운영업

㉣ 기타 갬블링 및 베팅업

㉤ 기타 개인 서비스업(그외 기타 개인 서비스업은 제외한다)

㉥ 그 밖에 제조업이 아닌 업종으로 중소벤처기업부령으로 정하는 업종

3) 창업의 중요성

창업은 개인적 · 사회적 그리고 국가적으로 다음과 같은 중요성을 가진다.[01]

(1) 부(wealth)의 창출

창업이 창출하는 부는 개인적으로 삶을 유지하기 위해서 소중할 뿐만 아니라 사회적으로도 매우 유용하다. 왜냐하면 창업은 개인의 부의 크기를 증가시켜 결국에는 사회 전체의 부의 크기를 증가시킬 수 있기 때문이다. 결국 창업은 좀 더 많은 사람들이 물질적인 풍요로움의 혜택을 받도록 할 수 있는 중요한 활동이다.

(2) 일자리의 창출

창업은 개인에게는 생활의 수단이며, 국가적으로는 경제활동인구의 증가로 실업문제의 가장 근본적인 해결방안이다.

(3) 자원의 활용

천연자원이 아무리 풍부하다 하더라도 자원만으로 부를 창출하는 활동이 이루어지지 못할 것이므로 창업은 자원을 활용하여 부가가치를 생산하게 된다.

(4) 생활공간의 창조

현대사회에서 직장이란 생계에 필요한 물질을 얻기 위한 활동뿐만이 아닌 삶 그 자체의 매우 중요한 일부분이므로 창업은 창업자 본인과 종업원에게 중요한 삶의 공간을 창출하는 행위이다.

(5) 외화획득

우리나라와 같이 무역이 국가경제에서 차지하는 비중이 매우 큰 나라에서는 창업을 통한 외화획득이 국가경제에 많은 영향을 미친다.

(6) 과학기술발달의 촉진

창업은 때로는 새로운 제품 혹은 서비스를 생산하기 위해 새로운 기술의 활용이 필요하므로 결과적으로는 과학과 기술의 발달을 촉진하게 된다.

(7) 환경에 대한 영향

창업을 통한 생산활동의 수행과정에서 발생되는 폐기물은 자연환경에 영향을 미친다.

제2절 | 창업의 종류

창업은 업종에 따라 제조업 창업, 도 · 소매업 창업 그리고 서비스업 창업으로 구분할 수 있고, 사업을 분류할 수 있는 기준으로는 새로운 정도, 경영의 독립성, 소유자의 수 등이 있는데 그 특징을 살펴보면 다음과 같다.

1. 업종에 따른 분류

창업을 업종에 따라 분류하면 제조업 창업, 도 · 소매업 창업, 서비스업 창업으로 나눌 수 있다.

1) 제조업 창업

원료를 투입하여 새로운 제품을 만드는 사업을 창업하는 것이다.

2) 도 · 소매업 창업

유통업 창업이라고도 하는데 주로 제품의 판매와 관련된 도 · 소매점을 창업하는 것이다.

3) 서비스업 창업

서비스업은 유통업을 비롯하여 표준산업분류표에서 나타나듯이 수리 · 수선업, 숙박업, 음식점업, 창고업, 통신업, 금융 · 보험업, 부동산업, 임대업, 교육서비스업, 보건업, 사업서비스업, 개인서비스업에 이르기까지 그 영역이 광범위하고 다양하다.

2. 독립사업과 프랜차이즈 가맹사업

1) 독립사업

개별점포마다 독자적인 상호를 가지고 원자재를 구입하며, 소비자에게 제공하는 제품과 서비스의 종류에 있어서 독립적인 의사결정을 하는 사업이다. 예를 들면, 음식점의 경우 이들은 각자의 점포마다 독자적인 상호를 사용하고 원자재 구입에서부터 제공되는 음식, 서비스 등에 이르기까지 경영활동과 관련된 모든 사항에 대해서 독자적인 의사결정을 통해 이행한다. 이와 같은 경우를 독립사업이라고 말한다.

2) 프랜차이즈 가맹사업

프랜차이즈(franchise)는 계약에 의하여 본사(franchiser)가 가맹점에게 특정의 사업활동을 행하는 권리와 노하우(know-how)를 제공하며, 가맹점은 가맹비와 로열티를 지급하고 거래관계를 성립시키는 사업이다.

예를 들어, 맥도날드 햄버거점의 경우 햄버거의 종류, 크기, 가격, 서비스방법, 할인행사 등에 있어서 프랜차이즈 본사의 지시를 따라야 한다.

3. 혁신 창업과 모방 창업

1) 혁신 창업

기존의 사업과 기술, 경영기법, 제품 등에 있어서 크게 다른 형태의 창업을 혁신 창업이라고 한다.

2) 모방 창업

소매점, 서비스사업체, 음식점의 기술, 경영기법, 제품 등에 있어서 기존의 사업체와 크게 다르지 않은 형태의 창업을 말한다.

4. 개인중심 창업과 팀중심 창업

1) 개인중심 창업

개인이 제품, 자금조달, 경영기법 등의 창업과 관련된 모든 것을 주도하는 경우의 창업을 개인중심 창업이라고 하는데, 책임과 권한의 소재가 분명하고 의사결정이 신속하다는 장점이 있다. 그러나 자본과 경영기술 등을 개인에게 의존하는 한계점이 존재한다.

2) 팀중심 창업

두 명 이상이 공동으로 창업을 주도하는 경우의 창업을 팀중심 창업이라고 하는데 통상적으로 '동업'이라는 표현을 한다. 팀중심 창업은 업무추진 및 의사결정상의 신중함과 전문화 등의 장점이 있다. 그러나 구성원들 간에 견해차가 발생했을 때에는 의사결정이 늦고 책임과 권한의 소재가 애매하게 된다는 단점이 있다.

5. 무점포 창업과 점포중심형 창업

1) 무점포 창업

점포 또는 공장이 거의 없거나 거주지의 공간을 이용한 창업을 말한다. 즉, 격식을 갖춘 공간이 없는 형태의 창업인데 창업자금조달이 어려운 처지에 있는 창업자들이 특별한 관심을 가지고 고려할 만한 가치가 있는 창업형태이다.

2) 점포중심형 창업

무점포 창업과는 반대로 점포 또는 공장의 격식을 갖춘, 즉 공간이 있는 형태의 창업을 말한다.

6. 기업합병 · 매수 창업

기업합병 · 매수(M&A : Mergers & Acquisitions) 창업은 기존의 사업장을 시설물 및 권리금을 지불하고 인수하여 새롭게 운영하는 창업형태이다. 이 창업형태는 일반기업 간에 이루어진 인수, 합병과 다소의 차이는 있으나 기본적인 성격은 비슷하다고 할 수 있다. 기업합병 · 매수 창업은 ① 수익이 즉시 발생하고, ② 사업이 안정단계에 이르는 기간이 단축되며, ③ 신규사업에 소요되는 자금과 시간을 줄일 수 있고, ④ 기존의 생산, 판매, 조직 등 시설 이용이 가능하다는 장점이 있다. 반면에 ① 구식건물이나 설비개량을 위한 추가비용 발생으로 인해 초기투자가 직접 창업하는 경우보다 많이 소요될 가능성이 크고, ② 이전 사업자의 나쁜 평판이 지속될 가능성이 크며, ③ 변화나 혁신에 대한 대응이 곤란하다는 등의 단점이 있다.

7. 동기 및 배경에 따른 창업

도표 1-1 | 동기 및 배경에 따른 창업[02]

구분	유형	내용
동기중심의 창업	생계형	가족의 생계 및 생활보장을 위한 창업
	부업형	소득증대 및 여유생활을 위한 창업
	탈출형	미취업, 실업을 벗어나기 위한 도피창업
	기회형	상속 또는 세입자 미입주로 인한 창업
	동업형	주변 요청에 의한 도움을 위한 창업
	전환형	사업부진에 따른 업종의 전환 창업
배경중심의 창업	아이디어형	아이디어를 구체화하기 위한 창업
	기술형	기술을 기반으로 한 창업
	경력형	경력을 기반으로 한 창업
	취미형	취미 또는 동호회를 발전시킨 창업

8. 투자와 운영에 따른 창업

1) 위탁경영 창업

위탁경영 창업은 창업자는 투자만 하고 운영은 프랜차이즈 본사가 맡는 창업형태이다. 이러한 창업은 본사가 파견한 전문경영인이 운영하기 때문에 성공확률이 상대적으로 높다. 위탁경영창업의 경우, 프랜차이즈 본사에서 직영매니저를 양성하고 있는지, POS(Point Of Sale)시스템 등 본사시스템을 제대로 갖추고 있는지를 꼼꼼히 체크해야 한다.

2) 공동 창업

공동 창업은 여러 사람이 공동으로 투자를 하고 프랜차이즈 본사 또는 투자자 한 명이 운영을 책임지는 창업을 말한다. 공동 창업은 창업자들이 자금을 합쳐 중심상권에 대형 점포로 진출할 수 있다는 장점이 있다. 공동 창업은 가급적 매출규모가 큰 아이템을 선정하고, 공동투자자의 권리와 의무, 역할분담 등에 관해 계약서에 명확하게 기록하는 것이 중요하다.

9. 연령에 따른 창업

연령에 따른 창업을 박주관(1996)은 다음과 같이 구분하고 있다.[03]

1) 20대의 창업유형

20대의 창업은 성공할지 실패할지 전혀 예측할 수 없는 상황에서 오직 가능성 하나만을 믿고 무조건 밀어붙이는 모험 창업이다.

2) 30대의 창업유형

31세부터 35세까지의 30대 전반의 대표적인 창업유형은 선택 창업이다. 선택

창업은 자기가 그동안의 사회생활을 통하여 알게 된 사업분야 중 가장 해보고 싶은 일을 선택하여 창업하는 것을 말한다.

36세부터 40세까지의 30대 후반을 위한 대표적인 창업유형은 그동안 자기가 쌓아온 기반을 바탕으로 창업하는 기반 창업이다.

3) 40대의 창업유형

40대의 대표적인 창업유형은 한 분야의 최고 전문지식과 경험을 가진 자가 전문지식과 경험을 바탕으로 창업하는 전문 창업이다.

4) 50대의 창업유형

생활에 여유가 있고 자본력을 가진 50대의 대표적인 창업유형은 인생에서 50대는 어떤 일이 있더라도 실패해서는 안 되는 연령이므로 100% 성공이 보장되는 일만 골라서 창업하는 안전 창업이다. 대기업이 운영하는 베이커리, 커피전문점, 유기농전문점 등을 주로 창업한다. 50대의 창업은 크게 세 종류로 나눌 수 있다.[04]

(1) 투자형 창업

어느 정도 자금 여유가 있는 사람들이 선택하는 창업으로 대기업 임원급 이상의 고학력 퇴직자들이 선호하는 방식이다. 적정한 수익률은 기본으로 하면서도 자신의 사회적 지위에 부합하는 업종을 찾는다.

(2) 생계형 창업

일과 경제적 욕구를 동시에 추구하는 창업이다.

(3) 파트타임형 창업

일에 초점을 맞춘 창업이다.

:: 도표 1-2 | 연령에 따른 창업유형[05]

연령	창업유형	특성
20대	모험 창업	자기의 전공, 직업과 관계없이 어떤 분야를 창업하더라도 성패의 결과가 달라지지 않고, 실패하더라도 재기의 가능성이 높다.
30대	선택 창업 기반 창업	1. 자신의 적성에 맞는 분야를 찾아서 사회생활이나 일정분야에서 닦아놓은 기반을 최대한 활용하여 창업을 한다. 2. 자기의 적성과 업무와의 상관관계를 고려하여 사업아이템을 발굴한다. 3. 책임이 다른 연령층보다 무거우며 운신의 폭이 신중하다. 〈장점〉 ① 사회적 경험이 어느 정도 있다. ② 그동안 쌓아둔 인맥으로부터 도움을 받을 수 있다. ③ 사업예측능력이 있다. ④ 활동력이 풍부하며 자신의 전문분야에서 쌓은 실력이 뒷받침된다. 〈단점〉 자신의 능력을 과신할 경우 독선적인 사업운영으로 실패할 확률이 높다.
40대	전문 창업	1. 학력을 불문하고 자기의 업무분야에서는 최고의 실무전문가인 점을 최대한 활용하여 창업해야 한다. 2. 이전까지 누리던 직위는 통용되지 않는다는 점을 명심해야 한다. 〈장점〉 ① 사람을 다룰 줄 알고 판단력도 갖추고 있다. ② 인맥, 자금, 지식이 충분하다. 〈단점〉 ① 조직 내의 위치가 안정되어 있으므로 독립 시 신중해야 한다. ② 실패할 때에는 다시 취직하기가 어렵다.
50대	안전 창업	1. 건강에 대한 높은 관심, 편리성 추구, 안정희구 등의 특성을 가진다. 2. 사회경륜과 전문지식은 풍부하나 많은 지식이 오히려 행동보다 생각을 깊게 하는 원인이 되기 때문에 새로운 경력개발의 기회가 다양하지 못하다. 따라서 모험성이 전혀 없는 안전한 사업분야를 선택해야 성공확률이 높다. 〈장점〉 ① 사회 및 직장경험이 힘을 발휘할 수 있다. ② 경륜과 삶에 대한 지혜, 여유와 관대함을 접목할 수 있다. 〈주의할 점〉 ① 사업 실패 시 재기가 어려우므로 만일을 대비해 어느 정도의 생활자금을 남겨 두어야 한다. ② 체력과 기력의 한계를 고려한 여유 있는 사업계획을 세워야 한다. ③ 신체적 연령보다 정신적 연령의 중요성을 인식하고 열정적으로 노력한다면 노련미와 조화를 이루어 성공가능성이 높다.

제3절 | 창업기업의 기능

1. 창업기업의 기능

창업기업이 모든 인간에게 부의 창출, 욕구충족 등에 확실하게 기여할 수 있는 존재는 아니지만 그에 적합한 분야에 존립하면서 많은 사람에게 자기실현의 장을 제공하고 있다. 따라서 현대 경제사회에서 창업기업은 경제적 · 사회적으로 다음과 같은 기능을 수행하고 있다.[06]

1) 경제적 기능

(1) 생활충족기능

지역사회에 있어서 주민의 일상생활에 필요한 물자의 생산 · 판매 및 서비스를 제공한다. 업종으로 보면 식료품, 목제품 등의 제조업, 의류 · 일용식료품 등의 제조 소매업 그리고 일상생활에 필요한 각종 소매업과 개인서비스업 등이다.

(2) 특산품 제공기능

전통적인 기능 · 기술에 의존하는 지방특화산업인 직물 · 도자기 · 목제품 · 한지 등의 전통산업은 지역의 수요를 충족시킬 뿐만 아니라 전국시장을 대상으로 하여 특산품을 제공하고 경우에 따라서는 해외시장에도 수출한다.

(3) 대기업에 대한 관련 수급기능

생산체제의 고도화 및 복잡화에 따라 공급기업으로서의 소기업경영은 2 · 3차 공급자로서 대기업과 관련하여 사회적 분업체제를 형성하고 있다. 이들 공급자들은 다품종 소량생산이나 노동집약적인 공정을 담당함으로써 사회적 분업체제에서 중요한 역할을 담당하고 있다.

(4) 정보관련 등의 서비스기능

집적되는 정보를 이용하여 서비스를 제공하는 것으로서 정보처리관련업, 패션관련산업, 출판인쇄업, 광고관련업 및 레저관련업 등을 들 수 있다.

(5) 고용흡수기능

소기업은 잠재실업자, 고령자, 장애인 또는 주부 등을 인력으로 활용하고 있는데, 이는 국민경제적인 측면에서 매우 중요한 기능이다.

(6) 경제활동의 인큐베이터로서의 기능

소기업은 단지 고용흡수의 장으로서의 기능뿐만 아니라 경제활동의 인큐베이터로도 작용한다. 즉, 소기업이 지니고 있는 세밀한 서비스 제공기능은 독자적이고 창의적인 연구에 의해 발휘되고 있기 때문이다.

2) 사회적기능

(1) 편의제공기능

지역사회에 있어서 주민의 의식주라는 가장 기본적인 생활재와 서비스를 제공한다는 경영상의 특징을 갖는다.

(2) 커뮤니케이션기능

고객의 요구에 따라 세분화된 시장을 상대하고 있으므로 창업주와 고객은 매우 밀접한 신뢰관계 위에서 거래하고 있다.

(3) 문화적 기능

지역사회에서 축제나 행사를 추진함으로써 주민의 생활문화를 풍부하게 한다.

(4) 자기실현기능

창업주가 지니고 있는 능력이나 기술을 발휘하게 함으로써 삶의 보람을 느끼게 하고 자기실현이 가능하게 한다.

(5) 시민사회에 있어서의 기능

중산층의 일부를 구성하여 사회의 안정적 세력으로 작용함으로써 노사 간 일종의 완충지대가 되어 있다. 또한 자신의 이익을 위하여 일하면서 사회적 · 정치적 안정인자로서 작용하고 있다.

제4절 | 창업의 요소

1. 창업의 요소

건물을 짓기 위해서는 설계도, 토지, 건축자재, 인력, 건축비 등의 건축을 위한 요소가 필요하듯이 창업을 하기 위해서는 창업의 주도자인 창업자, 생산 · 판매할 창업아이템, 경영활동 장소인 사업장(점포), 그리고 경영자원조달과 유 · 무형의 자산을 형성하는 데 필요한 창업자금 등의 4가지가 필요하다.

도표 1-3 | 창업의 요소

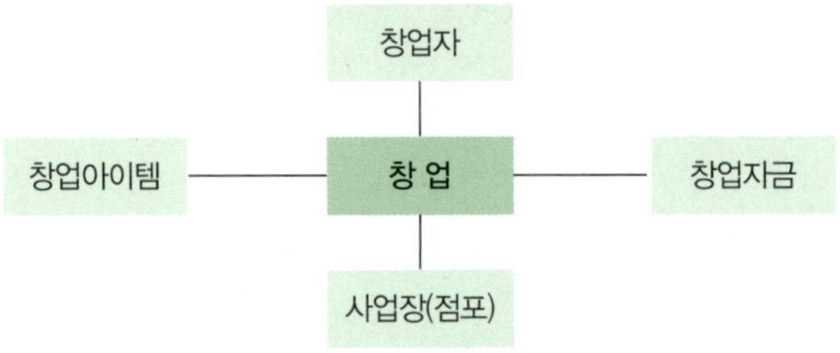

1) 창업자

창업자는 창업아이디어의 확보, 사업타당성분석, 사업계획의 수립 및 실행, 창업자금조달, 인력확보 등을 주도하고 책임을 갖는 창업의 주도자이다. 창업자는 창업에 필요한 인적자원, 물적자원(기계, 시설, 설비, 건물, 원재료, 장비 등), 자금, 정보, 기술 등을 조달하고 이러한 자원을 적절히 계획, 조직, 조정, 통제하는 관리기능을 발휘하여 제품이나 서비스를 생산하여 이익을 창출하는 역할을 한다. 이렇게 창업자의 경영능력, 가치관 등이 창업의 성패에 지대한 영향을 미치게 되므로 창업자는 매우 중요한 요소이다.

따라서 성공창업을 위해서는 창업자의 부단한 노력이 요구된다.

2) 창업아이템

창업아이템이란 창업기업이 무엇을 생산 · 판매할 것인가를 의미한다. 생산 · 판매제품은 유형의 제품일 수 있고 무형의 제품, 즉 서비스일 수도 있다. 창업아이템은 창업자 자신, 창업 팀의 일원이나 제3자로부터 얻어진 것일 수도 있다. 창업아이템은 생산 · 판매활동을 통해 수익을 반드시 창출할 수 있는 것이어야 한다. 물론 취미 혹은 여가 활용 차원에서의 창업은 반드시 이익을 창출해야 할 필요가 없는 아이템일 수도 있을 것이다. 왜냐하면 자기 만족감이나 행복을 추구하기 위한 창업일 수도 있기 때문이다.

3) 창업자금

창업자금은 인력, 사업장, 설비, 원자재 등의 경영자원을 조달하고 기술개발, 영업조직 구축 등의 유 · 무형의 자산을 형성하는 데 반드시 필요하다. 이러한 창업자금은 창업아이템과 마찬가지로 창업자 자신의 출자일 수도 있고, 창업 팀의 일원 혹은 제3자로부터 조달될 수도 있다. 창업자금 공급의 필요성은 개인적 · 국가적으로 중요성이 인정되어 창업을 위한 자금지원이 국가보훈처 복지지원과, 근로복지공단, 소상공인센터, 중소기업청 창업지원과, 여성경제인연합회, 한국장애인고용촉진공단, 여성부, 지방자치단체 등을 통해 이루어지고 있다.

4) 사업장(점포)

사업장(점포)의 위치는 창업의 성패에 중요한 요인이다. 이는 상품성이나 제품의 특성보다 주변의 상권이나 점포 입지가 더욱 중요할 수 있음을 말한다. 왜냐하면 아무리 좋은 아이템(업종)으로 사업을 한다고 하더라도 잘못된 사업장선정(예를 들면, 상권에 맞지 않는 아이템)으로 인해 점포 이전, 폐업 혹은 아이템 변경을 경험하는 창업자들이 많기 때문이다.

제5절 | 창업의 성공요건

창업은 제조업에서부터 도 · 소매업, 서비스업에 이르기까지 새롭게 시작하는 모든 형태의 사업을 말한다. 즉, 창업자가 자신 혹은 동료의 지식, 기술, 적성, 특기, 재능, 아이디어, 경험 등을 가지고 사업을 시작하는 것이다. 이하에서는 창업의 성공요건을 제시하고자 한다.

1. 창업의 성공요건

창업의 성공을 위해서는 우선 자기가 좋아하는 환경에서 좋아하는 일을 해야 한다. 이러한 환경에서 창업에 접근해야 자신감을 가지고 신바람 나게 일할 수 있는 여건을 만들 수 있다. 왜냐하면 사람은 자신이 좋아하는 일에 전념할 때 성공할 가능성이 높기 때문이다. 창업의 성공요건을 다음과 같이 제시하고자 한다.

1) 철저한 창업준비

창업은 성공확률이 백만분의 일이라고 할 만큼 성공하기 힘들다고 말한다. 무계획적인 창업은 실패의 가능성이 높기 마련이므로 업종 및 창업아이템선정, 사업규모 결정, 기업형태 결정, 창업멤버와 조직구성, 사업타당성 검토, 사업계획서 작성 등을 철저하게 함으로써 성공 창업의 확률을 높일 수 있다.

2) 창업자의 성공을 위한 왕성한 기업가정신

창업자는 새로운 기업을 만들어 새로운 제품과 서비스를 창출해낸다. 따라서 창업자의 성공을 위한 왕성한 기업가정신은 창업의 성공요건 중에서 가장 필수적인 요소라고 할 수 있다. 기업가정신은 위험을 무릅쓰고 과감한 투자를 행하는 도전력, 위협요소를 발전기회로 전환시키는 능력, 장기적 사고력으로 미래지향적인 관계에서 비전을 제시하여 종업원과의 공감대를 형성하는 능력, 그리고 해외시장을 추구하는 정신 등이다. 그리고 성공을 위한 꾸준한 자기개발, 인맥관리, 정보활용능력 배양, 자신만의 독창적인 경영관리기법, 그리고 신제품개발능력 등이 요구된다.

3) 창업 · 경영환경의 변화와 예측

경영환경의 변화는 기업도산의 원인임과 동시에 창업의 요인이기도 하다. 그러므로 창업자는 기존시장과 새로운 잠재시장의 틈새와 환경흐름을 이해해야만 한다. 왜냐하면 이러한 환경변화가 소비자 욕구의 변화에 어떤 영향을 미치며, 소비자 욕구만족을 위해 어떠한 제품으로 소비자에게 접근해야 할지에 대한 전략적 대안을 마련할 수 있도록 하기 때문이다. 또한 미래시장에 대한 전망, 창업아이템 및 시기 선택, 구체적이고 합리적인 사업타당성분석, 사업계획서 작성 등도 가능하기 때문이다.

4) 최적의 창업아이템 및 사업장선정

창업의 성공은 경기흐름과 소비자 욕구변화의 이해, 성장가능성이 있는 업종의 선정 또한 중요한 요인이다. 특히 창업자본에 적합한 업종으로서 수요자의 다양성과 변화를 고려해야 하므로 제품수명주기상의 도입기나 성장기에 속한 아이템이 최적의 아이템이다. 그리고 상품성이나 제품의 특성보다 주변의 상권이나 점포 입지가 더욱 중요할 수 있다.

5) 창업지원제도의 효과적인 활용

성공적인 창업을 위해서는 정부 및 기타 지방자치단체, 대학 창업보육센터 등의 각종 창업지원과 기술혁신지원사업, 시장개척을 위한 지원사업, 세제지원, 경영지원사업 등의 다양한 지원제도를 적극 활용하여 실패를 최소화하고, 경쟁력의 극대화를 이루도록 하여야 한다.

2. 소자본 창업의 성공 창업을 위한 10계명

소자본 창업을 통해 적은 자본으로 높은 수익을 얻는 것이 가능하지만, 섣불리 나섰다가 낭패를 보기 쉬운 것 또한 소자본 창업의 특성이다.

소자본 창업의 성공을 위해서 어떤 것들을 지켜야 하는지 살펴보면 다음과 같다.[07]

1) 과학자형보다 엔지니어형이 성공한다

자기의 모든 것을 들여 시작한 사업에서 창업자의 지상과제는 당연히 성공이다. 따라서 여러 번 시행착오를 거쳐도 한 번의 성공으로 모든 것을 만회할 수 있는 과학자는 소자본 창업자의 귀감이 아니다.

창업자는 대학수학능력시험처럼 한 번에 성공해야 하는 쪽에 가깝다. 따라서 모든 과정에서 한 치의 오차도 없어야만 성공에 이를 수 있는 엔지니어의 자세를 배워야 한다. 때문에 예비창업자는 모든 정보를 귀로 얻지 말고 눈으로 확인하고, 발로 뛰어다니며 구체화시켜야 성공가능성이 커진다.

2) 반짝장사에 현혹되지 말라

사업은 끈질긴 생명력을 필요로 한다. 만일 단기간에 승부를 내겠다는 생각이라면 이는 비즈니스의 기본개념인 투자가 아니라 투기인 셈이다. 이런 사람은 창업보다는 주식시장을 엿보는 게 차라리 현명하다. 긴 호흡으로 사업을 오래 유지하고, 영위하고 싶다면 한 순간 빛을 발했다가 꺼져버리는 반짝장사는 쳐다보지 말고 차라리 구닥다리처럼 느껴지는 업종을 시작하는 게 더 안전하다. 사회적 유행과는 무관하게 소비자들의 실수요와 안정적 시장을 갖고 있는 사업이 좋다.

다시 말해 반짝 유행하고 마는 아이템보다 사회적 변화에도 부응하면서 소비 잠재력이 큰 안정적인 아이템을 선택하는 것이 바람직하다는 것이다.

3) 주고객층을 명확히 설정하고 시작하라

상품개발에 있어 가장 중요한 키워드는 개성과 특화이다. 개성이 있다는 말은 소비자의 수요가 다양하다는 의미이다. 사업은 소비자들을 대상으로 하는 만큼 소비계층을 특화시켜 수요에 적합한 마케팅을 통해 집중적인 영업전략과 전문성을 가질 수 있다. 비슷한 업종이라 하더라도 모든 계층이 소비층인 구멍가게보다는 젊은층이 주고객층인 편의점이 보다 수익성 높은 사업이다. 모든 손님을 전부 내 고객으로 만들겠다는 것은 욕심에 지나지 않는다.

4) 제품수명주기상 성장기로 접어드는 업종이 안전하다

제품수명주기란 생물학상의 유추(예 : 탄생→성장→쇠퇴→죽음)에 입각하여 제품도 출시에 따른 시장도입 이후 시장에서 철수할 때까지 명확히 규정되는 단계를 밟는다고 보는 개념을 말한다.[08] 소자본 창업의 경우 업종별로 서로 다른 성장 사이클을 그리고 있다. 초보창업자가 성숙기의 절정을 달리는 업종을 시작한다면 노련한 기존사업자들에 의해 압사당하고 말 것이다. 또 너무 앞서가는 것 역시 위험성이 다분하다. 사업 현실은 불행한 천재를 받아주지 않는 경우가 많다.

따라서 제품수명주기상 도입기 업종에서 성공사례가 많이 생기고, 성장기로 진입하고 있는 업종이 수익성이나 안정성 면에서 투자가치가 높다.

5) 부가사업을 병행할 준비를 하라

창업자는 최소한의 재투자로 수익을 배가시키는 노력이 절실하다. "평생 이 장사만 하겠다"고 고집하는 것은 어리석다. 현실에 맞게 수익성 배가전략이 필요하다. 만약 장사가 잘 되다가 3개월 이상 연속해서 매출이 떨어진다면 그때는 업종전환을 고려해야 한다. 왜냐하면 현대는 미련한 고집쟁이보다는 날렵한 장사꾼이 성공하는 시대이기 때문이다.

6) 전문가의 지위를 확보하라

현대는 전문가의 시대이므로 어떤 사업을 오래했다면 최소한 그 분야에서는 전문가로서의 지위를 확보해야만 성공할 수 있다. 이는 창업자의 부단한 자기계발을 요구하는 것이다.

7) 항상 여유자금을 준비해 두어라

아무리 좋은 아이템이라도 사업초기에는 소비자들에게 인식되기까지 판매부진, 광고비 지출 등으로 인하여 어려움에 처할 수 있다. 한 번 날리면 되돌릴 수 없는 것이 사업이다. 사업은 자리를 한 번 옮기는 것으로 실수를 보상하는 직장이 아니란 사실을 명심해야 한다. 따라서 한 번 쓰러져도 재기가 가능하도록 예상 총자본금의 20%는 반드시 예비비로 남겨두어야 한다.

8) 잘 알고 있는 분야에서 창업하거나 경험이 풍부한 체인 본사를 선택하라

소위 잘 되는 업종이라도 창업자 본인의 적성에 맞지 않는 업종이라면 어려움에 처할 수 있다. 가맹점으로 창업을 할 경우에는 직영점 경력이 풍부한 업체를 선택해야 한다. 자칫 노하우가 없는 업종을 선택했다가 동종업소의 난립으로 매출이 급감하거나 폐업을 해야 하는 경우도 발생할 수 있기 때문이다.

9) 초기투자비를 최소화하라

사업초보자의 경우 초기 시설비를 과다하게 투자하는 것은 위험하다. 초보사업자라면 초기투자비가 1억 원을 넘기는 사업은 시작하지 않는 것이 좋다. 인테리어나 간판 등 점포투자에 한 푼이라도 적게 투자한 상태로 사업을 시작하는 것이 투자금 회수는 물론 투자수익성 제고에도 유리하다. 만약에 창업실패를 가져온다 하더라도 가능하다면 최소의 손실을 입는 방법은 초기투자비를 최소화하는 것이기 때문이다.

10) 가족의 동의를 먼저 구하라

소자본 창업은 대개 부부 동업형이 많으므로 창업은 남편이나 아내와 깊은 상의 끝에 의기투합한 결과여야 한다. 남편이나 아내의 동의 없이 시작했다가 이혼까지 경험하는 자영업자들도 의외로 많기 때문이다. 가족의 동의를 구한 창업은 가족들과 함께 점포를 운영하면서 창업에 대한 심리적 부담도 덜고 인건비 등 고정비용도 줄여 수익성을 높임으로써 성공을 뒷받침하는 요소가 된다.

3. 서비스업의 성공요건[09]

서비스업 역시 창업이 가능한 사업 중의 하나이다. 서비스업은 일반 개개인을 대상으로 하여 각종 서비스를 제공하는 개인서비스업(예 : 목욕업, 이 · 미용업, 부동산중개업, 세탁업, 수리업, 여행알선업, 음식업 등)과 다수 혹은 사업체를 대상으로 하여 각종 서비스를 제공하는 단체서비스업(예 : 전기통신업, 창고보관업, 고용알선업, 인력파견업, 교육훈련업, 운송업 등)으로 나눌 수 있다. 물론 단체서비스업이 개인서비스업의 경우보다 사업규모도 크고 창업자본도 많이 소요된다. 그래서 개인서비스업인 경우는 개인업체형태로 창업되는 것이 보통인 반면 단체서비스업인 경우는 법인형태로 창업되는 경우가 많다.

1) 서비스업의 특징[10]

현대는 가치관의 변화, 주5일 근무제 실시 등으로 인해 생활양식의 변화, 기대수명의 연장, 생활의 풍요성 등에 따라 소비자의 요구수준은 점차 다양화, 고급화, 개성화되어 가고 있다. 그러므로 서비스업종을 창업하고자 하는 창업자는 창업업종과 관련된 사회적 환경 및 소비자 생활양식의 변화 등 급속하게 변하고 있는 시대흐름과 서비스업의 특징을 잘 파악하여 그 특성에 맞게 경영노하우를 개발하고 고객창출을 위해 끊임없이 노력해야 한다.

서비스업을 창업하기 위하여 창업자가 기본적으로 알아야 할 사항은 다음과 같다.

① 서비스업은 기계시설보다는 주로 인력에 의하여 서비스가 제공될 뿐만 아니라 생산과 동시에 소비되는 특성을 가지고 있다. 따라서 서비스 구입 고객은 일반적인 제품을 구입할 경우보다 서비스품질의 파악이 어렵기 때문에 불확실한 입장에 처하게 되므로 고객에게 서비스내용을 충분히 설명하여야 한다.

② 서비스업은 창업자나 종업원의 경험, 지식을 토대로 소비자에게 서비스를 제공하는 것이므로 양질의 서비스 제공을 위해서는 지속적인 종업원 교육훈련이 필요하다. 그리고 서비스품질의 향상을 위해 창업자에게 업종의 특징을 파악한 차별화된 전략수립이 요구된다.

③ 서비스업은 창업자의 철학을 필요로 한다. 소비자만족과 종업원을 중시하는 기업의 자세는 창업자의 서비스철학에서 시작되는 것이다. 또한 이러한 경영자의 철학은 고객과 종업원의 만족을 이끌어내어 성공적인 기업경영의 밑바탕이 된다.

④ 서비스업은 서비스수준을 관리하여야 한다. 고객은 일정수준 이상의 서비스를 원하고 있기 때문에 경영자는 고객의 기대와 욕구를 파악하여 자사와 경쟁사와의 서비스수준을 비교하고 고객이 만족할 수 있는 서비스를 유지 · 관리할 수 있어야 한다.

⑤ 서비스업을 창업하여 사업기반이 확립되기까지는 서비스내용 및 서비스수

준에 대한 홍보가 지속적으로 이루어져야 한다.

⑥ 서비스업에서 가장 중요한 서비스품질(service quality)의 향상을 통하여 소비자가 만족할 수 있도록 하여야 한다.

2) 성공적인 서비스업을 위한 조건

성공적인 서비스업 창업을 이루기 위해서는 다음을 충족하여야 한다.

(1) 전문지식

서비스업은 형태와 상관없이 전문지식을 전제로 하는 업종이다. 이 · 미용업을 창업하기 위해서는 이 · 미용사 자격증이 필요하고 음식점을 창업하기 위해서는 요리사 자격증이 있어야 한다. 또 부동산중개업을 하기 위해서도 공인중개사 자격증이 요구된다. 만일 법적으로 이런 전문지식을 규정하고 있지 않다 하더라도 현실적으로 전문지식 없이는 하고 싶어도 할 수 없는 일이 바로 서비스업이므로 반드시 전문지식을 갖추어야 한다.

(2) 서비스품질

서비스업은 서비스라는 상품을 판매하는 일이므로 서비스품질(service quality)이 좋아야 한다. 서비스품질이 좋다는 말은 그만큼 친절하고 신뢰성 있게 고객을 대한다는 말이다. 서비스업은 근본적으로 사람과 사람 간의 관계를 전제로 하는 일이다. 그래서 사람이 곧 상품인 업종이다. 이 · 미용업은 이 · 미용사 자신이 곧 상품이고, 인력파견업은 상담자 자신이 곧 상품이다. 이러한 서비스업은 친절과 신뢰성이 없으면 고객을 유치할 수 없다. 제조업이 상품과 고객의 관계로 규정된다면 서비스업은 처음부터 끝까지 사람과 사람의 관계로 규정되는 사업이다. 따라서 서비스업은 사람관계를 이어주는 기본요소인 친절과 신뢰성이 사라지면 결코 성공할 수 없는 사업이다.

(3) 성실성과 지속성

단체서비스업의 경우에도 그렇지만 특히 개인서비스업인 경우에는 창업과정이 비교적 간단하고 적은 자본으로도 시작할 수 있기 때문에 경쟁이 심하다. 왜냐하면 창업과정이 쉬운 만큼 너도나도 쉽게 창업할 수 있기 때문이다. 따라서 창업과 폐업이 심하게 교차되는 업종이 서비스업이기도 하다. 모든 사업이 그렇지만 특히 서비스업인 경우에는 단골손님들이 많아야 한다. 그런데 단골손님은 하루 아침에 확보되는 것이 아니라 영업을 꾸준히 해나가는 과정에서 저절로 확보되는 것이다. 그러므로 단골손님을 확보하기 위해서는 사업을 꾸준히 이끌어가는 자세가 필요하다. 소규모 사업이 모두 그러하듯이 개인서비스업 역시 하루 아침에 큰 돈을 벌 수 있는 일이 아니므로 욕심 부리지 않고 성실한 자세를 유지하는 것이 중요하다.

4. 50대 창업의 성공을 위해 지켜야 할 원칙

50대 창업의 성공을 위해 지켜야 할 원칙은 다음과 같다.[11]

(1) 시니어 창업의 장점을 최대한 이용하라

50대 이상, 즉 시니어들은 오랜 사회경험을 통한 지식의 습득과 시행착오를 통해 인맥 · 전문성 · 사회적 경험이 시니어 창업의 가장 큰 장점이다. 그리고 오랜 직장생활을 통한 여유자금이나 퇴직금의 활용이 가능하다는 점이 장점이다.

(2) 권위의식을 버리고 고객서비스에 주력하라

과거에는 고객의 입장이었지만 현재는 고객이 왕이라는 생각으로 고객을 대해야 한다.

(3) 본인의 노하우나 경험을 이용하라

본인이 보유하고 있는 전문적인 지식이나 기술을 활용가능한 아이템을 선정한다. 창업에 소요되는 준비시간도 절약할 수 있을 뿐 아니라 자신감도 얻을 수 있기 때문이다.

(4) 아이템선정 시 검증된 아이템을 선정하라

50대 이상은 창업을 했다가 실패하면 재기가 어려우므로 아이템선정, 상권 및 입지선정 그리고 프랜차이즈 본사의 선정 등에서 성장성이나 가능성보다 안정성을 무엇보다 우선으로 고려하여야 한다. 다시 말하자면 도입기 아이템보다 성숙기 아이템을 선정하라는 것이다. 새로운 지식을 요구하거나 유행을 타는 업종보다는 다소 평범해 보이지만 경기를 덜 타는 업종이 좋다는 의미이다.

(5) 가족형 창업을 적극 활용하라

시니어 창업은 체력이 젊은 창업자보다는 부족하므로 배달이 주가 되는 업종보다는 내점형 업종이 바람직하고, 독립 창업보다는 프랜차이즈 창업이 현명하다.

사례연구 Case Study

사례 1 대학생 63% '창업 의향' … ⅓이 커피숍 · 식당 선호

대학생 10명 가운데 6명은 창업할 의사가 있는 것으로 조사됐다. 선호하는 창업분야로는 10명 중 3.5명꼴로 택한 커피숍 · 식당이 가장 인기를 끌었고 IT관련 분야를 택한 학생은 10명 중 1명에 그쳤다.

6일 한국고용정보원이 지난 9월 전국의 전문대 · 휴학생 포함한 남녀 대학생 1천 명을 상대로 실시한 '창업 의향 설문조사'결과에 따르면 63.3%(633명)가 창업할 의향이 있다고 답했다. 이 가운데 실제 창업을 준비하는 학생은 4.9%였고, 58.4%는 구체적인 준비는 하고 있지 않지만 앞으로 창업할 의향이 있다고 밝혔다. 사회경험을 먼저 쌓고 창업하고 싶다고 답한 학생은 83.1%였다.

가장 선호하는 창업분야는 '커피숍 및 식당'(35.6%)이었다. 문화 · 예술 · 스포츠 · 레저 · 공연분야(12.6%), IT(앱 · 소프트웨어 개발 등)관련 분야(10.4%), 쇼핑몰 · 도소매 등 유통관련 분야(8.2%) 등이 뒤를 이었다.

창업 시 프랜차이즈 가맹(15.3%)보다 신규 창업(67.1%)형태를 선호했고, 무점포 창업(39%)보다는 점포중심형 창업(47.1%)을 원했다.

창업을 하는 데 있어서 가장 필요한 것은 자본금지원(41.7%)이었다. 창업과 관련된 법적 · 경제적 지식과 경영컨설팅도 필요하다고 느끼는 것으로 조사됐다.

창업을 고려하는 이유로는 라이프스타일에 맞는 일을 하고 싶어서(19.9%), 아이디어를 사업화 하고 싶어서(17.9%), 높은 수익이 기대돼서(14.5%), 오랫동안 일할 방법을 찾기 위해서(12.5%) 순이었다.

창업할 의향이 없다고 답한 대학생은 36.7%였다. 이들은 실패 위험부담(19.7%)과 자금확보의 어려움(16.4%), 적성에 맞지 않아서(16.0%) 등의 이유를 들었다. 창업을 생각해본 적이 없다는 대학생은 16.9%였다. 응답자 중 창업에 관한 교육이나 동아리활동을 해본 경우는 26.3%였고, 73.7%는 창업관련 경험이 없었다.

출처 : 연합뉴스, 2012-11-06

사례 2 직장인 85%, 창업 꿈꾼다

직장인 10명 중 8명 이상이 창업할 계획이 있으며, 이들 가운데 30%가량은 창업 후에도 직장을 관둘 의사가 없는 것으로 나타났다.

채용전문기업 코리아리크루트는 직장인 782명을 대상으로 '창업계획과 직장생활'에 대해 설문조사한 결과 응답자의 85.3%가 창업할 계획이 있다고 답했다고 5일 밝혔다.

창업을 결심한 이유로는 '나만의 사업을 해보고 싶기 때문'이라는 응답이 44.3%로 가장 많았으며, 그밖에 '미래가 불투명하므로(24.3%)', '고소득이 가능할 것 같아(14.2%)', '직장생활의 스트레스 때문(13.7%)' 등을 꼽았다.

또 창업을 함께 할 대상에 대해서는 직장인의 절반 정도가 '혼자서 한다(49.3%)'고 답했고, 뒤를 이어 '가족 · 친구(28.5%)', '지인(12.8%)', '직장동료(6.2%)' 등을 들었다.

한편 창업 후 직장생활의 지속 여부를 물은 결과 10명 중 4명가량이 '직장을 관두겠다(42.4%)'고 답했으나, '직장생활을 병행할 것'이라는 응답도 34.2%에 달했다.

직장생활을 병행하려는 이유에 대해서는 '고정적인 수입원의 확보(52.8%)'라는 응답이 절반을 차지했고, '창업실패에 대비(21.4%)', '충분한 시간적 여유(13.6%)' 등을 지적했다.

코리아리크루트 관계자는 "최근 들어 많은 직장인들이 창업관련 교육프로그램이나 설명회 등에 적극적으로 참여하는 등 직장인들의 창업열기가 뜨겁다"며 그러나 "철저한 준비 없이 막연한 기대감만으로 창업할 경우 실패할 가능성이 높다"고 전했다.

출처 : 한국정보통신문, 2007-09-10

사례 3 기업 10곳 중 7곳 이상 창업 5년 내 문 닫아 … 베이비부머 사장 잘 망해

숙박 · 음식점업 5년 생존율 17.3%
50~60대 사장님 폐업률 높아

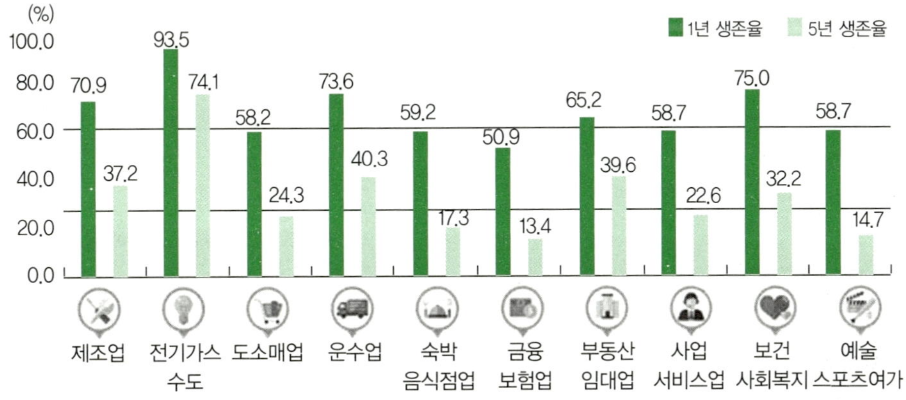

경제환경이 어려워지면서 창업기업은 줄고, 폐업기업은 이보다 4배가량 더 많이 늘어난 것으로 나타났다. 10곳 중 7곳은 창업 후 5년을 버티지 못하고 문을 닫는 것으로 조사됐다. 50~60대 베이비부머들이 쉽게 뛰어들고 있는 숙박 · 음식점업은 5년간 사업을 계속하는 업체는 이보다 적은 2곳에도 못 미쳤다.

뚜렷한 비전과 수익모델을 갖고 자영업에 뛰어드는 게 아니라 노동시장에서 밀려나 울며 겨자먹기 식으로 일을 시작하다 보니 베이비부머 사장님들의 사업 성공확률이 '젊은 사장님'보다 크게 떨어질 수밖에 없었다.

2016년 12월 23일 통계청이 발표한 '기업생멸(生滅) 행정통계'를 보면, 지난해 신생기업수는 81만 3,000개로 전년보다 3.6%(3만 개) 줄어들었다. 신생기업 종사자수도 전년보다 7.6%(10만2,000명) 감소한 124만4,000명으로 조사됐다. 한 나라의 창업 활력을 보여주는 기업신생률(신생기업/활동기업)은 지난해 14.6%를 기록하며 전년보다 0.6%포인트 하락했다. 기업신생률은 2012~2013년 내리막을 걷다 지난 2014년 반짝 올랐지만, 다시 감소세로 돌아섰다.

창업은 적은데 망하는 곳은 더 많았다. 2014년 기준 소멸기업수는 77만7,000개였다. 이는 전년보다 16.9%(11만2,000개)나 늘어난 것이다. 소멸기업 종사자수도 100만9,000명으로 전년보다 4.0%(3만9,000명) 증가했다. 기업소멸률(소멸기업/활동기업)도 전년보다 1.6%포인트 증가한 14.0%로 조사됐다. 이는 글로벌 금융위기 이후 역대 최고치다.

기업생존율도 우울한 성적표를 보이고 있다. 창업 1~3년 생존율은 전년보다 소폭 오르긴 했지만, 4년 이상부터는 내리막을 걷고 있다. 2014년 기준 기업의 1년 생존율은 62.4%로 전년보다 2.3%포인트 상승하긴 했지만, 5년 생존율은 27.3%로 전년보다 1.7%포인트 하락했다. 창업을 한 후 5년을 버티지 못한 기업이 10곳 중 7곳이 넘는다는 얘기다.

전기가스수도업(74.1%), 운수업(40.3%), 부동산임대업(39.6%)은 5년 생존율이 높은 편이었지만, 금융보험업(13.4%), 예술 · 스포츠 · 여가(14.7%), 숙박 · 음식점업(17.3%) 업종은 낮은 편에 속했다.

숙박 · 음식점업은 은퇴를 한 50~60대가 쉽게 뛰어들지만 경쟁이 치열하다 보니 성공하기가 만만치 않은 분야다. 실제 2014년에 소멸한 기업을 연령별로 보면 40대 이상 사장님이 운영하는 기업이 전체의 80.3%를 차지한다. 특히나 대표자가 50대 이상인 기업에서 소멸한 기업은 전년보다 큰 폭으로 늘었다. 50대 사장 업체 중 문을 닫은 곳은 21만7,000개로 전년보다 3만 개가 늘었고, 60대 이상은 무려 8만1,000개나 늘어난 20만2,000개였다. 반면 30대 기업에서의 소멸은 오히려 3,000개가 감소했다.

기업의 성장세도 주춤했다. 상용근로자가 10명 이상 있는 기업 중 최근 3년간 매출액과 종사자의 연평균 증가율이 20% 이상 기업인 '고성장기업'수도 4,077개로 전년보다 186개(4.4%) 감소했다. 고성장기업 중 신생한 지 5년 이하인 '가젤기업'도 1,024개로 36개(3.4%) 감소했다.

출처 : 이데일리, 2016-12-23

사례 4 2만원짜리 '치킨값의 비밀'

닭가격 외에도 각종 부재료 가격 상승이 원인 … 가맹점 마진은 점점 줄어

'8,500원 vs 1만7,000원.' 딱 2배의 가격 차이. 1997년과 20년 후인 2017년 현재의 양념치킨의 가격이다. 비교 대상은 치킨 프랜차이즈업계 1위 BBQ치킨이다. 세월이 흐르면 물가도 올라간다. 당연히 치킨가격도 오른다. BBQ뿐만 아니라 대체적인 프랜차이즈 치킨의 가격도 비슷하다. 20년 동안 딱 2배밖에(?) 오르지 않았지만 국민들은 지금의 치킨가격에 불만이 많다. 결국 지난 3월 폭발했다. BBQ가 제품값을 10% 올리려다 국민들의 공분을 샀다. 급기야 주무부서인 농림축산식품부가 세무조사 등을 언급하며 압박에 나섰고 결국 BBQ는 가격 인상을 잠정 유보하는 결정을 내렸다. 하지만 논란은 계속되고 있다. 농식품부 측은 “과당경쟁으로 수익성이 악화된 프랜차이즈 치킨업체들이 최근 조류독감(AI) 사태로 닭고기값이 오르자 이를 빌미로 치킨값을 터무니없이 올리려고 한다”며 “생닭 한 마리 값은 2,500원인데 튀기면 2만 원 가까이 가격이 올라간다”고 꼬집었다. 반면 치킨업체들은 “농식품부가 오류투성이인 원가 산정 기준을 바탕으로 업체들을 부당하게 압박하고 있다”고 반발했다. 과연 누구의 말이 맞는 것일까.

유통단계 거치며 상승하는 닭가격

이를 알아보기 위해서는 치킨가격의 상승요인을 살펴볼 필요가 있다. 바로 주재료 닭고기의 유통과정이다. 일단 닭은 대부분이 산지(양계장)에서 키운다.

이후 치킨으로 납품되는 크기(8~10호)로 자라면 하림 · 마니커 · 청솔 등 닭고기 전문기업(중간 유통사)이 닭을 사들인다. 이때 가격이 농식품부가 밝힌 2,500원이다.

물론 이번과 같이 AI 사태나 기타 등등의 이유로 공급량이 줄어들면 가격이 올라간다. 반대로 공급량이 늘어나면 몇백 원대까지 떨어진다.

닭을 사들인 닭고기 전문기업은 도축과 손질 작업을 거쳐 계약한 BBQ · BHC · 교촌치킨 등 치킨 프랜차이즈기업에 납품한다. 닭 한 마리의 납품가는 3,000~4,000원 수준으로 알려졌다. 다만 닭고기기업이나 치킨 프랜차이즈업체 측이 “회사 기밀사항이며 매년 계약에 따라 가격이 달라지기 때문에 공개할 수 없다”고 해 약간의 오차가 있을 수 있다.

프랜차이즈 본사는 이렇게 받은 닭을 가맹점에 통상 5,000~6,000원을 받고 넘긴다. 여러 치킨 가맹점의 매입 전표를 확인한 결과다.

양계장부터 소비자의 입에 들어가기까지 닭가격을 종합해 보면 양계장이 2,500원을 받고 닭 한 마리를 중간 유통기업에 넘기면 이것이 도축과 유통을 거치며 마리당 3,500원(중간치)으로 가격이 오르게 된다.

이를 또다시 프랜차이즈 본사가 각 가맹점에 배송하면 5,500원(중간치)까지 가격이 상승한다.

이에 대해 한 치킨 프랜차이즈 관계자는 “닭은 가격 변동이 심해 안정적으로 공급받는 것이 중요하

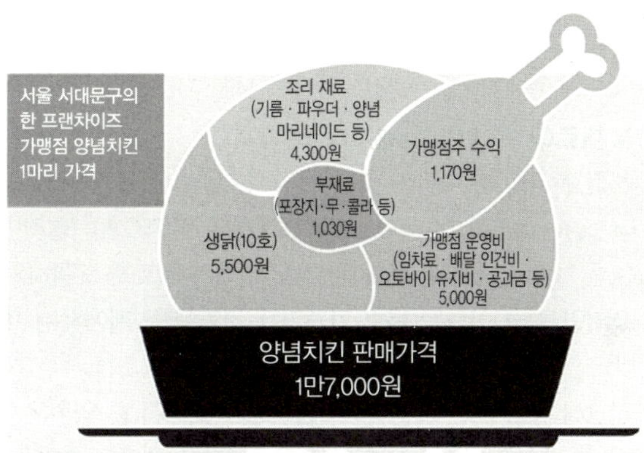

※하루 평균 50마리 정도를 판매하는 배달 전문 가맹점
아르바이트 외 인건비는 부부가 운영하므로 포함하지 않음.

“치킨 프랜차이즈 본사가 최근 10년 동안 원가 상승요인이 있을 때마다 이를 유통과정에서 흡수한 것이 아니라 치킨가격을 올리거나 가맹점에 전가하는 과정을 되풀이해 왔다.”

다"며 "프랜차이즈 본사가 대형 유통업자와 계약하고 신선한 생육을 안정적으로 가맹점에 공급하기 위해서는 닭가격을 5,500원까지 올릴 수밖에 없다"고 말했다.

그러면 5,500원에 가맹점으로 도착한 닭이 1만7,000~2만 원까지 치솟는 이유는 뭘까. 가맹점주들이 그렇게 많은 이윤을 남기는 것일까.

아니다. 오히려 대부분의 가맹점주들은 이른 아침부터 밤늦게까지 쉴 틈 없이 일하지만 한 달에 잘 벌어야 200만~300만 원 수준이다. 물론 가맹점에 따라 편차가 크다.

하지만 프랜차이즈 가맹점주들은 "치킨을 팔아 큰돈을 벌기는 힘들다"고 말한다. 서울 서대문구의 한 유명 치킨 브랜드 가맹점주는 "아침 10시부터 밤 12시까지 부부가 아르바이트생도 쓰지 않고 일하고 있지만 많이 벌어야 한 달에 300만 원 선" 이라고 말했다.

이는 그나마 사정이 나은 편이다. 임차료가 많이 들어가는 번화가에서 매장을 운영하거나 인건비가 많이 들어가는 대형 매장을 운영할 때는 단순히 닭만 팔아서는 이윤을 내기 어렵다.

이를 보전하기 위해 주류 등을 팔아보지만 비싼 임차료를 감당하기에는 역부족이다. 실제로 한때 배달형 치킨이 아닌 매장형 치킨으로 변화를 모색한 한 치킨 프랜차이즈는 마진율이 떨어지며 가맹점들의 폐업이 속출하기도 했다.

가맹점은 본사로부터 공급받는 각종 재료 등을 사용해 치킨을 팔면 많아야 30% 정도를 남긴다. 여기에 인건비와 임차료가 나가고 나면 치킨 한 마리에 1,000~2,000원 정도의 이익을 남길 뿐이다.

부재료에 운영비 더해지며 비싸져

치킨 한 마리에 대한 손익계산을 해본 결과 닭 5,500원 외에도 4,000~4,500원 상당의 기름 · 파우더 · 양념 등 조리비용과 포장지(350원) · 무(280원) · 콜라(캔당 400원) 비용이 더해져 원가만 1만1,000원가량이 나왔다. 여기에는 인건비와 임차료를 포함하지 않았다.

그러면 결국 이윤은 누가 가져가는 것일까. 업계에서는 프랜차이즈 본사가 가져갈 것으로 추정한다.

지난해 유명 치킨 프랜차이즈업체에서 퇴직한 한 임원은 "치킨 프랜차이즈 본사가 최근 10년 동안 원가 상승요인이 있을 때마다 이를 유통과정에서 흡수한 것이 아니라 치킨가격을 올리거나 가맹점에 전가하는 과정을 되풀이해 왔다"고 말했다.

그는 "이러한 일이 계속 반복되면서 본사는 수익 구조가 좋아졌고 반대로 가맹점의 마진은 줄어들게 됐다"고 주장했다.

이에 대해 치킨 프랜차이즈업계는 가격을 탄력적으로 내릴 수 없는 이유가 있다고 항변했다.

한 업계 관계자는 "프랜차이즈마다 포화상태일 정도로 가맹점들이 많아 관리해야 하는 인력이 필요하고 물류센터도 지어야 하는 등 고정비용이 상당하다"면서 "치킨가격을 내리면 본사의 이익만 줄어들 것이란 우려가 크다"고 설명했다.

출처 : 한경BUSINESS, 2017-04-18

사례 5 '6명 중 1명만 구사일생' 창업 지옥서 살아남는 법

적성 · 경험 살려 미리 준비해야 승산

100세 시대, 직장인 대부분은 50대 초중반에 퇴사를 강요받고 있다. 생계를 책임지는 가장의 조기퇴직은 자녀의 취업난과 함께 가계에 심각한 위협이 된다. 퇴직연금을 받기까지 10여 년 이상 남은 시기, 생계를 위해 자영업 창업에 나서지만 그마저도 수년 내 폐업할 확률이 높다. 흔들리는 50대의 힘겨운 삶을 들여다보고 남은 50년을 준비할 방법을 모색해본다.

창업 생존율 16.4%

조기퇴직 후 갈 곳을 잃은 베이비부머(1955~1963년 출생)들이 너도나도 창업 전선에 뛰어들지만 수년 내 생존할 확률은 참혹한 수준으로 낮다. 퇴직금에 추가로 대출까지 받아 '묻지마 창업'에 도전한 50대들은 그나마 가지고 있던 자산까지 잃고 빈곤층으로 전락할 위험에 처했다.

정부가 지난해 9월 자영업시장으로의 과잉 진입을 억제하는 내용의 '장년층 고용안정 및 자영업자 대책'을 발표했지만 1년 만에 실효성이 떨어진다는 지적이 나오는 실정이다. 50대 조기퇴직 후 창업에 나선 경험자들은 정부의 중장기적인 지원책이 마련되기 전에 스스로의 미래를 일찌감치 준비해둬야 한다고 입을 모은다.

퇴직 전에 배우고 준비해야 승산 … 취미도 큰 자산

신모 씨(56)는 지난 2010년, 30여 년간의 직장생활을 마치고 와인과 함께 '제2의 인생'을 시작했다. 15년 전 업무상 필요에 의해 와인을 접한 후 꾸준히 공부한 게 새로운 도약의 밑천이 됐다.

신씨는 은행에서 일하며 거래하던 회사대표나 임원들이 은퇴를 앞두고 와인을 즐기는 모습을 보며 앞으로 더 많은 사람들이 기꺼이 돈을 지불하고 와인을 배우고 마시는 시대가 올 것이라고 생각, 꾸준히 와인을 공부했다.

신씨가 퇴직 후 서울 마포구에 창업한 와인 레스토랑 '보나베띠'는 젊은 중년에게 편하게 와인을 마실 수 있는 명소로 자리 잡았다. 신씨는 레스토랑에서 와인 강의를 해주고 동호회를 운영하기도 하는 등 왕성하게 활동하고 있다.

신씨는 "이렇게 일하는 것 자체가 축복이고 70세까지 일을 계속하고 싶다"며 "중소기업 최고경영자들을 상대로 교육을 하는 게 꿈이라 최근에는 평생교육사 자격증도 취득했다"고 말했다.

24년간의 직장생활을 끝내고 2년 전 퇴직한 박모 씨(54)는 몇 달간 준비를 거쳐 바(bar)를 창업했다. 목이 좋은 곳도, 임대료가 높은 곳도 아니지만 입소문을 타고 꾸준히 손님들이 찾고 있어 벌이도 안정적인 편이다.

비결은 오래전부터 취미로 수집해왔던 CD · LP 등 각종 음반들과 직장에서 취미로 했던 '밴드' 동호회활동 덕분이다. 하나둘씩 수집한 음반들은 고가의 비용을 들이지 않고도 가게의 개성을 살려주는 훌륭한 인테리어가 됐다.

밴드활동을 함께 했던 동료들이 가끔 들러 즉석에서 라이브로 연주를 하고, 평소에는 박씨가 직접 선곡한 곡들을 들려준다.

박씨의 바는 음악을 좋아하는 사람들 사이에서 '편안한 아지트'로 자리 잡았다. 박씨는 "퇴직 후에 자기가 좋아하는 일을 하면서 매달 안정적으로 200만~300만 원만 벌어도 성공한 삶이라고 생각한다"며 "직장생활하면서 매일 일과 회식에만 매달리지 말고 취미생활을 제대로 즐기고 배우다 보면 나중에 큰 힘이 된다"고 조언했다

묻지마 창업은 노후자금까지 위협 … 실질대책 나와야

전문가들은 50대가 조기퇴직 후 충분한 준비 없이 생계를 위해 '묻지마 창업'에 뛰어들었다가 폐업할 경우 가계 전체가 심각한 위기에 내몰릴 수 있다고 우려한다.

국세청이 발표한 '개인사업자 창업 · 폐업 현황'에 따르면, 지난 2004년부터 2013년까지 자영업 창업건수는 949만 개에 달했다. 2013년 말 2,046만 세대를 기준으로 단순 비교하면 지난 10년간 2.2가구 중 1가구가 자영업에 뛰어든 셈이다.

같은 기간 폐업은 793만 개로 전체 창업건수에서 이를 제외하면 156만 개만 살아남은 것으로 추정된다. 베이비부머 세대의 은퇴가 본격화되는 점을 고려하면 앞으로 생존율은 더 낮아질 것으로 관측된다.

권영훈 경남대 경영학과 교수는 "직장에서의 오랜 경력이 창업을 위한 밑바탕이 되느냐, 구속이 되느냐는 창업 준비기간에 달려 있다"며 "타의에 의해 은퇴 시기가 결정되는 현실을 고려하면 은퇴 전의 경력과 적성을 최대한 살릴 수 있는 분야를 택해 미리 준비해야 한다"고 말했다.

50대 장년층의 '울며 겨자 먹기식' 자영업 진출을 차단할 수 있는 실질적인 대안 마련이 시급하다는 지적도 나온다.

김겸훈 한남대 행정학과 교수는 "정부가 일자리 창출을 위한 본연의 역할은 등한시하고 미봉책에 급급하고 있다"며 "지역사회의 생산을 유발시키는 강소기업에 투자하는 등 고용을 늘리기 위한 근본적 대책을 마련해야 한다"고 지적했다.

개인사업자 창업 · 폐업 현황

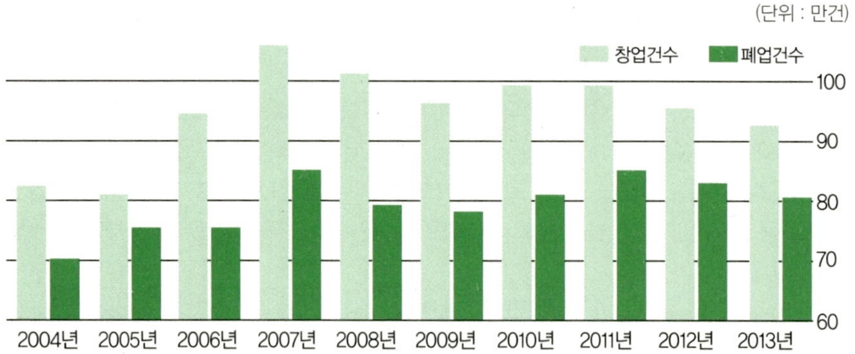

(출처 : 국세청)

출처 : 머니투데이, 2015-09-15

사례 6 "창업이나 할까?" … 10곳 중 5곳 '3년도 못 버텨'

새로 창업한 사업체 10곳 중 5곳은 3년을 버티지 못하는 것으로 조사됐다.

2017년 12월 4일 한국고용정보원의 '지역별 창업에 따른 고용변동과 고용격차'에 따르면 2011년 1분기에 창업한 사업체의 3년 생존율은 54.8%로 조사됐다. 또 5년 생존율은 41.8%였다. 10곳 중 5곳이 3년을 버티지 못하고, 5년을 넘어서까지 살아남는 곳은 4곳에 불과한 셈이다.

지역별로 보면 3년 생존율이 가장 낮은 곳은 강원(45.4%)이었다. 이어 전남(47.1%), 전북(47.8%), 경북(48.5%)이 뒤를 이었다. 생존율이 가장 높은 곳은 대구와 경기(56.5%)였다. 연구를 진행한 박진희 연구위원은 "강원, 전남, 전북, 경북은 창업 생존율을 높이기 위한 정책이 필요한 것으로 나타났다"고 말했다.

창업사업체의 짧은 생존률이 드러난 건 이번이 처음이 아니다. 지난달에는 청년창업자들의 절반 이상이 2년 내 문을 닫는다는 조사결과가 나왔다. 지난달 12일 한국고용정보원 조사에서는 청년(만 23~37세) 자영업 지속기간은 평균 31개월에 불과했다.

당시 조사에서 1년도 안 돼 폐업하는 경우도 상당한 것으로 나타났다. 30.1%가 1년도 살아남지 못하는 것으로 조사됐다. 1년 이상~2년 미만이 25.2%로, 창업 후 2년도 안 돼 폐업하는 경우가 55.3%에 달했다. 2년 이상~4년 미만이 22.9%였으며, 4년 이상 버티는 곳은 21.8%였다.

이 같은 창업 자영업자들의 빈약한 생존성을 보완하기 위한 대책 마련을 요구하는 목소리가 정치권에서도 커지고 있다. 지난 10월 열린 국정감사에서 서민경제의 근간을 이루고 있지만 폐업 위험에 직면해 있는 소상공인지원 대책이 요구됐다.

국회 산업통상자원중소벤처기업위원회 소속 김규환 자유한국당 의원은 "최저임금 인상에 따른 소상공인의 부담 증가를 최소화할 수 있도록 정책적 지원이 필요하다"면서 "정부가 소상공인 고용 감소 방지 및 성장을 위한 모멘텀을 마련해야 한다"고 촉구했다.

출처 : 시사위크, 2017-12-04

사례 7 "먹고살기 힘드니 장사나 할까? 어림없는 소리!"

요리 선생님에서 장사 멘토로 … 예능 '푸드트럭' 백종원

"먹고살기 힘든데 식당이나 할까? 그런 말 제일 싫어해요. 이 일 저 일 다 안 되니까 식당 한다? 절대 안 되죠."

백종원(51) 더본코리아 대표가 달라졌다. 요리 왕초보에게 '집밥' 만드는 법을 알려주며 "참 쉽쥬?"라고 격려하던 그가 "정신이 썩어빠졌다", "맛이 거지 같다"고 호통친다. SBS 예능 '푸드트럭'에서 본격적으로 장사를 가르치면서 "이게 원래 내 전공"이라며 즐거워한다.

서울 논현동 '본가' 본점에서 만난 백종원 대표는 "초등학생 때 불우이웃돕기 성금을 교내에서 가장 많이 냈다. 다른 학교들 소풍 갔던 절에 리어카 끌고 가서 빈 병을 싹 주워다 팔았다. 장사 감각은 타고난 것 같다"고 했다.

푸드트럭은 청년 일자리 창출목적으로 3년 전 합법화됐다. 임대료는 폭등하고 폐업은 넘쳐나는 시대, 자본이 부족한 젊은이들이 절박하게 뛰어든다. 서울 강남역과 경기 수원역, 부산 사직구장 인근에서 망해가던 푸드트럭이 백 대표 조언을 적용해 되살아났다. 최근 서울 논현동 '본가' 본점에서 만난 그는 "군대에서 군기 잡는 건 사고 나기 쉬워서예요. 불, 칼, 가스 쓰는 식당도 위험하긴 마찬가지죠. 겉멋 들지 않도록 따끔하게 가르쳐야죠"라고 했다. 백 대표는 1993년 식당 한 곳으로 출발해 '새마을식당', '한신포차', '빽다방' 등 11개 브랜드(가맹사업 기준) 1,300곳 넘는 체인점을 운영 중이다. 중국 · 동남아 · 미국에도 진출했고 제주도 호텔도 문을 열었다. '장사의 신', '밥 재벌'로 불리며 식당 주인들에게 '꿈'으로 통한다. 그는 예전에도 '백종원의 장사 이야기'라는 강연을 매달 열었고 '돈 버는 식당 비법은 있다' 같은 책도 여러 권 냈다. 방송에서 말한 장사 요령은 '어록'이 되어 인터넷에 공유되고 있다.

"0.1초 만에 손님 시선 붙들어라", "손님 눈에 3번 띄면 1번은 꼭 찾아온다", "맛의 30%는 입으로, 나머지는 눈 · 코 · 귀로 느낀다", "음식이 아니라 자존심을 파는 것이다" …. 백 대표는 "피와 살을 오려내 다 주고 있다"고 했다. 그의 강연은 경쟁업체 직원들도 몰래 와서 들었다고 한다. "예전엔 '좋은 건 나만 알자, 나만 잘 되면 된다' 생각했죠. 해외에 나가 보니 정말 넓은 시장이 있더라고요. 외식업계 전체적 수준을 높이는 것이 중요하다는 걸 깨달았어요. 불이 활활 붙을 수 있도록 기름 붓는 역할을 하기로 했죠."

교육자 집안 출신으로 연세대 사회복지학과를 졸업한 그는 집안 반대를 무릅쓰고 27세에 쌈밥집을 열어 성공을 거뒀다. 1998년 IMF 때 주택사업을 무리하게 벌이다 17억 원 빚만 지고 폭삭 망했다. 밤낮 가리지 않고 포장마차와 유원지를 오가며 다시 장사를 시작해 프랜차이즈사업으로 재기했다. 우여곡절 겪으면서도 식당을 포기하지 못했다. "사람을 당장 기쁘게 만들어주는 일이니까요. 음료수 하나만 따줘도, 반찬 하나만 더 챙겨줘도 손님 기분이 즉시 좋아지니 나도 얼마나 행복해요."

'마이 리틀 텔레비전', '집밥 백선생' 등에 출연하며 연예인 못지않은 스타로 떠오른 건 2~3년 전부터다. 충남 예산의 사학재단 예덕학원 이사장이기도 하다. 내년부터 고등학교에 외식조리과를 신설하고, 장기적으로는 조리 전문학교로 전환할 계획이다. "유능한 젊은이들이 무조건 큰 조직에 들어가려고 애쓰는 게 안타까워요. 작은 기업에 취직해 돋보이는 인재가 되든, 자기 가게를 열든 자기 일을 의지대로 신나게 하면서 사는 게 멋지지 않나요?"

출처 : chosun.com, 2017-10-11

사례 8 "80대 老母 가게 나오셔야 할 판 … 알바 줄이거나 문닫을 수도"

월 350만 원 버는 편의점주 내년 월 200만 원대로 '뚝'
한식당 운영하는 식당주인 직원 절반 줄여야 유지
외식산업연 "2020년까지 식당 일자리 13% 사라질 것"

자영업현장 긴급점검 / 인건비에 우는 자영업자

경기도 용인에서 고깃집을 운영하는 한 자영업자가 주방에서 음식을 담아 식당에 옮기는 작업을 직접 하고 있다. 자영업 불황 속에 최저임금 인상 등 악재가 겹치면서 인건비 절감을 위해 주인이 주방 일까지 맡는 경우가 늘고 있다.

2010년 회사를 퇴직하고 경기도 하남에 치킨 프랜차이즈 매장을 차린 A씨(42)는 최근 폐업을 고민하고 있다. 주변에 치킨 매장이 7년 새 3개에서 8개로 늘어나 수익이 크게 줄어든 데다 종업원 몸값이 해마다 뛰고 있기 때문이다. A씨는 퇴직금과 은행대출을 합쳐 친구와 1억 원씩 투자해 동업했다가 장사가 신통치 않자 2013년 재취업했다. 1억 원은 여전히 투자금으로 묻어뒀지만 올해 안에 되찾아올 예정이다. A씨는 "몇 년 전만 해도 매달 70만~80만 원을 받았지만 지금은 10만~20만 원에 불과하다"면서 "은행이자에도 못 미치는 수익인 데다, 향후 최저임금까지 올라 인건비 부담이 커지게 돼 동업자와 폐업문제를 논의하고 있다"고 말했다.

내년부터 목전에 닥친 최저임금 인상과 향후 근로시간 단축 계획을 앞두고 자영업자들이 살길 찾기에 바빠졌다. 매년 임차료와 원재료값이 올라가는 마당에 인건비 상승이라는 악재가 더해지면서 폐업을 고민하는 사례가 늘고 있다. 당장 경기가 나아질 것으로 기대할 수 없는 상황에서 최저임금 인상과 근로시간 단축에 따른 경영 악화 우려가 사업을 그만두려던 자영업자들에게 모종의 결단을 재촉하고 있는 것이다.

서울 강남구 선릉역에서 5년째 편의점을 운영 중인 B씨는 2명의 아르바이트 직원을 쓰고 있다. 그는 오전 8시~오후 4시 혼자 매장을 돌보고, 나머지 시간은 직원들이 나눠 맡는다. 월매출은 6,000만~7,000만 원이지만 임차료와 급여 등을 빼면 B씨가 가져가는 돈은 월 350만 원 수준이다. 하지만 인건비 상승 전망에 B씨는 폐업을 심각하게 고민하고 있다. 그는 "내년부터 직원 급여가 매달 60만~70만원 늘어나면 내 수입도 월 200만 원대로 내려간다"면서 "여기에다 법정 근로시간까지 줄어들면 내 업무 부담이 늘고 집사람까지 동원해야 하는데 지속하기 힘들어 2~3년 내 매장을 접어야 할 판"이라고 밝혔다.

편의점업계는 가맹점주들의 비용 분담 차원에서 최저수입 보장, 전기료지원 등 상생 방안을 내놓고 있지만 현장 목소리는 냉랭하다. 편의점 가맹본부 관계자는 "정부의 최저임금 인상 결정과 근로시간 단축 얘기가 나오면서 창업 상담 문의가 크게 줄었다"면서 "현재 영업 중인 점포주들도 재계약을 앞두고 운영을 계속할지 고민을 제기하고 있다"고 전했다. 편의점업계는 가맹점 출점 계획이 차질을 빚을까 걱정할 정도다.

이미 포화상태인 외식업계도 최저임금 인상이나 근로시간 감축에 따른 비용부담으로 점포 운영을 위한 최소 마진의 임계치를 넘을까 노심초사하고 있다.

1995년부터 서울 종로에서 한식당을 운영해온 C씨는 "최저임금 인상이 1997~1998년 IMF 외환위기 때보다 더 큰 어려움을 가져올 것"이라며 한숨을 내쉬었다. 그는 "평생 하던 식당을 접을 수는 없으니 4명인 직원을 절반으로 줄이고, 팔순 넘은 노모까지 달라붙어 일해야 할 판"이라고 말했다. 그는 "올해 시간당 최저임금이 6,470원인데 이미 주휴 수당을 포함해 8,030원을 주고 있다"면서 "내년 최저임금이 7,530원이 되면 당장 임금이 9,000원대로 뛰고, 직업소개소 비용 등을 합치면 실제 부담은 1만 원을 훌쩍 넘는다"고 설명했다. 서울 노원구 석계역 인근에서 커피전문점을 운영하는 D씨도 내년부터 하루 15시간씩 일할 계획이라며 고개를 저었다. 지금은 오전 7시부터 오후 3시까지 8시간 일하고 나머지는 2명의 아르바이트생을 썼지만 임금 부담이 늘어나 내년부터 D씨가 업무시간을 늘릴 수밖에 없다. 그는 "인건비, 임차료 빼면 남는 돈은 월 100만 원 남짓으로 임금이 올라가면 직원을 줄이고 혼자 감당해야 한다"고 토로했다.

프랜차이즈를 포함한 외식업계는 최저임금 상승이 직원 축소를 거쳐 상당수 업소들이 문을 닫는 사태로 이어질 것으로 보고 있다. 한국외식업중앙회 산하 한국외식산업연구원에 따르면 최저임금이 매년 평균 15.7%씩 오르면 2018년부터 인건비는 9.25%씩 증가할 전망이다. 2017년기준 16.1%였던 인건비 비중은 매년 급증해 2020년에는 20%를 넘어서게 된다. 특히 최저임금 인상과 불경기를 감안하면 2020년까지 현재 외식업 종사자의 13%가 일자리를 잃는 상황을 맞이할 것이라고 분석했다.

커지는 인건비 부담에 신음하는 자영업자들 (괄호 안은 업체 지역 · 업종)

A씨(경기 하남시 · 치킨집)
▶과열 경쟁으로 월수익 10만~20만 원 불과 인건비 부담 커져 수익 악화에 폐업 예정

B씨(서울 강남 · 편의점)
▶월매출 7,000만원 중 순익 360만 원. 최저임금 인상 시 200만 원대 하락. 본인 근무 8시간 → 12시간 연장

C씨(서울 종로 · 한식당)
▶월매출 2,000만 원 중 인건비가 20% 차지 내년 25%까지 인상. 직원 절반 감축 예정

D씨(서울 노원 · 카페)
▶순익 100만 원 안팎. 내년부터 아르바이트 직원 없이 혼자 하루 15시간식 근무할 계획

커피 프랜차이즈업계는 최저임금 인상으로 내년부터 가맹점마다 인건비가 월 40만 원 이상 늘어날 것으로 보고 있다. 회사 입장에서는 가맹점이 500~2,000개에 달해 지원에 한계가 있다.

서용희 한국외식산업연구원 선임연구원은 "외식업계는 '종사자 4인 미만'인 영세 사업체가 전체의 87.4%로 전체 매출에서 식재료비(40.6%), 인건비(17.6%) 등 고정비용이 높아 수익구조가 취약하다"면서 "인건비까지 오르면 점포운영 여력은 크게 줄어든다"고 밝혔다. 프랜차이즈업계 인사는 "가맹점주 대다수가 영세해 최저임금 부담은 결국 고용 감소와 서비스 질 하락, 소비자 편익 감소, 물가 인상을 가져올 것"이라고 전망했다.

출처 : 매일경제, 2017-10-29

참고문헌 Reference

01 한길석, 「창업과 경영」, 법문사, 2005, pp.50~51.

02 김이태, 「창업경영전략」, OK Press, 2005, p.32.

03 손영일, 「손영일의 창업스쿨」, 고려문화사, 1997, pp.113~125.

04 한국경제신문, 한경BUSINESS, 2011.2.2., pp.28~29.

05 박주관, 「창업은 도전이다」, 기은개발금융(주), 1996.4.

06 조관행, 「중소기업이야기」, 한국경제신문사, 1992, pp.131~133.

07 최재희 외 3인, 「창업성공마인드」, 중앙경제평론사, 2007, pp.161~166.

08 김원수, 「마케팅원론」, 경문사, 1992. pp.564~565.

09 손영일, 「손영일의 창업스쿨」, 고려문화사, 1997, pp.203~205.

10 경상대학교 생산기술연구소, 「창업강좌」, 1998.8., pp.84~85.

11 이상헌, 고령화 시대 구직보다 창업이 '대세', 한국경제신문, 한경BUSINESS, 2010.1.18., pp.48~49.

Chapter 02

창업의 절차

제1절 | 창업의 절차

창업의 절차는 업종, 규모 등에 따라 다르게 나타날 수 있는데 일반적으로는 창업자 여건 파악, 사업아이템의 탐색과 선정, 사업타당성 및 창업환경의 분석, 창업조직구성, 사업계획의 수립 그리고 창업 등의 절차를 거친다고 할 수 있다.

1. 창업의 기본적인 절차

1) 창업자 여건 파악

창업자는 자신의 전문적인 지식, 과거 사회경험, 자금동원능력, 성격, 이미지, 주변 여건 등을 먼저 파악한 후 다른 사람 또는 전문기관에 의해 객관적인 재평가를 받아 자신의 적성을 파악하는 것이 중요하다. 창업자 여건과 관련하여 제4장에서 자세히 살펴보기로 한다.

2) 사업아이템의 탐색과 선정

창업의 성패를 결정하는 데 있어 무엇보다 중요한 것은 아이템이다. 그러므로 창업자가 가장 우선적으로 해야 할 일은 사업아이템을 탐색하고 선정하는 것이다. 사업아이템과 관련된 모든 것, 즉 어떤(what) 품목을 창업의 대상으로 할 것이며, 아이템 생산을 위한 재료는 어디에서(where) 구입하고, 어떻게(how) 생산하며, 언제(when) 판매할 것인지, 가격(price)은 얼마에 판매할 것이며, 누구(who)를 대상으로 판매하겠다는 계획을 가지고 창업을 해야 한다. 사업아이템이 자신의 성격, 경험 그리고 경력에 적합 여부와 미래의 성장가능성 유무, 혹은 자금규모에 적합한지를 냉철하게 판단하여 창업아이템을 확정하여야 한다.

도표 2-1 | 창업의 기본절차

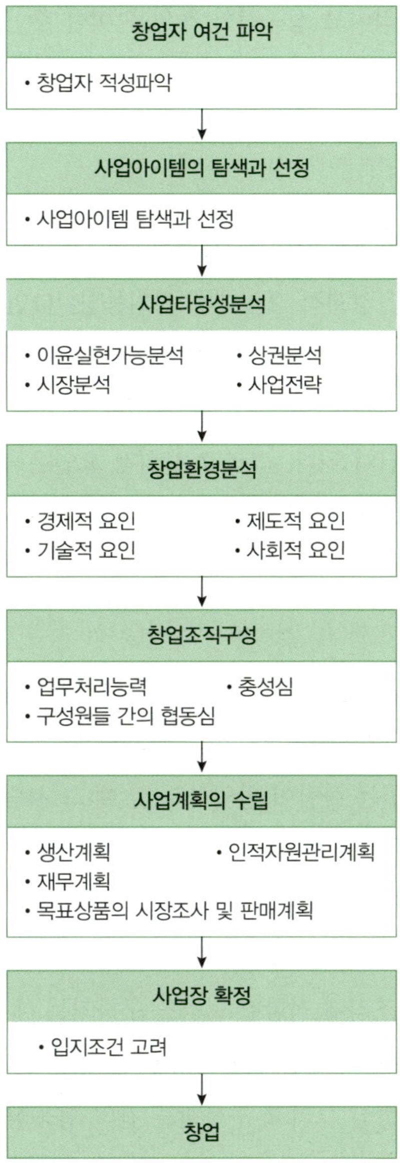

3) 사업타당성분석

사업타당성분석은 창업자가 고려하는 사업아이템이 이윤실현가능성이 있는가, 즉 성공적인 창업이 될 수 있는가를 객관적으로 분석하는 활동을 말한다. 이러한 사업타당성분석을 통하여 창업자의 주관적인 사업구상이 아닌 체계적이고 객관적인 분석을 통해 효율적이고 성공적인 창업을 이룰 수 있다. 이에 대한 자세한 내용은 제7장에서 살펴보기로 한다.

4) 창업환경분석

창업에 영향을 주는 경제적 요인, 제도적 요인, 기술적 요인 그리고 사회적 요인 등을 분석해야 한다. 경제적 요인에는 경기동향, 타인자본조달의 어려움, 이자율, 환율 등이 있다. 제도적 요인에는 설립규제 및 장려제도, 조세제도 등이 있다. 기술적 요인에서 신기술이 발생하는 환경이나 기술변화가 심한 환경은 기술적인 창업에 좋은 조건이 된다. 그리고 사회적 요인은 창업이나 창업자에 대한 사회적 인식이라고 할 수 있다.

5) 창업조직구성

우수한 창업조직의 구성은 사업성패의 주요요인이 되므로 창업조직구성에 각별한 주의가 요망된다. 창업조직이 구성되는 과정은 두 유형으로 진행된다. 하나는 아이디어를 가지고 있는 사람이 창업하려 할 때 그 사람의 주도하에 몇 사람이 결집하여 구성되는 경우이고, 다른 하나는 여러 사람들이 공유하고 있는 아이디어와 경험을 바탕으로 형성되는 경우이다.

기업이익을 창출하는 중요한 요소 중의 하나가 인적자원이다. 그러나 현대의 고임금구조하에서 창업조직에 적합한 인력을 구하기는 매우 어려운 일이다. 그렇지만 창업자는 창업조직을 구성함에 있어서 어떤 형태의 조직이 필요한가에 유의하여 업무처리능력, 충성심 그리고 구성원들 간의 협동심 등을 고려하여 창업조직을 구성해야 한다.

(1) 창업조직구성원의 대상

창업조직을 구성함에 있어서 적절한 대상은 친지, 친구, 동창, 직장동료, 경쟁사 직원, 경영컨설턴트 등 다양하다. 그리고 지인의 소개 또는 공개모집을 통해서

적임자를 물색할 수도 있다.

(2) 창업조직구성과정

창업자는 조직구성에 앞서 조직구성원 선발과 구성에 관한 문제와 성공적인 팀워크가 이루어지도록 분위기를 조성하는 문제에 관한 방침을 결정해야 한다. 이러한 과제를 체계적으로 해결하기 위해서는 다음과 같은 단계적 접근이 필요하다.[01]

첫째, 창업동기, 경험, 경영능력, 성공에 대한 기대와 조직 내에서 희생에 대한 각오, 대인 및 조직관리능력, 업무추진능력 등에 대한 창업자 자신의 철저한 자기평가가 이루어져야 할 뿐만 아니라 사업의 사명과 목적, 업무의 내용 및 양, 결정적 성공요인, 외부와의 관계 등 계획사업에 대한 명확한 인식이 있어야 한다.

둘째, 창업조직구성의 필요성을 검토한다. 사업 수행에 있어서 자본, 기술, 생산, 판매, 관리 등의 업무를 직원의 도움만으로, 또는 창업자의 독자적인 수행으로 가능한지를 검토한다.

셋째, 창업파트너가 필요하다고 판단되면 다음을 모색한다.

① 전일제로 할 것인가? 시간제로 할 것인가?
② 언제 필요한가?
③ 어떤 방법으로 선발할 것인가?
④ 법률, 세무, 기술, 판매, 회계 등 분야별 인원수는 얼마인가?
⑤ 파트너의 직위와 보수는 얼마로 할 것인가?
⑥ 파트너의 보수와 대우는 감당이 가능한가?

넷째, 창업파트너를 선발하고 팀워크 조성을 위해 노력한다. 즉, 직위, 급여, 승진, 복지와 후생, 권한과 책임 등을 분명히 하고 참여에 의한 경영으로 사기와 직무만족을 높일 수 있는 인사정책을 펼친다.

(3) 성공적인 창업조직의 조건

창업조직이 성공적이기 위해서는 다음과 같은 조건을 만족해야 한다.[02]

① 응집력 : 응집력이 높은 창업조직은 개인의 성공과 기업의 성공을 동일시하며 동일한 목적을 위해 함께 일하고 있다는 데 만족감을 가지고 있다.

② 팀워크 : 혼자서 독불장군처럼 일하는 것이 아니라 다른 사람의 일을 쉽게 도와주며 파트너와 핵심인물의 성공을 축하함으로써 서로에게 동기를 부여한다.

③ 통합성 : 개인적인 욕심이나 부서단위의 이기심으로 판단하기보다는 회사나 고객을 중심으로 판단한다.

④ 높은 몰입의 수준 : 창업조직의 구성원은 자신의 업무가 단기간에 끝나지 않는다는 점, 창업이라는 것이 당장 벼락부자로 만드는 것이 아님을 알고 있다. 창업은 오랜 기다림(5년 이상) 끝에 찾아오는 만족 지연의 게임임을 알고 있다.

⑤ 미래의 이익 회수에 대한 마음가짐 : 성공은 나중에 최초 주식공개 시의 자본증대로 측정되는 것이지 당장 월급의 크기나 사무실의 위치나 크기, 특정한 자동차 같은 것으로 평가되는 것이 아니라는 생각을 가지고 있다.

⑥ 가치창조에의 몰입 : 조직구성원들 모두가 고객가치를 늘리고 공급자와 상생관계를 유지하며 구성원 자신과 주주들 모두 돈을 벌 수 있게 해주는 목적으로 전체적인 파이를 키우는 일에 헌신한다.

⑦ 동등한 불평등 : 창업구성원에 대한 보상과 주식소유권은 장시간에 걸친 기여, 업무 수행, 성과에 기초한다는 사실을 구성원 모두 인정하는 것이 중요하다. 특히 소유권에 관해서는 불평등이 당연하다는 인식을 심어주어야 한다. 왜냐하면 소유권 차별화에 실패하면 기여도에서 차이가 나는 문제가 발생하여 기업의 성장성에 심각한 타격을 받기 때문이다.

⑧ 공정성 : 조직으로 사업을 진행하면 불만은 항상 나타나게 된다. 이들은 미리 계산될 수 없기 때문에 조정이 필요하다. 경영자는 구성원의 동의를 얻어서 조정의 재량권을 행사해야 한다.

⑨ 수확의 분배 : 성공적인 기업가는 기업의 성과가 거두어지는 시점에서 윤리적 의무가 없는 상황에서도 공평성과 공정성의 원칙을 적용하여 자신에게 돌아오는 몫의 일부를 종업원에게 나누어주기도 한다.

결국 좋은 창업조직이란 동일한 목표에 대한 높은 이해가 우선 요구된다. 또한 사업에 대한 높은 몰입도와 조직구성원들과의 끊임없는 의사소통을 유지하는 태도를 견지해야 한다.

6) 사업계획서 작성

성공적인 창업을 위해서는 창업활동에 대한 철저한 사업계획이 필요하다. 사업계획서는 창업계획이 나아가고 있는 방향을 제시해주고, 구체적인 목표도달방법을 설명하는 창업에 대한 문서화된 자료이다. 사업계획서에 관한 자세한 내용은 제7장에서 살펴보기로 한다.

7) 사업장(점포) 확정

소규모 창업의 성공과 실패는 절반 이상이 점포 입지에 의해 좌우된다. 세밀한 사업계획서에 따라 입지를 선정하는데 도시발달단계에 따른 입지조건을 고려해야 한다.

8) 창업

이전의 과정들을 거쳐서 창업에 이르게 된다.

제2절 | 업종에 따른 창업절차

업종에 따른 창업의 절차는 ① 제조업 창업, ② 도 · 소매업 창업, ③ 서비스업 창업 그리고 ④ 인터넷 쇼핑몰 창업 등으로 살펴보기로 한다. 그리고 업종별 창업의 세부적이고 구체적인 절차는 소상공인 진흥공단의 소상공인 마당 홈페이지-알림정보-창업절차도를 참고하기 바란다.[03]

1. 제조업 창업의 절차

제조업은 광업과 함께 제2차 산업군에 해당하며 제조, 제작, 수리, 가공하는 업종으로서 일반적으로 제조업 창업은 다른 업종에 비하여 어려운 것으로 이해되고 있다. 왜냐하면 제조업 창업은 제품을 생산하는 분야이기 때문에 전문지식과 경험을 갖춘 기술과 인력, 기계설비 및 공장 확보에 필요한 비용 등의 많은 초기자금이 필요하기 때문이다. 특히 공장을 새로이 설립하여 창업을 하려는 경우 절차의 복잡성, 장기간의 공장설립기간의 소요 등으로 성공적인 창업을 위해서는 업종선정, 입지선정, 시장분석, 자금조달계획 등의 창업 준비사항에 대한 충분한 분석과 검토가 필요하다.

제조업 창업에서 창업자가 유의해야 할 과제는 공장설립과정인데 새로운 공장건축을 통한 창업보다는 기존공장의 매입 혹은 임차를 통한 창업이 더 쉬운 방법이다. 새로운 공장건축을 통한 창업이든 기존공장의 매입 혹은 임차를 통한 창업이든 특히 공장 입지와 관련된 규제사항, 인 · 허가사항 등을 사전에 파악하여 공장설비계획을 수립하고 그 계획에 따라 공장설립을 추진하여야 한다.

그리고 제조업의 업종에는 허가, 신고, 등록 등의 인 · 허가가 필요한 업종과 인 · 허가가 필요치 않은 업종이 있으므로 반드시 확인하여야 한다. 인 · 허가가 필요한 업종인데도 불구하고 절차를 몰라서 인 · 허가를 받지 않았을 경우에는 벌금 등의 제재조치로 인하여 창업이 지연되거나 불가능할 수도 있기 때문이다.

본서에서는 허가, 신고, 등록 등의 인 · 허가가 필요한 업종의 창업절차는 생략하고 인 · 허가가 불필요한 업종의 일반적인 창업절차만 살펴보고자 한다. 인 · 허가가 불필요한 업종의 전체적인 창업과정은 일반적으로 사업에 관련된 아이디어를 탐색하여 선별하는 착상단계와 사업성을 분석하고 평가하며 이를 기초로 사업계획서를 작성하고, 기업형태를 결정하는 계획단계를 거쳐 회사를 설립하여 생산 · 영업을 개시하는 실행단계로 진행된다.

그 중에서 창업절차에 해당되는 착상단계와 계획단계를 구체적으로 분류해보면 제조업의 경우 공장설립을 위한 입지선정과 공장건축의 과정이 필요하기 때문에 업종이나 사업규모, 창업자의 여건에 따라 다소의 차이는 있겠지만 기본적으로 업종선정 및 사업계획 수립, 회사설립 및 사업자등록, 공장 입지선정 및 공장 설립(또는 임차를 통한 공장확보), 사업개시를 위한 기타 행정절차의 순서로 진행되는데 인 · 허가가 불필요한 제조업의 세부적인 창업절차는 [도표 2-2]와 같다.

도표 2-2 | 제조업 창업절차

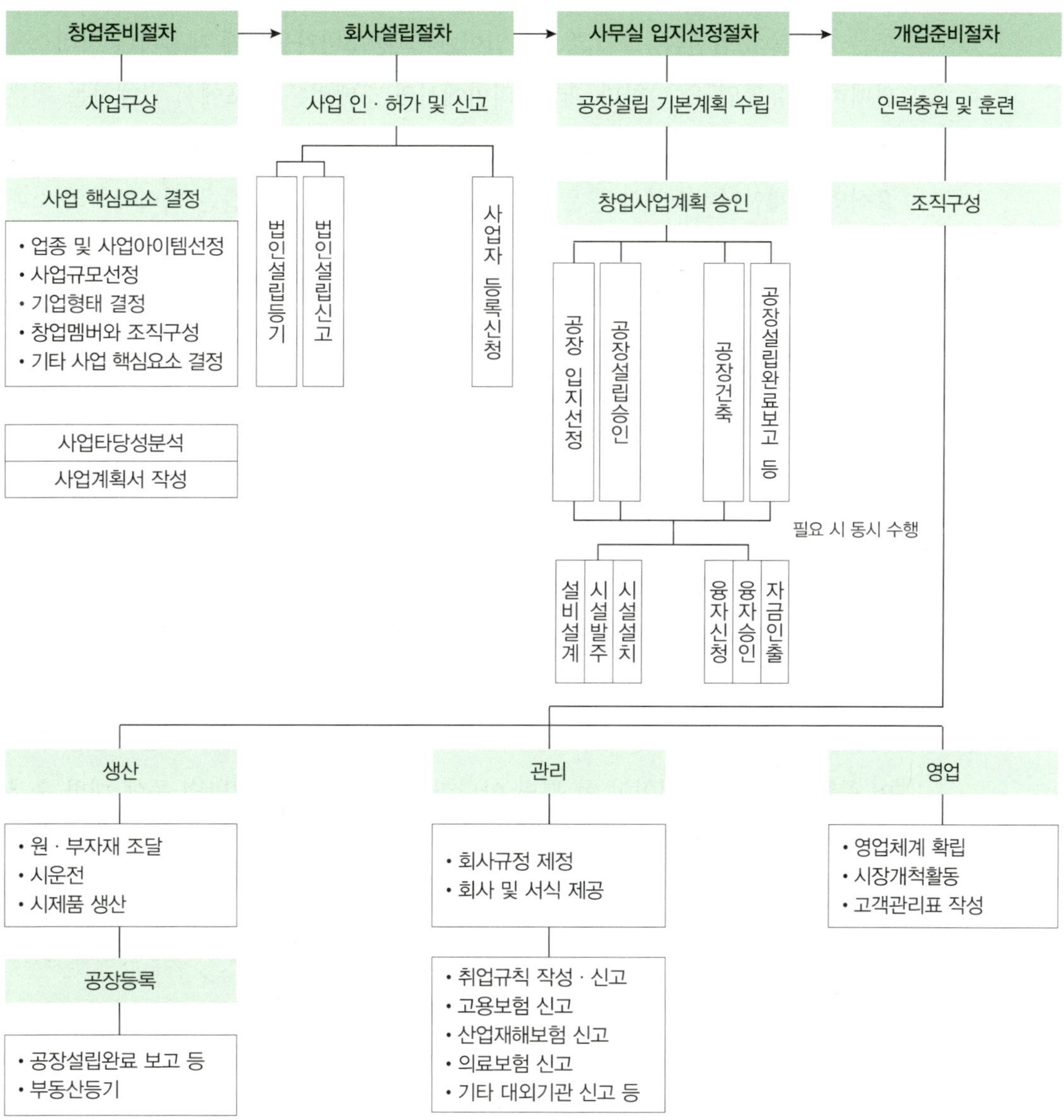

2. 도 · 소매업 창업의 절차

1) 도 · 소매업의 의의

도매업이란 “제품을 소매업자 및 기타 상인 그리고 산업체와 기관 사용자에게 판매하는 유통업”을 말한다. 즉, 도매거래라 함은 최종소비자와의 거래를 제외한 모든 거래를 포함한다. 그리고 소매업이란 “최종소비자들에게 제품이나 서비스를 판매하는 유통업”을 말한다. 넓은 의미에서의 소매업은 점포에서 판매하는 것뿐만 아니라 방문판매 또는 통신판매와 같은 무점포판매도 포함하며, 나아가서는 요식업과 개인서비스업과 같은 업소까지도 포함한다. 한편 좁은 의미에서의 소매업은 제품을 소비자에게 판매하는 소매활동을 말한다.[04]

2) 도 · 소매업 창업의 절차

도 · 소매업은 제조업과 달리 공장설립이나 기계장치 등이 필요없고, 특히 소규모 자영업이 대부분이다. 그리고 법인형태보다 개인기업으로 경영하기 때문에 창업절차가 제조업의 창업절차보다 비교적 간단하다. 그러나 경영의 초보자에게는 쉬운 것만도 아니다. 아무리 창업절차가 간단한 도 · 소매업이라 하더라도 나름대로 사전준비가 철저하지 않으면 창업초기에 시행착오를 겪게 되고, 착오가 거듭되면 경영을 제대로 해보지도 못하고 사업에 자신감을 잃게 된다. 따라서 도 · 소매업도 창업을 준비함에 있어 점포의 입지선정, 취급품목선정, 자금조달능력 등이 종합적으로 검토되어야 할 뿐만 아니라 상권분석 및 영업방법 등에 대한 충분하고 세밀한 연구가 반드시 필요하다. 예컨대 의류품목을 취급하려면 유동인구가 많은 곳, 생필품을 취급하려면 아파트단지 등 거주인구가 많은 장소에서 성공할 확률이 높다. 이러한 일반적 시장분석은 사업아이템별로 판매 대상, 판매 장소, 판매시기, 판매방법 등을 복합적으로 검토하여야 한다.

도 · 소매업은 제조업과 마찬가지로 창업자가 사업자등록이나 법인신고만 하면 영업활동이 가능한 업종과 일정한 시설과 요건을 갖춘 자만이 사업활동을 할 수 있는 인 · 허가 업종으로 구분할 수 있다. 여기서는 인 · 허가가 필요 없는 도 · 소매업의 일반적 창업절차를 소개하고자 한다.

도 · 소매업은 일반적으로 어떤 품목을 어디에서 판매하느냐에 따라서 사업의 성패가 달려있다고 할 정도로 품목에 따른 입지의 중요성이 강조되고 있다. 따라서 도 · 소매업의 창업절차도 사업품목을 선정할 때부터 자료조사와 시장조사, 즉 현지조사를 함께 하지 않으면 안 된다.

도 · 소매업 창업절차는 순서별로 사업아이템선정단계인 창업준비절차와 점포입지선정절차 및 개업준비절차의 3단계로 나눌 수 있으며, 각 단계별 세부내용을 알기 쉽게 도표로 나타내면 [도표 2-3]과 같다.

도표 2-3 | 도 · 소매업 창업절차

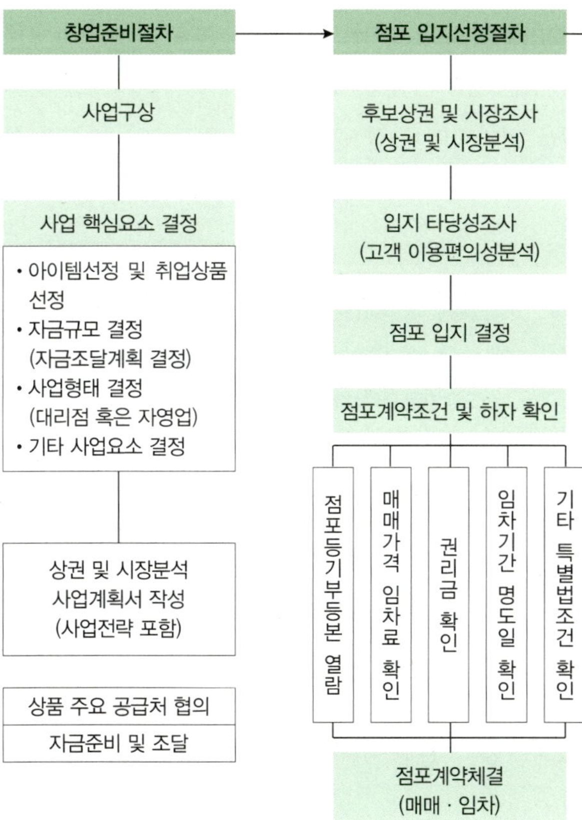

3. 서비스업 창업의 절차

서비스업은 표준산업분류표에서 나타나듯이 유통업을 비롯하여 수리 · 수선업, 숙박업, 음식점업, 창고업, 통신업, 금융 · 보험업, 부동산업, 임대업, 교육서비스업, 보건업, 사업서비스업, 개인서비스업에 이르기까지 그 영역이 광범위하고 다양하여 어느 한 가지 모델을 정하여 창업절차를 설명하기가 쉽지 않다.

예를 들어, 학교나 병원을 설립하려면 제조업의 설립절차나 공장건설, 직원채용보다 훨씬 더 복잡하고 까다로운 절차를 거쳐야 하는가 하면, 음식점이나 여관, 창고업, 자동차수리센터 등을 창업하려는 경우는 도 · 소매업에서 이미 설명한 점포선정을 비롯한 제반 설립절차와 거의 비슷한 절차로 이루어진다. 그러나 컨설팅사나 부동산중개소, 개인서비스업의 경우는 관련법에 개업의 자격이 정해진 때에는 유자격자가, 그렇지 않은 경우는 전문적인 경험이나 아이디어를 갖고 있는 창업자가 건물 내 사무실을 임차하여 사전 준비과정은 있겠으나 비교적 쉽

도표 2-4 | 서비스업 창업의 절차

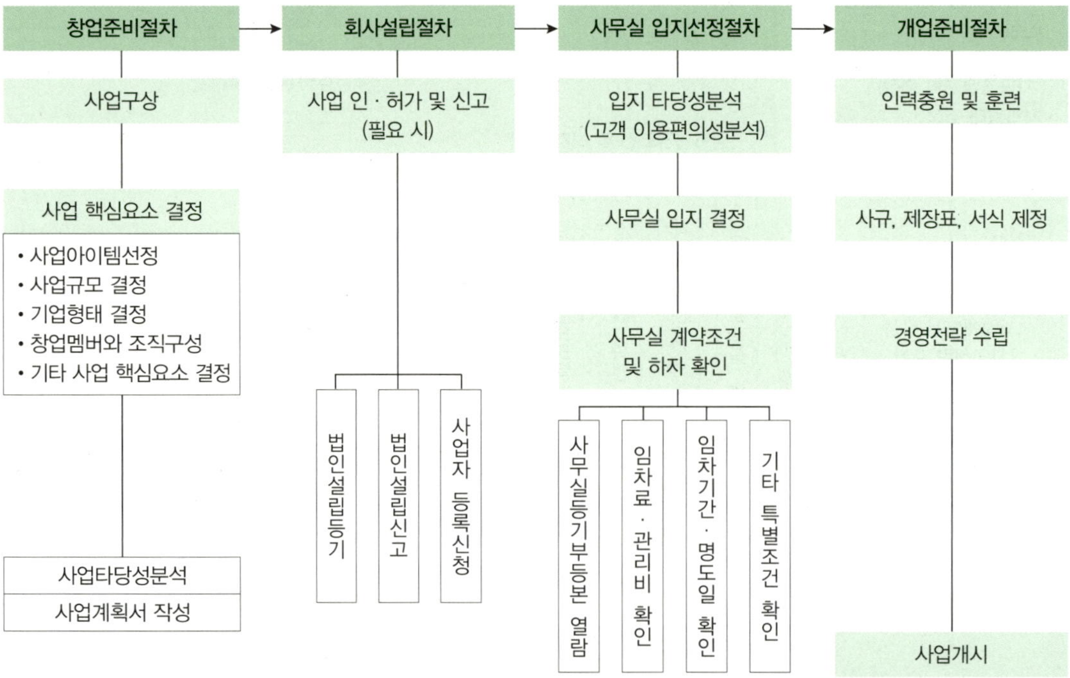

게 개업할 수 있다.

서비스업도 제조업 및 도·소매업과 마찬가지로 창업자가 사업자등록이나 법인신고만으로 영업활동이 가능한 업종과 사업을 영위하기 위해서는 필요시설 및 자격을 갖추고 관계 정부기관에 인·허가를 받아야 하는 인·허가업종으로 구분할 수 있다.

이처럼 서비스업의 창업이 제각기 다른 절차와 내용으로 이루어지기 때문에 서비스업종의 창업에 공통적으로 적용될 수 있는 일반적인 창업준비절차, 회사설립절차, 사무실 입지선정절차, 개업준비절차로 구분하여 각 단계별 세부내용을 도표로 나타내면 [도표 2-4]와 같다.

제3절 | 프랜차이즈업 창업절차

1. 프랜차이즈사업의 의의 및 성장배경

1) 프랜차이즈사업의 의의

한국프랜차이즈협회(Korea Franchise Association : KFA)는 프랜차이징(franchising)이란 "프랜차이저(franchisor)가 프랜차이저를 사는 사람에게 프랜차이즈회사의 이름·상호·영업방법 등을 제공하여 상품과 서비스를 시장에 판매하거나 기타 영업을 할 수 있는 권리를 부여하며, 영업에 관하여 일정한 통제·지원을 하고, 이러한 포괄적 관계에 따라 일정한 대가를 수수하는 계속적 채권관

:: 도표 2-5 | 프랜차이즈의 개념

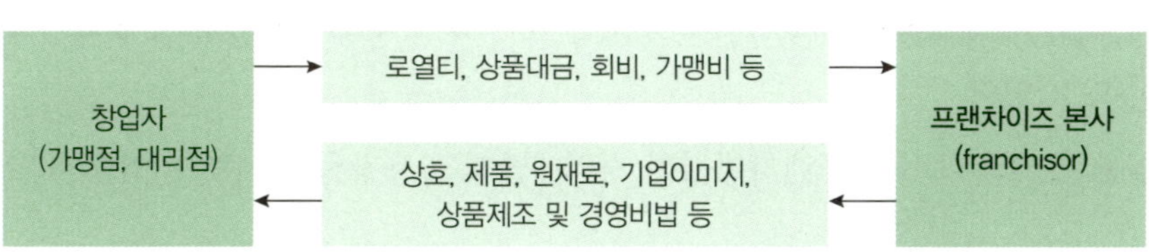

계를 의미"한다고 정의하고 있다. 따라서 프랜차이즈사업이란 창업자(가맹점)가 스스로 취득하기 힘든 사업에 관한 각종 지식, 이미지, 성공, 제조 및 마케팅기법 등을 얻기 위해 프랜차이즈 본사에게 대가(로열티, 상품대금, 회비 혹은 가맹비 등)를 지급함으로써 창업자는 편리성과 안전성을 손쉽게 확보할 수 있는 창업형태를 의미한다.

2) 프랜차이즈산업의 성장배경

프랜차이즈산업의 성장배경은 다음과 같다.[05]

첫째, 프랜차이즈사업방식은 가맹점 모집을 통해 급속한 성장이 가능하며 자금조달이 유리하고, 가맹점에 의한 위험분산, 규모의 경제(economy of scale) 실현 등의 많은 장점이 있다.

둘째, 소비자는 편의성과 품질의 일관성을 선호하고 있다. 소비자는 보다 잘 알려지고, 믿음이 가며, 편의적인 브랜드를 구입하고자 한다. 프랜차이징은 시스템 전반에 걸쳐 동일한 품질의 제품과 서비스를 동일한 브랜드로 편리한 장소에서 구매할 수 있도록 한다.

셋째, 경제적 · 인구통계적 환경이 개인의 창업을 촉진하고 있다. 프랜차이징은 개인의 창업을 가능하게 하는 매우 유용한 수단이다.

넷째, 제조업중심 경제가 서비스업중심 경제로 옮겨가는 추세에 있다. 프랜차이즈시스템은 오랫동안 서비스 부문에서 선두를 달리고 있다. 서비스업 프랜차이징은 소자본으로도 창업이 가능하기 때문에 개인 창업의 중요한 수단이 되고 있다.

다섯째, 전문품에 대한 수요가 증가하고 있다. 전문품의 판매는 전문지식과 서비스를 필요로 하는데 이는 잘 훈련된 소수의 딜러에 의해서만 수요를 충족할 수 있다.

여섯째, 해외에서의 프랜차이징이 증가하고 있어 프랜차이징은 유망한 수출사업이 되고 있다.

일곱째, 일부에서는 프랜차이징이 지역개발과 고용창출의 지렛대 역할을 할 것으로 기대되어 정책당국의 지원을 받고 있다. 우리나라의 경우 산업자원부와 중소기업청은 직 · 간접적으로 프랜차이즈산업을 정책적으로 지원하고 있다.

2. 프랜차이즈의 종류와 형태

프랜차이즈시스템은 매우 많은 업종에 폭넓게 적용되고 있기 때문에 여러 유형으로 나눌 수 있으나 크게 상품유통을 목적으로 하는 프랜차이즈시스템과 프랜차이즈 비즈니스로서의 사업형태를 주목적으로 하는 사업형태 프랜차이즈로 구분할 수 있다.[06]

도표 2-6 | 프랜차이즈의 종류와 형태

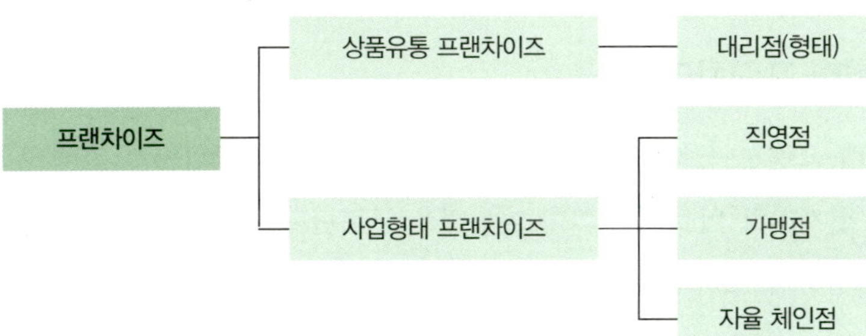

1) 상품유통 프랜차이즈

상품유통 프랜차이즈시스템은 상품제조업자(도매업자)가 자기 회사의 제품을 유통시키기 위해서 사용하는 가맹업이다. 프랜차이즈 본사는 어떤 지역에 존재하는 소매업자에게 그 지역에서의 제품판매권을 부여하는 형식으로 가맹점을 운영한다. 이러한 시스템은 제품 판매가 효과적일 수 있는 방향으로 개발되어 본사로부터 각종 지도 및 지원을 받게 되며 통일된 상표와 상호로 가맹점이 영업을 하게 된다. 대표적인 예로 주유소, 가전제품대리점 등을 들 수 있다.

상품유통 프랜차이즈업의 중요한 점은 가맹자가 본사의 상호와 로고 등을 사용하는 것은 허락하지만 그들의 사업운영시스템 전부를 제공하지는 않는다는 것이다. 사업시스템을 제공한다면 상품유통 프랜차이즈의 품질보증을 하게 되고, 상품유통 프랜차이즈사업의 대부분은 전체 소매 판매에서 많은 비율을 차지한다고 할 수 있다.

상품유통 프랜차이즈는 공급자-판매자관계(supplier-dealer relationship)라 할 수 있으며 그 차이는 상호관계의 수준에 있다. 상품유통 프랜차이즈에서 가맹점은 독점 혹은 준독점으로 프랜차이즈 본사사업자의 상품을 취급하게 되며, 이는 몇 개의 상품을 취급하는 공급자-판매자와 반대되는 것으로 때로는 서로 경쟁을 하기도 한다. 때로는 여러 가지의 브랜드를 판매하는 가전대리점이나 자동차 딜러가 성장함으로써 그 유통업자가 어렵게 되기도 한다. 그러나 상품유통 가맹사업자는 별개의 여러 공급자로부터 공급을 받는 것보다 좋은 가맹본사 한 곳의 브랜드명을 사용하면 본사로부터 더 많은 지원과 서비스를 받을 수 있다.

2) 사업형태 프랜차이즈

사업형태 프랜차이즈는 프랜차이즈 본사가 가맹점을 경영하기 위해 필요한 경영이념을 설계하고 이를 구체화한 매뉴얼을 교부한다. 본사는 가맹점에게 연수와 훈련을 실시하여 노하우를 익히게 한다. 그리고 본사의 숙달된 전문관리자를 파견하여 현장지도를 실시하고, 상품구매에서 판매 · 운영 등의 업무 전반에 걸친 지도 · 관리를 실시하는 사업형태이다. 따라서 개발된 기준품질을 유지하기 위하여 본사는 상품 발주방법과 장소, 상품 준비방법, 상품을 고객에게 제공하는 방법 등의 시스템을 일관성 있게 동일한 수준으로 기술을 유지하는 것이 필요하다. 사업형태 프랜차이즈시스템은 운영의 최소수준을 유지하는 일관성 있는 표준화가 요구된다. 사업형태 프랜차이즈는 표준화된 제품이나 서비스를 제공하는 것, 즉 프랜차이즈시스템 자체의 판매를 목적으로 한다.

프랜차이즈 본사는 특정제품 유통을 통한 이익을 얻는 것이 아니다. 프랜차이즈 패키지라 불리는 상표나 상호의 제공, 각종 원조, 제품 및 자재 등을 포함하는 경영 전반의 노하우를 포괄적으로 엮은 프로그램을 개발하여 이를 근거로 가맹점을 모집하고 관리하며 가맹점이 지불하는 가맹금, 로열티 등의 매출액에 의해 이익을 얻는다.

사업형태 프랜차이즈의 유형은 직영점, 가맹점, 자율체인점, 특약점, 위탁대리점 그리고 대리상 등으로 나누어진다.

(1) 직영점(regular chain)

프랜차이즈 본사가 직접 매장을 운영하는 방식을 말한다. 이때 매장에 투입되는 자본과 매장운영을 누가 하느냐가 관건인데 자본이나 매장운영 모두를 본사가 행사하는 경우는 당연히 직영이지만, 자본과 매장운영이 혼재되는 매장이 나타날 경우에 직영점과 가맹점의 기준은 매장운영의 주체가 누가 되느냐에 따라 결정되어야 한다.

(2) 가맹점(franchise chain)

프랜차이즈 본사가 아닌 가맹점주가 자본을 투입하고 매장을 운영하는 방식을 말한다. 본사의 기술과 노하우가 가맹점들의 자본과 만나 사업이 빠른 속도로 전개될 수 있는 합리적인 유통시스템으로 '프랜차이즈의 꽃'이라 불린다. 흔히 말하는 체인점, 전문점, 가족점 등이 모두 여기에 속한다.

(3) 자율체인점(voluntary chain)

상호만을 함께 쓸 뿐 매장 내의 상품이나 서비스에 대해 규제나 간섭을 전혀 하지 않는 형태의 체인이다. 편의점 25시 마트, 잡화체인점 키친나라 등이 그 예라 할 수 있다.

(4) 특약점(sale agent)

상품공급자로부터 상품을 매입하여 자기의 계산으로 판매하는 상인으로, 예를 들면 ○○대리점으로 표현된다.

(5) 위탁대리점

자기의 명의로 하고, 타인의 계산에 의한 판매수수료를 수입원으로 하는 자로서 이동통신대리점이 이에 속한다.

(6) 대리상

일정한 상인을 위해 그 영업부류에 속하는 거래의 대리 또는 중개를 업으로 하는 자를 말한다.

3. 프랜차이즈 창업의 과정

프랜차이즈 창업의 과정은 ① 업종선정부터 시작하는 경우, ② 사업장이 먼저 정해지는 경우, ③ 점포, 업종, 본사가 동시에 정해지는 경우, ④ 본사가 먼저 정해지고 점포가 선정되는 경우로 나누어진다.[07]

1) 업종선정부터 시작하는 경우

업종선정부터 시작하는 경우는 먼저 후보업종을 선정하고 그에 적합한 프랜차이즈 본사를 탐색한다. 다음에는 여러 본사들의 조건(물자공급조건, 반품처리, 대금결제, 점포평수, 보증금의 유무와 종류 등)을 조사하여 비교 · 검토하고 가장 유리하다고 판단되는 후보본사업체를 선정한다. 후보본사업체가 선정되면 그에 대한 사업성분석을 실시하여 긍정적 결과가 예상되면 사업계획을 수립하고 사업을 추진한다.

도표 2-7 | 업종선정부터 시작하는 경우의 프랜차이즈 창업절차

후보업종선정 → 후보본사업체 선정 → 사업성분석 → 사업계획 수립 및 추진

2) 사업장이 먼저 정해지는 경우

사업장이 먼저 정해지는 경우는 정해진 점포에 적합한 업종과 후보본사업체를 선정하고 그에 대한 사업성분석을 실시하여 긍정적 결과가 예상되면 사업계획을 수립하고 사업을 추진한다.

도표 2-8 | 사업장이 먼저 정해지는 경우의 프랜차이즈 창업절차

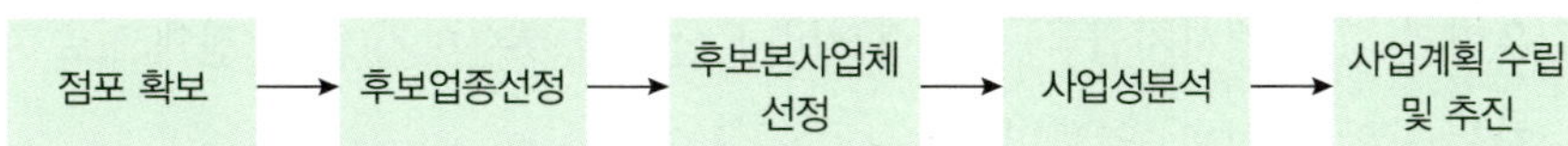

3) 점포, 업종, 본사가 동시에 정해지는 경우

점포, 업종, 본사가 동시에 정해지는 경우는 기존의 프랜차이즈 점포를 매입하는 경우인데 점포, 업종, 본사업체가 동시에 결정된다.

4) 본사가 먼저 정해지고 점포가 선정되는 경우

사전조사, 개인적 친분 등으로 본사업체와 업종을 먼저 결정하고, 그에 적합한 점포를 탐색하여 창업하는 경우가 이에 해당된다.

4. 프랜차이즈 창업의 비용구조

상표 사용권과 노하우를 제공받는 대가로 가맹점은 프랜차이즈 본사에 가맹비, 보증금, 인테리어비, 초도상품비, 로열티 등을 지불해야 한다. 이를 세부적으로 살펴보면 다음과 같다.[08]

1) 가맹비

가맹비는 본사에 납부하면 돌려받지 못하는 돈이다. 업종에 따라 다르지만 300만 원에서 500만 원 수준이 보편적이다. 프랜차이즈에 있어서 가맹비는 본사 프랜차이즈시스템 확장을 위해서 필요한 재정을 확보하는 데 필수적으로 프랜차이즈시스템을 구축하는 데 꼭 있어야 하는 비용이다. 그러나 요즘은 가맹비를 받지 않는 경우도 있다.

가맹비는 사업개시단계와 사업운영단계의 개념으로 나누어진다.

(1) 사업개시단계

① 운영권 획득(개시지급금) : 특정설비나 상품에 부수하지 않고 정액으로 지급하는 금액(가입비, 입회비 등)

② 계약이행보증금 : 상품판매에 대한 채무액 또는 손해배상 지급을 담보하기 위한 금액

③ 정착물, 설비, 초도상품 공급에 따른 초과이윤 : 영업개시를 위해 필요한 초기설비나 물품 등의 공급대가로 지급하는 금액 중 적정한 도매가격 초과금액(초과이윤)

예 인테리어비용, 주방용품비 등 공급가 – 적정도매가

(2) 사업운영단계(정기 · 비정기대가)

① 로열티 : 가맹점사업을 하면서 브랜드 등의 사용료 명목으로 정액(또는 정률)으로 지급하는 금액

:: 도표 2-9 | 가맹비의 개념

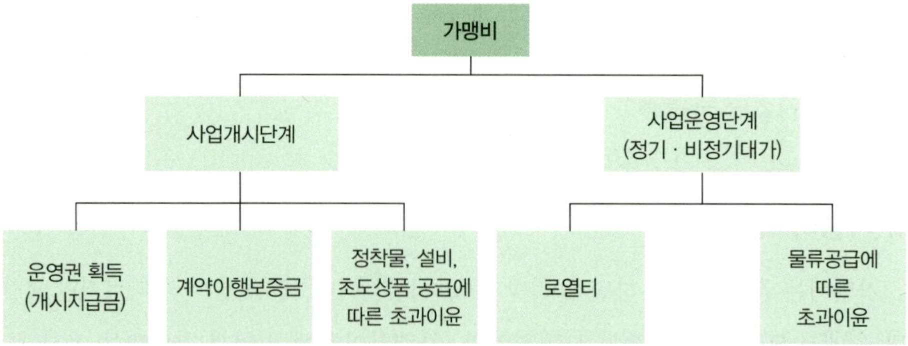

② 물류공급에 따른 초과이윤 : 가맹점사업에 필요한 물품 등의 공급대가로 지급하는 금액 중 적정 도매가격을 초과하는 금액(초과이윤)

예 원재료, 부재료 공급 시 가맹본사가 붙이는 초과이윤

2) 보증금

가맹점주가 본사에 납부하는 비용 중에 유일하게 돌려받을 수 있는 것이 보증금이다. 보증금은 외식업의 경우 식재를 공급하는 데 따른 외상공급이 발생하므로 이에 대한 보증금을 본사가 미리 받아 두는 것이다. 그러므로 그 보증금규모는 대략 200만 원~300만 원 내외에서 결정되는 것이 보통이다. 판매업의 경우는 매장에서 판매되는 상품의 외상공급에 대비한 보증금의 성격이므로 보증금의 규모는 배송되는 상품량과 가격에 따라 그 폭이 크다. 보통 수백만 원에서 귀금속 프랜차이즈와 같은 고가의 상품을 취급하는 경우는 수천만 원을 훨씬 웃돈다. 서비스업의 경우는 본사로부터 공급받는 것이 많지 않은 경우가 대부분이므로 보증금의 규모가 크지 않다.

3) 인테리어비

인테리어비는 프랜차이즈에 가입할 때 어느 아이템이든 50% 이상을 차지하게 되는 가장 높은 비중의 본사 납입비용이다. 인테리어비용의 책정은 일반인이 접근해서 분석해낼 만큼 쉬운 것은 결코 아니다.

4) 초도상품비(초도물품비)

초도상품비는 처음 팔리는 상품의 비용으로 예를 들면 다음과 같다.

① 의류매장 : 매장을 오픈하고 고객을 맞이하기 위해 쇼윈도와 진열대에 놓이게 되는 오픈 초기의 상품들

② 외식매장 : 회사로고가 새겨진 그릇, 접시, 물컵 등과 같이 초기 인테리어 공사 때는 준비될 수 없는 영업을 하기 위한 모든 물품들의 대금

③ 외식업 : 주방설비를 위해 필요한 냉장고, 씽크대 등이 여기에 포함될 수 있

으며, 인테리어비에 포함시키기도 하고 주방설비비라고 따로 명시하여 본사에서 받는 경우도 있음

④ 서비스업 : 청소 용역 프랜차이즈라면 청소도구, 장비, 유니폼 그리고 청소약품 등

도표 2-10 | 프랜차이즈 가맹자가 본사에 납부하는 비용사례

구분	반환 여부	납부액규모	비고
가맹비	반환 안 됨	300만 원~500만 원대	초기의 노하우 전달비용
보증금	반환됨	100만 원~300만 원대	단, 거래상품이 고가이거나 규모가 큰 판매업은 금액이 수천만 원대가 될 수 있음
인테리어비	반환 안 됨	평당 80만 원~150만 원대	인테리어수준에 따라 비용은 다양함
초도상품비	반환 안 됨	수백만 원 수준	고가품인 경우 업종에 따라 수천만 원 이상일 수 있음
로열티	반환 안 됨	월 기준 5만 원~수십만 원 수준	상호 사용료, 경영 자문료 등

5) 로열티

로열티는 프랜차이즈회사가 지속적으로 제공하는 각종 서비스와 혜택에 대해 지불하는 비용이다. 브랜드 파워를 가진 프랜차이즈라면 브랜드의 사용에 따른 비용이라고 할 수 있다. 로열티는 월 매출의 일정 비율을 적용해 적게는 1%에서 많게는 10%를 넘기는 경우도 있지만 일반적으로 3~4%가 적용되고 있다. 본사는 이 로열티 수입을 통해서 프랜차이즈시스템을 운영해 나가는 기본 재원을 마련해야 하는데 우리나라의 상황에서는 이의 적용이 여의치 않아 수많은 파행을 낳고 있다.

5. 프랜차이즈 창업의 장 · 단점

프랜차이즈 창업의 장 · 단점은 업종과 형태에 따라 달리 나타나는데 프랜차이

즈 본사 및 가맹점에게 미치는 장 · 단점을 살펴보면 다음과 같다.[09]

1) 프랜차이즈 가맹점의 장 · 단점

(1) 장점

① 본사가 합리적인 방법에 의해 개발한 프랜차이즈 패키지를 이용하여 가맹점이 영업을 하기 때문에 실패의 위험성이 적다.

② 독립소매점으로 사업을 시작하는 것보다 소자본 창업이 가능하다. 가맹점 운영에 필요한 설비와 도구 등을 본사로부터 유리한 조건으로 임대받을 수 있고, 초기투자금액의 일부에 대한 융자도 가능하며, 상품과 원재료를 공급받음으로써 개업초기의 재고투자에 대한 부담이 줄어든다.

③ 외부환경 변화, 소비자행동의 변화 등에 따라 본사가 계속적으로 프랜차이즈 패키지를 개발 · 개선하여 주기 때문에 시장 여건의 변화에 보다 적절한 적응이 가능하다.

④ 본사가 공동 집중구매를 통해 원재료를 공급해주기 때문에 품질과 가격 면에서 안정된 공급을 받을 수 있다.

⑤ 본사의 교육프로그램과 경영방식 등의 경영지도에 의해 그 사업에 대한 경험이 없더라도 쉽게 사업을 운영할 수 있다.

⑥ 회계처리, 상품개발 등의 일반적인 사항을 본사에서 집중관리해주기 때문에 판매활동에만 전념할 수 있다.

⑦ 본사가 개발한 우수한 품질의 상품, 점포 디자인, 지명도가 높은 상표명을 사용해서 사업을 하므로 처음부터 소비자의 신용도를 높일 수 있다.

⑧ 본사에서 전국적으로 광고 등의 판촉활동을 벌여주기 때문에 가맹점의 개별적인 판촉활동보다 영향력이 크고 효과적인 판매촉진이 가능하다.

(2) 단점

① 가맹점은 본사가 제공하는 서비스와 노하우에 대하여 대가를 지불해야 하는데 서비스와 노하우 같은 무형의 가치를 평가하는 데는 애매한 점이 있다.

② 본사와 가맹점의 계약내용을 본사가 최초 약속한 대로 이행하지 않았을 때 갈등의 조정이 어렵다.
③ 프랜차이즈 상표 및 상호의 가치를 가맹점이 평가하기 어렵다.
④ 가맹점은 본사에 대한 의존이 커져 자체해결이나 경영개선의 노력을 등한시 할 수 있다.
⑤ 본사는 시스템 전체의 효과를 생각해서 정책을 계획하고 실시하기 때문에 특정의 가맹점 실정에 맞지 않을 수도 있다.
⑥ 타가맹점의 실패가 프랜차이즈시스템 전체에 영향을 줄 수도 있다.

2) 프랜차이즈 본사의 장 · 단점

(1) 장점

① 사업확장을 위한 자본조달이 용이하다. 즉, 가맹점이 자본을 공급하는 형태이므로 초기에 본사는 적은 자본으로 사업을 확장시킬 수 있고, 또는 다른 목적에 자본을 사용할 수도 있다.
② 공동 대량구매를 통해 '규모의 경제(economy of scale)'를 달성할 수 있다.
③ 공동 광고선전을 통한 판촉활동을 벌임으로써 개별 독자적인 점포보다 많은 광고를 할 수가 있으며, 높은 효과를 얻을 수 있다.
④ 직접 영업에 참가하지 않음으로써 프랜차이즈 패키지개발에 전념할 수 있다.
⑤ 노사관계에 있어 직영점운영 시에는 노사전문가를 고용해야 하지만, 가맹점 운영에는 각각의 가맹점들이 종업원을 관리하므로 본사에서는 종업원관리에 이점이 있다.

(2) 단점

① 계속적인 지도 · 원조에 비용과 노력이 소모되고 가맹점이 급격히 증가할 경우 프랜차이즈시스템 운영체제에 있어서 통제의 어려움이 발생할 수 있다.
② 본사가 프랜차이즈 권리를 믿고 시스템 운영에 안일한 사고를 하게 되면 시

스템 전체의 활력이 없어질 우려가 있다.

③ 본사가 직접 투자하여 점포 확장을 하는 것보다 투자수익률은 높지만 이익을 대폭 증가시키기는 어렵다.

3) 소비자의 장 · 단점[10]

(1) 장점

① 우수한 경영방법을 개발한 본사가 뛰어난 노하우를 전수하여 서비스수준이 상승한다.

② 소비자는 본사에 의해 미리 연구되고 표준화된 균질의 서비스와 상품을 언제, 어디에서나 제공받을 수 있다.

③ 가맹점이 효율적인 경영을 해나갈 수 있도록 본사에 의해 시스템이 개발되기 때문에 판매비용 감소로 저렴한 상품과 서비스를 제공받을 수 있다.

(2) 단점

① 본사의 힘이 강하면 가맹점이 불리한 입장에 놓여 서비스에서 소비자에게 불이익이 될 수 있다.

② 프랜차이즈시스템을 악용하는 경우가 생기면 서비스를 제공받는 소비자에게도 나쁜 영향을 준다.

③ 책임 소재가 본사인지 가맹점인지 분명치 않은 경우 소비자의 불만을 해결하기 힘들다.

6. 프랜차이즈 선택 시 기본적인 점검사항[11]

1) 프랜차이즈 본사의 업종, 취급상품

독립사업이든 프랜차이즈사업이든 간에 아이템은 매우 중요하다. 프랜차이즈 본사의 사업아이템이 적합한지 아닌지를 살펴보기 위해서는 먼저 가맹점주 자신이 관심 있는 업종과 업태를 선택하여 그와 관련된 정보를 사전에 조사해보아야 한다. 또한 가맹점에서 취급할 상품이나 서비스에 대한 기본사항을 점검해보아야 하는데, 이때 기본 점검사항 및 요령은 다음과 같다.

① 취급할 상품의 범위와 종류 점검

② 취급할 판매상품과 타사 상품과의 비교

③ 먼저 설치된 가맹점을 방문 : 상품가격, 품질, 현황 등의 정보 입수

④ 취급할 상품의 비수기, 성수기 시 정보 입수

⑤ 프랜차이즈 본사로부터 제공된 상품구매가격이 매입 면에서 어느 정도 이익이 되는지 확인

⑥ 상품수명 확인

2) 프랜차이즈 본사에 대한 체크포인트

가맹 희망자는 프랜차이즈 본사를 선택할 경우 다양한 방법으로 프랜차이즈 본사에 대하여 알아보아야 한다.

프랜차이즈 본사에 대한 체크포인트는 다음과 같다.

① 명성, 자금력, 재무제표 건실 여부

② 프랜차이즈 본사 유지의 인재, 지도력 여부

③ 장래 발전계획

④ 가맹점 모집 법규 준수 여부

⑤ 본사 경영내용 공개 여부

⑥ 연구, 개발비 투자규모

⑦ 판매구역이 명확하게 구분되어 있는지 여부

3) 프랜차이즈 본사선정 후 검토사항

가. 입지선정에 대한 점검사항

① 동업종의 경쟁자가 있는가? 있다면 경쟁에서 이길 수 있겠는가?

② 실질적인 상권범위가 개점 시 고객 유치에 충분한가?

③ 해당 지역의 소득수준은 높은가? 또는 성장할 가능성은 있는가?

④ 다른 프랜차이즈 본사의 경쟁 가맹점이 생길 경우, 그 영향은 얼마나 되는가?

⑤ 프랜차이즈 본사의 입지분석 데이터는 신뢰할 만한가?

나. 자금에 대한 점검사항

① 점포개설 시 소요자금에 대한 내역은 신뢰할 수 있으며, 총금액은 파악되었는가?

② 개점 후 소요될 운전자금은 파악되었는가?

③ 프랜차이즈 본사가 제공할 수 있는 융자알선규모와 그 방법은 무엇인가?

다. 광고선전에 대한 점검사항

① 프랜차이즈 본사는 충분한 광고선전계획을 갖고 있는가?

② 판매촉진활동이 가맹점에 지속적으로 지원되고 있는가?

라. 프랜차이즈 본사의 지도범위에 관한 사항

① 개점하기까지의 사항

- 점포시설계획에서부터 설비 · 조달까지 점포 설계공사와 관련하여 얼마만큼 지도 · 원조를 받을 수 있는가?
- 사업경영 노하우와 교육훈련계획은 어떻게 되어 있는가?
- 개점 시 프랜차이즈 본사의 가맹점에 대한 지도를 겸한 원조를 기대할 수 있는가?
  - 개점 시 광고선전은 얼마나 지원되는가?

② 영업개시 후의 사항

- 영업개시 후 지속적인 경영지원방법에는 무엇이 있는가?
- 프랜차이즈 본사에서 파견된 가맹점 지도관리요원이 가맹점 경영상의 제반사항을 정기적으로 컨설팅해주는가?
- 경영자료를 분석하여 결과를 점검할 전문가는 있는가?

- 종업원에 대한 교육프로그램은 제공되는가?
- 회계, 판매, 구매, 경리 등 가맹점관리에 대한 경영방침과 교재는 정비되어 있는가?
- 회계경리상의 시스템이 통일된 표준방법으로 시행되고 있는가?
- 개점 후 적자가 누적될 경우 프랜차이즈 본사는 어떠한 원조를 해줄 수 있으며 별도의 특별대책은 강구되어 있는가?
- 가맹점에 대한 복지정책은 있는가?

마. 가맹점이 프랜차이즈 본사에 부담해야 할 의무에 관한 사항

① 가입 시 본사가 요구하는 가맹비에 관한 사항은 언급되어 있는가?
② 정기적으로 본사가 징수하는 로열티에 관한 사항은 기재되어 있는가?
③ 개설 시 점포구조나 레이아웃에 대한 특별한 의무가 명시되어 있는가?
④ 점포운영 시 상품대금 결제방법에 대한 사항은 명시되어 있는가?

바. 가맹점이 최종의사결정 전에 주의해야 할 7가지

① 프랜차이즈 본사가 제안하는 계약서의 내용을 충분히 숙지하고 검토했는가?
② 변호사나 관련 전문가의 조언을 받아 의사결정 전에 상의를 했는가?
③ 가맹점 유치 담당자의 약속내용이 서면으로 계약서에 포함되어 있는가?
④ 사업경영에 필요한 경험과 경영노하우를 이미 개점한 가맹점주에게 물어봤는가?
⑤ 프랜차이즈 본사가 제시하는 예상수익은 얼마인가? 이때 예상수익은 서면으로 받아놓았는가? 또한 어떤 근거로 산출되었는가를 확인하는 것은 물론 먼저 가입한 가맹점의 수익과 비교해보았는가?
⑥ 다른 형태의 유사 프랜차이즈 본사와 가입을 희망하는 프랜차이즈 본사는 각각 어떠한 장 · 단점이 있는가?
⑦ 상기 조사가 끝나기 전까지는 가맹점 가입을 자제하고 있는가?

7. 피해야 할 프랜차이즈 본사 유형[12]

① 소규모 투자로 빠른 시일 내에 엄청난 이익을 보장한다고 과대 광고하는 회사

② 사업설명회 등을 통해 프랜차이즈사업내용을 검토하기도 전에 "늦기 전에 당장 사업을 시작해야 한다"고 재촉하는 회사

③ 프랜차이즈 본사의 총매출액과 이익금, 매장의 위치 등의 자료를 영업비밀이라고 하면서 공개하지 않고 가맹점 가입희망자를 무시하는 회사

④ 상품의 판매가 아주 쉬우므로 매출 걱정을 안 해도 된다고 장담하는 회사

⑤ 프랜차이즈 본사의 경영진, 임원, 간부 등의 신상명세를 밝히기를 꺼리는 회사

⑥ 최종소비자를 대상으로 판매하지 않고 가맹점이나 판매원을 통해 큰 이익을 얻을 수 있다고 판매를 강조하는 회사

⑦ 이미 동종업종에서 유명해져 있는 체인점이거나 다른 회사와 비슷한 이름으로 가맹점 가입희망자에게 접근하는 회사

⑧ 파트타임이나 자영업 겸업만으로도 큰 노력 없이 많은 소득을 올릴 수 있다고 장담하는 회사

⑨ 가맹비나 로열티, 월회비가 없거나 아주 싼 회사

8. 프랜차이즈 가맹점 계약 시 주의사항[13]

프랜차이즈 본사에 대한 정보의 수집이 끝나면 본사와 가맹계약을 맺어야 한다. 프랜차이즈사업 참여의 결정은 계약서 작성이 그 시점이 된다. 즉, 계약서가 작성되면 그때부터 프랜차이즈 본사와 가맹점 간의 관계가 성립되는 것이다. 일단 계약이 체결된 후에는 하자가 발생하더라도 계약서상의 보호조항이 없으면 가맹계약금 등을 손해 볼 수도 있다. 따라서 계약서를 작성하기 전에 최종적인 체크를 해보아야 한다. 특히, 계약서에 서명하기 전에 프랜차이즈점 계약에 관해 다

년간 업무를 취급한 경험이 있는 변호사나 공인회계사 또는 경영 컨설턴트의 의견을 듣고 난 후 계약에 임하는 것이 좋다.

① 예비사업자라면 최종의사결정 시 계약을 서두르지 말고 충분히 자료를 검토하여 내용을 숙지한 후에 결정한다. 계약서를 쓸 때는 반드시 계약서 전문을 꼼꼼히 읽어보고 자신에게 불리한 조항은 최대한 수정하거나 그 항목을 삭제하도록 하고, 결제조건 등도 최대한 유리한 방향으로 이끌어 가도록 노력하며 본사직원이 구두로 약속한 사항들은 반드시 계약서에 글로 써서 남겨두어야 한다.

② 계약분쟁이 일어나면 본사를 찾아가도 해결이 명쾌하게 되지 않으므로 가맹점주 스스로 사전에 주의한다. 아무리 계약서를 잘 썼다 하더라도 계약내용대로 진행되지 않을 때는 법적으로 대응할 수밖에 없다. 그러나 시간, 금전적 손실이 크므로 계약 전에 정확히 분석한 후 도전하는 게 가장 좋은 방법이다.

③ 만약 프랜차이즈 본사의 급박한 상황으로 인해 업무방침이 바뀌면 가맹점은 그 의사결정에 참여할 수가 없다. 따라서 프랜차이즈 본사의 일방적인 경영방침 변경에 자신의 점포가 피해를 보지 않도록 계약서 작성 시에 예방조항을 삽입할 필요가 있다. 본사와의 계약은 어디까지나 부합계약(附合契約)이므로 가맹점 희망자는 개별상황에 따라 자신의 조건 등을 추가하지 못한다. 그러므로 예비 가맹점은 계약체결 전에 가맹점에 일방적으로 불리한 계약조항이 없는지 살펴보아야 한다.

④ 반대로 가맹점주가 계약을 해지한 경우에는 계약 당시에 지불한 가맹비 등이 반환되지 않는 경우가 대부분인데, 이는 계약조건상 충분한 보증이 없는 경우이므로 손실을 입게 된다. 또한 그 전까지의 점포운영은 프랜차이즈 본사의 노하우였으므로 자신의 새로운 사업에 응용한다는 것은 어려운 일이다.

⑤ 프랜차이즈 본사의 사업추진력이 약화되었거나 판매정책을 자주 변경할 경우에 프랜차이즈사업경영은 불안해지며 본사로부터 지원을 받을 수 없게 된다는 것 또한 간과해서는 안 된다. 따라서 프랜차이즈시스템 운영에 관계되

는 프랜차이즈 본사와 각 가맹점은 프랜차이즈사업의 취지와 목표, 그리고 프랜차이즈 패키지내용 등을 잘 이해하고 상호 협력해야만 사업에 성공할 수 있다는 점을 재삼 인식해 둘 필요가 있다.

9. 성공하는 프랜차이즈 본사의 특징[14]

미국이나 일본 등의 선진국과는 달리 한국에서는 왜 프랜차이즈 사업에 말이 많은가? 이유는 프랜차이즈사업자의 마인드 차이에 있다. 이는 대략 다음과 같은 4가지로 요약할 수 있다.

1) 프랜차이즈 창업의 마인드

① 외국의 경우 시장규모에 따라 가맹점 모집을 철저히 조절한다. 상권분석뿐만 아니라 소비자의 필요성을 정확히 파악, 거품에 편승하지 않는다. 현재 한국의 상황은 무엇이 좀 된다 하면 가맹점을 우후죽순 개설해줄 뿐만 아니라 유사상호까지 등장해 업종의 생명을 단축시키는 것이 대부분이다.

② 외국은 계약수익보다 영업수익을 우선으로 한다. 아주 잘 나가는 대형 인기업종도 가맹비는 현저하게 적은 것이 특징이다.

③ 외국은 메뉴에 독창성과 노하우가 있다. 한국은 새로 등장한 먹거리업종의 경우 고객취향이나 입맛에 맞추기보다는 맛을 따라오도록 유도하는 경향이 있다.

④ 외국은 언론이 본사 대표에게 인터뷰를 요청하면 점장 등 실무자를 연결, 상호 신뢰 속에 업무가 이뤄진다. 그러나 한국의 경우는 대부분 대표이사 또는 영업상무 등이 대외홍보를 도맡고 실제 점장 등과의 인터뷰는 피하는 경향이 있다. 가맹사업을 염두에 둔 예비창업자는 이 점을 고려하여 프랜차이즈 본사를 선택하도록 한다.

2) 우수 프랜차이즈 본사 선별 기준

첫째, 본사의 안정성을 확인하기에 앞서 사업의 장래성과 타당성을 고려해야 한다.

업종의 수명이 짧으면 튼튼한 본사라도 문을 닫을 수밖에 없다. 이색업종의 추이를 살핀 후 창업해야 한다. 유행업종인지 유망업종인지도 파악하고 경쟁력이 충분하다고 판단될 때 시작한다.

둘째, 본사의 재정상태, 운영상태 및 최고임원진의 전직을 확인해야 한다.

과거 몇 년간의 재무제표 요구 및 협력업체를 통한 정보수집을 하고, 주거래은행을 통해 재무현황을 파악해 재정의 건실도를 파악해야 한다. 또한 임직원에 대한 경력을 확인하여 과거에 부실 프랜차이즈 본사(사기 프랜차이즈 본사)에 관련되었는지를 파악하고, 확실한 경력 · 이력을 알아봐야 한다. 되도록 전직과 연결된 오랜 경험을 가진 경영진이 운영하는 본사를 택해야 그 노하우를 활용하여 창업성공확률을 높일 수 있다. 또한 프랜차이즈 본사가 영세하다면 도산에 직면할 수 있으므로 여러 경로를 통해 본사의 재정상태를 확인하여 이상이 없을 때 계약한다.

셋째, 반드시 프랜차이즈 본사에서 직접 운영하는 직영점이 있는 곳을 택한다.

왜냐하면 프랜차이즈 본사에서 직접 운영하는 직영점을 2~3개 운영하고 있는 본사는 프랜차이즈 점주들에게 현장감 있는 지도를 할 수 있고 시설 및 운영상의 시행착오를 줄일 수 있기 때문이다. 그리고 직영점은 본사의 모델 점포로 본사의 자본력을 가늠할 수 있다.

넷째, 현재 운영 중인 가맹점 수 및 사업 개시년도를 확인해야 한다.

프랜차이즈 본사의 경우 20개 정도가 되었을 때 가맹점에 대한 적절한 지원시스템을 갖출 수 있다. 공동구매력이 높아져 생산원가를 줄일 수 있고 본사의 운영비용도 어느 정도 충당된다. 그러므로 가맹점이 10개 정도 된 시점에 가맹하는 것이 바람직하다.

다섯째, 제조와 물류시스템의 운영상태를 점검한다.

본사는 가맹점과 지속적으로 접촉하므로 상품의 개발, 공급이나 서비스 제공에 필요한 용품을 얼마나 원활하게 공급하는지 확인해야 한다. 판매 물건의 경우 본사에 제조공장이 있다면 안정적인 공급을 받을 수 있을 뿐만 아니라 가격경쟁에도 우위에 있을 수 있고, 업종에 따라서는 POS(Point Of Sales) 물류관리시스템이 가동되는 유통 조직망을 확보하고 있다면 더욱 유리하다.

여섯째, 프랜차이즈점 지원항목을 파악한다.

물품 공급 외 직원 및 점주 교육과 판촉활동에 대한 지원사항과 관련하여 얼마나 다양한 지원책을 마련하고 있는지, 판촉프로그램을 보유했는지 등을 기존점주들을 통해 파악한다.

일곱째, 광고가 단기간에 집중되면 되도록 피한다.

유명 일간지 등에 광고를 단기간 내에 집중적으로 할 경우 자금압박으로 6개월 이상 버티기가 힘들다. 프랜차이즈점 모집에만 급급할 경우 결국 재정손실 및 기존 가맹점관리 미비로 도산하기 쉽다.

여덟째, 관련 법규가 없는 신업종은 피한다.

신업종의 경우 업종이 먼저 생긴 후 그에 맞춰 법규가 만들어지게 된다. 경우에 따라 도덕적 · 사회적으로 무리가 가는 업종들도 있고, 법규가 안 되어 있는 업종의 경우 입법 후 제재를 받아 피해를 보는 경우도 많으므로 되도록 피한다.

아홉째, 신규 브랜드를 마구 늘리는 곳도 피한다.

기존 브랜드관리보다는 신규 브랜드를 늘리는 본사의 경우 가맹점 개점을 통한 이익을 얻기에 급급하여 가맹점에게 피해를 주는 사례가 많으므로 가맹해서는 안 된다.

열째, 가맹비를 체크한다.

프랜차이즈 본사의 주수입원은 로열티와 가맹비이다. 지원해주는 것도 없이 가맹비를 높게 책정한 본사도 문제가 되지만, 가맹비를 받지 않는 본사는 인테리어나 설비, 초도상품, 도매마진에서 회수할 가능성이 크므로 진정한 후견인으로서의 역할이 어려울 것이다.

열한째, 독점 영업권(상권 보호)을 확보해주는지 확인한다.

신규점포를 마구 허가해주는 경우 경쟁이 치열해질 수 있다. 계약자 상권을 정확히 요구하고 영업권을 보장해주는지도 확인해야 한다.

열두째, 기존점주들을 많이 만나본다.

실제 가맹해서 현재 운영 중인 가맹점주를 만나 조사해보면 프랜차이즈 본사의 실체를 좀 더 정확하게 파악할 수 있다.

10. 독립 창업과 프랜차이즈 창업의 비교[15]

독립 창업이란 프랜차이즈 창업과는 달리 "순전히 한 개인의 자본 혹은 두 사람 이상이 공동으로 출자하여 독자적으로 창업하는 형태"를 말한다. 독립 창업과 프랜차이즈 창업의 장 · 단점을 비교하여 살펴보면 [도표 2-11]과 같다.

도표 2-11 | 독립 창업과 프랜차이즈 창업의 장 · 단점

구분	장점	단점
독립 창업	• 프랜차이즈 창업에 비해 적은 창업 비용이 소요된다(가맹비, 인테리어 비용 등을 절감가능). • 지역상권에 맞춘 독자적 점포운영이 가능하다. • 간섭과 참견 없이 독자적 운영이 가능하다.	• 시행착오를 겪을 위험이 크다. • 브랜드파워가 약해 프랜차이즈점에 비해 인지도가 약하다. • 홍보, 마케팅비용에 대한 투자의 한계가 있다.
프랜차이즈 창업	• 창업기간을 최대한 단축시킬 수 있다. • 본사의 우량상품, 점포디자인, 상표 등으로 효과적인 경영이 가능하다. • 특별한 노하우나 경험이 없어도 본사의 브랜드, 기술, 경험 등의 전수로 창업이 용이하다.	• 독립 창업보다 투자비용이 20~30% 더 많이 소요된다. • 본사의 경영실패, 타가맹점의 잘못이 연계되어 이미지와 신용에 영향을 끼친다. • 전체 대상의 본사시책이 가맹점 지역사정에 맞지 않는 경우가 있다. • 본사와 이해가 상반될 때 본사 위주의 이 익만을 고수한다. • 본사의 간섭과 참견이 있다.

제4절 | 인터넷 쇼핑몰 창업절차

인터넷 쇼핑몰의 창업절차는 다음과 같다.[16]

1. 아이템선정

인터넷은 오프라인보다 유행이 빠르므로 차별성, 전문성이 요구되고, 직접 만져보지 않고 구매하므로 이에 적합한 아이템을 선정하여야 한다. 아이템선정은 인터넷 쇼핑몰 창업에 있어서 가장 신경을 써야 하는 부분으로 소비자에게 어떤 제품이나 서비스를 판매할 것인가를 결정하는 과정이다. 아이템선정은 쇼핑몰의 성공을 좌우할 정도로 중요하다. 따라서 단순히 현재 유행하고 있는 아이템이 아니라 한 업종을 세분화 · 전문화 한 아이템선정이 바람직하다. 왜냐하면 과거에는 고객층의 제한성을 우려하였으나 최근의 온라인시장은 규모가 커지고 소비자 수요의 구체화로 틈새시장의 선정효과가 존재하기 때문이다.

2. 사업계획서 작성

사업계획서 작성은 오프라인의 경우와 유사하지만 쇼핑몰의 콘셉트, 온라인시장의 전망, 온라인 마케팅 기획 등을 고려하여야 한다.

3. 사업자등록

사업자등록은 사업시작일 20일 이내에 사업장 주소지를 관할하는 세무서, 민원실을 통해 사업자등록을 한다. 비용이 전혀 들지 않을 뿐만 아니라 절차도 매우 간단하다. 그리고 특별한 문제가 없으면 1~2일 내에 발부된다. 일반과세자 또는 간이과세자 중 하나로 사업자등록을 해야 하는데, 이들은 계산방법, 세금계산서 발행 등에 차이가 있으므로 자신의 사업에 어떤 유형이 적합한지 살펴본 후 결정하는 것이 바람직하다. 자세한 것은 14장에 상세히 기술하기로 한다.

4. 통신판매업 신고

인터넷 쇼핑몰 운영을 위해서는 사업자등록 이외에 관할 시 · 군 · 구청의 지역경제과 또는 온라인을 통해 '통신판매업'을 신고하고 허가를 받아야 한다. 온라인 쇼핑몰은 '전자상거래'이기 때문에 통신판매업의 적용을 받기 때문이다.

5. 부가통신사업 신고

인터넷쇼핑몰은 「전기통신사업법」 22조에 의거하여, 방송통신위원회 부가서비스과에 신고해야 한다. 단, 자본금 1억 원 이하인 사업자는 신고를 면제한다.

6. 인터넷 쇼핑몰 디자인

실질적으로 소비자들이 보게 되는 사이트 구성이 중요한다. 따라서 쉽고 빠른 상품 검색, 클릭하고 싶은 요소 노출 등으로 인터넷 쇼핑몰의 색상과 콘셉트를 지정하여 디자인함으로써 소비자의 관심을 끄는 것이 매우 중요하다. 한다. 특히 쇼핑몰의 얼굴이라고 할 수 있는 메인 페이지를 효율적으로 구성함으로써 소비자의 관심을 끄는 것이 최우선이다. 메인 페이지에는 도메인, 메인 이미지, 카테고리, 구매혜택요소, 신뢰제공요소, 편의제공요소 등이 포함된다. 쇼핑몰의 메인 이미지는 쇼핑몰의 분위기를 나타냄과 동시에 쇼핑몰의 콘셉트를 가장 잘 나타내는 부분이므로 계절별, 경축일, 기념일, 명절 등에 알맞은 분위기 변화가 요구된다. 카테고리는 판매 제품 목록을 분류하는 것으로 소비자들이 쉽게 찾을 수 있도록 배치하여야 한다. 구매혜택요소는 제품을 구매하였을 때 사은품, 단골고객에 따른 혜택, 구매 후기 게시자의 혜택제공 등을 말한다. 신뢰제공요소는 소비자들에게 전자보증 등을 통한 믿음을 제공하는 것을 말한다. 편의제공요소는 결제 및 A/S센터에 접근이 용이하도록 정보를 제공하는 것을 말한다.

7. 도메인등록

온라인사업에서 도메인은 실제적인 쇼핑몰의 주소를 의미하는 것으로 오프라인 매장의 간판에 해당한다. 도메인의 중요성은 아무리 강조해도 지나치지 않는다. 소비자를 충분히 만족시킬 수 있는 제품과 서비스를 판매하고 있다 하더라도 도메인을 제대로 정하지 못하면 아무 소용이 없다. 특히 최근에는 도메인이 쇼핑몰의 이름 또는 브랜드가 되기도 한다. 그래서 도메인의 중요성이 더욱 강조되고 있는 것이다. 이로 인하여 도메인이 비싼 가격으로 거래되기도 하고 좋은 도메인을 차지하기 위해 노력을 하고 있다. 좋은 도메인이란 ① 기억하기 쉽고, ② 익숙하고 부르기 쉬우며, ③ 무엇을 판매하는지 의미전달이 쉽고, ④ 숫자와 기호가 같이 들어가지 않은 도메인이다.

8. 결제서비스 준비

인터넷 쇼핑몰의 결제방법은 무통장입금, 신용카드 결제, 계좌이체 등이 있다. 신용카드 결제의 경우, 결제대행회사를 지정하여야 한다.

9. 상품사진 만들기

인터넷 쇼핑몰은 직접 만져볼 수 없으므로 사진이 사업의 성패를 결정짓는 중요한 요인이다. 따라서 직접 또는 전문업체에 의뢰하여 상품사진을 준비하여야 한다. 직접 상품사진을 준비한다면 운영자가 원하는 대로 쇼핑몰을 꾸밀 수 있고 기능의 추가 또는 삭제가 자유롭지만 가격이 비싸고 업그레이드에 따른 모든 관리를 스스로 해야 한다. 반면 전문업체에 의뢰한다면 소요되는 시간과 비용을 절약할 수 있을 뿐만 아니라 기본 호스팅을 비롯해 쇼핑몰 운영을 위한 기능을 종합적으로 제공받을 수 있어 편리하다.

10. 마케팅 및 운영정책 설정

인터넷 쇼핑몰 오픈 준비가 완료되면 배송방법의 결정, 택배회사 지정, 온라인 마케팅방법, 광고 및 홍보정책의 수립 등이 필요하다. 쇼핑몰 운영전략 중 하나가 당일배송, 빠른 배송이다. 구매결정의 고려요인 중 질 좋은 상품, 합리적인 가격 외에 배송시간이 중요요인이다. 따라서 배송방법 및 택배회사선정은 그 무엇보다 중요하다. 온라인 마케팅방법은 소비자들이 더욱 다양한 경로로 쉽게 쇼핑몰을 찾아 올 수 있도록 하는 것이다. 이는 자신의 쇼핑몰 홍보가 됨과 동시에 더욱 많은 방문자 유입을 통한 매출증대에 기여한다. 쇼핑몰로의 유입경로 확대방법으로는 다른 온라인 쇼핑몰과의 제휴, 오프라인 매장과 배너 교환, 할인행사 제휴, 오픈마켓 입점, 모바일을 활용한 마케팅 등이 있다.

제5절 | 기업합병 · 인수(M&A)에 의한 창업절차

어떤 사업을 시작하는 데 있어 가장 안전하고 신속하게 사업을 시작하는 방법은 기업합병 · 인수를 통한 창업이다. 기업합병 · 인수 창업의 필요성과 절차를 살펴보면 다음과 같다.[17]

1. 기업합병 · 인수 창업의 필요성

기업합병 · 인수 창업은 기존의 사업장을 시설물 및 권리금을 주고 인수하여 새롭게 운영하는 형태로서 일반기업 간에 이루어지는 합병 · 인수와 다소의 차이점은 있으나 기본적인 성격은 비슷하다고 할 수 있다. 기업합병 · 인수에 의한 창업을 하려면 우선적으로 다음의 사항들을 확인하여야 한다.

1) 창업의 목적이 뚜렷한가를 확인하다

기업합병 · 인수에 의한 창업은 자금과 시간이 투자되고 위험성도 크기 때문에 확실한 목적 또는 목표가 있어야 한다. 소상공인의 경우 영업이 부진하여 매물로 내놓는 경우가 대부분이므로 기업합병 · 인수에 의한 창업효과가 있을 것인지를 구체적으로 분석하여야 한다.

2) 창업을 위한 자금력을 확인한다

아무리 좋은 대상이 있어도 자금이 확보되어 있지 않으면 기업합병 · 인수할 수 없기 때문에 우선 자금의 여력을 점검한다. 자금력과 더불어 인수 타이밍이 중요하므로 필요 시는 사전에 동원가능한 유동자금의 정도를 확인한다.

3) 경영쇄신능력은 충분한가를 살펴본다

기업합병 · 인수 창업으로 목적을 달성하기 위해서는 경영자가 기존관행을 깨고 새로운 점포 분위기를 조성할 수 있는 경영쇄신능력이 있는가를 살펴보아야 한다.

2. 기업합병 · 인수 창업의 절차

기업합병 · 인수에 의한 창업절차를 살펴보면 [도표 2-12]와 같다.

도표 2-12 | 기업합병 · 인수 창업의 절차

후보업종 선정 → 점포 물색 → 점포조사 및 평가 → 신용조사 실시 → 점포계약

1) 제1단계 : 후보업종을 선정한다

예비창업자는 수많은 업종에서 3개 정도의 후보업종을 먼저 선정하는 것이 좋다. 이를 놓고 비교표를 만들어서 어느 업종이 자기에게 가장 잘 어울릴 것인가를 확인하는데 업종의 안정성, 소요자금규모, 영업시간, 기술경험의 필요 유무, 업종별 특징 등을 고려해야 한다. 1순위 업종이 선정되면 점포를 물색하기 전에 사업타당성을 검토하는 것이 바람직하다. 사업타당성을 검토하는 기본적인 점검항목은 해당 업종이 유행이나 경기변화에 어느 정도 민감한가, 평균 창업소요자금이 현재 준비된 자금규모와 거의 일치하는가, 평균 영업시간이 얼마나 되는가, 특별한 기술이나 경험이 필요하지 않은가 등이다.

2) 제2단계 : 점포를 물색한다

1단계의 사업타당성 검토 결과 긍정적인 평가가 나왔다면 다음 절차는 비슷한 조건의 점포를 물색하는 것이다. 점포물색방법에는 중개사무소를 통하는 방법, 신문 · 잡지를 통하는 방법, 직접 탐방하는 방법 등이 있다.

3) 제3단계 : 점포의 조사, 평가를 실시한다

점포 물색을 마친 후에는 약식 점포조사표를 작성하여야 한다. 점포의 간판상태를 포함하여 인테리어, 화장실, 전기, 상하수도, 냉난방, 일조상태 등을 조사하여야 한다. 또 점포 층수와 넓이, 운영기간, 주이용고객의 연령분포, 운영상의 장 · 단점 등도 함께 확인하여야 한다. 기본적인 점포조사가 긍정적일 때 본격적인 수익성분석을 해야 하는데, 이것을 '점포평가'라고 한다.

4) 제4단계 : 신용조사를 실시한다

신용조사는 점포주나 관련업자와의 상담내용이 과연 사실인지를 판단하고 권리인수를 결정하기 위한 최종단계이다. 신용조사내용 중에는 각종 서류(토지, 건물등기부등본, 도시계획확인원, 건축물관리대장) 열람과 건물주와의 임대차 서류 계약뿐만 아니라 매출근거도 확인하여야 한다. 시간대별 매출근거는 주로 평일 1회, 주말 1회 정도로 하루 종일 하는 것이 원칙이다. 대략 점심 때부터 영업시간이 끝날 때까지 손님의 성별이나 연령별 인원수와 평균 객단가를 합산하여 하루 평균 매출액을 확인한 후 수익성을 분석하여야 한다. 이때 결과의 일치됨이 편차 10% 범위이면 점포 양수 · 양도계약을 체결하여도 좋다.

5) 제5단계 : 점포계약을 체결한다

먼저 점포주와 권리양도계약을 체결한다. 이때 계약은 가계약이므로 정해진 계약금은 없으며 보통 100만 원 이하로 한다. 가계약을 한 즉시 건물주와 점포임대차계약을 정상적으로 체결한다. 이를 본계약이라고 하며 잔금납부가 끝나면 점포 열쇠와 사업자등록증, 허가증, 전화 등을 인수하고 전 점포주의 협조를 얻어 관할 구청, 세무서, 전화국 등에 명의이전을 하여야 한다.

3. 기업합병 · 인수 창업의 유의사항

기업합병 · 인수 창업의 경우에는 다음 사항의 분석에 유의하여야 한다.[18]

1) 재무적인 측면

① 매출액에 대한 이익수준이 적절한 것인지를 알아보아야 한다. 이를 위해서는 적어도 과거 5년 정도의 이익추세에 대한 믿을 만한 자료를 입수하여 매출액 영업이익률이나 총자본 순이익률 등의 평균과 분산을 다른 유사기업들과 비교 · 분석해야 한다.

② 대차대조표분석을 통해 단기지급능력, 매출채권보유량의 적정성 여부, 재고자산의 양과 질, 고정자산에 대한 투자정도, 타인자본에 대한 의존정도 등을 분석해야 한다.

③ 구입가격과 감가상각내역 그리고 실사를 통해 설비나 장치의 질과 가치를 면밀히 조사해야 한다.

④ 유사기업의 자료를 참고하여 제조원가, 판매비 및 일반관리비 등이 적절한지에 대해 조사해야 한다. 아울러 매출액 대비 특정항목의 비중이 두드러지게 크다면 그 이유와 원인을 분석해야 한다.

⑤ 총수요예측과 시장의 경쟁상황을 참작한 시장점유율과 이윤율 추정을 통해 적어도 5년 정도의 매출액 및 이익에 대한 전망을 해야 한다. 그리고 투자수익률의 적정성을 검토해야 한다.

2) 마케팅 측면

① 소비자의 기호변화 또는 인구증가율을 토대로 매출액 추세를 분석하여 기존사업이 성장산업인지 사양산업인지를 파악해야 한다. 그리고 현금과 신용판매의 비율, 매출채권의 대손가능성을 조사해야 한다.

② 시장의 경쟁상황에 대한 면밀한 분석과 소비자들의 기업에 대한 태도조사를 실시하여야 한다.

③ 대상기업에 대한 다른 기업이나 기관 등의 여론을 청취하여 경영자의 평판을 조사해야 한다. 그리고 정치적 · 종교적인 문제가 없는지 조사해야 한다.

3) 영업활동 측면

① 공장이나 기계가 임대인 경우 임대조건을 면밀히 조사해야 한다. 즉, 임대기간, 재계약 시 제기될 수 있는 문제, 기업에 대한 임대업자의 태도 등을 조사하고 필요한 경우 문서화하여야 한다.

② 만약 새로운 인수자가 종업원 중 일부의 고용승계를 원한다면 그들이 만족스러운 근로자인지를 조사해야 한다. 그리고 면접을 통해 종업원들의 태도

나 요구 등을 조사해볼 필요가 있다. 또한 업무에 대한 그들의 활동을 직·간접적으로 관찰해볼 필요가 있다.

③ 원자재 공급자와 기존기업과의 관계를 조사해야 한다. 비록 개선가능한 문제점이 있다고 하더라도 공급자와의 관계는 경영능력에 대한 척도역할을 해주기 때문이다. 또한 기존판매업자와의 관계가 원만하게 유지될 수 있도록 별도의 안전조치를 강구해 둘 필요가 있다.

4) 매각의도적인 면

① 매도자의 건강, 나이, 전업 등 기업 매각 사유를 조사하여 의사결정에 참고해야 한다. 특히 매각의도가 프리미엄이나 거품가치의 획득을 노리는 것이 아닌지를 의심해보아야 한다. 그리고 영업상 대두된 큰 애로사항이 매각의 주된 이유일 수도 있기 때문에 매각사유를 조사해보아야 한다.

② 매도자가 기업 매각 후의 계획에 대해서도 조사해야 한다. 실제로 기업 매각 후 다시 동일업종의 기업을 창업하는 경우가 많기 때문에 계약 시 일정기간(예를 들어, 5~10년 이내)이 경과하지 않으면 동일업종의 기업을 경영할 수 없다는 조항을 약정할 수도 있다.

4. 기업합병 · 인수 창업의 장 · 단점[19]

1) 장점

① 수익이 즉시 발생한다.

② 기업의 성장속도를 그대로 유지할 수 있다.

③ 신규사업에 소요되는 자금과 시간을 줄일 수 있다.

④ 생산, 판매, 조직 등 기존의 시설을 이용할 수 있다.

2) 단점

① 기존기업의 나쁜 점(예를 들면, 나쁜 소문, 맛이 나쁨, 불량 자재 사용 등)도 모두 동시에 인수해야 한다.

② 구식건물이나 구식설비를 개량하려면 추가비용을 부담해야 한다.

③ 현재의 자산가치와 미래의 잠재수익가치를 인수조건에 포함시킴으로써 잠재적인 매력이 남아있지 않다.

④ 변화나 혁신에 대응이 곤란하다.

5. 기업합병 · 인수 창업과 독립 창업과의 비교[20]

기업을 합병 · 인수하는 창업과 독립 창업과의 차이점을 비교하면 [도표 2-13]과 같다.

도표 2-13 | 기업합병 · 인수 창업과 독립 창업의 비교

고려요인	기업합병 · 인수 창업	독립 창업
이윤가득성	보다 신속한 이윤가득	보다 큰 이윤을 얻을 수 있는 잠재성
위험	낮은 위험	높은 위험
명성	이미 축적된 명성	명성도 없고 축적 또한 쉽지 않음
실질적 자산과 설비	시설 · 설비 갖춰짐	시설 · 설비 갖춰지지 않음
인적자원	이미 보유	새로이 충원교육 필요

사례연구 Case Study

사례 1 자영업 창업 선호 1순위 커피전문점, 2년 내 문닫는다

평균 업력 3년 미만 업종

(업종)	(평균 업력)
❶ 당구장	1년 7개월
❷ 안마시술소	1년 11개월
❸ 커피전문점	2년
❸ 떡볶이전문점	2년
❺ 발/네일케어	2년 2개월
❺ 동남아음식전문점	2년 2개월
❼ 샌드위치전문점	2년 3개월
❽ 스포츠센터	2년 4개월
❾ 뷔페	2년 6개월
❾ 요가/단식원	2년 6개월

전국 카페 점포 수 추이

(출처 : NICEBIZMP 상권분석서비스)

자영업에 새로 뛰어드는 사람들이 커피전문점 창업을 가장 선호하는 가운데 커피전문점은 평균 2년 내 문을 닫는 것으로 조사됐다.

2017년 6월 22일 나이스비즈맵 상권분석서비스가 올 1분기까지 음식 · 소매 · 서비스업에 해당하는 로드샵 업종 200여 개를 대상으로 3년 미만 업종을 분석한 결과 커피전문점은 평균 2년 동안 점포를 유지하는 것으로 나타났다.

서비스업에서 뚜렷한 성장세를 보이는 당구장은 1년 7개월로 가장 짧았으며, 그 다음으로 안마시술소로 1년 11개월에 뒤를 이었다. 주점과 양식업종도 평균 3년 안에 문을 닫는 것으로 분석됐다.

이는 평균 3년 미만의 업력을 지닌 업종들이 트렌드에 민감하고 다른 점포와의 차별성을 두기 어렵기 때문인 것으로 풀이된다. 소비자들이 새로운 인테리어나 깔끔한 분위기를 더 선호하는 경향이 강해진데다 당구장, 스포츠센터, 스크린골프장 등도 새로운 시설을 갖춘 곳일수록 인기가 높다고 전문가는 설명했다.

특히 커피전문점은 대형 프랜차이즈 카페가 일반 개인 점포보다 더 오래 운영할 가능성이 높아 예비창업자는 신중하게 업종과 브랜드를 선택해야 한다고 전문가들은 조언했다.

한편 2017년 4월 기준으로 전국 카페(커피전문점 및 생과일주스전문점 · 전통찻집 등 식음료판매 업종)는 9만1,818개로 집계됐다. 수익형 부동산정보업체 상가정보연구소가 소상공인시장진흥공단 데이터를 분석한 결과에 따르면 2014년 말 전국의 카페 점포수는 2014년 말 5만6,000개에서 2016년 말 8만6,000여 개를 넘어 2017년 들어 9만 개를 돌파했다.

출처 : 이투데이, 2017-06-22

사례 2 창업 어떻게 하지?

"모두 비슷하지 않을까 싶어요. 자기 가게 하나쯤 차리는 건 모두의 꿈이 아닐까 싶어요."요즘, 창업 이야기 많이 하시죠?

그런데 막상 창업을 하려고 하면 망설여지게 됩니다.

"월세라든지 그 다음에 인건비라든지 이런 부분들이 계속해서 순환이 되어야 하는데 그 순환이 잘 이뤄질 수 있을지 …"

여기 예비창업자들의 답답한 가슴을 뻥 뚫어주는 곳이 있습니다. 바로 소상공인 사관학교입니다. 전국 5곳에 전용 교육장을 운영하고 있는 소상공인 사관학교. 소상공인학교에서는 음식업과 주점업을 제외한 성장가능성이 높은 아이템을 가지고 있는 예비창업자를 선발해, 창업의 모든 것을 가르쳐주고 있는데요. 사업계획서 작성부터, 상권분석, 법률, 마케팅 등 이론교육을 진행하고 있습니다. 이론교육 후에는 점포경영 체험이라 해서, 상위 80% 교육생을 선발하는데요, 선발된 교육생은 실제 사업자등록증을 내고 4개월가량 실제 영업을 합니다.

장소와 장비는 소상공인 사관학교에서 지원하고, 그 외 재료비나 인건비 등은 교육생이 부담합니다. 소상공인 사관학교는 모든 교육비가 무료인데요. 창업경험이 없는 사람은 물론, 사업자등록증이 없는 재창업자들도 교육받을 수 있습니다. 참여방법은 우편이나 소상공인 사관학교 전용 교육장을 방문해 신청서를 작성하면 됩니다. 오늘의 원포인트 생활상식, 예비창업자를 위한 소상공인 사관학교!

▶ 만 19세 이상 예비창업자와 사업자등록증이 없는 재창업자들이 교육받을 수 있으며

▶ 교육비는 전액 무료라는 점

출처 : YTN, 원포인트 생활상식, 2016-12-05

사례 3 준비 없는 '묻지마 창업'… 대박 좇다 폐업 · 빚더미 늪에

2015년 창업기업 실태조사/창업준비기간 평균 10개월 … 10명 중 8명 "교육받은 적 없다"

몇년 전 고급 우동집을 연 정모(52 · 여)씨는 빚더미에 앉게 됐다. 창업을 할 때만 해도 성공할 자신이 있었다. 대학원에서 식품영양학과 석사학위를 받았고 일식 · 한식 자격증까지 보유한 정씨였지만 현실은 녹록지 않았다. 주변 상권에 대한 사전 준비 없이 무턱대고 뛰어든 게 화근이었다. 차별화전략으로 내세운 '친환경 웰빙 우동'은 주변 음식점과의 경쟁에서 뒤처지면서 정씨는 5억 원의 빚만 떠안게 됐다. 결국 정씨는 매장 문을 연 지 2년 만에 폐업신고를 해야 하는 처지가 됐다. 정씨는 "비싼 식재료만 사용하면서 철저히 고급식당전략을 표방했지만 정작 주변 상권의 고객들은 우동을 비싼 돈을 주면서까지 사먹을 만한 음식이라 평가하지 않았던 것 같다"고 말했다.

서울의 명문 공과대학을 다니던 박모(27) 씨는 '청년 창업'에 뛰어들었다 실패의 쓴맛을 봤다. 박씨는 자신의 프로그래밍 실력을 앞세워 소셜네트워크 기반의 홍보대행사를 차렸다. 취업난에 시달

리는 것보다 창업으로 대박의 꿈을 좇는 게 낫다는 생각이었다. 하지만 대박의 꿈은 '쪽박'으로 이어졌다. 현장과 동떨어진 기술력만 가지고 무리하게 밀어붙였던 박씨는 1년 만에 1억 원의 빚만 남긴 채 문을 닫았다. 박씨가 창업 전에 준비한 것은 대학에서 진행한 창업강좌를 들은 게 전부였다.

조기 퇴직과 청년실업 등으로 생계형 창업에 뛰어들었다 실패를 경험하는 사람들이 속출하고 있다. 아무런 준비 없는 '묻지마 창업' 탓이다. 창업하는 사람 10명 중 8명은 관련 교육을 단 한 차례도 받지 않은 것으로 나타났다. 또 창업자의 평균 준비기간은 1년도 되지 않았다.

2016년 9일 중소기업청과 창업진흥원이 공동으로 펴낸 '2015년 창업기업실태조사'에 따르면 창업교육을 전혀 받지 않고 창업을 하는 비율이 83.1%에 달했다. 특히 창업교육을 받지 않은 비율은 20대 젊은층에서 두드러졌다. 20대 이하의 무교육 창업 비중은 93.3%로, 전체 연령대 중 가장 높았다. 40대가 85.5%로 뒤를 이었고 50대 82.3%, 60대 이상 81.4%, 30대 80.6% 순이었다.

창업자들의 평균 준비기간은 10.4개월로 나타났다. 창업준비기간 역시 20대가 6.8개월로 가장 짧았다. 반면 60대 이상은 12.9개월로 가장 길었다.

준비되지 않은 창업은 잦은 폐업으로 이어질 수밖에 없다. 더불어민주당 김현미 의원이 국세청 자료를 바탕으로 분석한 지난 10년간의 자영업자 신규 · 폐업 현황에 따르면 자영업자의 생존비율은 20%가량에 지나지 않는 것으로 나타났다. 매년 100만 명에 가까운 자영업자가 창업을 하지만 이 가운데 80만 명가량은 문을 닫는다는 얘기다.

특히 음식업종과 서비스업종의 폐업률이 압도적으로 높아 전체 폐업의 40%가량을 차지했다. 베이비부머(1955~1963년생)의 퇴직이 본격화되고 실업률이 높아지는 추세에 비춰볼 때 향후 생계형 창업자는 갈수록 늘 수밖에 없다.

장창권 한국경영기술지도사회 사무처장은 "보통 지인의 추천에 의해 창업을 하는 경우가 많다"며 "반드시 현재의 시장환경, 개업하고자 하는 업종을 분석해 자신이 경쟁사들과 비교해 만족할 만하고 차별화된 상품을 내놓을 수 있는지부터 따져봐야 한다"고 말했다.

창업자 창업교육 현황

창업자 창업준기간

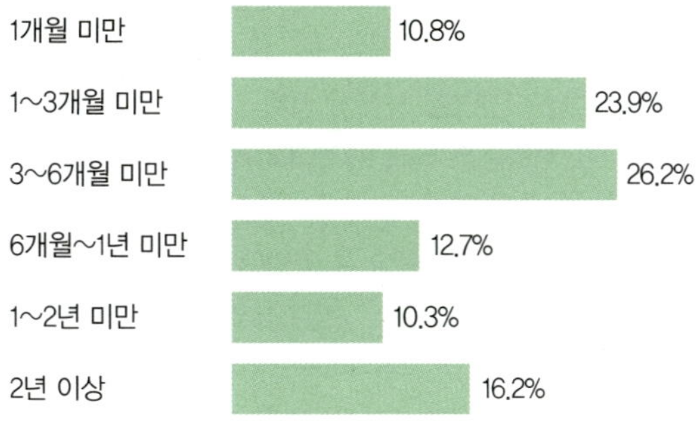

(출처 : 중소기업청, 소상공인진흥원)

출처 : 세계일보, 2016-10-09

사례 4 "준비 없는 사업은 필패(必敗) 절실히 깨달았죠"

김용환 한스팝 대표 인터뷰
웨딩뷔페 식자재 공급 … 업황 악화 및 물품대금 미수로 폐업
직장생활로 사업의 기본 배워 … 고객사 맞춤형 통합 MRO 솔루션 제공
내년부터 주방 조리기기 제조 · 가맹사업 본격화

"사업이라는 것을 너무 쉽게 생각했다. 아무런 준비도 없이 내가 하던 일을 하면 잘될 것이라는 막연한 기대감이 실패의 원인이었다."

지난 12일 인천 본사에서 만난 김용환 한스팝 대표는 자신의 사업실패 이유를 이같이 설명했다.

식자재 유통 대리점에서 일하던 김 대표는 2003년 '이산유통'이라는 회사를 설립하고 웨딩뷔페 식자재 공급사업을 시작했다. 기존 거래하던 곳과 독점거래를 하다 보니 막연하게 사업이 잘될 것이라는 기대에서였다.

하지만 거래하던 웨딩뷔페가 어려워지면서 김 대표에게도 어려움이 찾아왔다. 자금사정이 나빠지자 새로운 거래처 발굴에 나섰고 이듬해 인천 송도에 새로 들어선 예식장 뷔페에 식자재 공급을 시작했다. 그러나 거래처 사장이 돌연 잠적해 물품대금 수천만 원을 받지 못해 결국 폐업의 길로 들어섰다.

사업 1년여 만에 실패를 맛본 김 대표는 "다시 사업을 하기 위해 체계적으로 배울 수 있는 일정 규모 이상의 회사에 들어가야겠다고 생각했다"고 전했다. 김대표가 2004년 입사한 곳은 화장품 용기를 만드는 중소기업 연우(115960). 그는 "매일 새벽부터 인천 본사에서 경북 김천에 있는 화장품 공장에 용기를 납품하는 업무를 2년간 했다"고 말했다.

이후 김 대표는 락앤락 기업특판 영업경험을 바탕으로 2011년 'HAN F&P'라는 락앤락 특수판매 대리점을 시작했다. 교보생명, KDB생명, 삼성생명 등의 전국 300개 지점을 대상으로 판촉물 및 사은품 등을 판매했다. 이듬해인 2012년 지금의 사명인 '한스팝'으로 법인전환한 김 대표는 각종 전시회에서 락앤락, 자이글 등 다양한 브랜드를 직접 판매했다. 하지만 2014~2015년 세월호 사건과 메르스 여파로 전시회 시장에 찬바람이 불면서 또다시 위기를 맞았다.

김 대표는 "회사가 힘들어지면서 안정적 사업구조가 필요하다고 생각했다"며 "과거 연우 재직시절의 경험을 바탕으로 MRO(소모성 자재 구매대행)사업을 문득 떠올렸다"고 전했다. 그는 연우를 그만두고 나서도 당시 직장동료들과 지속적으로 좋은 관계를 유지했다. 이 덕에 MRO 경쟁입찰에 참여했고 연간 40억 원 이상의 MRO 통합 운영계약을 체결할 수 있었다. 김 대표는 "중소기업이 공구 부속품 · 사무용품 등 통합 MRO사업을 하기는 쉽지 않은 것이 사실"이라며 "연우와 계약한 후 교원 인천공장, 곰표 대한사료 지역공장 등과 MRO계약을 하면서 현재 21개 기업 및 공장과 MRO 사업을 하고 있다"고 전했다.

한스팝이 짧은 시간 내에 다수고객을 확보할 수 있었던 원동력은 고객 맞춤형 솔루션에 있다. 그는 "중소기업의 경우 갑자기 부품 등을 필요로 하는 경우가 많다"며 "이런 수요를 충족시킨 것이 성공비결"이라고 설명했다. 특히 한스팝은 주문부터 납품까지 원스톱체제로 운영한다. MRO사업을 주력사업으로 하면서 2013년 6억 원에 불과했던 매출은 지난해 44억 원으로 성장했다. 올해는 80억 원 매출 돌파를 자신한다.

한스팝은 신규사업으로 제조 및 가맹사업을 계획하고 있다. 김 대표는 "장기적으로 새로운 것을 계속 구상해야 한다고 생각한다"며 "주방기기 생산을 통해 음식점 가맹사업을 할 예정"이라고 말했다.

출처 : 이데일리, 2016-08-24

참 고 문 헌

Reference

01 이석규, 「창업 및 사업성검토」, 다산출판사, 1997, p.410.

02 한정화, 「벤처창업과 경영전략」, 홍문사, 2003, pp.283~284.

03 http://www.sbiz.or.kr/sup/main.do

04 변명식, 「유통과 프랜차이즈」, 학문사, 2006, p.31.

05 변명식, 「유통과 프랜차이즈」, 학문사, 2006, p.52.

06 임재석 · 엄명철, 「프랜차이즈 창업실무」, 무역경영사, 2004, pp.7~9.

07 노재건 외 4인, 「창업 · 경영론」, 무역경영사, 2003, pp.260~263.

08 홍성도, 「벤처창업경영」, 무역경영사, 2007, pp.510~512.

09 김기홍, 「프랜차이즈 경영론」, 형설출판사, 2006, pp.45~48.

10 홍성도, 「벤처창업경영」, 무역경영사, 2007, p.514.

11 www.sbiznews.com

12 www.sbiznews.com

13 www.sbiznews.com

14 www.sbiznews.com

15 조보상, 「소자본창업실무」, 무역경영사, 2005, p.32.

16 중소기업청 소상공인진흥원, 초보3인방의 성공 창업기, 2011.

17 www.sbiznews.com

18 이석규, 「창업 및 사업성검토」, 다산출판사, 1997, pp.123~125.

19 김종재 외 2인, 「중소기업의 창업과 경영」, 박영사, 2005, p.156.

20 김석회, 「21세기 교양경영학」, 무역경영사, 2005, p.110.

PART 02

창업의 요소

Theory & Practice of Entrepreneurship

Chapter 03

창업자

제1절 | 창업자의 의의와 역할

소상공인이라 함은 소기업 중 상시 근로자 10인 미만의 사업자로서 업종별 상시근로자수 등 대통령령이 정하는 기준에 해당하는 자(「소기업 및 소상공인 지원을 위한 특별 조치법 시행령」 제2조)로서 광업, 제조업, 건설업 및 운수업은 상시 근로자 10인 미만의 사업자, 도 · 소매업, 음식업, 숙박업, 서비스업은 상시근로자 5인 미만의 사업체를 운영하는 자를 말한다. 한편, 자영업자는 5인 미만의 근로자를 고용해 생활형 서비스업을 하는 소상공인을 의미한다.

1. 창업자의 의의와 역할

1) 창업자의 의의

창업자란 기업가정신에 입각하여 창업하고 경영활동을 수행하며 위험을 감수하려는 모험심을 통해 기업의 계속적인 혁신활동을 수행하는 주체를 말한다. 여기에서 기업가란 "창업에 따르는 위험과 책임을 감수하면서 창의성에 따르는 보상을 즐기는 사람"이다. 따라서 창업자는 자금조달, 기업혁신 그리고 경영활동의 결과를 책임지는 역할을 수행하여야 한다.

2) 창업자의 역할

창업자는 소비자의 욕구나 트렌드 변화를 읽고 고객의 기대를 능가하는 제품과 서비스를 제공하여야 치열한 생존경쟁시장에서 생존이 가능한데 창업자의 역할은 다음과 같다.

(1) 창업아이디어 창출

창업자는 본인의 적성, 경험, 재능, 장점, 기능, 특기 등을 살려 자금조달, 창조력, 경영기법 등을 이용하여 소비자들의 욕구를 충족시킴으로써 이익을 발생시킬 수 있는 창업아이디어를 창출하여야 한다.

(2) 경영목표설정과 경영활동이행

창업자는 창출된 아이디어를 바탕으로 경영목표를 설정하고 경영활동을 이행하여야 한다. 즉, 계획수립단계에서부터 실행단계까지 발생가능한 모든 문제들을 해결할 수 있는 대안들을 모색하고, 신속하게 적용하는 능력을 갖추어야 한다.

(3) 경영환경 변화에 신속한 대응

창업자는 기업의 내 · 외부 환경요인의 변화에 신속하게 대응할 수 있는 능력을 갖추고 있어야 한다. 기업의 내부환경요인에는 기업의 목적, 기업구조, 경영철학, 기계설비, 재무구조, 노동력의 질과 양 등과 같이 기업내부에서 경영활동에 영향을 미치는 환경요인을 말한다. 그리고 외부 환경요인에는 경제적 환경(국제수지, 인플레이션율, 경제성장률, 1인당 GNP, 소비구조의 변화, 업계의 성장률, 금리수준, 노동력의 수급, 인건비 등), 정치적 · 법률적 환경(물가안정 및 공정거래에 관한 법률, 독점규제 및 공정거래에 관한 법률), 사회적 · 문화적 환경(집단, 전통, 가치관, 관습, 출생률, 사망률, 고령화, 가족구성원의 변화, 도시의 과밀화, 교통의 변화 등), 기술적 환경(제조공정, 원재료, 제품, 물적 유통, 정보기술 등) 그리고 국제적 환경(환율변동, 유가변동, 외국의 정치적 · 경제적 여건 변화, 국가 간의 무역구조, 국제적 자본이동, 외국의 생산환경, 세계경제의 블록화현상 등) 등이 있다. 기업의 경영활동에 직접적 · 계속적으로 영향을 미치는 내부환경은 통제할 수 있어야 하고, 점진적 · 반복적으로 영향을 미치는 외부환경은 변화를 예측가능해야 한다.

(4) 강력한 리더십 발휘

창업자는 강력한 리더십을 발휘하여 조직구성원들에게 계속적인 동기부여를 통해 기업의 목적을 달성하도록 하여야 한다.

(5) 계속적인 기업혁신

오늘날의 창업환경은 평균연령이 낮은 창업, 고학력 · 고급인력의 창업, 소규모의 이색 창업, 기발한 아이디어의 소자본 창업 등으로 치열한 생존경쟁하에 놓여 있다. 따라서 현재의 상태에 안주하는 창업자는 경쟁에서 밀려나 퇴출되는 결과를 초래하게 되므로 계속적인 기업혁신을 이루어야 한다.

(6) 경영자의 사회적 책임

경영자는 기업의 유지 · 발전, 종업원, 이해자집단의 이해조정, 환경오염 그리고 후계자양성 등에 대한 책임을 수행하여야 한다.[01]

가. 기업의 유지 · 발전에 대한 책임

기업은 경영을 둘러싸고 있는 이해관계자(주주, 정부, 소비자, 공급자, 학교, 종업원, 지역사회 등)에 의하여 존립하고 있다. 따라서 상품의 능률적인 생산과 수익의 합리적인 배분이 연속적으로 행해지지 않으면 안 된다. 그것은 또한 기업의 존속을 위해서도 필요하다. 그러기 위해서 경영자는 단기적 최대이윤을 목표로 하는 것이 아니라 장기적으로 기업의 사회성 혹은 공익성을 고려하면서 기업의 유지 · 발전에 필요 충분한 이윤의 획득과 적정배분의 책임을 지닌다.

나. 종업원에 대한 책임

경영자는 노사협력제도나 위원회 등을 통하여 종업원으로 하여금 경영에 직접 참가하도록 하고, 또한 복지후생시설을 마련 · 향상시켜서 종업원으로 하여금 인간적 만족을 얻을 수 있게 함으로써 자발적으로 생산성을 향상하여야 한다.

다. 이해자집단의 이해조정 책임

경영자는 주주에게 일정한 이익배당의 보장, 근로자에게 적정임금지급 그리고 고용안정 및 노동조건의 합리성 보장, 소비자에게 저가격으로 양질의 풍부한 상품을 공급, 기타의 이해관계자에게 지속적인 PR 혹은 광고서비스 제공 등의 책임이 있다. 그리하여 이해관계자집단들의 이해를 최대한 조정하여야 하는 책임이 있다.

라. 환경오염방지에 대한 책임

경영자는 환경오염을 예방하고, 지역사회의 주민이 명랑하며 건강하게 생활할 수 있도록 각별한 유의와 세심한 배려가 요구된다. 따라서 경영자는 충분한 사회비용의 투입과 공해발생원인인 노후시설의 대체에 항상 노력하여야 한다.

마. 후계자육성에 대한 사회적 책임

후계자육성은 장래 기업의 발전을 위해서 매우 중요하다. 왜냐하면 미래를 위한 유능한 후계자의 양성이 없다면 기업의 성장을 기대할 수 없을 뿐만 아니라 경제사회의 발전도 기대할 수 없기 때문이다.

2. 창업자의 특성

창업자는 이윤추구와 자기만족이라는 목표를 달성하기 위해 조직구성원들을 조정하고 통제하여야 한다. 창업자는 일반적으로 다음과 같은 특성을 가진다.[02]

1) 창업자의 일반적 특성

(1) 건강

창업자는 육체적 · 정신적인 에너지를 소모하기 때문에 건강해야 한다. 오늘날의 치열한 생존경쟁에서 살아남기 위해서는 강인한 체력이 밑바탕이 되어야 한다.

(2) 대인관계

기업경영은 기업 내 · 외부의 원만한 인간관계와 지속적인 유대관계를 통해서만 가능하다. 기업의 최고경영자로서 좋은 인간성을 지닌 창업자에게는 훌륭한 인재들이 모여들기 때문에 그러한 기업은 성장하고 발전하기 마련이다.

(3) 예측력과 결단력

기업의 경영환경은 수시로 변화할 뿐만 아니라 의사결정의 연속선상에 있다. 창업자는 따라서 정보분석과정을 통한 신속한 결단력이 요구되지만 최종결정은 창업자의 경험, 통찰력 그리고 직관력에 의존한 의사결정을 한다. 따라서 창업자는 기업의 장 · 단기 목표달성을 위한 적절한 예측력과 신속한 결단력을 갖추어야 한다.

2) 성공창업자와 실패창업자들의 특성

창업 후 1년 이상을 버티는 창업자의 비율이 20~30% 정도 밖에 안 되며 대기업의 엘리트 직원 출신도 창업시장에서는 종종 맥없이 실패하곤 한다. 그렇다면 과연 어떤 사람들이 성공하는 것일까? 성공창업자와 실패창업자들의 특성을 살펴보면 다음과 같다.[03]

(1) 성공창업자의 특성

① 트렌드(trend)에 항상 민감하게 반응하고 그에 맞는 창업전략을 설정하고자 노력한다.

② 창업교육, 체험학습 등 창업을 위한 사전준비를 철저히 한다.

③ 발로 뛰는 조사를 통해 입지를 알아보고, 업종에 적합한 입지를 선정해 투자 비용을 최소화한다.

④ POS 설치 등 점포운영을 과학화하고자 노력한다.

⑤ '고객이 왕'이라는 마음으로 친절한 서비스 제공을 위해 최선을 다한다.

⑥ 끊임없이 새로운 아이디어를 개발해 점포운영에 접목한다.

⑦ 창업을 현실적으로 생각하고, 노력한 만큼 대가를 얻으려고 한다.

⑧ 장사가 안 되는 요인을 자기에게서 찾는다.

⑨ 항상 남보다 나를 낮출 수 있다.

⑩ 시간과 자기관리에 철저하다.

(2) 실패창업자의 특성

① 트렌드에 둔감하거나 관심이 없고, 반짝 유행하는 업종에 쉽게 손을 댄다.

② 사전준비 없이 무작정 점포자리부터 계약하고 본다.

③ 프랜차이즈 본사나 부동산업자의 말만 믿고 입지를 결정하거나 업종에 상관 없이 비싼 중심상권만 고집한다.

④ 장부쓰기도 귀찮아 할 정도로 주먹구구식으로 점포를 운영한다.

⑤ 서비스수준 제고에는 관심이 없거나 소홀하다.

⑥ 현재 상황에 만족하고 새로운 시도를 하지 않는다.

⑦ 창업을 로또로 생각하고 대박의 꿈을 꾼다.

⑧ 장사가 안 되면 입지 · 직원 · 본사 등 외부 탓을 한다.

⑨ 스스로를 낮추지 않고 목에 힘만 준다.

⑩ 생활이 불규칙하고 자기관리에 소홀하다.

제2절 | 창업자의 기업가정신

세계적으로 성공한 창업자의 기업가정신은 공통적으로 ① 도전과 개척정신, ② 신용제일주의, ③ 신념의 정신, ④ 근검절약정신, ⑤ 고객만족주의, ⑥ 인간존중 정신과 인재제일주의, ⑦ 창의와 혁신정신, ⑧ 책임주의 정신, ⑨ 합리추구의 정

신, ⑩ 산업평화주의-노사공동체정신, ⑪ 정직과 정도주의, ⑫ 사업보국정신 등을 들 수 있다.[04]

1. 도전과 개척정신

기업가정신이란 창업자들이 창업의 뜻을 이루기 위해 목표를 향해 도전하고 시련과 역경을 극복하며 극한의 어려움을 무릅쓰고 개척하여 성공하는 사업정신을 말한다.

다시 말해 창업목표의 뜻을 이루는 정신, 즉 무(無)에서 유(有)를 창조하고, 미지의 황무지 같은 사업에 도전하여 정복하며, 성공하고자 부딪치는 정신을 말한다.

2. 신용제일주의

창업자들은 믿음과 약속을 바르게 지켰으며 신용을 자산과 철칙으로 여기면서 사업을 성공적으로 이루었다. 이러한 신용을 제일로 한 정신이 신용제일주의 창업정신이다.

3. 신념의 정신

창업자의 생각이나 행동에 대해 옳다거나 이룰 수 있다고 믿는 마음의 정신을 말한다.

4. 근검절약정신

꼭 필요한 곳에만 돈을 쓰거나 헛되지 않게 낭비하지 않는 정신을 말한다.

5. 고객만족주의

고객만족주의란 경영의 모든 부문을 고객의 입장에서 생각하고 진정한 의미에서 고객을 만족시켜 기업의 생존을 유지하고자 하는 경영전략이다.

고객만족은 상품의 품질뿐만 아니라 제품의 기획, 설계, 디자인, 제작, A/S 등에 이르는 모든 과정에 걸쳐 제품에 내재된 기업문화, 기업이미지와 더불어 상품이미지, 이념 등 고차원적인 개념까지 고객에게 제공함으로써 소비자에게 만족감을 제공하는 기업가정신을 말한다.

6. 인간존중정신과 인재제일주의

인간존중정신과 인재제일주의는 “기업은 사람이다”라는 원리를 기업경영전략으로 도입하여 성공한 기업가정신인데 인간을 존중하고 개인능력을 최대한 발휘할 수 있도록 여건을 조성하여 개인과 조직의 원동력이 되게 하는 정신을 말한다.

7. 창의와 혁신정신

창의와 혁신정신은 지금까지 없었던 새로운 분야를 개척하는 정신과 사업을 성공으로 이루기 위하여 처음으로 생각해내는 신제품발명, 신기술개발, 신시장 개척, 신원료 확보, 신지식 형성 등을 하는 정신을 말한다.

8. 책임주의 정신

성공한 기업가는 첫째는 한 가정, 한 가족의 일원으로서의 책임, 둘째로는 직장과 사회구성원으로서의 책임, 셋째로는 국가와 민족의 책임이고, 넷째로는 인간으로서 이 세상에 태어나서 인간답게 할 일을 다 해야 할 책임을 말한다.

9. 합리추구의 정신

경영이론이나 이치에 합당한 것을 선택하여 경영기법으로 활용하는 것이다.

10. 산업평화주의-노사공동체정신

노사관계를 대등한 관계로 인식하여 인간존중경영, 인간중심의 경영으로, 사람을 인재로 보아 인재제일주의 경영기법을 활용하여 종업원과 회사를 서로 협조하고 공존공영하는 관계로 보는 정신을 말한다.

11. 정직과 정도주의

신용을 기반으로 사업을 정직하게 행하는 정신이다.

12. 사업보국정신

사업으로 국가에 보답한다는 정신을 말한다.

제3절 | 창업자 적성검사

워크넷(www.work.go.kr) – 직업심리검사 – 직업심리검사 실시 – 성인 대상 심리검사 – 창업적성검사에서는 예비창업자와 기존창업자를 대상으로 창업적성과 창업 시에 어떠한 아이템이 적합한지에 대한 검사를 제공하고 있다.[05] 참고로 그 내용을 소개하기로 한다.

001 나는 나의 장래에 대한 구체적인 목표가 있다.
002 나는 다른 사람들이 내 의견에 동의하게 하는 재능이 있다.
003 나는 시간관리를 잘 한다는 말을 듣는 편이다
004 일을 할 때 다른 사람들은 일을 어떻게 할 것인지 나에게 묻는다.
005 남들이 나를 게으르다고 생각한다.
006 나는 내가 창업했을 때 단골손님이 될 사람을 많이 알고 있다.
007 토의 주제의 결론을 잘 이끌어내는 편이다.
008 나의 관심분야와 관련해서 새로운 것을 해보고 싶다.
009 내 사업이 실패한다면 그것은 나의 책임이다.
010 한 번 시작한 일이면 끝까지 최선을 다해 마무리한다.
011 다른 사람들이 잘 풀지 못하는 일을 내가 참여하면 쉽게 해결되는 경우가 많다.
012 나는 매우 활동적이며, 주변인으로 머물기보다 리더로 활동하는 것을 좋아한다.
013 나는 장사가 잘 되는 가게의 비결을 알고 있다.
014 나는 남보다 더 부지런하다.
015 나는 일을 할 때 먼저 우선순위를 정한다.
016 내가 못할 것이라고 남들이 말해도 나는 그 일을 해낼 수 있다.
017 나는 새로운 기술을 익히기 위해 노력하는 편이다.
018 나는 유머 감각이 좋아서 남들을 잘 웃기곤 한다.
019 나의 생활, 일에서 가장 필요한 정보가 무엇인지 알고 있다.
020 문제 발생 시 대처할 수 있는 다양한 방법을 가지고 있다.
021 일단 결정된 일을 시작하면 끝을 봐야 직성이 풀린다.
022 나는 강연회에 참석하면 주로 앞자리에 앉는 편이다.
023 나는 나와 다른 의견을 가진 사람도 내 의견에 따라오게 할 수 있다.
024 나는 문제해결을 위해 융통성을 발휘한다.
025 회의에서 사회나 서기를 맡는다면 사회 쪽이 맞을 것이다.
026 진행 중인 일에 뜻하지 않는 어려움이 있어도 중단하지 않는다.
027 설득당하는 것보다 설득하는 편이다.
028 처음 사람을 만나는 자리에서 사람들이 나에 대해 더 잘 알도록 애쓴다.
029 한 가지 일을 끝까지 해내는 편이다.
030 내가 관심 있어 하는 것들과 관련된 구체적인 정보를 가지고 있다.
031 남 앞에서 스스럼없이 자기소개를 한다.
032 나는 모임을 잘 리드한다.
033 내가 창업하고 싶은 분야를 선도하는 서비스, 기술, 제품을 알고 있다.
034 나는 말을 조리 있게 할 수 있다.
035 나는 일할 때 성실한 것을 가장 중요하게 생각한다.

036 나는 창업을 하여 성공할 수 있다.
037 나는 내 인생의 이루고자 하는 목표가 뚜렷하다.
038 나는 요즘 자기계발을 위해 하는 것이 있다.
039 나는 주도적이다.
040 나는 사업아이템에 따라 장사가 잘 되는 곳을 알고 있다.
041 새로운 것을 배우기 위해 돈을 아끼지 않는다.
042 개인의 성공과 실패는 운보다는 개인의 노력 여하에 달려있다.
043 나는 어려운 문제를 접해도 비교적 정확한 결정을 내린다.
044 나는 일을 효율적으로 한다.
045 내가 내린 결정들에 대해 거의 후회하지 않는다.
046 일을 할 때 발생할 수 있는 문제에 대한 대비책을 같이 준비한다.
047 항상 무언가를 더 배우고 싶다.
048 나는 처음 만나는 사람 앞에서도 자신감이 있다.
049 다양한 사람을 만나는 일이 좋다.
050 나는 자신 있게 나를 표현할 수 있다.
051 나는 주어진 목표에 동참하도록 타인을 잘 설득할 수 있다.
052 나는 한 번 시작한 일은 결말을 본다.
053 나는 일을 시작할 때 정보수집을 많이 한다.
054 내 자신의 일에 대해 높은 기준을 세우고, 그것을 달성하려고 노력한다.
055 나는 다른 사람을 설득하는 능력을 갖고 있다.
056 현재의 나의 상황을 파악하고 앞으로의 계획을 세운다.
057 나는 비교적 어려운 문제도 해결할 자신이 있다.
058 나는 친구를 만나는 데 많은 시간을 할애한다.
059 하나의 목표를 달성하면 더 높은 목표를 세운다.
060 문제가 생기면, 그것을 해결할 나만의 해결방법이 있다.
061 나는 내가 필요한 것을 얻기 위해 다른 사람을 잘 설득할 수 있다.
062 다른 사람에게 일의 목표에 대해서 설명하고, 그 목표에 대해서 신념을 갖도록 설득하는 것은 어렵지 않다.
063 나는 어릴 때부터 친해 왔던 친구가 많이 있다.
064 내가 하고 있는 일에서 가장 효과적인 결과를 얻을 수 있는 방법을 알고 있다.
065 어려운 문제도 조금만 노력하면 나는 해결할 수 있다.
066 나는 복잡한 내용을 쉽게 전달할 수 있다.
067 실패와 성공은 나 자신에게 달려 있다.
068 달성하기 힘든 목표라도 필요하다고 판단되면 밀고 나간다.
069 나는 성취하고자 하는 일이 있을 때 구체적인 목표를 세워서 한다.

070 나는 사업과 관련해 무엇을 배워야 할지 안다.
071 나는 일할 때 요령을 부리지 않는다.
072 나의 미래는 내가 결정하고 개척해 나가는 것이다.
073 내 분야에서 최고가 되기 위해 노력한다.
074 학창시절에 내 주변에는 함께 어울릴 친구가 많았다.
075 무언가를 배우는 모임에 참석하는 것이 즐겁다.
076 계획한 일은 꾸준히 지속해서 해낸 적이 많다.
077 다른 사람들로부터 부지런하다는 소리를 들어본 적이 있다.
078 멀리서 아는 사람을 보면, 다가가서 먼저 인사한다.
079 사업과 관련해서 더 공부할 계획이 있다.
080 나는 하루를 마치면 내 자신을 돌아볼 시간을 갖는다.
081 나는 계획한 일을 행동으로 잘 실천한다.
082 나는 분석력이 뛰어나다.
083 나는 일할 때 집중력을 가지고 한다.
084 나는 기분이 좋지 않더라도 항상 열심히 일한다.
085 나는 일이 완성되는 것을 보겠다고 고집한다.
086 나에게 필요한 지식, 정보들은 체계적으로 정리한다.
087 나는 낭비나 비효율적인 요소를 제거하기 위해 노력한다.
088 나는 같은 자금으로 더 나은 점포를 얻을 수 있다.
089 나는 일을 신속하게 처리할 수 있는 방법을 찾는 편이다.
090 나는 일정한 계획을 세워놓고 그에 맞춰 생활한다.
091 나는 문제해결을 잘 한다.
092 유행에 맞는 사업아이템을 가지고 있다.
093 진행 중인 일에 뜻하지 않는 어려움이 있어도 중단하지 않는다.
094 나는 사람을 만나는 것을 좋아한다.
095 나는 일을 잘 한다는 소리를 듣는다.
096 나는 회의 중 발표를 많이 한다.
097 나는 창업을 하여 이루고자 하는 목표가 뚜렷하다.
098 어려운 문제를 접하게 되도 그에 대한 해결책이 잘 떠오른다.
099 나는 리더로서의 포용능력과 경험 면에서 우수하다.
100 내가 새로운 모임을 만들어 본 적이 있다.
101 나는 이익이 될 만한 사람을 많이 사귄다.
102 최선을 다해서 내가 맡은 일을 한다.
103 나는 일처리를 빨리 잘 한다.
104 나는 모든 일에 앞장서야 속이 후련하다.

아래에는 당신이 일상생활에서 마주치는 여러 가지 문제들을 문항의 형태로 서술해 놓았습니다. 이 항목들을 하나하나 읽어 가면서 당신의 생각과 같거나 당신을 잘 나타낸다고 생각하는 번호에 표시해주십시오.

105 당신은 목표를 세워 저축을 해본 적이 얼마나 있습니까?
- ○ 전혀 없다
- ○ 조금 있다
- ○ 보통이다
- ○ 많은 편이다
- ○ 매우 많다

106 당신은 이제까지 세웠던 목표들 중 달성한 목표가 얼마나 많이 있습니까?
- ○ 전혀 없다
- ○ 조금 있다
- ○ 보통이다
- ○ 많은 편이다
- ○ 매우 많다

107 당신은 학창시절에 어떤 일을 스스로 결정하고 행동한 일이 얼마나 자주 있습니까?
- ○ 거의 없다
- ○ 가끔
- ○ 보통이다
- ○ 자주
- ○ 매우 자주

108 청소년기에 당신의 부모님은 당신을 얼마나 독립적이도록 허용했습니까?
- ○ 친구들보다 매우 적게
- ○ 친구들보다 적게
- ○ 친구들보다 비슷하게
- ○ 친구들보다 많이
- ○ 친구들보다 매우 많이

109 중고등학교 때 당신은 자신이 진보적이고 혁신적이라고 생각한 적이 있었습니까?
- ○ 거의 없다
- ○ 가끔
- ○ 보통이다
- ○ 자주
- ○ 매우 자주

110 다음 중 당신이 학창시절에 해본 것은 몇 개나 됩니까?

> 학생회장, 반장, 부반장, 학생회임원, 학교신문편집장, 응원단장, 서클회장, 운동팀의 주장, 졸업식 답사/송사

○ 없다
○ 1~2개
○ 3~4개
○ 5~6개
○ 7개 이상

* 다음은 귀하의 일반적인 사항에 대한 질문입니다.

1 귀하의 성별은?

○ 남 ○ 여

2 귀하의 연령은?

만 □세

3 귀하의 학력은?

○ 무학, 초등학교 졸업 ○ 중학교 졸업 ○ 고등학교 재학 및 졸업
○ 전문대 재학 및 졸업 ○ 대학교 재학 및 졸업 ○ 대학원 재학 이상

4 고등학교 재학 및 졸업 이상의 경우, 최종학력의 전공은?

○ 인문과학 ○ 사회과학 ○ 자연과학 ○ 공학 ○ 음악 ○ 미술
○ 체육 ○ 의학, 치의학, 한의학, 간호학 ○ 기타

5 다음은 자격증에 관한 질문입니다.

5-1 귀하는 자격증을 소유하고 있습니까?

○ 예 ○ 아니오

5-2 다음 장의 자격증 분류표를 참고하여 소유하고 있는 자격증에 해당되는 번호를 응답표에 기입하십시오.

[　　　　　　] 검색

※ 자격증이 두 개 이상인 경우 창업에 가장 중요한 자격증을 기입하십시오.

6 다음은 직업경험에 관한 질문입니다.

6-1 귀하는 현재 혹은 이전에 직업을 가진 경험이 있습니까?

○ 예 ○ 아니오

6-2 다음 장의 직업 분류표를 참고하여 본인의 현직업 혹은 이전 직업에 해당되는 번호를 응답표에 기입해 주십시오.

[ ] 검색

※ 학생, 주부 등은 기타란을 참고하십시오.

※ 직업경험이 1번 이상인 경우 가장 최근의 직업을 선택하여 주십시오.

7 귀하의 현직장 혹은 이전 직장 사업장규모는 어디에 해당됩니까?

○ 4명 이하 ○ 5~9명 ○ 10~29명 ○ 30~49명

○ 50~99명 ○ 100~199명 ○ 200~299명 ○ 300명 이상

8 귀하는 창업을 하신 적이 있습니까?

○ 예 ○ 아니오

9 귀하는 창업에 관한 교육을 받으신 적이 있습니까?

○ 예 ○ 아니오

사례연구 Case Study

사례 1 실패 안 하려면 다이아몬드 다리도 두드려야

유아용 식기 제조 · 유통회사 정 대표 인터뷰
수요예측 실패 · 미수 · 직원횡령 등으로 큰 실패
옥수수 소재 사용한 친환경 유아용 식기로 부활 꾀해
불필요한 재창업 자금 교육 지양 … 맞춤형 컨설팅 필요

"두 차례 사업실패를 하다 보니 이제는 안전성을 최우선가치로 두고 있습니다. 돌다리가 아니라 다이아몬드로 만들어진 다리라도 수차례 두드려보고 건너는 심정이죠."

최근 경기도 시흥 본사에서 만난 정 대표는 20대 초반이던 지난 1992년 일찌감치 창업에 나섰다. 유치원을 대상으로 한 사업의 전망이 밝다는 주변의 얘기를 듣고 가방, 교구재 등 유치원 용품을 유통했다.

정 대표는 "경기도 시흥뿐만 아니라 부천과 인천지역 유치원을 대상으로 사업을 했다"며 "단순 유통사업이었지만 30여 명의 직원들을 두고 연매출 200억 원까지 기록한 소위 '잘 나가는 젊은 사장'이었다"고 말했다.

한창 잘 나가던 사업의 발목을 잡은 것은 일시적인 자금난이었다. 유치원은 연초 개원 전에 대규모의 교구재들을 외상으로 매입한다. 원생을 모집할 때 돈이 들어오면 결재해주는 방식이다. 미리 물건을 확보해 거래 유치원들에 납품을 했지만 영세 유치원들은 대금결재를 차일피일 미루거나 원생 모집 시 돈을 받아 물품대금도 지급하지 않고 도주하는 사례도 빈발했다.

정 대표는 "주먹구구식으로 물건을 매입하다 보니 정확한 수요예측을 하지 못해 재고물량도 넘쳐났다"며 "미수와 재고가 눈덩이처럼 불어나면서 사업을 감당하기 어려웠다. 2000년대 초반부터 값싼 중국산 제품이 수입되면서 가격 경쟁력에서도 밀려 결국 2002년 6월에 회사를 정리할 수밖에 없었다"고 전했다.

그는 유치원 교구재 유통사업 외에도 전세버스 대여사업도 함께 했다. 대학교에서 운영하는 셔틀버스를 임대해주는 사업이었다. 당시 직원들을 쉽게 믿은 탓에 회사 인감까지 맡기는 악수(惡手)를 뒀다. 가장 믿었던 직원이 회사 인감을 이용해 보유하던 차량을 모두 대포차로 팔아 도주한 것. 정 대표는 "경찰에 신고 후 강원도 외딴 곳에 판매해버린 대포차를 찾아오면서 많은 눈물을 흘렸다"고 전했다.

결국 전세버스 임대사업도 2004년 접으면서 1~2년간은 아무 것도 하지 못하고 방황하며 지냈다.

정 대표는 "당시 사업을 정리하면서 생긴 부채만 30억 원이었다"며 "마냥 시간만 흘러 보낼 수 없어 다시 일을 시작했다"고 전했다. 정 대표 명의로 사업을 개설하기 어려워 그는 부인 명의로 다시 유치원 교구재 유통사업을 재개하면서 부채를 갚아 나갔다.

그는 "2000년대 이전 사업을 할 때와 달리 단순 유통으로는 힘들다는 점을 깨달았다"며 "제조와 유통을 함께 하는 것이 중요하다고 생각해 2012년 5월 유아용 식판 등을 제조 · 유통하는 업체를 설립한 것"이라고 설명했다.

정 대표는 차별화를 위해 유아용 식판 소재를 친환경 재료인 옥수수 소재를 사용했다. 유아용 식판 '와우맘' 제품은 환경호르몬뿐만 아니라 발암물질이나 중금속 등의 유해물질을 함유하지 않았다. 식판에 인쇄된 디자인도 무독성 잉크를 사용해 아이들이 물거나 빨아도 안심할 수 있다. 특히 내열성이 우수해 전자레인지나 식기세척기, 열탕소독까지 사용이 가능토록 제작됐다.

정 대표는 "제품에 대한 입소문이 나면서 전국에서 주문 물량이 증가하고 있다"며 "현재 전국 45개 대리점을 통해 물건을 공급하고 있으며 올해 10월까지 대리점을 60개로 늘릴 계획"이라고 설명했다.

재창업 이듬해인 2013년 3억 원이던 매출은 2014년 7억 원, 지난해 약 16억 원 등 매년 2배씩 성장을 거듭하고 있다. 올해도 매출 25억 원 달성은 무난할 것으로 예상한다.

최근에는 중국시장을 예의주시하고 있다. 그는 "중국의 산아제한정책이 풀리면서 1년에 3,000만 명의 신생아가 태어날 것으로 예상한다"며 "국내에서 경쟁력을 쌓고 중국, 베트남, 인도네시아 등에 친환경 소재의 유아용 제품을 선보일 계획"이라고 설명했다. 정 대표는 재창업 지원을 위한 교육프로그램 개선의 필요성을 강조했다

그는 "3박 4일 동안 재창업 자금 지원을 받는 사람들을 모아놓고 교육하는 것은 문제가 있다"며 "대부분 자금을 받으려면 교육을 이수해야 하기 때문에 3박 4일 시간을 때우는 경우가 많다"고 지적했다. 이어 "재창업 지원정책이 보다 효율적으로 자리매김하려면 짧은 시간 내에 맞춤형 컨설팅을 해주고 자금을 지원하는 것이 필요하다"고 강조했다.

정 대표는 "젊은 시절 사업을 실패 후 느낀 점은 '진정한 내 사람'이 없다는 것이었다"고 회고했다. 그가 '고객과 회사직원들에게 신뢰감을 주는 가족같은 회사'를 만들겠다고 꿈꾸고 있는 이유다.

출처 : 이데일리, 2016-07-13

사례 2 1,000만 원의 기적 … 학교 대신 '떡'에 모든 걸 건 19살 사장님

중학교 졸업 후 3년간 '애기떡' 연구 매진
1달간 크라우드 펀딩 목표액 1147% 달성

"친오빠가 하던 떡볶이집, 샘이 많이 났어요. 오빠가 떡볶이집 운영을 그만둔다고 했을 때 '이건 기회다'라고 생각했습니다. 학교에서 찾지 못했던 열정을 여기에서 찾았어요. 벌써 시작한 지 3년이나 지났네요."

지난 2017년 4월 13일 수원시 영통구에서 만난 '홍군아떡볶이' 사장 홍연우 씨의 작은 눈이 반짝 빛났다. 사업 3년차라고 하지만 이제 고3 학생 나이. 불안할 법도 했으나 일찌감치 자신의 길을 찾은 단단함이 엿보였다.

홍군아떡볶이는 부모의 치킨집 한 편에 자리한 작은 동네 가게지만 실력으로 주목받고 있다. 크라우드 펀딩업체 와디즈를 통해 이달 9일까지 최근 한 달간 1,100만 원어치를 팔았다.

"3년 전 처음 떡볶이집을 이어받았을 때는 중3이었어요. 솔직히 공부에는 별로 흥미가 없었어요. 잘 하지도 못했고요(웃음). 여기에 모든 걸 다 걸겠다고 결심했습니다. 그래서 중학교만 졸업하고 고등학교엔 진학하지 않았죠."

오빠에게 떡볶이집을 물려받아 몇 개월간 운영하던 그는 점점 더 욕심이 났다. 다른 집 떡과 큰 차이가 없는 떡을 팔면 승산이 없다고 판단했다. '나만의 떡'을 만들고 싶어졌다. 당장 떡볶이 판매를 그만두고 연구에 들어갔다.

말 그대로 모든 것을 떡에 걸었다. 이렇게도 만들어보고 저렇게도 만들어보면서 하루에 한 포대씩 쌀을 썼다. 한겨울 하얗고 고운 소녀의 손은 갈라지고 피까지 났다. 자금이 바닥나자 부모는 방 보증금까지 내줬다.

그렇게 3년간 매달린 결과 홍군아 떡볶이의 대표 메뉴 '애기떡'이 탄생했다. 애기떡은 쌀로 만들었지만 부드럽고 쫄깃한 식감을 자랑한다. 국산 햅쌀을 사용했다. 여러 품종의 쌀로 만들어본 결과 가장 맛있는 쌀 품종을 선택했다.

"사람들은 쌀떡보다 부드러운 밀떡을 좋아하거든요. 애기떡은 쌀로 만들었지만 밀떡보다 더 쫄깃하고 부드럽습니다. 부모님이 치킨을 만들 때 사용하는 발효방법에서 힌트를 얻었죠."

홍 씨는 수십, 수백 차례 시도 끝에 최적의 발효 비율과 방법을 개발했다. 그 과정에서 떡을 찌는 시간도 가장 맛있게 나오는 시간을 알아냈다. 홍 씨의 레시피는 시간을 엄수한다. 주방 곳곳에 타이머를 놓고 시간을 재면서 떡을 만들었다.

그가 만든 떡의 또 다른 특징은 밀가루가 전혀 들어가지 않는다는 것. 게다가 방부제를 넣지 않아 아기를 키우는 20~30대 주부 사이에서 특히 인기다. 최근 쌀눈을 섞어 만든 '쌀눈 애기떡'도 새로 내놓았다. 이 떡은 이번 크라우드 펀딩에서 최고 인기 메뉴로 등극했다.

떡 뽑는 기계에도 공을 들였다. 수리공을 불러 떡볶이 떡을 뽑는 기계에 구멍을 뚫어 구름 모양을 만들었다. 모양에 애정을 듬뿍 담았다.

"3년간 떡을 거의 못 팔고 연구만 했죠. 자금이 턱없이 모자랐습니다. 부모님이 크라우드 펀딩방법을 귀띔해주셨어요. 목표액은 100만 원이었는데 10배가 넘게 모였습니다. 떡이 뛰어나서라기보다는 제 열정에 반해 투자해주신 게 아닌가 싶습니다(웃음)"

벚꽃이 흐드러진 4월에도 홍 씨는 한 번도 벚꽃 축제에 가지 못했다. 주중에는 떡을 만들고 주말에는 틈틈이 떡집 탐방을 다닌다. 인기 있는 떡집을 찾아 분위기와 메뉴 등을 꼼꼼히 확인하고 분석하고 있다.

열심히 하다 보니 기회가 찾아왔다. 국내 온 · 오프라인 유기농업체 두 곳에서 납품의뢰를 받았다. 지마켓, 옥션 등 국내 쇼핑몰에도 조만간 떡을 팔 수 있게 됐다. 그동안 자신의 떡을 들고 찾아가 이곳저곳 입점을 요청했었는데 이제는 분위기가 180도 달라졌다.

"3년 동안 꾸준히 버틸 수 있었던 건 꿈이 있었기 때문이에요. 하루에도 수없이 실패를 거듭했지만 돌이켜보면 무엇과도 바꿀 수 없는 '경험'이 남았습니다. 덕분에 많이 배우고 성장할 수 있었지요."

홍 씨는 이번에 조달한 자금으로 부모님 치킨집의 '셋방살이'에서 벗어나 독립 가게를 얻고 직원을 고용할 계획이다. 메뉴도 다양화할 생각이다. 흑마늘떡, 석류떡 등 새 제품 아이디어를 이미 머릿속에 쟁여놓았다고 했다. 가게 문을 열고 하나씩 만들어낼 생각이다.

"많은 사람들이 '학교에 안 간 대신 너는 뭘 얻었느냐'고 물어봐요. 저는 이렇게 답합니다. '그 시간 동안 떡볶이로 경쟁력을 갖췄다'고요. 앞으로 더 배워야 되겠다는 생각이 들면 언제든지 학교에 진학할 겁니다. 지금은 전혀 불안하지 않습니다. 저는 경쟁력이 있으니까요."

출처 : 한국경제, 2017-04-16

사례 3 국내 최대 커피 프랜차이즈 이디야 커피 문창기 회장

"2천개 매장 낸 비결요? 직원에게 바보스러울 정도로 잘 해줬죠."
젊은 직원들 목소리 듣고 2010년부터 매장 공격적 확대
전 직원 매달 책 읽고 독후감 … 회장과 직접 소통
프랜차이즈 성공하려면 가맹점주들 돈 벌게 해줘야
커피뿐 아니라 인성을 가르치는 대학 세우는 것이 꿈

2010년 5월 이디야 커피는 중국 베이징으로 전 직원이 해외워크숍을 떠났다. 2009년 일본 도쿄에 이어 두 번째다. 문창기 이디야 커피 회장은 2004년 회사를 인수하면서 5년 뒤 회사가 잘되면 매년 해외워크숍을 가겠다고 직원들과 약속했다.

베이징 워크숍 분위기는 뜨거웠다. 젊은 직원들은 회사의 새 비전이 필요하다며 회장과 임원들에게 성장을 위해 매장을 보다 적극적으로 내자고 제안했다. 이디야 커피는 당시 매년 새 점포를 30~40개 정도 열었다. 직원들의 생각과 열정을 확인한 경영진은 논의 끝에 공격적인 출점전략을 포함한 '북경 선언'을 발표했다. 한국에 돌아오자마자 점포개발팀 인원을 확충했다. 이듬해 신규 점포수는 151개로 증가했고, 지난해 356개 점포가 문을 열었다. 그리고 지난 8월 국내 커피전문점 최초로 2,000호점을 넘어섰다. 이디야 커피 매장 이용객은 한 달에 약 1,000만명. 중복 방문을 포함해 단순 수치로만 보면 국민 5명 중 1명꼴로 이디야 커피를 마시는 셈이다. 문 회장을 지난 2일 서울 논현동 이디야 커피 본사에서 만났다.

▷불황에도 빠르게 성장하고 있습니다.

"요즘 소비 트렌드인 가성비(가격 대비 성능)가 좋기 때문이죠. 가격은 비싸지 않은데, 커피의 맛과 품질은 결코 떨어지지 않습니다. 직원들의 열정과 노력도 큰 동력이 됐습니다. 제가 한 일은 직원이 더 열심히 일할 수 있는 환경을 조성한 것입니다. 처음 이디야 커피를 인수했을 때 뭔가 안 풀리고 터널 끝이 안 보인다 싶었던 적이 있습니다. 그때 경영서를 포함해 이런저런 책을 닥치는 대로 읽었어요. 그러면서 내린 결론이 '모든 기업은 내부고객인 직원의 만족 없이 성공할 수 없다'는 것이었습니다. 회사가 성장하면 나도 같이 성장한다는 것을 알아야 직원들이 모든 노력을 다하기 때문이죠."

▷구체적으로 어떤 노력을 하십니까.

"직원에게 열심히 일하면 회사가 보상해준다고 말하는 건 소용없습니다. 먼저 줘야 합니다. 임원에게도 바보스러울 정도로 직원에게 잘 해줘야 한다고 말합니다. 본사에 있는 게임장과 바비큐장,

강원 화천 글램핑장 등의 시설도 직원을 위해 만들었습니다. 직원들은 경영진이 우리를 사랑한다는 마음을 갖고, 경영진은 직원들이 어디서든 열심히 할 거라고 믿는 것, 이것이 회사 성장에 가장 중요합니다."

▷ 직원들에게 독후감을 쓰게 하는 '독서경영'을 한다고 들었습니다.

"매달 책 한 권을 읽고 독후감을 써서 제출하게 합니다. 임원도 예외가 없어요. 제가 260여 명 직원의 독후감을 다 읽습니다. 직원들이 책을 읽으며 지식과 교양을 쌓고 생각을 정리하는 효과뿐 아니라 내부소통에도 도움이 됩니다. 사내시스템으로 독후감을 제출하면 피드백을 주고받는 과정에서 직원과 직접 소통할 기회가 생깁니다. 가끔 젊은 직원이 '남자친구와 헤어졌다' '디자인을 배우기 위해 학원을 다니고 있다' 이런 얘기들도 해요. 필요한 경우 학원비 지원 등 도와줄 수 있는 건 돕기도 합니다."

▷일하기 좋은 직장으로 꼽히는 이유가 있군요.

"얼마 전 신입사원 27명을 뽑는데 1만1,000명이 지원했습니다. 경쟁률이 300 대 1이 넘습니다. 직원복지가 좋은 게 이유라고 합니다. 지난해 뽑은 29명 중에 그만둔 직원이 한 명도 없습니다."

▷지원했다 떨어진 젊은이들에겐 어떤 말을 해주고 싶습니까.

"일단 마음이 아프죠. 특히 1박2일 면접까지 보고 떨어진 지원자에게는 미안한 마음이 들어요. 하지만 지원한 회사에 입사했다고 해서 반드시 행복한 것도 아니고, 못 들어왔다고 해서 불행한 것도 아닙니다. 앞으로 살아갈 시간이 길어요. 열정과 하겠다는 의욕만 있으면 더 좋은 기회가 찾아옵니다. 나도 다니던 은행이 퇴출됐을 땐 막막했지만 비관적으로 생각하지 않았어요. 당장 힘든 게 문제가 아니라 꿈이 없는 것이 문제입니다."

▷폐점률이 1%도 되지 않습니다. 비결이 뭔가요.

"프랜차이즈에선 가맹점주도 사실상 '내부고객'입니다. 직원과 마찬가지로 점주가 만족해야 합니다. 점주들이 만족하는 것은 단순해요. 돈을 벌어야 합니다. 이디야 커피는 가맹점주가 본사에 내는 돈이 월 25만 원으로 고정돼 있습니다. 매출이 올랐다고 더 내지 않아요. 매장규모가 작고, 인테리어가 간단해 초기 투자비도 적게 드는 편입니다. TV광고를 하거나 이디야 뮤직 페스타 등의 마케팅 비용은 본사가 부담합니다. 수익이 나니까 한 점주가 여러 매장을 운영하기도 하고, 형제자매나 지인에게 소개하기도 합니다."

▷스타벅스가 있는 곳에 따라서 점포를 내는 전략을 썼다는 얘기가 있습니다.

"사실이 아닙니다. 매장을 급격히 늘리다 보니 각 상권에 이미 진출해 있는 스타벅스 매장 위치와 비슷하게 된 측면이 있습니다. 요즘은 이디야 매장이 더 많아서…."

▷국내 커피시장 경쟁이 치열합니다. 편의점도 뛰어들었고요. 언제까지 성장할 수 있을까요.

"커피시장은 꾸준히 성장하고 있습니다. 관세청이 발표한 지난해 원두 수입량은 13만7,795t으로 사상 최대치를 기록했지만 좀 더 성장할 여지가 있습니다. 다만 내년부터 경쟁력 없는 커피전문점이 도태하는 등 시장이 재편될 것으로 봅니다. 저가 커피전문점 인기가 작년보다 올해 좀 약해졌어요. 장기적으론 커피시장 경쟁이 가격보다 맛중심으로 바뀔 것으로 전망합니다."

▷앞으로의 성장전략은 무엇입니까.

"유행이 매우 빠르게 변하기 때문에 그에 맞는 신제품을 적극 출시할 생각입니다. 콜드 브루, 질소커피 등을 생각 중입니다. 연말께 블렌딩 차(茶) 신제품을 출시하고 별도의 차 브랜드를 내는 것도 검토 중입니다. 지방 출점도 늘리고 있습니다. 지금은 전체 매장의 34.8%가 지방에 있는데 이 비율을 높여나갈 계획입니다. 이디야 커피는 다른 커피전문점보다 규모가 작아 읍 · 면 · 리까지 진출할 수 있는 게 장점입니다. 더 많이 성장할 수 있을 것으로 생각합니다."

▷해외진출 계획은 있습니까.

"태국 등 진출을 적극 검토하고 있지만 무작정 나가진 않을 겁니다. 2005년 중국에 나가 실패한 경험에서 많이 배웠습니다. 합작회사를 세워야만 진출할 수 있는 곳은 고려하지 않고 있습니다. 일단은 스틱커피를 수출해 브랜드를 알린 뒤 신중하게 진출하려고 합니다."

▷꼭 하고 싶은 일이 있다면 무엇인지요.

"커피와 베이커리 등을 가르치는 2년제 커피 전문대학을 세우려고 합니다. 인성교육도 강조해 사회를 바르고 정직하게 살아가는 젊은이를 키우는 데 기여하고 싶습니다."

출처 : 한국경제, 2016-12-11

사례 4 네이버 창업자 "절대 사업하면 안 되는 사람은?

스스로 '졸부('졸지에 부자'의 준말로 벼락부자라는 의미)라고 말하는 사람이 있다. 네이버 공동창업자인 김정호(49) 베어베터 대표이다. 그는 네이버가 잘 돼 큰 돈을 벌었지만, 무조건 창업을 추천하지 않는다.

"안정적이고 삶의 질을 중시하는 성격이라면 창업 근처에도 가면 안 됩니다. 행복, 가족, 삶의 여유가 더 소중한 사람은 그쪽(창업)으로 가면 인생 우울해집니다." (김정호 대표 페이스북)

꽤 현실적인 조언이다. 김 대표는 10년간 삼성SDS를 다녔다. 사내 벤처였던 네이버에 합류해 공동창업을 했다. 초창기 네이버와 한게임의 굵직한 사업을 도맡았고, NHN한게임 대표를 지냈다.

지난 2일 고려대학교 파이빌 준공식에서 강연한 김정호 대표의 이야기를 일문일답으로 재구성해 소개한다. 파이빌은 학생들이 자유롭게 머물수 있는 공간으로, 김 대표가 1억 원을 기부했다.

삼성 다니는 동안 월급 모조리 저축

김정호 대표는 1990년 삼성SDS에 입사했다. 인력개발팀에서 해외 박사급 인재를 영입하는 업무를 했다. 그는 10년간 80만~200만원 받던 월급을 전부 저금했다고 한다.

▷모든 월급을 모으는 동안 생활비는 어떻게 마련했나요?

"외국에 '출장가라'고 하면 남들은 싫다고 하는데 저는 좋았어요. 숙박비 받은 걸 아껴서 생활비로 쓸 수 있었거든요. 수당이 나오니까 야근도 좋아하고, 회식도 좋아했어요. '내가 어떻게 삼겹살 먹어보냐' 하면서요."

직장생활 10년간 1억1,000만 원을 모았다.

▷부모님의 도움도 전혀 받지 않았나요?

"네, 안 받았습니다. 대학에 다닐 때도 학기 중에는 4시간, 방학에는 10시간씩 공사판 노동일을 하면서 학비를 벌었습니다. 지금도 일본식 작업 용어를 쓰다보면 노동일하시는 분들하고 말이 통합니다."

인재개발팀에 근무하면서 당시 삼성SDS 직원이었던 이해진 네이버 이사회 의장 등을 만났고, 1999년 사내벤처였던 네이버가 독립할 때 합류했다.

사업가의 기질 따로 있어

"삼성 그만두고 네이버 만들 때 제일 힘들었습니다. 당시 저는 (월급을 모아 만든 투자금 1억 1,000만원 외에는) 한푼도 없었거든요."

김 대표는 한국 나이로 서른 셋에 삼성SDS를 퇴사했다. 그즈음 둘째 아이가 태어났다. 그는 "당시 애 둘 아빠가 되니 '삶의 의미'보다 '돈을 벌어야 한다'는 절박함밖에 없었다"고 말했다.

"10년간 내가 먹고 싶은 것, 사고 싶은 것 안 하고 살았는데 '이거(네이버) 망하면 안 된다'라는 결사적인 저항정신이 생겼습니다."

네이버가 자리 잡기까지 그는 한 달에 이틀 정도만 집에 들어갔다. 일주일에 한 번 아내가 속옷을 가져다주는 생활을 4년 넘게 했다.

"'저녁이 있는 삶'이라는 말이 제 사전에는 없었습니다. 창업 또는 사업을 하려면 '재능'이 있어야 합니다."

▷창업에 적합한 재능은 어떤 것인가요?

"예를 들어 사업을 하다보면 약간 (머리가) 이상해질 정도로 한 달 동안 한 가지만 생각해야 할 때가 있습니다. 이런 걸 버틸 수 있는 (정신적 · 물리적) 체력이 가장 필요합니다."

▷사회에 갓 나온 초년생들이 사업적인 재능이 있는지 알기가 어려울텐데요."

"사업을 잘 하는 사람과 못하는 사람은 차이가 있습니다. 꼭 남의 돈이라서가 아니라 내 돈이어도 이상하게 '구멍'이 나는 사람들이 있어요. 학생이라면 동아리 등에서 관리업무를 해보면 알 수 있습니다. 저도 예전에 동아리 총무를 했는데, 40만 원 적자인 상태에서 이어받았어요. 나중에 60만 원 흑자로 만들어놓고 나왔습니다."

▷학생 신분에서 돈을 불리기가 쉽지 않았을 것 같아요.

"기질이 따로 있어야 됩니다. 작은 동아리라도 스폰서관리도 할 줄 알아야 됩니다. 근처 가게 주인이나 잘 모르는 선배한테도 '도와주십시오' 하면서 엉겨붙기도 해야 하고."

▷인터넷에 쓴 창업에 관한 글이 화제였습니다. 20대 초반 학생들을 만나 창업 · 취업 이야기를 나누다보면 아쉬운 점이 있었다고요?

"한 번도 사업을 해보지 않은 교수님이나 말만 잘 하는 취업강사, 큰 고민 없이 쓴 신문기사나 책, 월급 받고 직장 생활하는 선배에게 얻은 정보만으로 창업을 하겠다고 동아리방에 둘러앉아서 '말싸움 배틀'만 하는 경우가 많더군요."

▷그래도 창업을 하려면 어떻게 해야 할까요?

"우선 학교에서 끊임없이 수련하고, 직장에서 치열하게 일을 벌여봐야 합니다. 저는 이걸 '남의 돈으로 해본다'라고 표현합니다. 자기뿐 아니라 함께 일할 사람들도 '이제 (창업할) 실력이 됐다'고 인정할 때, 작은 분야 그리고 새로운 분야, 자신의 수준보다 낮은 분야에서 시작하는 게 좋습니다."

그가 창업에 대해 쓴 글의 일부를 소개한다.

"크게 성공하는 창업자들은 지나칠 정도로 경쟁심이 강하고 때로는 잘난 척하기 아주 좋아하고 돈독이 제대로 올라있어야 하고 편집적이고 이기적이고 목표지향적이고 체력과 정력이 좋은 사람들입니다. 내 입장이 아니라 상대 입장에서 수요를 파악하는 본능이 강한 사람이어야 합니다. 그리고 학생 때 창업을 할 수도 있고, 졸업하고 직장을 다니다가 다른 사람과 합작을 하다가 할 수도 있는데 앞서 말한 스타일이 아닌 진짜 실력이 있어야 합니다. 여기서 실력이라는 게 공부 잘 하는 것, 아는 것만이 아닙니다. 결국 문제해결능력이 실력입니다. 이게 쉽게 만들어지는 게 아니기에 학생들에게 함부로 이야기할 수 없습니다."

사회적 기업가로 되돌아오다

김정호 대표는 2009년 NHN한게임 대표직을 관두고 여행을 다니고 가족과 시간을 보냈다. 5년 전 25억 원을 투자해 발달장애인을 고용하는 사회적 기업 베어베터를 세우고 공동대표가 됐다. 대표지만 월급은 받지 않는다.

베어베터는 명함 · 쿠키 · 커피 등을 만들고 사내 커피숍을 운영한다. 발달장애인 직원은 203명이다. 모두 4대보험과 퇴직금을 받을 수 있는 정규직이다. 이들의 월급은 100여만 원으로, 발달장애인이 받는 평균보다 10배가량 높다. 현재 150개 넘는 기업에 납품하고, 2014년부터 흑자를 내고 있다.

▷발달장애인에 관심을 갖게 된 동기는 뭔가요?

"주변에 발달장애를 가진 자녀를 둔 사람들이 많았습니다. 이 분들에게서 발달장애인 취업률이 약 1% 정도라는 이야기를 들었습니다. 발달장애인이 안정적으로 취업하는 시스템을 만들고 싶었습니다."

▷준비과정은 어땠나요?

"한 8개월 정도 전국 복지관을 돌아다녔습니다. 대부분 발달장애인이 비누 같은 제품을 직접 손으로 만들고 있었습니다. 손으로 만들면 아무래도 시간이 오래 걸리고 품질을 일정하게 유지하기 어렵습니다. 가격도 높아지고요. '왜 굳이 손으로 만들까? 기계를 이용하면 되겠다'라는 생각이 들었습니다. 예를 들어서 명함을 찍을 때 발달장애인이 프린터 버튼을 누른다고 출력이 늦게 되거나 안 되지 않거든요. 단가가 높아지지도 않고요."

▷작업방법을 교육하는 데 시간이 많이 걸리지 않나요?

"예를 들어 커피 볶는 작업은 비장애인 바리스타 1명과 발달장애인 22명이 함께 합니다. 바리스타가 커피 볶는 과정을 책임지고, 커피를 나눠 포장 · 배송하는 업무는 모두 발달장애인이 합니다. 사실 이런 교육은 하나 하나가 어렵습니다. 굉장히 쉬워보이는 작업을 못하는 친구들도 있습니다. 잘 할 수 있는 분야를 찾아주고, 반복적으로 교육했습니다."

▷제품이 잘 나와도 새로운 물건이 아니기 때문에 구매처를 뚫기 쉽지 않았을 것 같습니다.

"장애인고용에 관한 제도가 있어 수월했습니다. 국내 기업들은 장애인을 일정규모 이상 고용해야 합니다. 이를 어기면 고용부담금을 내야 하죠. 대신 기업이 장애인이 생산한 물건을 사면 장애인을 고용한 것으로 간주해 부담금을 줄여주는 연계고용제도가 있습니다. 기업 입장에서는 베어베터 제품을 구입하지 않을 이유가 없다고 생각했습니다."

▷베어베터를 운영하는 원칙은 무엇인가요?

"첫째는 정부지원이나 예산을 받지 않겠다, 둘째는 이 사업으로 제가 월급이나 배당을 받지 않겠다는 것입니다. 돈을 투자하지만 이익을 얻지 않겠다는 의미입니다."

▷눈에 보이는 이익 대신 베어베터에서 얻고 싶은 것은 무엇인가요?

"수익을 창출하는 게 아니라 발달장애인들이 정규직으로 평생 일할 수 있는 기회를 주는 회사로 만드는 것입니다."

출처 : chosun.com, 2016-12-05

사례 5 성공스토리 2題 … 바닥으로 내려가라

한국 자영업의 고질적 문제 중 하나는 영세성이다. 단순히 규모가 작다는 얘기만은 아니다. 영세성의 폐해는 주먹구구식 입지선정과 자기 편의적 영업패턴이 협소한 공간, 비전문적 인력과 결합할 때 극에 달한다. 이런 식이면 시쳇말로 한 방에 날아간다. 하지만 작지만 강한 가게는 전국 어디서든 찾아볼 수 있다. 크기는 생존의 결정적 요인이 될 수 없다. 관건은 차별화다. 그 요체는 학습능력과 끊임없는 혁신이다.

月매출 6천만 원 동네빵집 사장, 부산까지 찾아가 수습으로 일해

천안 '시바앙베이커리' 유상모 사장

창업 9년 된 베테랑이지만 '전국구 빵집' 도약 위해 새 메뉴 만들어 차별화 주력

전국을 돌아다니는 동네 빵집 사장

지난달 26일 충남 천안 신부동의 시바앙베이커리에 들어서자 향긋한 빵 냄새가 먼저 코끝을 스쳤다. 따뜻한 느낌의 원목 진열대에 맛깔스러운 색의 빵들이 삼삼오오 진열돼 있었다. 유상모 사장(45)은 "식감을 높이기 위해 조명과 진열, 고객의 손이 닿는 위치까지 신경을 썼다"며 "빵을 넉넉하

게 진열하기 위해 테이블도 과감히 없앴다"고 말했다.

시바앙베이커리는 올해로 9년 된 동네 빵집이다. 하루 평균 매출은 180만 원. 12평짜리 지방의 작은 가게치고는 상당히 많은 편이다. 월 매출이 6,000만 원을 넘기는 때도 있다. 창업초기와 비교하면 6배가량 불어난 것이다. 물론 처음부터 잘 된 것은 아니었다. 유 사장은 개업초기 비용절감을 위해 저렴한 냉동 반죽을 사다 썼다. 그럭저럭 장사도 되는 편이었다.

하지만 맞은 편에 롯데마트가 들어서면서 상황은 달라졌다. 손님이 한 번에 확 줄었다. "정신이 번쩍 들더군요. 대형 마트가 값싼 빵들을 대량으로 내다 파니 방법이 없었어요." 그는 냉동 반죽을 포기하고 전부 매장에서 반죽해 구워내기로 했다. 대신 인기 없는 빵 20가지는 아예 없앴다.

가격을 올리더라도 철저하게 품질로 차별화한다는 전략을 세웠다. 유 사장의 선택은 옳았다. 가격이 프랜차이즈 빵집보다 20~30%가량 비쌌지만 손님들은 더 밀려들었다. 이후 블로그 등을 통해 입소문이 나고 전국 각지에서 베이커리를 찾아오는 손님이 늘어나면서 가게 매출은 연평균 20%씩 늘었다.

유 사장은 여기에서 만족하지 않았다. '전국구 빵집'으로 도약하기에는 너무 부족한 것이 많다는 판단이었다. 그래서 전국의 유명 빵집을 무작정 돌기 시작했다. 여러 빵집의 대표 제품과 경영 노하우 등을 접목하기 위해서였다. 최근엔 전국 빵집들의 도넛들을 보고 돌아왔다. 다음달 출시목표인 도넛 패키지를 위해서다.

유 사장은 지난 3월에도 부산의 이진환제과점에서 열흘간 수습으로 일했다. 이곳에서 익힌 생우유 페이스트리 제조법으로 지난 5월 페이스트리 8종 세트를 내놨다. 손님들의 반응은 뜨거웠다. "단골손님들이 처음엔 새 메뉴에 좀 낯설어했어요. 하지만 지금은 오히려 호기심 어린 시선으로 가게를 찾아옵니다."

유 사장은 요즘 시바앙의 대표빵을 고급화하는 데 주력하고 있다. 부드러운 호두빵인 '호두롱'이 그것이다. 호두롱 전용 선물 패키지를 준비해 소비자를 사로잡는다는 복안이다. "동네 빵집이라도 생각을 많이 하고 적재적소에 투자만 잘 한다면 얼마든지 대형 빵집을 이길 수 있습니다. 작은 변화에 망설이지 않았던 것이 9년간 가게를 키워온 비결입니다."

요리 자격증 3개 있지만 일본行 … 꼬치 꿰기 · 회 뜨기부터 다시 익혀

서울 충정로 '미치코' 이승렬 사장

하루 13시간 청소하며 버텨 … 6개월 지나자 조리법 알려줘

"일이 손에 익어야 성공하죠"

창업 전 일본에서 청소만 6개월

"한식 · 중식 · 일식 요리자격증을 갖고 있지만 꼬치 꿰는 법, 프라이팬 다루는 법, 회 뜨는 법 하나하나를 밑바닥부터 다시 배우기 위해서였습니다."

지난 4월 서울 지하철 5호선 충정로역 근처에 문을 연 미치코식당은 평일 저녁이면 줄을 서야 자리를 잡을 수 있다. 영업시작 6시간 전부터 사장이 직접 꿰어서 파는 수제 꼬치구이 맛이 입소문을 타면서다. 이승렬 사장(35)은 이번이 두 번째 창업이다. 신촌 연세대 앞 골목에서 '와글와글'이란 바를 10년간 운영한 경험이 있다. 중앙대 조소과를 나온 그의 인생은 신촌의 유명 바였던 '록앤롤'에서 아르바이트를 하면서 바뀌었다.

바만 차리면 손님이 몰리던 때라 "나도 할 수 있겠다" 싶었다. 실제로 가게를 내느라 가족들로부터 빌린 돈을 10개월 만에 갚을 정도로 장사가 잘 됐다. 그렇게 가게를 꾸려간 지 10년 만인 2013년 어느 날 그는 신촌을 뜨기로 결심했다. 2008년 글로벌 금융위기 이전까지 금~토요일 피크타임(밤 9시~다음날 새벽 1시)이면 170만 원을 찍던 매출이 토요일 하루 동안 80만 원까지 떨어진 날이었다.

새 가게 터를 찾으려고 1년 동안 서대문 사거리부터 중림동까지 샅샅이 뒤졌다. 일본식 수제 꼬치구이란 사업아이템은 그렇게 나왔다. 직장인들이 많은 충정로역 주변에 이자카야(일본식 선술집)가 중림동 한 곳뿐인 걸 보고 "이거다" 싶었다.

그런데도 무턱대고 일본행 비행기에 오른 건 "일이 손에 익기 전까진 가게를 열지 않는다"는 바 운영경험으로 체득한 지론 때문이었다. 하루 영업을 시작하면 손님맞이부터 조리, 서빙까지 모든 서비스가 물 흐르듯 이뤄져야지, "가게를 하면서 일을 배우지"하는 태도로는 반드시 망한다는 것이다. 일본 지인이 소개해준 이자카야 두 곳에 우여곡절 끝에 취직했지만 일본어를 못했다. 살아남을 수 있는 방법은 성실함밖에 없었다. 출근시간은 아침 9시였지만 8시에 나가서 매일 동네 골목을 쓸었다. 하루 13시간씩 일하는 고된 일상이 이어졌고 즐기던 술도 딱 끊었다. "말이 통하지 않으니 시키지 않아도 알아서 닦고 쓸었습니다."

속내를 잘 드러내지 않는 일본인들이지만 이 사장의 정성에 맘을 열지 않을 수 없었다. 반년쯤 지났을 때 청소만 시키던 이자카야 사장과 고참 요리사들이 간장소스 제조법 등 조리비법을 하나씩 알려주기 시작했다. 프라이팬 다루는 법을 배울 땐 일반 화로보다 화력이 훨씬 센 이자카야 화로에 얼굴이 시커멓게 타기도 했다. 미치코식당은 그렇게 탄생했다.

"손님들이 즐겁게 드시는 모습을 볼 때가 가장 행복합니다. 아내를 한국에 홀로 남겨두고 무작정 일본으로 건너가 고생한 보람이 있는 것 같습니다."

출처 : 한국경제, 2014-10-02

사례 6 너도 나도 '치킨집'… 생계형 창업자 10명 중 8명 문 닫아

최근 10년 생존율 17.4% 그쳐
퇴직자 등 앞다퉈 창업 몰리지만 불황 시달리다 빚만 떠안고 폐업
창 · 폐업 '소매 · 서비스 · 음식' 최다

서울 관악구에서 조그만 치킨가게를 운영하고 있는 A(58)씨는 요즘 고민이 많다. 그는 2년 전 다니던 회사를 그만둔 뒤 야심차게 매장을 열면서 '인생 이모작'을 시작했지만, 매출은 줄곧 내리막을 걷고 있다. 2년 새 인근에 프랜차이즈 치킨매장들이 들어서면서 부쩍 경쟁이 심해졌기 때문이다. A씨는 "지금처럼 장사가 안 되면 창업할 때 빌린 대출금 갚기도 빠듯한 상황"이라며 "뚜렷한 방법이 없는 한 가게 문을 닫아야 할 것 같다"고 말했다.

자영업자들의 시름이 깊어지고 있다. 최근 10년간 개인사업자 10명 중 8명이 폐업한 것으로 나타났다. 특히 A씨처럼 음식점 등 소규모 창업을 한 개인사업자의 폐업률이 높았다. 별다른 준비 없이 창업에 뛰어들었다가 빚만 떠안은 채 문을 닫는 셈이다.

개인사업자 신규 · 폐업 현황에 따르면 2005년부터 2014년까지 10년간 총 창업은 967만5,760개,

폐업은 799만309개로 나타났다. 창업과 폐업을 단순 비교한 자영업 생존율은 17.4%에 머물렀다.

개인사업자 신규 창업은 경기가 나쁠수록 늘어나는 경향을 보였다. 2005년 81만 개 수준이던 신규 창업은 글로벌 금융위기 전후인 2007년과 2008년에는 100만 개를 넘어섰다가 2009년부터 90만 개대를 유지했다. 하지만 2014년에는 신규 창업이 101만5,619개를 기록해 다시 100만 개를 넘어섰다. 조기 퇴직과 취업난 등으로 소규모 창업이 늘어나고 있다는 분석이다.

업종별로는 소매업 · 서비스업 · 음식업 등의 창 · 폐업이 많았다. 지역별로는 창 · 폐업 모두 수도권 쏠림현상이 심했다. 지난 10년 동안 경기도에서 240만4,984개(24.9%)가 창업됐고, 서울에서는 208만5,668개(21.6%)가 문을 열었다. 폐업도 경기지역이 188만 개로 전체 폐업의 23.6%를 차지했고, 서울도 22.1%였다. 수도권 폐업 비중이 전체의 절반에 육박하고 있는 셈이다.

창업 증가와 함께 개인사업자 대출도 급격히 불어났다. 개인사업자 대출은 2016년 6월 말 현재 222조9,045억 원으로 1년 전에 비해 12% 증가했다. 같은 기간 은행 가계대출 증가율은 7.9%였다. 특히 50대의 경우 전년 대비 무려 21조 원이나 급증하면서 전체 자영업자 대출(97조 원)의 39.2%를 차지했다. 우리나라의 자영업자 비율은 경제협력개발기구(OECD) 회원국 평균을 크게 웃돈다. 글로벌 통계조사 전문업체인 슈타티스타에 따르면 2014년 기준으로 한국의 자영업 비율은 전체 취업자 중 26.8%에 달한다. OECD 평균(15.4%)보다 11.4%포인트 높은 수준이다.

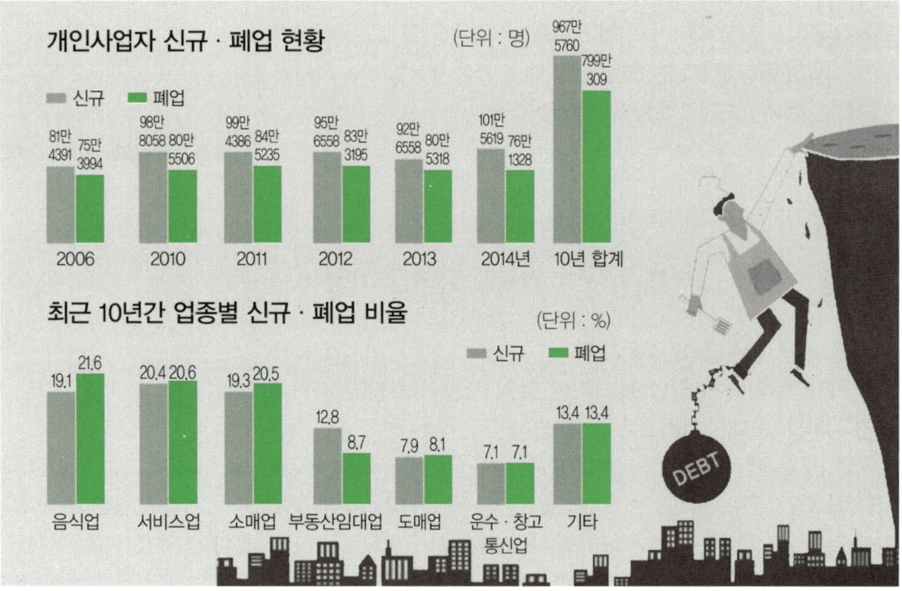

출처 : 세계일보, 2016-09-20

사례 7 서민 중년층 '흔들' … 40 · 50대 음식점 사장님, 7천명 줄어

지난해 40대 이어 50대 음식점 사업자도 감소세로 전환

경기 불황에 더해 소비 트렌드 변화까지 겹치면서 대표적인 서민 자영업종인 음식점업에서 밀려나는 중년들이 빠르게 늘고 있다.

2018년 2월 28일 국세청에 따르면 2017년 12월 기준 음식점업 사업자는 72만9천700명으로 1년 전(72만2천800명)보다 6천900명(0.9%) 증가했다.

사업자 연령대로 보면 30대 이하와 60대 위주로 대부분 증가세를 보인 반면 가장 비중이 큰 40 · 50대만 줄어든 것으로 나타났다.

60대 사업자는 9만4천 명에서 10만3천700명으로 10.3% 늘어나 가장 증가 폭이 컸다. 30세 이하 사업자도 3만9천 명에서 4만1천200명으로 5.8% 늘었다.

반면 40대 사업자는 19만9천800명에서 19만4천600명으로 약 5천200명(−2.6%) 줄었고 50대 사업자는 24만4천200명에서 24만2천 명으로 2천200명(−0.9%) 감소한 것으로 집계됐다.

지난해 한 해 동안 40 · 50대 사업자만 약 7천400명 줄어든 셈이다.

음식점업 사업자 중 50대 사업자 비중은 33%로 가장 크고 40대 사업자(27%)가 두 번째로 많다.

국세청이 사업자 현황을 집계하기 시작한 2015년 이후 40대 음식점 사업자는 2015년과 2016년 각각 851명, 3천720명 줄어들며 감소폭이 커지는 추세다. 50대 사업자는 2015년과 2016년에는 각각 7천508명, 2천305명 늘었지만, 지난해에는 처음으로 감소세로 돌아섰다.

통계청이 지난해 말 발표한 '2015년 기준 경제 총조사 결과로 본 지역별 사업체 현황과 특성'에 따르면 음식점업은 사업체가 47만3천개로 가장 많은 대표적인 서민업종이다.

음식업 경기 악화의 중심에는 지난해 뚜렷한 경기 회복세에도 기를 펴지 못했던 소비가 있다. 2017년 소비는 2016년 보다 2.7% 증가하는 데 그쳤다. 이는 2014년(2.0%) 이후 가장 낮은 수준이다.

1인 가구 증가에 따른 혼술 · 혼밥 소비 풍조에 적응하지 못한 탓에 중년층 음식점업 사업자의 퇴출이 가속화하고 있다는 분석도 있다.

40 · 50대 음식점업 사업자 감소는 40대 가구의 근로소득이 역대 최대수준으로 감소한 점과 맞물려 내수 회복의 발목을 잡는 원인이 될 수 있다는 우려도 나온다.

지난해 4분기 가구주 연령이 40대인 가구의 근로소득은 340만8천 원으로 1년 전(351만8천 원)보다 3.1% 감소했다. 이는 관련 통계가 집계되기 시작한 2003년 이후 가장 큰 폭으로 줄어든 것이다.

출처 : 연합뉴스, 2018-03-01

사례 8 치킨집 사장님 10명 중 7명 5년 내 문 닫는다

'치킨공화국'. 대한민국 자영업의 현실을 상징하는 단어다. 치킨집으로 대표되는 자영업자들이 그만큼 많아서다. 통계청에 따르면 지난 3분기 국내 자영업자수는 568만 명. 이 중 '1인 자영업자'가 열에 일곱이 넘는다(408만8,000명). 이런데도 3분기 영세 자영업자수는 1년 새 1.3%(5만1000명) 증가했다. 저성장과 구조조정 탓에 실직한 이들의 상당수가 창업전선에 나선 것으로 풀이된다.

정부, 창업교육 내실화를

문제는 장사가 잘 안 된다는 것이다. 통계청에 따르면 숙박 · 음식점을 운영하는 자영업자 10명 중 7명(68.3%)은 5년 이내에 사업을 접었다. 특히 최근엔 김영란법(부정청탁 및 금품수수 금지법) 시행, 탄핵 정국, 조류인플루엔자(AI) 발발까지 겹치면서 자영업자들이 벼랑 끝으로 몰리고 있다. 이 와중에 시중 금리까지 올라가면 자영업자는 치명타를 입을 가능성이 크다. 수익을 맞추지 못하는 자영업자의 상당수가 대출로 연명하고 있어서다. 금융당국은 고금리 불법 사채시장이 2014년 8조 원에서 올해는 13조5,000억 원으로 불어난 데에 자영업자의 몰락이 영향을 미친 것으로 파악한다.

정부의 잘못된 실업자 일자리 확보정책도 한몫했다. 국회예산정책처의 분석에 따르면 자영업이 대표적 출혈 경쟁시장이 된 원인 중 하나가 정부의 근시안적 자영업정책 때문이다. 심지홍 단국대 경제학과 교수는 "창업교육과 경영 지원 등 자영업자의 경쟁력을 높일 수 있는 실질적 대책을 마련해야 한다"고 말했다.

출처 : 중앙일보, 2016-12-20

사례 9 자영업의 나라 한국, '나홀로 사장님' 수 OECD 4위

美 · 멕시코 · 터키 이어 4번째 … 1인 자영업자 약 400만 명

한국에서 직원 없이 홀로 영업하는 '나홀로 사장님'의 수가 세계 주요국 가운데 4번째로 많은 것으로 집계됐다.

8일 경제협력개발기구(OECD)의 '2017 기업가정신 한눈에 보기' 보고서에 따르면 한국의 자영 노동자(고용원 없는 자영업자 · 1인 자영업자) 수는 398만2천 명으로 OECD 회원국을 비롯한 주요 38개국 가운데 4번째로 많았다.

한국의 인구수가 약 5천만 명으로 세계 27위에 그치는 것을 고려하면 자영 노동자의 비중이 상대적으로 높은 셈이다.

'나홀로 사장님' 한국 OECD 4위

OECD 회원국 주요 38개국 조사, 1인 자영업자 수 10순위

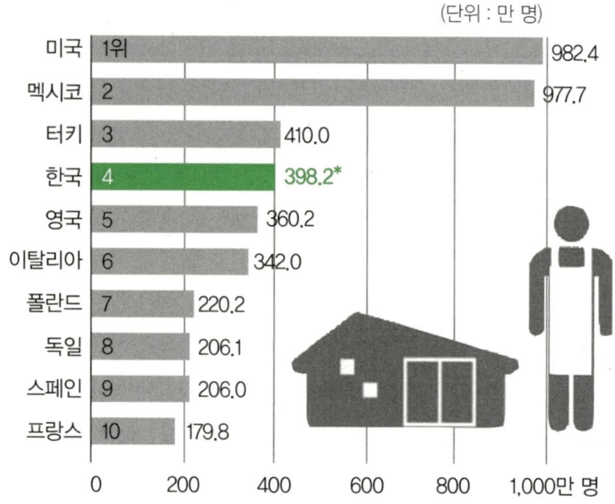

*한국의 인구수가 약 5천만 명으로 세계 28위에 그치는 것을 고려하면 자영 노동자의 비중이 상대적으로 높음

(출처 : 경제협력개발기구(OECD) '2017 기업가정신 한눈에 보기' 보고서)

1인 자영업자가 가장 많은 국가는 미국으로, 총 982만4천 명을 기록했다. 그 뒤를 멕시코(977만7천 명), 터키(410만 명)가 이었다. 한국보다는 순위가 낮지만, 영국과 이탈리아도 각각 300만 명이 넘는 것으로 나타났다.

아시아 국가 가운데서는 일본이 39만7천 명으로 전체 21위에 그쳤다.

유럽의 소국인 룩셈부르크와 인구가 적은 아이슬란드가 각각 1만3천 명의 나홀로 자영업자를 두고 있어 최하위권에 들었다.

성별로 분류하면 한국의 남성 1인 자영업자는 277만1천 명으로 역시 미국, 멕시코, 터키에 이어 4번째였다. 여성의 경우 절반수준인 121만1천 명이었지만 역시 주요국 가운데서는 4위를 차지했다.

남성 자영 노동자가 340만3천 명에 달해 전체 3위를 차지한 터키는 여성은 69만7천명에 그쳐 순위에서 한참 밀렸다.

대신 영국의 여성 1인 자영업자가 122만7천 명으로 3위에 올랐다.

자영 노동자는 자신 이외에 직원을 두지 않고 홀로 일하는 자영업자를 뜻한다.

OECD는 회원국 35개국에 리투아니아, 루마니아, 남아프리카공화국 등 비회원국 3개국까지 합쳐 자영 노동자수를 집계했다.

출처 : 연합뉴스, 2017-10-08

참고문헌 Reference

01 안태호 · 이희준, 「경영학연습」, 법문사, pp.255~256.

02 한길석, 「창업과 경영」, 법문사, 2005, pp.59~60.

03 중앙일보, 2006.4.25.

04 김성수, 「성공한 창업자의 기업가정신」, 삼영사, 2007, pp.86~94.

05 www.sbdc.or.kr

Chapter 04

창업아이템

제1절 | 창업아이템

일반적으로 창업자들은 경험이 없고 성공에 대한 마음만 급하기 때문에 창업아이템을 선정함에 있어 순간적인 감정과 충동에 휩쓸리는 경우가 의외로 많다. 진정으로 성공창업을 갈구하는 창업자라면 하루 이틀 사업할 것이 아니고 창업아이템선정에 상당한 시간과 노력을 투자해야 한다. 그것은 새로운 이정표를 따라서 가야 할 길을 정하고 사업 시작의 첫 걸음을 내딛는 운명적인 결정이기 때문이다. 물론 아이템만 결정을 잘 하였다고 해서 사업의 성공을 보장받는 것은 아니지만, 아이템선정의 결과가 사업의 성공과 발전성을 높일 수 있는 중요한 원인이 되는 것은 명백하다. 그래서 사업의 아이템 결정은 다양한 측면에서 타당성을 점검하는 것이 필수적이다.

창업아이템(item)이란 "창업자가 취급하려고 하는 업종이나 판매할 상품 또는 서비스의 총칭"이다. 이러한 아이템의 선정은 창업자가 창업과정에 있어서 가장 먼저 해야 할 과정이다. 왜냐하면 아이템선정은 창업의 성패를 결정짓는 요인임과 동시에 창업아이템에 따라 기업의 경영계획이 수립되기 때문이다.

1. 유망아이템의 의의 및 특징

1) 유망아이템의 의의

모든 창업자는 아이템선정에 있어서 성장가능성이 높고, 수익률이 높으며, 안정적인 매출이 이루어지는 그리고 실패할 확률이 낮은 아이템을 선정하기를 희망한다. 그러나 이러한 모든 조건을 가지고 있는 아이템이란 이 세상에 존재하지 않는다고 보는 것이 현실적이다. 수익성이 높으면 위험성이 높아서 안정성이 떨어지기 마련이다. 결국 안정성이 떨어지면 실패할 확률이 높아진다. 그리고 높은 안정성을 가지는 아이템이 있다면 결과적으로 많은 경쟁자의 출현으로 인하여 수익성이 저하됨은 물론 실패기업이 발생될 것이다.

따라서 유망아이템이란 첫째, 창업자의 창업 여건에 적합하고, 둘째, 실패할 확률이 낮으며, 셋째, 어느 정도의 수익성과 성장가능성이 존재하며, 넷째, 누구나 좋다고 생각하는 아이템이라기보다 경쟁자의 참여가 쉽지 않으며, 다섯째, 남들이 잘 모방하지 못하는 업종이라고 정의할 수 있다. 여기에서 창업자의 창업 여건에는 창업자의 적성, 능력, 경험, 자금조달능력, 자격증 소유 등이 포함된다.

2) 유망아이템의 특징

유망아이템의 특징은 다음과 같다.[01]

① 특별한 수요가 있는 업종 예 떡, 베이커리 등

② 검증절차가 끝난 업종 예 노래방 등

③ 주식용 아이템 예 김밥전문점, 돼지국밥, 라면전문점, 국숫집, 한정식점, 돈가스점 등

④ 비수기가 없거나 짧은 업종

⑤ 구매행위가 빈번하고 계속적으로 발생하는 업종 예 편의점, 종합분식점

⑥ 창업 후 관리하기가 편한 업종

⑦ 야간 매출이 높은 업종 예 야식집, 배달전문점

⑧ 지속적으로 신상품 공급이 가능한 업종 예 컴퓨터게임장

⑨ 시대상황에 부응하는 업종 예 돼지고기 가격파괴점, 고기 무한리필점 등

3) 프랜차이즈사업의 유망아이템의 특성

프랜차이즈사업의 유망아이템의 특성은 다음과 같다.[02]

① 선진국에서 크게 번성하였던 것으로서 우리나라 실정에 적용할 수 있는 아이템

② 우리나라의 전통과 취향에 맞는 품목에 전문성을 갖춘 아이템

③ 젊은 세대의 감각과 기호에 맞는 상품과 분위기를 갖춘 아이템

④ 표적고객(target market)이 뚜렷하며 그에 적합한 콘셉트가 설정된 아이템

⑤ 본부체제를 갖추고 운영의 노하우를 제공해주며 지명도가 있는 체인화된 업태

2. 창업아이템 창출방법

창업아이템 창출은 ① 필요성의 발견, ② 제품과 서비스의 활용 그리고 ③ 자신을 중심으로 한 창업아이템을 탐색하는 방법 등인데 자세히 살펴보면 다음과 같다.[03]

1) 필요성의 발견

인간의 욕구와 욕망을 만족시키는 제품과 서비스는 끊임없이 산출되고 있지만, 인간에게는 언제나 만족되지 않은 욕망이 있다. 이 욕구와 욕망을 소비자의 입장에서 분류해보면 다음과 같다. 다시 말하자면 소비자의 욕구와 욕망은 소비자 구매행동에 영향을 주는 구체적인 변수들이라고 할 수 있다.

(1) 소비자의 욕구

① 가격에 대한 욕구 : 대부분의 소비자들은 정상적인 경우에 동일한 상품과 서비스라면 가격이 낮은 상품을 구입하고자 한다. 그러므로 가격을 낮추는 것은 새로운 아이템개발의 중요한 지침이 된다.

② 기능에 대한 욕구 : 소비자들은 필요한 기능을 많이 가진 상품을 선호한다. 그러므로 기능이 추가되거나 개선된 제품은 가치 있는 새로운 아이템이다.

③ 차별화의 욕구 : 많은 소비자들은 다른 사람과 다른 상품을 구매하고자 한다. 그러므로 기존의 것과 다른 상품을 공급하는 것은 좋은 아이템이라고 할 수 있다.

④ 동질화의 욕구 : 상황에 따라서 소비자는 다른 사람과 같은 상품을 구입하고자 한다. 따라서 다른 사람들과 같은 상품을 소유하고 소비할 수 있게 하는 것이 좋다.

⑤ 디자인, 멋, 맛 등에 대한 욕구 : 소비자들은 디자인, 멋, 맛 등과 같이 감각적인 면에서 좋다고 판단되는 상품을 선호한다. 그러므로 디자인의 개선, 좀 더 좋은 멋과 맛은 괜찮은 창업아이템이다.

⑥ 서비스에 대한 욕구 : 소비자는 구매 모든 단계, 즉 구매 전, 구매 중 그리고 구매 후에 좀 더 좋은 서비스를 받고자 한다. 그러므로 소비자에게 더 좋은 서비스를 제공하려고 하는 것은 좋은 아이템이다.

⑦ 품질에 대한 욕구 : 소비자들은 동일한 가격이라면 더 좋은 품질의 상품을 구매하고 싶어 한다. 그러므로 품질개선은 아이템개발을 위한 훌륭한 착상점이다.

2) 제품과 서비스의 활용

제품과 서비스를 개발하고 이를 필요로 하는 소비자를 발견하는 데 유용한 아이템 탐색방법으로는 다음과 같은 것들이 있다.

① 주변사업의 관찰 : 기존의 사업아이템 중에서 쉽게 모방하거나 약간의 변형을 통해서 성공적으로 전개할 수 있는 아이템이 있는가를 관심 있게 관찰한다.

② 성공한 사람에게 문의 : 성공한 사업가들은 현재의 사업뿐만 아니라 앞으로 성공가능성이 높은 사업을 알고 있기도 하다. 그들은 다만 떠들고 다니지 않는 것이다. 그러나 그들은 누군가가 진지하게 물어보면 그러한 노하우를 공개하기도 한다.

③ 해외의 동향조사 : 해외여행을 통하여 접하는 새로운 경험은 새로운 사업의 기회를 개발하는 데 도움이 될 수 있다.

④ 신기술 영향의 연구 : 해당 분야의 전문기술자가 아니더라도 신기술의 결과로 발생하는 변화를 예측하고 그에 따른 새로운 욕구를 포착하여 이를 충족시키는 방법을 개발할 수 있다.

⑤ 전시회의 참관 : 전시회는 신제품, 특정 분야의 산업 및 기술동향 등을 매우 효율적으로 접할 수 있는 기회이다. 관심 있는 분야의 전시회에 참여하여 사

업화할 수 있는 제품이나 아이템을 구하는 것은 매우 유익하다.

⑥ 지방의 고유기능과 제품의 활용 : 순창의 고추장 담그는 기술을 이용해서 고추장을 생산하는 기업이나 춘천 막국수, 고창의 복분자주 등과 같이 지방의 고유기능 및 특산물은 좋은 사업아이템이다.

⑦ 간행물의 활용 : 유망 신사업을 소개하는 서적이 많이 간행되고 있다. 이런 정기 간행물은 새로운 유망정보를 제공하는 중요한 자료가 될 수 있다.

⑧ 기타 창업박람회의 참여 : 창업과 관련한 컨설팅회사나 기관이 주최하는 창업박람회에 참여하는 것도 아이템의 탐색에 중요한 수단이 될 수 있다.

3) 자신을 중심으로 한 창업아이템 탐색

예비창업자는 다음과 같은 질문을 통해 자신에게 적합한 아이템을 획득할 수 있다.

① 내가 하고 있는 일 중에서 가장 즐기는 것은 어느 일의 어느 부분인가?

② 내가 가장 잘 아는 제품이나 공정은 무엇인가?

③ 나의 관심을 끄는 취미와 여가활동은 무엇인가?

④ 나의 생활에 여유가 생긴다면 하고 싶은 일은 무엇인가?

⑤ 나의 주변의 인적자원을 이용하여 할 수 있는 사업은 무엇인가?

3. 창업아이템 선정절차

창업자가 자신이 구상한 사업아이템으로부터 사업성과 실현성이 있는 최적의 창업아이템을 찾기 위해서는 여러 단계의 절차가 필요하다. 창업아이템을 찾기 위해서는 해당 사업의 전망을 이해하고, 성공가능성이 있는 아이템을 선정하여 고객 또는 시장의 요구에 적용이 가능한가를 고려하여야 한다. 이렇게 선정된 여러 아이템에 대한 사업타당성을 분석하고 최종적으로 최적의 아이템을 결정하여 사업을 추진하게 된다.

창업아이템 선정절차를 단계적으로 살펴보면 다음과 같다.[04]

도표 4-1 | 창업아이템 선정절차

창업 희망업종 정보수집
↓
이용 체험자 및 종사자 면담
↓
후보아이템의 구체적 정보수집
↓
후보아이템에 대한 정밀분석과 검토
↓
사업타당성분석
↓
업종 및 아이템선정
↓
경영수업
↓
구체적인 창업 준비

1) 창업 희망업종 정보수집

창업 희망업종의 정보수집에서 창업자의 경험 및 지식, 특히 동종업계와 관련 업계 근무경력 등을 고려함이 요구된다. 업종정보는 친구, 지인, 전문가 등으로부터 획득할 수 있으며 각종 관련 서적, 업종별 전문잡지, 신문 스크랩, 인터넷 등을 활용하고 정부나 관련단체 등을 방문하여 조사한다.

한편, 창업정보를 수집하기 위한 전략으로 다음의 7가지를 제시할 수 있다.[05]

① 인터넷과 친해져라 : 인터넷에 있는 수많은 정보를 검색한다.

② 언론매체를 활용하라.

③ 광고를 분석하라 : 프랜차이즈 본사들의 광고를 살펴보고 나름대로 분석한다.

④ 전문서적을 정독하라.

⑤ 창업강좌에 참여하라.

⑥ 아는 사람의 도움을 받아라.

⑦ 전문컨설팅사의 도움을 받아라.

2) 이용 체험자 및 종사자 면담

해당 업종을 경영하는 회사나 점포의 고객으로서 직접 구매활동을 경험해보는 것이 중요하다. 또한 해당 업종 근무 종사자와의 대화와 면담을 통해 업계의 전반적인 분위기와 전망을 파악할 필요가 있다.

3) 후보아이템의 구체적 정보수집

각종 상담기관(창업상담회사, 업종별 전문컨설팅회사, 지방자치단체, 소상공인지원센터 등)을 방문하여 정보를 수집한다.

4) 후보아이템에 대한 정밀분석과 검토

사업의 성장성, 창업자의 적성 부합 여부, 가족, 지인, 전문가의 의견을 신중하게 청취하는 자세를 가져야 한다. 고려 대상 아이템 2~3종에 대한 예비적 선별을 하고 순위를 결정한 후 간이 예비사업성분석을 실시한다.

5) 사업타당성분석

사업아이템의 적합도, 기술적 요구, 시장성, 판매전망, 수익성, 성장성 등을 고려하여 사업타당성을 분석한다.

6) 업종 및 아이템선정

앞의 단계들을 거쳐 최적업종과 사업아이템을 선정한다. 업종이란 소매상이 판매하는 상품군에 따른 전통적인 분류방법으로 의류점, 가전점, 가구점, 양화점, 식품점 등으로 분류하는 것을 말한다. 업태란 소매점의 영업전략에 따른 분류방법으로 머천다이징(merchandising)방식, 영업시간, 광고, 가격전략 등에 의해 업태가 결정된다. 백화점, 할인점, 슈퍼센터, 양판점, 전자상거래 등과 같이 분류하는 것을 말한다.

7) 경영수업

선정된 업종 및 아이템과 관련된 창업성공기업 또는 점포에서 사업을 직 · 간접적으로 체험할 수 있는 기회를 다각도로 모색한다. 가능하다면 선발 예정인 창업조직구성원과의 사전적인 관계증진을 통해 경영 노하우를 조기에 습득하도록 한다.

8) 구체적인 창업 준비

구체적인 창업 준비에는 사업계획서의 작성, 창업자금조달, 창업조직의 구성, 사업장선정 및 확보, 필요 시 회사설립 그리고 개업 준비 등이 포함된다.

4. 창업아이템선정의 기본원칙

창업아이템선정의 기본원칙은 ① 성장가능성, ② 경험이나 특징의 활용가능성, ③ 실패의 위험도, ④ 아이템과 창업자적성 부합 여부, ⑤ 아이템의 인 · 허가 필요성, ⑥ 아이템과 상권과의 부합도, ⑦ 아이템과 자기자본규모 간의 부합도, ⑧ 아이템과 최근 소비경향과의 부합도 등을 들 수 있다.

1) 성장가능성

성장이 정지되었거나 쇠퇴기에 있는 아이템은 이윤이 서서히 혹은 급격하게 감소된다. 그러므로 창업아이템은 성장가능성이 높아야 한다.

사업아이템은 제품과 마찬가지로 시장에 도입되어 소멸될 때까지 도입기 → 성장기 → 성숙기 → 쇠퇴기의 과정을 거친다. 도입기에서는 일반적으로 높은 생산비와 마케팅관련비용이 발생한다. 시장에서의 판매가 이제 막 시작되므로 이윤이 발생하지 않거나 발생한다 하더라도 그 수준이 미미하다. 성장기에는 시장의 소비자들이 제품을 인식하고 수용하기 시작하여 매출이 증대하기 시작하고 이윤의 증가로 이어진다. 그러나 제품이 성숙기에 접어들면 경쟁으로 말미암아 가격인하, 품질향상, 시장점유율 확보를 위한 광고비 및 판매촉진비용을 증가시켜야 하기 때문에 매출증가에도 불구하고 성장기에서와 같은 이윤증대를 기대할 수 없다. 따라서 사업아이템은 제품수명주기상에서 성장기에 있는 아이템이어야 한다. 제품수명주기별 단계별 마케팅전략은 [도표 4-2]와 같다.[06]

도표 4-2 | 제품수명주기별 단계별 마케팅전략

특징/전략	도입기	성장기	성숙기	쇠퇴기
경쟁업자	중요하지 않음	소수의 경쟁업자 발생	하찮은 제품에도 경쟁업자 발생	거의 없음
이익	마케팅비용으로 인해 적자	고가격, 수요증가로 인한 절정수준에 도달	성장률 둔화	마이너스 성장
전반적 전략	시장확보 : 제품을 사용하도록 초기 수용자 설득	시장침투 : 자사 제품을 선호하도록 대중시장을 설득	상표위치 방어 : 경쟁업자의 유입 방지	취약제품 폐기 준비 : 가능한 모든 이익을 고려한 철수
소매가격	고가격(제품도입기의 과도한 비용 회복 원인)	고가격(소비자의 집중적 수요를 이용하므로)	경쟁대응가격설정 : 가격경쟁회피가 요구됨	재고품 정리를 신속히 할만큼 충분히 낮게 설정
유통	선택적 유통(유통경로가 서서히 구축되므로)	집중적 유통구축 : 거래점들이 제품 저장을 열망하므로 소규모 도매할인 도입	집중적 유통구축 : 빈번한 거래는 진열장의 공간을 확보해줌	선택적 유통(수익이 낮은 경로는 점차 폐쇄)
광고전략	초기수용층 목표	대중시장에서 상표 이점의 인식	유사한 상표 간의 차이점 강조 매체로 이용	재고제품 감소를 위한 저가격 강조
광고 강조	높음(초기수용자의 인식, 관심, 자사 제품 비축을 위한 중간상 설득)	보통(구전추천을 이용한 매출증가)	보통(대부분의 구매자들은 상표특성을 인지)	제품폐기를 위한 최소의 비용
판매촉진	과다지출(목표집단에게 견본품, 쿠폰 및 기타 유인품 제공)	보통(상표선호도 창출을 위한 적절한 전략임)	과다(제품전환을 유도하기 위한 판매촉진)	최저수준(제품이 스스로 쇠퇴되도록 유도)

2) 경험이나 특징의 활용가능성

아무리 성장성이 높고 다른 사람들이 성공을 거두었다고 해서 자신도 반드시 성공할 것이라고 기대하면 안 된다. 어떠한 아이템이든 창업자의 적성, 경험, 지식, 기술, 특징 등과 결합될 때 성공확률이 높은 것이다. 많은 창업자들이 창업 전 근무지에서 얻은 창업아이디어와 정보에 의해 창업하였다는 것만 보아도 현재의 경험이 중요함을 알 수 있다.

3) 실패의 위험도

위험성이 높은 사업일수록 사업이 성공할 때에 얻는 이득이 많다고 한다. 위험이 높으면 창업자가 적기 때문에 성공가능성이 높고 또한 이득도 많은 것이다. 그러나 이와 같은 아이템은 실패할 확률이 성공할 확률보다 훨씬 높다는 데 창업아이템선정의 한계가 있다. 따라서 예상되는 이익은 적지만 실패할 확률이 낮다면 그 아이템을 선정하는 것이 바람직할 것이다.

4) 아이템과 창업자적성 부합 여부

자신의 적성에 맞는 업종을 선택한다는 것은 더할 나위 없이 중요하다. 아무리 사업성이나 성장성이 좋고 실패할 확률이 낮다고 하더라도 자신의 적성에 맞지 않는 아이템은 장기적인 관점에서 성공하기가 어렵다. 따라서 창업자는 자기의 특기나 전공, 적성 등을 최대한 살릴 수 있는 아이템을 선정해야 한다.

5) 아이템의 인 · 허가 필요성

아무리 좋은 아이템을 선정하고 철저한 사업준비를 하였다 하더라도 법적으로 인 · 허가, 면허, 등록 등을 요구하는 사업분야가 상당수 있으므로 창업자 자신이 그 아이템으로 사업을 하는 것이 가능한가를 확인하여야 한다.

6) 아이템과 상권과의 부합도

아무리 유망아이템이라 하더라도 어느 곳에서든지 성공을 보장하는 것은 아니다. 철저한 상권분석을 통하여 아이템을 선정해야만 성공을 이룰 수 있다.

7) 아이템과 자기자본규모 간의 부합도

본인의 여유자금이나 낮은 금리의 최소의 타인자금으로 사업을 시작하는 것이 사업을 안전하고 편안하게 지속할 수 있다. 과도한 타인자본을 이용해야 하는 아이템보다는 자기자본규모에 적당한 아이템을 선정하여야 한다.

8) 아이템과 최근 소비경향과의 부합도

최근 사회의 소비성향에 관심을 가지고 소비성향에 맞는 아이템을 선정하여야 한다.

제2절 | SWOT분석을 통한 사업아이템선정

1. SWOT분석의 의의[07]

SWOT분석이란 기업의 환경분석을 통해 강점(strength)과 약점(weakness), 기회(opportunity)와 위협(threat)을 찾아내고 이를 토대로 마케팅전략을 수립하는 경영기법을 말한다. 즉, 어떤 기업의 내부환경을 분석하여 강점과 약점을 발견하고, 외부환경을 분석하여 기회와 위협을 찾아내어 이를 토대로 강점은 살리고 약점은 없애거나 줄이며, 기회는 적극 활용하고 위협은 억제하거나 피하는 마케팅전략을 수립하는 것이다.

2. SWOT분석을 통한 사업아이템선정전략

SWOT분석에서 사용되는 4요소는 강점, 약점, 기회, 그리고 위협요인으로, 강점은 경쟁기업과 비교하여 소비자로부터 강점으로 인식되는 것은 무엇인지, 약점은 경쟁기업과 비교하여 소비자로부터 약점으로 인식되는 것은 무엇인지, 기회는 외부환경에서 유리한 기회요인은 무엇인지, 위협은 외부환경에서 불리한 위협요인은 무엇인지를 찾아내는 것을 말한다.

SWOT분석에 의해 도출된 기업내부의 강점과 약점, 기업외부의 기회와 위협을 대응시켜 다음 4가지 유형의 아이템 탐색전략에 관한 매트릭스(matrix)를 얻을 수 있다.

① SO전략(강점-기회전략)은 기회를 살리고 강점을 적극 활용하는 전략방향이다.

② ST전략(강점-위협전략)은 위험에 대비하면서 강점을 활용하는 전략방향이다.

③ WO전략(약점-기회전략)은 기회는 살리되 약점을 감안한 전략방향이다.

④ WT전략(약점-위협전략)은 위험도 크고 약점도 많을 때의 전략방향이다.

도표 4-3 | SWOT분석의 예

	기회요인(O)	위협요인(T)
외부환경	• 시장확대 전망 • 고객수요변화 • 정부시책 • 관련 업종 부가 상승 • 감세, 면세	• 경쟁격화 • 스태그플레이션 • 국제시장 개방 • 관세장벽 • 수요패턴 쇠퇴
	강점요인(S)	**약점요인(W)**
내부자원	• 우수인재 확보 • 신시설, 최신장비 • 우수한 기업문화 • 자금동원력 • 원가우위제품 보유 • 신제품개발능력	• 인재 부족 • 시설 노후화 • 시장인지도 부족 • 유동자금 부족 • 핵심기술인재 부재 • 장기전략 부재

이러한 SWOT분석은 막연한 상태에서 적합한 방향을 모색해보는 아이템선정의 초기적인 방법이다.

도표 4-4 | 아이템 탐색전략에 관한 매트릭스(matrix)

	기회요인(O)	위협요인(T)
강점(S)	기회를 살리고 강점을 활용하는 전략 (SO전략) → 1순위(성공전략화)	위협에 대비하면서 강점을 활용하는 전략 (ST전략) → 2순위(위험회피)
약점(W)	기회를 살리되 약점을 보완하는 전략 (WO전략) → 3순위(성공전략화)	위협과 약점을 동시에 고려하는 전략 (WT전략) → 4순위(위험회피)

제3절 | 사업아이템 유형

사업아이템 유형을 ① 성격 · 적성, ② 혈액형, ③ 얼굴형, ④ 건물의 층별 특성 그리고 ⑤ 창업자금 등에 따른 아이템으로 구분하여 살펴보면 다음과 같다.

1. 창업자의 적성 · 성격에 맞는 아이템[08]

도표 4-5 | 성격 · 적성에 맞는 사업아이템

성격 · 적성	내용	아이템 유형
외향 · 사교형	• 적극적 · 저돌적 성격을 가진 경우가 많다. • 전직이 교직자, 유통관련 근무자, 홍보영업 종사자, 보험회사 근무자 등이 속한다. • 주로 유통업, 세일즈사업 등 대인 접촉이 많은 분야의 선택이 유리하다.	외판업, 웨딩이벤트업, 창업이벤트업, 광고업, 인력공급 및 고용알선, 여행알선 및 여행보조업 등
내향 · 침착형	• 전직이 사무직 종사자, 전업주부, 교직자, 예술가 등이 속한다. • 큰 홍보 없이도 고객이 꾸준히 찾아오는 생활용품 및 잡화관련 업종, 문화예술과 취미분야의 사업이 유리하다. • 아동 및 교육사업, 컨설팅사업 등 지식산업분야의 선택이 유리하다.	아동의류, 신발할인판매점, 완구 · 팬시 · 캐릭터전문점, 여성의류전문점, 꽃가게, 전통찻집, 숙박업, 독서실, 어린이 놀이방, 컴퓨터 학습방 등
우직 · 원칙형	• 생산직, 공직 근무자, 기술직 등의 종사자들이 대체적으로 가지는 성격이다. • 외식업, 개인서비스업 등이 성격에 맞다. • 사채금융업, 전기 · 전자제품, 주택관련 수리업 등 공급자중심의 사업이 적합하다.	채소 및 과일 택배업, 단체급식전문점, 일반음식점, 음식출장서비스업, 렌탈업, 청소용역업, 자동차 수리 및 세차업, 가전제품수리업, 통신판매업, 주택수리업 등
저돌 · 추진형	• 건설업 종사자, 일반직의 고위직 근무자 등이 가지는 성격이다. • 건강 및 레포츠산업, 건설업, 주점업, 이삿짐센터 등 종업원관리에 노하우가 필요한 업종이 적성에 맞는다.	레저업, 오락이벤트업, 주점업, 이삿짐센터, 운동경기용품 판매업 등
탐구 · 아이디어형	• 진취적이고 도전정신이 강한 성격이다. • 주로 지식기반과 벤처사업에 적합하다. • 적합한 사업분야는 발명사업가, 벤처사업가 등 모험성이 다소 높은 미래지향적 벤처사업분야이다.	정보통신업, 과학모형기기전문점, 부가통신업, 소프트웨어개발 및 공급업 등

2. 혈액형별 아이템[09]

도표 4-6 | 혈액형별 아이템

혈액형	특징	추천사업
A형	• 대의명분을 중시한다. • 변화보다는 안정을 중시한다. • 모든 사람과 비슷하다. • 꼼꼼하고 실수가 적은 편이다.	PC방, 노래방, 이 · 미용, 치킨전문점, 패스트푸드점, 포토아트, 냉장육전문점, 베이비시터 파견업 등
O형	• 끈기와 오기, 고집이 강하다. • 대인관계가 원만하다. • 긍정적이고 활동적이며 자신감이 넘친다.	조사 · 지식사업분야, 경쟁점포 조사대행업, 향수전문점, 치킨전문점, 주류전문점, 고기전문점, 분식점, 선물용품, 유아용품전문점, 비즈공예 등
B형	• 본능적인 임기응변이 강하다. • 지적인 면이 강하고 재치가 있다. • 자유분방하고 틀에 박히기 싫어한다.	편의점, 아이스크림판매점, 베이커리, 주류전문점, 문구 · 팬시점, 피부관리전문점, 봉사하는 적성업종, 커플스토리 제작업, 출판아이디어 제공업, 애니메이션관련 업종
AB형	• 예술적 감각이 우수하다. • 업무능력이 효율적이다. • 복잡하고 미묘한 성향을 보이며 응용력이 좋다.	어린이학원, 잉크충전방, 인력파견도우미, 세탁업, 여행업, 광고업, 맞춤다이어트전문점, 정보제공(IP), 광고이벤트업 등

3. 얼굴형별 아이템[10]

도표 4-7 | 얼굴형별 아이템

얼굴형	특징	추천사업
역삼각형	• 미남미녀형의 얼굴형으로 사교적이기보다는 이기적인 면이 많다. • 추진적인 면보다는 사적인 면이 강하다.	인력중개업, 메일(mail) 정보제공업, 홍보 및 사무대행업
둥근형	• 이성적이기보다 본능적이다. • 낙천적이지만 인내력이 부족한 편이다.	만화대여점, 고가품 중고의류점, 향수전문점
삼각형	• 머리를 쓰는 것보다는 행동적이며 실행력이 강하다.	분양대행업, 자판기사업, 배달서비스, 경비 및 청소용역업
계란형	• 지적인 면이 많고 이지적이다. • 기획력보다는 실행력이 강하다.	정보제공(IP), 광고이벤트업

4. 건물의 층별 특성 및 아이템[11]

도표 4-8 | 건물의 층별 특성 및 아이템

층별	특성	추천업종
지하 1층	• 적정임차비용은 지상 2, 3층의 중간선이 적정하다. • 공기정화시설, 환기시설 유무를 확인한다. • 계단의 높이 15cm 이하가 적당하다. • 비상구 및 소화기가 비치되어 있어야 한다.	커피전문점, 만화방, 노래방, 비디오방, 실내골프연습장, 호프전문점, 컴퓨터게임장, PC방, 포켓볼장, 주점, 중국음식점 등
지상 1층	• 건물구조에 따라 앞마당 활용가능이 장점이다. • 소비자들의 접근성이 용이하다. • 지하 또는 2층보다 30~50% 이상의 매출이 발생한다. • 아이템에 대한 선택의 폭이 넓다. • 다른 층에 비해 성공지수도 높다.	음식점, 도 · 소매업종, 의류, 서점 등
지상 2층	• 계단의 모양과 위치가 중요하다. • 입구계단이 건물의 전면에 있어야 한다. • 계단의 높이 15cm 이하가 적당하다.	미용실, 포켓볼장, 커피전문점, 전통찻집, 노래방, 비디오방, 인터넷PC방, 만화텔, 호프집, 월셋방 임대사업 등
지상 3, 4층	• 1, 2층에 비해 임차보증금이 30~50% 저렴해서 최초투자비용이 줄어든다.	헬스센터, 고시원, 독서실, 당구장, 포켓볼, 비디오방, 만화텔, 노래방

5. 창업자금별 아이템

창업자금별 아이템은 [도표 4-9]에 제시하였으나 물가인상 및 기타 환경변화로 인하여 상대적으로 적은 창업자금이 요구된다고 이해하면 바람직하다.

도표 4-9 | 창업자금별 아이템

창업자금	추천업종
1,000만 원 미만	구두 · 운동화 빨래방, 일회용 앞치마, 실내 환경사업 및 기업체 향기개발, 과학교실, 자동차관련 종합서비스 제공업, 금융복합단말기, 일본식 돈까스, 욕실 리폼 및 리모델링, 액세서리 · 쥬얼리 패션잡화, 침대 세탁업, 잉크충전방, 토스트 & 샌드위치, 떡볶이점, 칼국수전문점, 미술방문지도, 즉석방아쌀 등
1,000~3,000만 원	해산물전문카페, 수공예액세서리전문점, 아토피전문매장, 일본풍 퓨전요리전문점, 저가형 퓨전라이스 & 스파게티전문점, 허브 숙성 웰빙 바비큐구이 치킨전문점, DIY 용품, 해산물요리전문주점, 퓨전 조개구이 전문점, 곱창구이전문점, 어린이만화 전문대여점, 맥반석 바비큐 치킨 등
3,000~5,000만 원	초밥 · 우동 · 돈까스전문점, 멀티복합카페, 즉석 목판 두부 및 수제소시지, 여성전용 휘트니스센터, 퐁듀 및 함박스테이크전문점, 배달전문 퓨전 레스토랑, 반찬전문점, 온라인 여행사, 건강 웰빙식 흑수제비, 피자 경양식, 신세대 액세서리 및 쥬얼리전문점 등
5,000만 원~1억 원	PC방, 해물 샤브샤브 & 찜전문점, 버섯 샤브샤브 요리전문점, 세계맥주전문점, 동남아 푸드카페전문점, 오리요리전문점, 셀프다이어트 클럽 등
1억 원 이상	디지털 실내 자동차극장, 토속 웰빙 한정식, 화로구이 & 쌈밥전문점, 노래방 체인사업 등

사례연구 Case Study

사례 1 한국도로공사, 고속도로 졸음쉼터 푸드트럭 도입

1,500원짜리 토스트 팔아 푸드트럭 창업 2년 만에 5억 매출

한국도로공사는 전국 고속도로 곳곳에 206개의 졸음쉼터를 운영하고 있다. 운전하다 잠이 오면 잠시 쉬어갈 수 있다.

2015년 7월 한국도로공사는 '졸음쉼터 내 푸드트럭 청년창업 우수아이템 공모전'을 통해 운영자를 모집했다. 현재 일부 졸음쉼터에서 간단한 음식을 사먹을 수 있다.

수상자 중 한 명인 김성호(27) 씨는 푸드트럭 운영으로 억대 연매출을 올리고 있다. 요식업 창업을 준비하다 공모전 공고문을 발견하고 바로 사업계획서를 만들었다. 까다로운 선발과정을 거쳐 김포 졸음쉼터 푸드트럭 영업권을 얻었다.

2,000만 원으로 트럭을 개조해 김포에서 1,500원짜리 토스트를 팔기 시작했다. 잘 됐다. 순식간에 영종도휴게소점, 행사용 이동트럭까지 트럭이 3대로 늘었다. 현재 하루 700개씩 팔고 있다. 이렇게 2년간 올린 매출이 5억 원.

내친 김에 사업을 더 키우기로 했다. 서울 명동 · 강남, 포항, 부산, 대전 등 7곳에 토스트매장 '토스트럭'을 곧 오픈할 예정이다. 어릴 때 본 MBC '성공시대'의 주인공들처럼 되고 싶었다. 일찍 장사를 시작해 19살 겨울, 보신각에 나가 핫팩을 팔았다.

8년 후 그는 직원 15명의 회사 'THE VIA'의 대표다. 푸드트럭에 다른 요식업사업까지 합쳐 회사를 만든 것이다. 사업을 계속 확장한다는 목표다.

한국도로공사는 2015년 7월에 푸드트럭 공모를 시작했다. 서울외곽고속도로 졸음쉼터 5곳을 지정해 푸드트럭 운영을 허가했다. 청년 창업자를 발굴 · 지원해 청년실업을 해소하겠다는 목적이다. 이어 2015년 11월 두번째 공모를 냈다. 서울, 부산을 포함해 전국 졸음쉼터 4곳에 푸드트럭 을 허가했다. 지난 9월 실시한 3번째 공모에서 경기 광주 졸음쉼터에 입점할 1개팀을 뽑았다. 앞으로도 공모가 이어진다.

지원가능 나이는 만 20세 이상~만 35세 이하다. 1인, 팀단위로 신청할 수 있다. 2인 이상으로 팀을 구성하면 점수를 더 준다. 서류전형과 면접전형을 거쳐 선발한다. 창업의지, 아이템 적합성, 매출실현가능성을 기준으로 평가한다. 초기 6개월 동안 임대료는 면제다. 이후에는 매출액 대비 1~6%를 낸다. 선발자는 한국도로공사가 지정한 공간에서 푸드트럭을 1년간 운영할 수 있다. 1년 연장이 가능하다.

남녀노소 좋아하는 1,500원 토스트

▷푸드트럭을 시작한 계기가 궁금합니다.

"20대에 아르바이트를 많이 했습니다. 타로가게, 옷가게, 안 해본 게 없어요. 어느 날 '요식업은 어떨까'란 생각이 머리를 스쳤습니다. 하지만 임대료가 비싸 시도하지 못했어요. 그러다 영화 '아메리칸쉐프'를 봤습니다. 트럭 한 대로 미국 전역을 일주하는 주인공을 보고 자극받았어요."

▷고속도로 졸음쉼터에서 시작한 이유가 있나요?

"목좋은 곳을 얻는 기회였으니까요. 한국도로공사가 푸드트럭 창업을 지원하는 공모전을 연다는 소식을 듣고, 바로 사업계획서를 제출했습니다. 최종 5팀 안에 들어 경기도 김포 톨게이트 옆 졸음쉼터에 푸드트럭 1호를 열 수 있었습니다. 쫓겨날 걱정 없이 합법적으로 영업할 수 있는 기회였죠."

▷처음부터 장사가 잘 됐나요?

"쪽잠을 자려고 졸음쉼터를 찾는 운전기사분들이 많습니다. 출출할 때 하나씩 사드시더라구요. 가격이 저렴하고 빨리 먹을 수 있어 반응이 좋았어요. 금세 단골손님이 생겼죠."

요식업 배우려고 … 하루 3시간 자며 유명레스토랑 아르바이트

▷어떻게 준비하셨어요?

"각 식당마다 장단점이 있습니다. 요리 공간 짜는 법, 직원관리하는 법 등을 배웠습니다. 손님이 많은 한 식당은 한 사람 다니기도 비좁은 공간에서 모든 조리가 가능하도록 동선을 만들더라구요. 반면 전문쉐프가 있어도 직원운영이 미숙해 혼란스러운 곳도 있었어요. 직원이 자주 그만둬 계속 새로 뽑아야 했죠. 효율성이 무척 떨어지는 식당이었어요."

▷처음부터 토스트를 팔았나요?

"멕시코음식을 팔았는데 매출이 안 좋았습니다. 두달 만에 메뉴를 바꾸면서, 남녀노소 좋아하는 토스트를 선택했어요. 멕시코음식은 한 달에 한 번 먹는다면, 토스트는 한 달에 네 번은 먹잖아요."

▷푸드트럭 성공비법이 있을 것 같은데요.

"고객소통과 끊임없는 메뉴개발입니다. 단골손님이 오면 '아저씨, 오늘은 어디 가세요? 식사하셨어요?'라고 말하며 콜라 한 캔이라도 챙겨드립니다. 직원들에게도 친절을 강조하죠. 또 가장 맛있는 토스트를 만들기 위해 수없이 먹고 연구합니다."

제2의 백종원 될래요

트럭 3대 중 김포 졸음쉼터 푸드트럭은 계약이 끝나 최근 정리했다. 지금은 영종도휴게소점에 한 대, 지방축제 · 한강행사 중심으로 이동하며 영업하는 한 대가 있다. 흑염소요리를 파는 식당도 열었다. 서울 강동구에 있는 '파외돌쇠식당'. 직장인을 겨냥한 보양식 흑염소탕을 직접 개발했다. 토스트매장 '토스트럭'과 지역 전통주를 모아 파는 술집도 준비하고 있다. 서울 익선동 한옥마을 지역에 점포계약을 마쳤다.

▷푸드트럭을 준비하는 분들에게 팁을 준다면

"꼼꼼한 준비 없이 시작하지 마세요. 열정과 패기만으로 버틸 수 없습니다. 저희 푸드트럭이 운 좋게 잘 된 것 같지만 철저하게 준비한 결과물입니다. 푸드트럭 디자인부터 직원교육까지 섣불리 넘긴 게 없어요."

▷'세상을 바꾸는 청년들'이란 회사슬로건이 인상 깊네요.

"회사이름은 'THE VIA'입니다. 'Team Heroes Endless Vision Inovation Active'의 약자에요. '세상은 우리 팀을 통해 바뀌어 갈 것이다' 란 뜻이에요. 우리 회사가 세상에 작은 변화를 주는 곳이 됐으면 좋겠습니다."

▷앞으로 계획을 말해주세요

"푸드트럭은 겨울이 비수기입니다. 직원들과 전국을 돌며 취약계층 아이들을 만날 겁니다. 장난감을 선물하고 음식도 만들어주고 싶습니다."

출처 : Chosun.com, 2016-10-26

사례 2 "군부대 인근 여자 옷이 팔립니까?" 빵집 명당의 법칙

"빵집, 유동인구보다 아이들 많으면 유리
어르신들 많이 살면 소비력 약해 피해야"
"초등학교 · 교회 · 마트 옆은 집객효과 높아
오피스지역에선 반드시 남녀 성비 체크해야"

파리바게뜨는 현재 전국 3,300여 개 매장을 운영하는 국내 최대 베이커리(빵집) 브랜드다. 유통업계에서는 '파리바게뜨 있는 곳이 그 동네에서 가장 좋은 상권(商圈)'으로 통한다. 그만큼 '장사가 가장 잘 될 만한' 곳에 점포를 여는 노하우가 탄탄하다는 뜻이다.

7년 넘게 파리바게뜨에서 신규 점포개발을 맡고 있는 윤인성(37) 과장이 장사 잘 되는 빵집 자리 찾는 노하우를 공개했다. 파리바게뜨 윤인성 과장은 "빵집 자리는 유동인구보다 4인 가구가 많은 곳이 유리하다"고 말했다.

4인 가구 많은 지역이 유리

"상식부터 깨뜨려라."

윤인성 과장의 첫마디는 단호했다. 입지선정의 기본은 유동인구가 전부가 아니라고 강조했다. 유동인구 숫자에 현혹되면 망하기 십상이라는 것이다.

빵집을 내려는 곳에 "우리의 주고객이 얼마나 있느냐"를 파악해야 한다고 강조했다. "왜 사람이 몰리는지 아는 게 더 중요하다"는 의미이다.

▷그럼, 어디가 좋은 곳이죠?

"파리바게뜨 주고객층은 아이들 키우는 30~40대 연령층의 4인 가구로 봅니다. 주택가에서는 유동인구가 많은 자리보다 4인 가구가 많은 곳이 더 좋아요."

▷왜 그렇죠?

"4인 가구를 주고객으로 보는 것은 (빵을 좋아하는) 아이들이 있고, 케이크 선물 매출이 나오기 쉽기 때문이죠. 1 · 2인 가구가 많은 오피스텔, 아파트 밀집지역이라도 50평 이상 대형 주택이 많은 곳은 상대적으로 소비력이 떨어지는 어르신들이 많이 살아서 약한 상권으로 봐야 해요."

윤 과장은 "가구수뿐만 아니라 소득수준, 연령대, 남녀 성비(性比) 등 다양한 인구지정학적 요소를 종합분석해야 한다"고 했다.

초등학교 · 교회 주변 집객력 좋아

윤 과장은 좀 더 구체적으로 입지선정에 대해 설명했다. 그는 해당 상권에서 가장 집객(集客)이 잘 되는 포인트를 찾아야 한다고 말했다.

▷예를 들면 어떤 곳이죠?

"지하철역 출입구나 버스정류장, 건널목이 될 수도 있겠죠. 어떤 동네는 마트나 은행에 사람들이 가장 많이 몰려요. 기본적으로는 초등학교나 교회, 성당도 집객효과가 좋은 사이트죠."

"대로변 버스정류장과 가까워 유동인구까지 흡수할 가능성이 있다고 본 거죠. 그 지역은 지하철역이 없어 대다수가 버스로 출퇴근해요. 또 주변에 대기업 슈퍼마켓이 입점한다는 정보를 입수한 것도 첫째 후보지로 결정하는 데 도움이 됐습니다."

업무지역은 여성 많은 곳 잡아야

주거지역이 아닌 업무지역에 빵집을 창업하려면 다른 기준으로 입지를 선정해야 하지 않을까?

윤 과장은 "오피스 주변에서는 남녀 성비를 아는 것이 필수"라면서 "빵이든 커피든 여성들이 주 고객이기 때문"이라고 했다.

상권분석에는 주변에 경쟁점포가 얼마나 있는지 확인하는 것도 기본이다. 윤 과장은 "파리바게뜨의 경쟁점 파악을 위해 다른 브랜드 빵집이나 동네 빵집수만 확인하면 안 된다"고 했다.

▷왜 그렇죠?

"베이커리의 경쟁점은 김밥집, 떡볶이집 등 분식집이 될 수도 있고, 편의점이나 패스트푸드점이 될 수도 있어요. 빵집이라고 다른 빵집하고만 경쟁하는 게 아니라 주식이 아닌 간식을 파는 상권을 놓고 다른 업종과 경쟁하는 것이죠."

윤 과장은 빵집이 들어서면 안 되는 곳에 대해 묻자, 의외의 답이 돌아왔다. 바로 '아파트형 공장'이었다.

▷언뜻 이해가 안 되는데요.

"아파트형 공장은 상주 인구가 많고 밀집도도 높지만, 베이커리 구매가 드문 남성 근로자가 대부분이에요. 군부대 근처에서 여자 옷 팔려고 하면 장사가 안 되는 것과 마찬가지죠."

그는 "실제 경험은 없지만, 새 점포를 하나 오픈할 때마다 아이를 낳는 것과 비슷한 감정을 느낀다"고 말했다.

"태어날 때부터 건강한 아이는 부모가 조금 더 수월하게 키울 수 있습니다. 조금만 신경써서 보살피면 아이가 건강하게 자라는 것처럼요. 프랜차이즈 창업도 마찬가지입니다. 처음부터 좋은 입지에서 좋은 조건으로 시작해야 가맹점주들이 수월하게 수익을 낼 수 있으니까요."

출처 : Chosun.com, 2016-10-19

사례 3 냉장고만을 전문적으로 청소하는 '콜드케어' … 청소대행업의 블루오션

위생에 대한 개념이 중요해지면서 집안 청소를 전문가에게 맡기는 서비스들이 많이 증가하고 있다. 바쁜 것도 이유지만, 하나의 비즈니스로 자리 잡고 있는 '청소 대행'의 실용성을 인정한 것도 또 다른 배경이다.

이번에 소개하는 콜드케어(www.coldcare.co.kr)는 그 중에서도 냉장고만을 전문적으로 다루는 업체다. 최초로 냉장고만을 살균 청소하는 서비스를 지원하는 냉장고 청소전문기업이다.

냉장고 청소는 일반 청소와는 달리 전용장비와 전문가적인 지식과 노하우가 있어야 하는 특별한 청소다. 하지만 그 기술에 있어 IT업종처럼 높은 기술력을 요구하지는 않는다. 일정한 교육을 통해 누구나 전문 냉장고 청소 기사가 될 수 있다.

콜드케어의 냉장고 살균 청소의 방법은 먼저 선반, 서랍을 분리해 음식물을 분류한다. 다음에 스팀살균과정을 통해 세균, 오염, 냄새를 제거한다. 그 다음 전문장비를 이용한 흡입 처리로 냉장고 내부 구석구석 세균, 오염물질, 냄새를 모두 제거한다. 이후 인체에 무해한 천연세제를 사용해 음식물 보관 공간의 특성에 맞게 청소를 하고, 선반, 서랍을 깨끗한 물에 천연세제와 스팀을 사용해 세척하고 끼워있던 틈새의 오염을 제거한다. 마지막으로 냉장고 내부의 항균성 극대화 작업을 위해 햇빛의 소독기능인 자외선 처리를 해준다. 이와 같은 과정을 거치면 냉장고는 그야말로 청정구역으로 바뀐다.

이 서비스는 대부분 전문기구를 사용, 어느 정도 전문교육을 받으면 누구나 쉽게 따라할 수 있는 과정들이다. 즉, 콜드케어 기술수준은 높지는 않고, 그만큼 누구나 쉽게 배우고 창업할 수 있다는 장점을 가지고 있다.

콜드케어는 전문 청소 용역 교육만 받으면 창업이 가능하다. 특히 무점포 소자본으로 창업이 가능하며, 1일 기준 두 집의 냉장고를 청소하면 월 400만 원 정도의 수입이 가능하다고 알려져 있다. 특히 건강하고 활달하면 초보자도 가능하고 여성 주부창업으로도 적합하다. 무점포이며 추가소요 비용이 많지 않아 사업 위험성이 적은 편이기 때문에 첫 사업으로 도전하는 데 알맞다.

모든 집안 청소를 대행하기보다는 이처럼 냉장고, 비데, 에어컨, 오븐과 같이 일반인들이 다루기 힘든 전자가전제품을 전문적으로 청소 대행해주는 아이템개발은 레드오션시장에서 살아남을 수 있는 창업비결이 될 수 있다.

출처 : 헤럴드경제 인터넷판, 2014-10-10

사례 4 당구장 몰아낸 PC방마저 '반토막' … 서점도 줄줄이 폐업

내리막길 걷는 업종
정부규제 · 모바일 혁명에 타격

"답이 없습니다. 주변에서 PC방이 하나둘씩 사라지는 게 꼭 제 일처럼 느껴집니다."(이준영 넷토피아PC방 사장)

한때 주택가에서 도심 번화가까지 곳곳에서 쉽게 찾아볼 수 있었던 당구장, PC방, 서점, 만화방 등이 점차 사라지고 있다. 정보기술(IT) 발전에 따른 인터넷 · 모바일 문화 확산과 소득수준 향상에 따른 소비자의 취향 변화는 지난 10여 년 사이에 수많은 사양업종을 양산하고 있다.

젊은층과 직장인들이 여가를 즐기는 대표적 공간이었던 당구장은 1990년대 후반부터 불어닥친 PC방 '열풍'에 밀려 숫자가 크게 줄었다. 폐업 시 신고의무가 없어 정확한 통계는 없지만 전국 당구장에 당구잡지를 배송하고 있는 국민생활체육 전국당구연합회는 한때 3만5,000개에 달하던 당구장이 현재 1만5,000개까지 줄어든 것으로 추산하고 있다.

줄어드는 PC방

(출처 : 통계청)

급감하는 서점

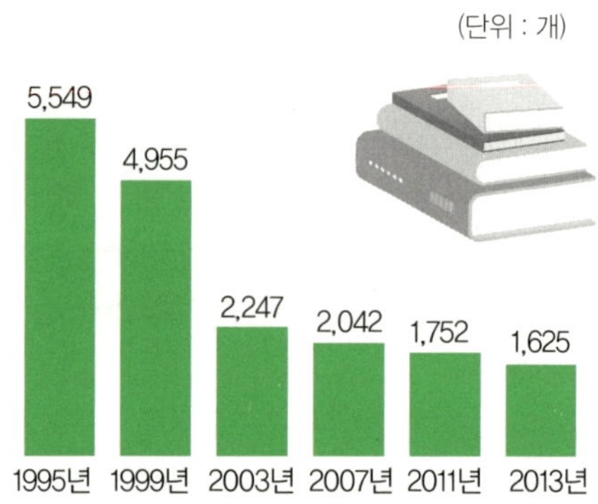

(출처 : 한국서점조합연합회)

방기송 전국당구연합회 사무총장은 "보통 대학 1~2학년 때 당구를 배운 사람들이 취직 이후까지 당구를 즐기는데 1990년대 말 PC방이 생긴 뒤로는 대학 시절에 당구를 배우는 사람이 크게 줄었다"고 설명했다.

하지만 당구장을 밀어냈던 PC방도 요즘은 고전을 면치 못하고 있다. 스마트폰을 통한 모바일게임 확산에 정부의 게임규제(셧다운제), 금연강화정책 등의 악재가 겹친 탓이다. 2000년대 초 2만4,000여 개였던 PC방 사업체수는 지난해 1만2,000개 수준으로 반 토막 났다.

특히 최근 온라인게임 신작들의 출시가 뜸해지면서 더욱 큰 타격을 받고 있다. PC방 이용자를 붙잡으려면 신작이 자주 나와야 하는데, 게임업체들이 온라인게임보다는 상대적으로 개발비가 적게 드는 모바일게임에 더 많은 인력과 비용을 투입하고 있기 때문이다.

서점과 만화방은 활자매체에 대한 수요가 줄어들면서 일찌감치 고사(枯死) 위기를 맞았다. 서점 숫자는 1994년 5,500여 개로 정점을 찍은 뒤 지속적으로 하락해 지난해 말에는 1,625개까지 줄어들었다.

박대춘 한국서점조합연합회장은 "얼마 되지도 않는 소비자를 대형 서점들이 쓸어가고 인터넷 서점이 최대 50%를 넘나드는 할인공세를 펼치면서 동네 서점의 존립기반이 무너졌다"고 설명했다. 여기에 국민의 독서량 자체도 계속 줄어들고 있다는 게 출판업계분석이다. 서울 여의도동 대교아파트 상가에서 1979년부터 33㎡규모의 서점을 운영해온 박일출 대교서적 사장은 "10년 전만 해도 여의도 일대에 28개의 서점이 있었지만 지금은 4개만 문을 열고 있다"며 "지난 10여년간 연평균 1,000만 원씩 적자가 쌓여 은행 빚이 1억 원이 넘었다"고 말했다.

동네 만화방도 거의 빈사상태다. 2000년대 들어 인터넷과 스마트폰이 대중화되면서 온라인으로 만화를 보는 사람들이 폭증한 데다 만화를 생산하는 축도 인터넷중심인 '웹툰'으로 넘어가버렸기 때문이다. 한때 전국적으로 1만여 개를 웃돌았던 만화가게는 현재 750여 개만 명맥을 유지하고 있는 것으로 파악됐다.

출처 : 한국경제, 2014-09-22

사례 5 위기의 프랜차이즈 식당 … 치킨집 등 매일 36곳씩 폐업

소비심리가 얼어붙고 경쟁이 포화에 이르면서 프랜차이즈 식당 폐업률이 역대 최고수준까지 치솟은 것으로 나타났다. 19일 공정거래위원회 가맹사업거래 통계에 따르면 2015년 문을 닫은 프랜차이즈 식당수는 1만3,241개로 전년의 1만1,158개보다 18.7% 증가했다. 하루 평균 36곳씩 문을 닫은 셈이다. 업종별로는 한식이 2,805개로 가장 많았고 치킨(2,793개), 주점(1,657개), 분식(1,375개), 커피(1,082개), 패스트푸드(567개) 등이 뒤를 이었다. 새로 문을 연 프랜차이즈 식당은 2만2,536개로 전년의 2만4,616개보다 9.2% 감소했다. 업종별 평균 폐점률은 12.0%로 전년의 10.9%보다 1.1%포인트 상승한 반면 평균 개점률은 20.9%로 전년의 25.6%보다 4.7%포인트 하락했다. 한편 '최순실 게이트' 등 국내 정치상황의 불안정 여파와 김영란법(청탁금지법) 시행, 고병원성 조류인플루엔자(AI) 등의 영향으로 지난해에 이어 올해도 소비 빙하기는 이어질 것으로 보인다. 청탁금지법 시행 이후 외식업 매출액 지수는 평균 74.27이었다. 이는 청탁금지법 시행 이전의 매출을 100으로 가정했을 때, 10~12월 매출 현황을 산출한 수치다.

출처 : 서울경제, 2017-03-19

사례 6 혼술 독신 풍조에 예식장 '된서리' … 스포츠 · 미용↑

100세 시대를 맞아 건강이나 미용에 관심이 높아지면서 스포츠관련업종의 창업이 크게 늘어난 것으로 나타났다. 반면 혼술 · 결혼 기피 등 시대상을 반영해 호프전문점과 예식장 등은 예년에 비해 크게 줄어든 것으로 나타났다.

국세청이 2017년 11월 29일 공개한 '100대 생활업종 통계'에 따르면 탁구장 · 승마연습장 · 롤러스케이트장 등 스포츠시설 운영업은 9월 기준 5,123개로 2014년 9월 2,132개에 비해 2,991개(140.3%) 증가했다.

스포츠 · 레저에 관심을 갖는 인구가 늘면서 다양한 스포츠시설 창업이 늘어난 것으로 분석된다.

특히 스포츠관련업종은 증가율 상위 10개 중 3개를 차지해 대세를 이뤘다. 최근 직장인들 사이에 인기를 끌고 있는 실내스크린골프점은 2014년 2,730개에서 올해 4,059개로 1,329개(48.7%) 증가했

100대 생활업종 증감률 TOP 10 순위

(단위 : 개)

순위	업종명	2014년 9월	2017년 9월	증감율(%)
1	스포츠시설 운영업	2,132	5,123	140.3
2	펜션, 게스트 하우스	4,706	8,900	89.1
3	애완용품점	3,740	6,739	80.2
4	커피음료점	25,151	43,457	72.8
5	공인노무사	441	712	61.5
6	피부관리업	17,539	27,849	58.8
7	실내스크린골프점	2,730	4,059	48.7
8	통신판매업	128,342	187,809	46.3
9	장난감가게	1,416	2,057	45.3
10	헬스클럽	4,596	6,496	41.3

(출처 : 국세청)

으며, 헬스클럽도 같은 기간 4,596개에서 6,496개로 1,900개(41.3%) 늘어났다.

이밖에 피부관리업(58.8%)과 의료용품 가게(20.0%)도 100대 업종 전체 평균 증가율(11.4%)에 비해 높은 증가세를 나타내 건강관련업종 창업이 늘어난 것으로 조사됐다.

트렌드와 사회적 현상에 따라 창업 풍경에도 변화가 뚜렷이 나타났다.

최근 여행객들 사이에서 게스트하우스에 대한 인기가 높아지면서 펜션 · 게스트하우스는 2014년(4,706개) 대비 89.1%(4,194개)의 높은 증가율을 보인 반면 전통적인 숙박업소인 여관 · 모텔은 매년 감소해 올해의 경우 2014년(2만3,115개) 대비 4.8%(−1,115개) 줄어든 2만2,000개를 기록했다.

실내스크린골프점이 인기를 끌면서 상대적으로 실외 골프연습장은 인기를 잃었다. 실외 골프연습장은 20014년 3,419개에서 올해 2,594개로 825개(−24.1%) 감소해 전체 업종 가운데 두번째로 높은 감소율을 기록했다.

애완용품점은 1인가구 증가로 인해 애완동물에 대한 관심이 높아지면서 2014년(3,740개)에 비해 2,999개(80.2%) 증가한 6,739개를 나타냈다. 또 이와 함께 동물병원도 같은 기간 13.8%(477개) 증가했다.

생활용품이나 음식을 간편하게 해결할 수 있는 편의점은 36.5%, 패스트푸드점은 24.1% 증가했다.

반면 결혼인구가 점차 줄면서 올해 예식장은 1,057개로 2014년(1,192개)에 비해 11.3%(−135개)감소했으며, 결혼상담소도 같은 기간 9.4%(−168개) 줄었다. 또 저출산의 영향으로 신부인과는 1,726개에서 1,663개로 3.7%(−63개) 감소했다. 13개 진료 과목별 병 · 의원 중 유일하게 감소한 것이다.

신경정신과는 17.2% 증가했으며 피부 · 비뇨기과 의원도 11.4% 증가했다.

커피전문점은 72.8%로 음식 업종 중 증가율 1위를 차지했으며, 한식 · 일식 · 중식 중에는 일식전문점이 22.3%로 강세를 나타냈다.

혼술 · 혼밥현상이 늘고 과도한 음주를 지양하는 사회적 추세에 따라 호프전문점과 간이주점은 각각 10.2%, 15.7% 감소했다.

전문직업종 가운데는 공인노무사의 증가율이 61.5%로 가장 높았으며, 법무사 증가율이 6.2%로 상대적으로 낮았다.

출처 : news1, 2017-11-29

사례 7 커피공화국 대한민국, 창업 선호도 1위 '카페'

식지 않은 커피 · 베이커리 열풍
창업자금 40% 대출 · 1억 미만 가장 많아

'직장인의 꿈'으로 불리는 카페가 가장 높은 창업 선호도를 기록했다. 커피전문점이 포화상태에 들어섰다는 지적이 오래 전부터 나왔지만 여전히 매력적인 사업으로 여겨지고 있다는 의미다.

코엑스(대표 변보경)가 3월 2일 개최되는 '2017 프랜차이즈 서울' 사전 신청자 4,625명을 대상으로 '창업에 대한 인식 및 선호도'를 조사한 결과 창업 관심분야로 커피, 베이커리 등 카페 창업을 선택한 비율이 65%를 기록했다. 경제 불황 속에서도 식을 줄 모르는 작은 사치 열풍을 반영한 것으로 보인다.

두 번째로 인기 있는 분야는 외식(39%)이다. 특히 패스트푸드에 대한 관심이 증가했다. 그 외 최근 편의점 열풍에 힘입어 편의점에 관심을 두는 예비창업자가 늘었다. 35%의 응답자와 14%의 응답자가 각각 패스트푸드, 편의점 창업에 관심 있다고 답했는데 이는 지난해보다 약 5%씩 증가한 수치다. 간편식, 혼밥, 편의점 도시락 등의 식문화 트렌드가 창업시장에도 영향을 끼친 것으로 해석된다.

▷창업자금은 '1억 미만' 가장 많아

창업자금의 40% 이상을 대출하겠다는 예비창업자가 4분의 1인 것으로 나타났다. 이는 지난해 같은 항목의 응답률보다 약 8% 오른 수치이다. 반면 대출 계획이 없거나 창업자금의 20% 미만을 대출하겠다는 응답자는 지난해(63%)보다 약 8% 감소한 55%를 기록했다. 경제불황과 취업난에, 자금 여력이 부족해졌음에도 창업을 선택하는 청년실업자와 은퇴자 등이 많아지고 있는 것으로 보인다.

창업 준비금규모를 묻는 질문에는 지난해에 이어 올해에도 '1억원 미만'을 선택한 사람이 가장 많았다. '1억원 미만'은 47%로 절반에 달했으며 '1억~2억원' 15%, '2억~3억원' 4%, '3억원 이상'은 3%로 나타나 초기비용 부담이 덜한 소규모 창업을 선호하는 현상이 강하게 나타났다.

▷창업할 때는 '관심분야'를 최우선 고려

창업 시 적성을 고려하겠다는 예비창업자들이 늘었다. 프랜차이즈 창업 시 본인의 관심분야를 최우선으로 고려하겠다는 응답자는 54%로 지난해(46%)보다 10% 가까이 증가했다. 한편 가맹비용, 브랜드인지도, 본사지원시스템을 최우선으로 고려하겠다는 응답자는 모두 지난해보다 2~4% 감소해 프랜차이즈 자체의 경쟁력보다는 본인이 가장 잘 할 수 있는 분야를 선택하는 예비창업자가 늘어나고 있는 것으로 파악됐다.

코엑스 전시팀 백진여 과장은 "취업 대신 창업을 선택하는 사람들이 늘고 있다"며 "실패하지 않는 창업을 위해서는 창업박람회 등을 통해 다변화하는 창업 트렌드를 분석하고 본인의 적성에 맞는 분야를 찾는 것이 중요하다"고 말했다.

한편, 오는 3월 2일(목)부터 4일(토)까지 서울 삼성동 코엑스에서 개최되는 '2017 프랜차이즈 서울'은 170개사 프랜차이즈업체가 400부스 규모로 참가한다. 코인노래방, 방탈출, VR체험 등 레저 프랜차이즈부터 카페, 외식, 육아, 실버 헬스 등의 인기 창업아이템을 한자리에서 알아볼 수 있다.

출처 : 헤럴드경제 인터넷판, 2017-02-25

사례 8 희비 엇갈리는 자영업자 … '뜨는' 미용실 · '지는' 이발소

비슷한 업종인 미용실과 이발소의 희비가 극명하게 갈리고 있다.

국세청이 최근 공개한 국세통계 월별 공개 자료에 따르면 올해 2월 기준 미용실 사업자수는 9만 2,704명으로 1년 전과 비교할 때 4.4% 증가했다.

미용실 사업자수는 2015년 2월 8만4,782명에서 지난해 2월 8만8,794명으로 4.7% 늘어난 뒤 올해도 4% 중반대 증가세를 기록하며 꾸준히 늘고 있는 것으로 분석됐다.

반면 이발소는 지속적으로 줄어들고 있다. 실제로 지난 2월 이발소 사업자는 1만2,282명으로 1년 전(1만2,603명)과 비교해 2.6% 줄어든 것으로 나타났다.

특히, 이발소 사업자는 지난해에도 2016년(1만2,953명) 대비 2.7% 주는 등 감소세를 이어가고 있다. 시 · 군 · 구별로 최근 2년간 미용실이 가장 많이 증가한 지역은 부산 강서구로 47.8%(69명 →102명) 늘어났다.

세종시(41.8%)와 전남 나주시(35.8%)도 증가율이 높았다. 하지만 인천 중구는 이발소 사업자가 21.9%(32명→25명) 줄어 감소폭이 가장 큰 것으로 나타났다.

음식료품과 잡화를 판매하는 업종에서도 편의점은 빠르게 증가하고 있는 반면 식료품 가게는 감소세를 보이고 있다.

슈퍼마켓을 포함한 편의점 사업자수는 2월 기준으로 2015년 5만5,933명, 2016년 5만9,715명, 2017년 6만3,942명으로 매년 증가했다. 증가율은 2016년 6.8%, 2017년 7.1%에 달하는 것으로 집계됐다.

또 같은 기간 식료품 가게 사업자수는 6만1,764명, 5만9,025명, 5만5,766명으로 매년 4~5%의 감소율을 기록했다.

지역별로 보면 편의점이 가장 많이 증가한 곳은 10명에서 24명으로 140% 늘어난 경북 예천군이었다.

이밖에도 철물점 사업자는 2015년 2월 9,610명에 달했지만, 2016년 2월에는 9,497명, 2017년 2월에는 9,287명까지 감소했다.

출처 : 이투데이, 2017-05-01

사례 9 커피집 10만 개, 치킨집보다 많아 … 뜨거운 경쟁으로 수익은 급랭

인기 창업아이템이 어쩌다 …
한 골목에 40개 몰린 곳도 있어
900원대까지 등장 … 공멸 우려

2017년 4월 12일 오후 1시쯤 서울 중구 무교동의 한 골목. 점심을 먹은 직장인 둘 중 한 사람 손에는 일회용 커피잔이 들려 있었다. 하지만 커피전문점 점주들의 표정은 그리 밝지 않았다. 200m 정도 이어지는 골목길에만 20여 개의 커피전문점 간판이 눈에 띄었다. 테이크아웃 커피전문점 사장 김모(50) 씨는 "20여 개가 아니라 이 골목에만 40개의 커피집이 있다"고 말했다. 편의점 10여 곳에서 1,000원짜리 원두커피를 파는 데다 생과일주스집과 호프집 등에서도 커피를 팔고 있기 때문이다. 김씨는 "1년 전만 해도 평일 점심 때면 70잔 이상을 팔았는데, 요즘엔 30잔 팔기도 어렵다"고 했다.

원가경쟁에 수익성 악화

최고 인기 창업아이템이 '치킨'에서 '커피'로 바뀌었다. 소상공인시장진흥공단에 따르면 올해 3월 기준 전국에 영업 중인 커피전문점은 8만8,500여 곳으로 치킨집(5만9,000개)보다 약 3만 개가 많다. 메뉴에 커피가 있는 각종 디저트전문점 등을 합하면 전국 커피 판매점수는 10만 개를 훌쩍 넘는다. 매장수 증가 속도도 커피가 치킨을 압도한다. 커피 전문점수는 공단이 조사하기 시작한 지 2년3개월 만에 63% 증가했다. 같은 기간 치킨 판매점은 35% 늘었다.

커피 판매점이 '난립'하면서 개별 점포의 수익은 그만큼 떨어지고 있다. 지난 2014년 서울 마포구의 한 아파트 상가에 2,000원대 저가 커피전문점을 연 신모(51) 씨는 요즘 폐업을 심각하게 고려하고 있다. 신씨가 새로 입주한 아파트 단지 앞에 커피집을 열었을 때만 해도 연간 5,000만 원 정도의 수익을 올렸지만, 2년 사이 인근에 7개의 커피전문점이 새로 문을 열면서 최근엔 매달 적자를 보고 있다.

커피 판매점이 급격히 늘면서 최근엔 '가격 낮추기 경쟁'까지 치열하다. 2000년대 초반만 해도 커피전문점은 4,000~6,000원대 고가 프랜차이즈 매장이 많았지만, 요즘은 중저가 커피 브랜드가 쏟아지고 있다. 서울 종로구에서 대형 프랜차이즈 커피점을 운영하는 정모(44) 씨는 "2,000원대 커피전문점이 잇따라 등장하더니 지난해부터는 전국에 3만여 개 매장을 갖고 편의점들이 1,000원짜리 원두커피를 팔고 있다"면서 "최근엔 900원짜리 커피를 파는 테이크아웃전문점까지 우후죽순처럼 생기고 있다"고 말했다. 성태윤 연세대 경제학과 교수는 "가격경쟁이 치열해지면서 커피전문점끼리 '출혈경쟁'이 극심하다"고 지적했다. 커피전문점 경쟁이 심해지면서 한때 토종 커피 브랜드 1위였던 카페베네는 창업 9년 만인 지난해 '완전 자본 잠식'상태에 빠지기도 했다.

우후죽순 생겨 업계선 '공멸' 우려

커피업계에선 "이러다 공멸할 수도 있다"는 우려의 목소리가 나온다. 대기업에 다니던 한모(42) 씨는 2011년 사직하고 서울 강남역 인근에 50㎡(약 15평)규모의 커피전문점을 열었다. 매장 인테리어와 권리금 등 초기 창업비용으로 약 2억 원이 들었다. 그러나 5년 만인 지난해 초 문을 닫았다.

개업초기 반경 100m 내 커피전문점은 7개에 불과했으나 폐업 직전엔 20개로 늘며 손실을 보기 시작한 것이다.

한 프랜차이즈 커피업체 관계자는 "1~2년 안에 점포 증가율은 정체되고, 폐업률이 치솟을 우려가 있다"고 말했다. 박재환 중앙대 교수(벤처창업학회장)는 "다른 커피집과 차별되는 특별한 메뉴를 내놓는 등 충분한 준비가 됐다고 판단되지 않는다면 개업에 신중해야 한다"고 말했다.

출처 : chosun.com, 2017-04-13

사례 10 초보창업자를 위한 소자본 프랜차이즈 창업아이템, 간편성과 가성비가 중요

2017년 어두운 경제 전망으로 초보창업자들이 더욱 더 급증할 전망이다. 뭐든 넘치면 과부하가 걸리기 마련이다. 초보창업자라면 창업 전 유망아이템, 인기아이템, 전문가 추천 창업아이템 등에 대해 보다 깊이 분석해야 한다. 이들에게 중요한 성공 창업아이템 필수조건은 소자본, 간편함, 가성비다. 또 단일 제품이 아닌 차별화된 다양한 제품을 판매하는 소자본 창업아이템을 택해야 한다.

최근에는 소자본 프리미엄 디저트카페 창업이 떠오르는 트렌드 창업아이템으로 자리 잡았다. 비용이 절감되는 소자본임과 동시에 희소성 있고 단가가 높은 프리미엄 디저트를 판매할 수 있기 때문이다. 그러나 소자본 디저트카페 창업도 편리성과 경쟁력이 뒷받침되지 않으면 창업시장에서 쉽게 도태된다. 이를 보완할 수 있는 시스템은 바로 독자적 인프라 구축이다.

해외 현지인과 관광객에게 꾸준히 사랑받는 39가지 프리미엄 디저트를 한 곳에 모아놓은 소자본 트렌드 디저트카페 창업 DESSERT39은 프랜차이즈 프리미엄 디저트카페 시장 개척의 주역으로서 성공창업아이템 필수조건 세 가지를 모두 갖추고 있다. 이는 독자적인 제과센터 및 물류시스템에서 비롯된다.

제과센터에서 자체 생산한 수제 프리미엄 디저트는 본사 물류시스템을 거쳐 매장으로 당일 배송된다. 점주는 음식 조리와 타업체 납품진행 없이 손쉽게 제품과 매장관리를 할 수 있다. 또, 소형 테이크아웃 매장운영이 가능해 수익을 2~3배로 불릴 수 있는 오토 매장운영이 가능하다. 이는 초보창업자를 이끄는 DESSERT39의 창업 포인트다.

자체 생산은 시장독점이라는 긍정적 효과를 불러온다. 자체적으로 연구, 개발, 생산, 유통을 담당하므로 타브랜드의 모방이 불가피해진다. 저가 커피 프랜차이즈 경우 우후죽순으로 수십 가지의 유사브랜드가 생겨나 경쟁력과 매출 급감을 불러온 것은 이미 유명한 사실이다.

또한 2,000원짜리 커피를 1시간 동안 10잔 파는 것과 8,000원짜리 프리미엄 디저트를 똑같이 1시간 동안 10개 파는 것은 확연히 차이가 크다. 대략 4~5배의 차이가 나게 된다. 무엇보다 수익이 중요한 예비 초보창업자들에게 높은 객단가는 필수불가결한 요소다.

더욱이 국내에서 흔하지 않은 39가지 디저트를 판매한다는 점과 자체 생산을 통한 지속적인 신제품 출시, 음료와 달리 계절적인 기복이 전혀 없다는 점은 소비자의 분산을 막고 쉬운 단골 형성에 큰 시너지효과를 준다. 브랜드의 안정성과 장래성이 높아진다는 것이다.

미래 창업투자연구소는 "dessert39은 법인 설립 후, 100호점 가맹 오픈까지 최단기간, 약 450건의 예비 가맹계약 등의 역대 프랜차이즈 사상 드문 사례를 보이며 고속 성장한 케이스다. 다만 가맹점과 본사 간의 단계적인 동반 성장과 체계적인 관리를 위해 한 달에 10개 매장 오픈 제한을 두어, 현재는 가맹 200호점 오픈을 바라보고 있는 실정"이라며 덧붙여 "최근에는 브랜드 경쟁력을 인정받아 로드샵뿐만이 아니라 롯데, 갤러리아 등의 전국 유명 백화점 식품관 메인코너에 잇따라 입점하면서 새로운 입지를 다지는 중"이라 전했다.

출처 : 서울경제, 2016-12-06

사례 11 전국 카페 9만店 돌파 … 5년 이상 생존율은?

카페 창업이 우후죽순 늘어나면서 전국에 문을 연 카페 점포수가 9만 개를 돌파했다. 하지만 전국 카페 10곳 중 4곳이 2년도 안 된 것으로 나타날 만큼 생존율이 높지 않아 '묻지마'식 카페 창업을 경계해야 한다는 지적이다.

5월 23일 수익형 부동산정보업체 상가정보연구소가 소상공인시장진흥공단 데이터를 분석한 결과, 전국 카페(커피전문점 및 생과일주스전문점 · 전통찻집 등 식음료판매업종) 점포수는 2016년 말 8만6,811개에서 4월 말 기준 9만1,818개로 늘어 9만 개를 돌파한 것으로 조사됐다.

지난 2014년 말 5만6,101개와 비교하면 2년 4개월 새 점포수가 63.6%나 급증한 수치다.

전국 17개 시 · 도(서울, 부산, 대구, 인천, 광주, 대전, 울산, 세종, 경기, 강원, 충북, 충남, 전북, 전남, 경북, 경남, 제주)별로 살펴봐도 작년 말보다 점포수가 줄어든 지역은 단 한 곳도 없었다.

2016년 6월 1만9,588개로 정점을 찍었던 서울의 경우 2016년 말 1만7,255개로 줄었다가 2017년 4월 말 기준 1만8,440개로 다시 늘었다. 2014년 12월 3,041개에 불과했던 부산 카페 점포수는 꾸준히 늘어 지난 4월 말 기준 5,323개에 달했다.

문제는 이처럼 우후죽순 늘고 있는 카페의 수익성이나 생존율 관련 통계 지표가 그리 양호하지 않다는 데 있다.

소상공인시장진흥공단 매출통계에 따르면 2017년 2월 기준 전국 카페 월평균 매출액은 1,370만 원으로 전체 업종(3,782만 원)의 36.2%에 불과했다. 음식점 전체(2,124만 원), 한식(2,116만 원), 중식(2,203만 원) 등과 비교해도 낮은 수치다.

소상공인시장진흥공단이 제공하는 통계 중 사업기간(업력) 비중을 보면 전국 카페 중 사업기간이 '2년 미만'인 업체가 전체의 41.1%를 차지했다. 전국 카페 10곳 중 6곳만이 3년 이상 영업을 지속한 곳이고, 10곳 중 4곳은 문을 연 지 2년이 채 안 된 곳이라는 의미다. 사업기간 '5년 이상'업체는 29.8%에 불과했다.

카페의 업력은 창업과 폐업이 빈번한 것으로 알려진 음식배달서비스업종의 업력(2년 미만 35.2%, 5년 이상 43.1%)과 비교해도 현저히 짧은 수준이다.

이와 관련해 이상혁 상가정보연구소 연구위원은 "카페가 전국적으로 굉장히 많이 늘어나고 있음에도 불구하고, 2년 이상 된 업체가 드물다"며 "이는 상대적으로 폐업률이 높고 생존율이 낮은 상태라고 봐야 한다"고 지적했다.

전국 카페 점포수 추이

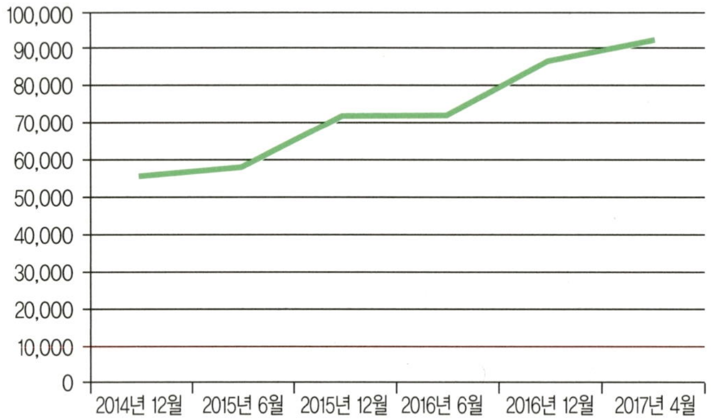

(출처 : 소상공인시장진흥공단, 자료분석 및 제공 : 상가정보연구소)

출처 : KBS NEWS, 2017-05-23

사례 12 펫팸족 1,000만 시대 … 반려동물용품 시장 급성장 '프리미엄 제품도 아낌없이'

펫팸(pet+family)족이 1,000만 명을 넘어서면서 반려동물시장이 급성장하고 있다. 반려동물의 웰빙을 위해 사료와 간식도 프리미엄화되면서 그 영역도 점차 넓어지고 있다. 위메프는 반려동물용품 매출액 집계 결과 2017년 매출이 2015년보다 69% 늘었다고 21일 밝혔다. 고양이용품 매출의 증가율이 두드러졌다. 강아지 간식과 장난감은 각각 159%, 7% 증가한 반면 고양이 간식은 197%, 장난감은 26% 늘었다. 고양이 관련 상품은 124% 증가, 강아지 관련 상품은 118% 증가했다.

이루리 위메프 애완파트장은 "1~2인 가구가 늘어나면서 강아지보다 상대적으로 독립적인 성향인 고양이를 키우는 인구가 늘고 있다. 고양이관련 상품 매출이 빠르게 느는 추세다"고 말했다.

가장 잘 팔리는 상품은 사료와 간식이다. 지난해 가장 많이 판매된 반려동물관련 상품(매출액 기준) 상위 10개 중에 사료와 간식이 8개를 차지했다. 특히 화학첨가물이나 인공색소, 인공첨가물 등을 넣지 않은 프리미엄 수제간식은 전년 대비 105%, 프리미엄 사료는 207% 증가했다.

이 파트장은 "가족처럼 생각하는 반려동물의 건강과 웰빙을 유지하기 위해 인공색, 인공향료가 들어가지 않은 천연 제품의 수요가 많이 증가하고 있다"며 "다소 비싸더라도 좋은 사료와 간식을 사주려는 펫팸족들이 늘고 있다"고 설명했다.

프리미엄 영역의 범위는 화장실, 미용용품, 서비스로까지 확대됐다. 고양이가 용변을 보면 센서로 감지해 자동으로 청소까지 해주는 고양이 전용 자동화장실 '리터 로봇'(위메프가 85만 원), 프랑스 고양이 가구 브랜드 '미유파리'의 고양이 집(49만 원), 애견유모차 브랜드 '이비야야'의 유모차(35

만 원), '오스타' 전문가용 애견 이발기(23만 원) 등 프리미엄 제품 소비도 이어졌다.

또한 반려견 전용 호텔 패키지 상품, 반려동물과 함께 자유롭게 이용할 수 있는 애견택시 등 프리미엄서비스 상품도 다양화됐고, 반려동물 사진 전문스튜디오, 반려동물 성장카드, 애견 놀이터 등 부대시설을 완비한 반려동물 글램핑 등의 상품과 서비스가 인기다.

위메프 관계자는 "반려동물시장은 점점 고급화, 프리미엄화되고 있다"며 "다양한 이색상품과 프리미엄서비스를 선보이고, 고객의 이용 편의성을 강화할 계획이다"고 말했다.

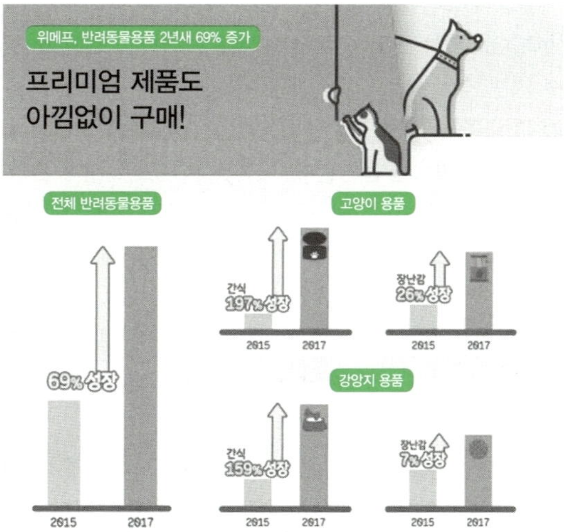

(출처 : 위메프)

출처 : it.chosun.com, 2018-03-21

사례 13 펫팸족 겨냥한 편의점업계 … 반려동물 사료 및 간식 판매

편의점에서 펫푸드 찾는 소비자 증가
네슬레 퓨리나 편의점 3사 매출 연간 50% 성장
CU, GS25 반려동물 상품 매출 성장에 맞춰 자체 반려동물 브랜드 선봬

편의점 품목이 하루가 다르게 다양해지고 있다. 식음료나 생필품 외에 화장품과 장난감, 미니 가전제품까지 판매하는 것. 특히 최근 편의점에서는 1천만에 이르는 '펫팸족(Pet+Family)'을 사로잡기 위해 반려동물관련 품목을 점차 늘리고 반려동물 전용 진열대도 갖추고 있다. 가까운 거리에서 편리하게 반려동물이 좋아하는 사료나 간식을 구매할 수 있어 펫팸족의 편의점을 찾는 발걸음이 24시간 끊이지 않고 있기 때문이다.

실제로 편의점의 반려동물 상품 매출은 꾸준히 성장하고 있다. 편의점 CU는 반려동물 용품 매출 신장률이 2015년 30.3%에서 2016년 53.9% 신장한 데 이어 지난해에는 55.4% 성장했다고 발표했다. GS25의 반려동물관련 상품 매출액은 전년 대비 2014년 20.5%, 2015년 27.1%, 2016년 47.3%로 큰 폭의 신장률을 기록했다.

롯데네슬레코리아㈜의 반려동물 사업부분 네슬레 퓨리나는 펫팸족의 증가와 편의점에서도 펫푸드를 찾는 이들이 늘어남에 따라 주요 거래 중인 편의점 3사에서 자사 매출도 연간 50%가량 성장하고 있다고 밝혔다. 네슬레 퓨리나는 CU, 세븐일레븐, GS25 등 주요 편의점에서 알포, 퓨리나 원 등 반려견 건사료와 캣차우, 팬시피스트 등 반려묘 건사료와 습식사료를 판매하고 있다.

네슬레 퓨리나 관계자는 "1인 가구의 증가와 더불어 반려동물시장이 성장함에 따라 편의점에서 반려동물 제품 판매는 점차 늘어날 것으로 보인다"며 "특히 편의점 특성상 즉각 구매해서 급여할 수 있는 습식 사료나 간식을 선호하는 고객이 많은 점을 고려해 최근에는 고양이 간식류인 프리스키 파티믹스(FRISKIES PARTY MIX)를 입점해 판매를 시작했다"고 말했다.

CU는 반려동물 용품업체 '하울팟(HOWLPOT)'과 손잡고 CU 전용 반려동물 용품 브랜드 '하울고(HOWLGO)'를 출시하며 반려동물시장 공략에 나섰다. 닭가슴살, 현미 등 건강한 재료를 가공해 만든 '하울고 프리미엄 수제 간식', 반려견 장난감 '캐치토이' 3종 등을 선보였다. 이와 함께 CU는 반려동물 용품에 대한 수요가 높은 지역 100곳을 선정해 다양한 프리미엄 애견 브랜드의 상품으로 구성한 반려동물 용품 존 'CU 펫하우스'도 선보일 계획이다.

GS리테일은 CJ제일제당과 합작해 프리미엄 반려견 간식 4종을 자체브랜드(PB) 유어스(YOU US) 상품으로 출시했다.

연어덴티스트, 치킨스테이크, 황태슬라이스, 치킨롤 등 4종이며 전국 GS25에서 구매가능하다. 색소와 농약, 항생제 등 3가지 성분을 제거하고 해썹(HACCP, 식품위해요소중점관리기준) 인증 제조공장에서 생산했다.

이외에도 반려견용 '시저(건식/습식)', '덴티페어리' 등과 반려묘용 '위스카스', '쉬바', '템테이션' 등 다양한 반려동물 식품이 편의점에서 판매되고 있다.

출처 : 파이낸셜뉴스, 2018-03-24

참 고 문 헌

Reference

01 노재건 외 4인, 「창업 · 경영론」, 무역경영사, 2003, pp.43~44.

02 오성환 외 2인, 「취업창업의 성공전략」, 두남, 2004, p.300.

03 한길석, 「창업과 경영」, 법문사, 2005, pp.108~111.

04 박주관, 「적중 성공사업 아이템」, 21세기북스, 1994, pp.55~58.

05 최재희, 「소자본창업, 어떻게 할까요?」, 중앙경제평론사, 2003.

06 박명호 외 2인, 「마케팅」, 경문사, 2003, p.266.

07 김석회, 「21세기 교양경영학」, 무역경영사, 2005, p.110.

08 조보상, 「소자본창업실무」, 무역경영사, 2005, p.86.

09 조보상, 「소자본창업실무」, 무역경영사, 2005, p.88.

10 조보상, 「소자본창업실무」, 무역경영사, 2005, p.89.

11 김형길 · 정구도, 「창업과 경영」, 두남, 2005, pp.139~140.

Chapter 05

사업장(점포)

제1절 | 상권분석

창업의 요소 중에서 사업장(점포)이 성공창업을 위한 중요요소인 것은 분명한 사실이다. 따라서 사업장(점포)의 입지선정에 있어서 제일 먼저 주변의 상권이 어떻게 형성되고 있는지, 미래에 어떻게 변화할 것인지를 분석 · 예측해야 한다. 이 장에서는 상권분석과 사업장(점포)의 입지에 대해 상세히 살펴보기로 한다.

1. 상권의 의의 및 결정요소

1) 의의

상권이란 "사업장(점포)을 이용하는 고객이 존재하는 지리적 영역"이라고 할 수 있다. 사업장(점포)은 대부분 고객이 직접 점포를 방문해야만 제품 구매가 가능하므로 고객의 접근가능성이 높아야 한다. 상권에는 거래권과 판매권의 개념이 있다. 거래권이란 "주로 도매업에서 거래대상이 되는 고객의 거주지범위"를 나타낸다. 그리고 판매권이란 "소매상이 판매대상으로 하는 지역"을 의미한다.

2) 상권의 결정요소

상권의 범위는 고정적인 것이 아니고 업종, 사업장(점포)의 규모, 경영전략, 상권구분의 물리적 요소 등의 복합적 요소에 의해 상황에 따라 결정된다.

(1) 업종

업종은 판매업, 서비스업, 외식업, 레저 · 스포츠업 등으로 구분할 수 있다. 판매업은 다시 생필품 · 중간품 · 기호품 판매업으로 구분할 수 있으며, 업태에 따라 편의점, 슈퍼마켓, 백화점 등의 범위가 다르게 형성된다.

(2) 사업장(점포)의 규모

동일업종을 영위하는데도 사업장(점포)의 규모, 시설의 고급화 정도에 따라 상권은 유동적이다. 대체로 사업장(점포) 규모가 클수록 그리고 시설이 고급일수록 상권이 넓어지고, 반대로 규모가 작을수록 그리고 시설이 저급일수록 상권의 범위는 좁아진다.

(3) 경영전략

업종 및 시설조건이 동일하다 하더라도 경영자의 경영자세 및 영업, 판촉전략에 따라 상권이 크게 확장되기도 하고 축소되기도 한다. 즉, 적극적 경영전략을 펴는 경영자는 상권의 범위가 넓어지고 소극적 경영전략을 펴는 경영자는 상권의 범위가 좁아진다고 할 수 있다.

(4) 물리적 요소

상권은 아래와 같은 요소들이 상권 내에 존재하는 경우 범위에서 영향을 받게 된다.

① 자연지형물 : 산, 하천, 철도, 도로 등은 상권을 분할하는 대표적 요소이다.

② 대형 시설물 : 학교, 관공서, 운동장 등의 대형 시설물은 상권을 분할시키는 대표적 요소이다.

③ 도로상태 : 도로망의 연계상태, 노폭, 중앙분리대, 신호등, 건널목 유무, 접도조건 등에 따라 상권이 달라진다.

④ 중심방향 : 도심, 역 등 사람들이 모여드는 방향이 중심방향 쪽이면 상권이 좁아지고 중심반대 쪽이면 상권은 넓어진다.

2. 상권의 유형

상권은 고객 흡인율, 형태, 범위 그리고 지역적 특성에 따라 다음과 같이 구분할 수 있다.

도표 5-1 | 상권의 유형

구분	상권유형
고객 흡인율별	1차 상권, 2차 상권, 3차 상권
형태별	중심형, 근린형, 지구형
범위별	지역상권, 지구상권, 점포상권
지역적 특성별	도심상권, 역세권, 대학가, 아파트단지, 주택지, 오피스가, 학원가, 번화가 및 지하상가
점포유형별	고객 창출형, 근린고객 의존형, 통행량 의존형
상품유형별	편의품, 선매품, 전문품
업태별	도매업중심형, 소매업중심형, 음식점중심형, 혼합형
입지별	단독 입지형, 상가 입지형

(1) 고객 흡인율에 따른 분류

① 1차 상권 : 상점 이용고객의 60~70%가 거주하는 지역이다. 그리고 고객들이 사업장(점포)에 가장 근접해 있으며 고객의 수 또는 고객 1인당 판매금액이 가장 많은 지역이다. 식료품과 같은 편의점의 경우에는 500m 이내가 되고, 선매품의 경우에는 버스나 승용차로 15~30분 정도가 소요되는 지역을 말한다.

② 2차 상권 : 1차 상권의 외곽에 위치하고 사업장(점포) 이용고객의 20~25%가 거주하는 지역범위이다. 고객의 분산도가 아주 높다. 편의품의 경우 2차 상권은 고객을 그렇게 많이 흡수하지 못한다. 선매품의 경우 2차 상권은 버스나 승용차로 30~60분 정도 소요되는 지역을 말한다.

③ 3차 상권 : 대체적으로 1 · 2차 상권에 포함되는 고객 이외의 나머지 고객들이 거주하는 지역이다. 3차 상권은 고객들의 거주지역이 매우 분산되어 있다. 편의품의 고객은 존재하지 않으며 선매품이나 전문품을 취급하는 점포의 고객들이 5~10% 정도 거주한다.

(2) 형태에 따른 분류[01]

① 중심형(번화가) : 주거지에서 멀리 떨어져 있으며 쇼핑은 일 년에 몇 회 간

격으로 이루어진다.

- 부도심 상권 : 교통이나 도시개발과 함께 새롭게 신흥상권으로 떠오른 곳으로 지하철, 철도 등을 축으로 도시의 일부지역을 대상으로 한다.
- 도심 상권 : 전통적이고 복합형으로 구성된 중심상권으로 해당 도시 전체에 세력을 미치는 상권이다.

② 근린형 : 주거지 근처에 있고 사람들이 일상적으로 자주 쇼핑하거나 외식을 즐기는 상업지로서 동네상권이라고 보면 된다. 주택가형 또는 소형 상권으로 반경 500~1,500m, 인구 10,000~30,000명 이하를 상권으로 하고 있다. 주로 생필품을 중심으로 한 식품류, 편의품 위주의 상품을 주로 취급하는 소규모 상가가 형성된다.

③ 지구형 : 주거지에서 다소 떨어져 있고 보통 주단위로 쇼핑하는 물건이나 서비스를 주로 취급하는 곳을 말하는데 생활용품전문점에는 최고의 상권이다.

- 지구중심형 상권 : 동, 읍, 면의 1/2 또는 전체를 상권으로 한다. 즉, 반경 1km 이내의 생활권을 범위로 하는 상권을 말한다.
- 대지구중심형 상권 : 몇 개의 거주지역을 상권으로 한다.

(3) 범위에 따른 분류[02]

① 지역상권 : 특정의 지역 전체가 가지는 상권으로 총상권이라고도 한다.

② 지구상권 : 지역상권 내에서 특정의 입지가 속하는 상업 집적이 가지는 상권이다.

③ 점포상권 : 지구상권 내에서 특정입지의 점포가 가지게 되는 상권이다.

(4) 지역적 특성에 따른 분류[03]

① 도심상권 : 모든 도시의 중심부를 가리킨다.

② 역세권 : 역세권의 상권은 유동인구의 특성파악이 중요하다. 유동인구의 특성에 따라, 즉 역세권 주변의 접객시설이 어떤 형태이냐에 따라 역세권 상권의 특성이 결정된다.

③ 대학가 : 대학가는 다른 상권보다 비교적 건전한 소비가 발생하는 곳이며 대학생이라는 신분의 특성들이 결합되어 소비가 발생하는 곳이다. 실속 있는 소비가 발생하면서도 한편에서는 대학생으로서는 과소비라고 인식할 만큼의 소비가 발생하는 것도 현실이다.

④ 아파트단지 : 대개 아파트 평형별 배치가 대부분이기 때문에 평형별로 거주하는 연령층과 생활수준에 따라 소비가 결정된다. 따라서 고가품이나 사치품이 아닌 일상생활용품을 취급해야 하고 가능한 한 단지 주민의 눈높이에 맞추어야 한다.

⑤ 주택지 : 주택지는 가장 쉽게 접하고 이용할 수 있는 상권이다. 대부분은 적은 자본으로 장사를 시작한다. 자본이 적은 만큼 시작하기가 쉽지만 창업 성공률은 낮다.

⑥ 오피스가 : 통행인의 특성이 직장여성, 샐러리맨을 중심으로 전부 같은 방향에 시선을 두고 빠른 걸음으로 걷기 때문에 통행량이 많아도 매출에는 기여하기가 힘들다. 주말과 휴일에는 공동화현상으로 인하여 매출을 기대할 수 없기 때문에 직장인의 특성을 고려한 업종이 주로 입주한다.

⑦ 학원가 : 주고객층은 입시생과 자격증을 준비하는 학생 등 젊은층이다. 젊은 학생들이 먹고, 공부하며, 쉬는 데 관련한 업종이 대부분이다. 가격정책 역시 다른 지역보다 저가인 경우가 대부분이다.

⑧ 번화가 및 지하상가 : 번화가는 유동인구도 많고 구매력도 높기 때문에 장사하기에는 더할 나위가 없지만 보증금이나 권리금 등이 비싸다. 그리고 지하상가는 대부분 통행로의 성격을 띠고 있기 때문에 입지로서 유리하다. 주로 젊은 고객중심의 소매점들이 입주해 있다.

3. 상권분석의 필요성

상권분석의 필요성은 다음과 같이 세 가지로 분류할 수 있다.[04]

① 상권분석은 잠재수요를 반영하는 판매예상량(sales potentials)을 추정하는

데 필요하다.

② 상권분석을 통한 상권에 대한 올바른 인식과 파악은 고객지향적 마케팅전략 수립 · 전개에 필요하다. 왜냐하면 이를 통해 세분화된 시장의 파악이 가능하기 때문이다.

③ 상권분석은 입지전략을 전개하는 데 필요하다. 즉, 상품 또는 서비스에 대한 상권 내의 소비자 욕구와 기존소매점이 제공하고 있는 상품과 서비스의 만족감에 대한 격차를 파악할 수 있고, 이를 통하여 판매기회와 입지전략을 행할 수 있기 때문이다.

제2절 | 상권의 특성과 분석절차

1. 상권의 특성

상권의 선택은 창업을 하고자 하는 지역의 통행량은 어떠한가?, 주변 상점에 대한 분석은 어떠한가?, 고객들이 찾기 쉬운 위치인가?, 상점이 눈에 잘 띄는가?, 접근하기 쉬운가?, 상품의 구색을 고루 갖춘 지역인가?, 취급품목이 다양한가?, 가격 면에서 타 지역보다 저렴한가? 등을 고려하여야 한다.

상권의 특성은 다음과 같이 나눌 수 있다.

첫째, 상권은 성격에 따라 달라진다.

상권의 성격과 업종의 연관성격에 따라 사업이 잘 되는 업종과 그렇지 않은 업종이 있다. 따라서 자신의 업종이 모여야 잘 되는 업종인가, 보완 · 호혜업종인가, 상극 · 경합업종인가 등을 정확하게 파악하여 결정하여야 한다.

① 상권에서 모여야 잘 되는 업종은 전자제품, 의류 취급점, 가구점 등이다.

② 보완 · 호혜업종은 서점의 경우 문구점과 완구점, 주점과 노래방 등이다.

③ 상극 · 경합업종은 서점과 의류점, 주점과 유흥업종 등이다.

둘째, 상권은 형태에 따라 다르다.

창업실패율을 낮추기 위해서는 창업하고자 하는 업종과 기존의 상권에 형성된 업종들이 호혜관계인가 아니면 상극관계인가를 정확히 파악하여 결정하여야 한다.

셋째, 상권은 변한다.

상권은 변하는 성질을 갖고 있으므로 그 지위도 변한다. 현재는 권리금이나 임대료가 싸더라도 사업이 정상궤도에 오르면 중심상권으로 바뀔 수 있다. 그리고 지하철 노선의 신설, 신축건물 등의 주변환경의 변화로 인해 과거의 우세한 업종이 불리한 업종으로 되고 역으로 불리한 업종이 우세한 업종으로 바뀌기도 한다.

넷째, 상권의 형태에 따라 상품의 형태가 달라진다.

상품은 상권의 크기에 따라 상급품 · 중급품 · 하급품으로 구분된다. 상권의 대소는 소비자의 형태에 따라 결정되는데 비싼 상품, 단위기간 내의 구매횟수가 적은 상품, 인구에 따른 판매점수가 적은 상품, 대도시지향적인 상품일수록 상급품이다.

① 상급품의 예로는 보석, 귀금속, 고급신사복, 양장, 고급가구 등이다.

② 중급품은 부인복, 아동복, 화장품, 가정용 전기기구 등이다.

③ 하급품은 구매빈도가 많은 상품으로 해당 지역 주민의 구매력을 전제로 하는 식료품, 일용잡화 등이다.

2. 상권분석의 조사항목 및 절차

1) 상권분석의 조사항목

상권분석의 목적은 상권의 범위를 설정하고, 설정된 상권의 경쟁상황을 감안한 매출액추정에 있다. 따라서 다음과 같은 항목의 조사가 필요하다.

(1) 상권 내 경쟁시설물 정보

상권 내 경쟁시설의 ① 개수 및 위치, ② 규모 및 경쟁력, ③ 영업실태, 임대가 등의 조사가 필요하다.[05]

(2) 상권 내 행정통계

상권 내 ① 인구수 및 세대수, ② 세대별 소비지출 비용내역, ③ 사업체수, 종업원수, ④ 유동인구, 통행객(차량통행량) 등의 조사가 필요하다.

(3) 소비자 특성

소비자 특성으로는 ① 지역별 고객분포, ② 지역별 점유율, ③ 소비단가, ④ 이용횟수, 시설물 선호도 등, ⑤ 지역별 필요시설물 등의 조사가 필요하다.

2) 상권분석의 절차[06]

① 사업장(점포)의 입지예정 장소를 중심으로 반경 0.5km, 1km, 1km 이상의 지역으로 구분하여 둥근 원형태의 상권지도를 작성한다.

② 상권지도 내에 인구를 유입하는 주요건물 및 공공시설이 있는지를 구체적으로 파악한다.

③ 인구, 세대수, 통행인구 등의 인구통계적 분석을 실시한다.

④ 주택넓이를 기준으로 소득을 추정한 후, 실제 구매실태를 조사하여 소비수준과 특성을 분석한다.

⑤ 주변상권의 주기능, 즉 번화가인가 주택가인가를 파악하여 적합한 아이템을 선정한다.

⑥ 주기능 외에 유흥가, 상가, 식당가 등 부가되어 있는 기능이 무엇인가를 파악한다.

⑦ 교통체계를 분석하여 요일별, 시간대별 교통량조사를 실시한다.

⑧ 예상매출액을 추정하여 손익을 계산해본다.

⑨ 각종 개발계획을 검토하여 지역의 변화가능성을 분석한다.

⑩ 사업타당성분석을 실시한다.

상권분석은 소상공인진흥공단의 홈페이지를 참고하기 바란다.[07]

도표 5-2 | 상권분석의 절차

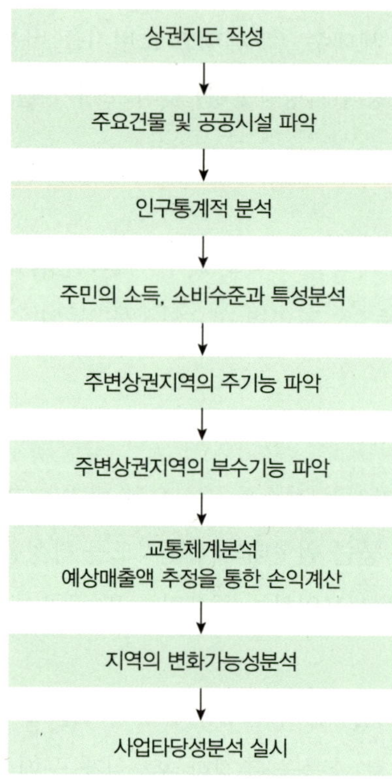

∷ 도표 5-3 | 상권분석표[08]

상권소재지 : 작성자 : 년 월 일

<table>
<tr><th rowspan="2">내용
구분</th><th rowspan="2">평가항목</th><th colspan="3">분석평가</th><th rowspan="2">비고</th></tr>
<tr><th>○</th><th>△</th><th>×</th></tr>
<tr><td rowspan="3">지형적
지리조건</td><td>입지 조망권</td><td></td><td></td><td></td><td></td></tr>
<tr><td>지형지세</td><td></td><td></td><td></td><td></td></tr>
<tr><td>상권분할 여부(자연지형, 구조물, 도로)</td><td></td><td></td><td></td><td></td></tr>
<tr><td rowspan="5">도로교통망</td><td>역세권과의 접근성</td><td></td><td></td><td></td><td rowspan="5"></td></tr>
<tr><td>대중교통수단과의 연계성</td><td></td><td></td><td></td></tr>
<tr><td>도로망과 도로폭</td><td></td><td></td><td></td></tr>
<tr><td>건널목, 지하도, 육교 등의 유무</td><td></td><td></td><td></td></tr>
<tr><td>주변 주차 여건</td><td></td><td></td><td></td></tr>
<tr><td rowspan="5">상권 내 소비자</td><td>타깃 연령층 수요</td><td></td><td></td><td></td><td rowspan="5"></td></tr>
<tr><td>성별 구성비</td><td></td><td></td><td></td></tr>
<tr><td>유동인구(주 · 야, 평일, 휴일)</td><td></td><td></td><td></td></tr>
<tr><td>소득수준과 소비성향</td><td></td><td></td><td></td></tr>
<tr><td>상권 내 수요(세대, 인구)</td><td></td><td></td><td></td></tr>
<tr><td rowspan="3">편의 및
부적합시설</td><td>공공관련시설</td><td></td><td></td><td></td><td rowspan="3"></td></tr>
<tr><td>관련편의시설</td><td></td><td></td><td></td></tr>
<tr><td>위해환경시설 여부</td><td></td><td></td><td></td></tr>
<tr><td>계</td><td></td><td></td><td></td><td></td><td></td></tr>
<tr><td rowspan="2">종합의견</td><td rowspan="2">상권특성</td><td colspan="4">상권평가</td></tr>
<tr><td colspan="4">가 미결 부</td></tr>
</table>

제3절 | 상권별 유망아이템

1. 상권의 설정거리

상권설정의 절차도 계획사업의 종류에 따라 그 정밀도에 차이가 있으나 개발계획단계에서는 다음과 같은 절차를 밟는 것이 일반적이다.[09]

① 1/10,000 또는 1/5,000 지도를 준비하여 계획지점을 표시한다.

② 영위하고자 하는 사업의 업종, 업태를 고려하여 가장 기본인 상권의 반경범위를 그려 넣는다.

③ 기본상권범위가 그려진 상태에서 산, 하천, 철도, 도로, 대형 시설물 등 물리적으로 구분하는 요소들을 감안하여 현실적 상권범위를 조정한다.

④ ③에서 조정된 상권에 경쟁점의 위치 및 영향권, 도로의 연계상황, 중심방향 등을 감안하여 현실적인 상권범위를 확정한다(아메바형).

⑤ ④에서 확정된 상권범위 내에 속하는 행정구역단위의 인구수(세대수), 사업체수(종업원수), 산업통계표 등의 자료를 입수하여 상권규모를 계량화한다.

도표 5-4 | 상권의 설정거리

구분	1차 상권	2차 상권	3차 상권
편의품	반경 500m 이내(도보 10분 거리)	반경 500m~1km 이내	1km 이상
선매품	지하철, 버스, 차 30분 이내 거리	30분~1시간 이내	1시간 이상
개별점포	점포매출 또는 고객수의 60% 이상을 차지하는 주거범위	점포매출 또는 고객수의 30% 이상을 차지하는 주거범위	점포매출 또는 고객수의 5% 이상을 차지하는 주거범위

[도표 5-4] 상권의 설정거리에서 편의품이란 부근의 상점에서 구입하는 상품으로 식료품, 약품, 화장품, 담배 등으로 “품질이나 형태에 그다지 주의를 기울이

지 않아도 되는 상품"을 말하고, 선매품이란 넥타이, 구두, 가구 등과 같이 "품질, 형태 등을 여러모로 생각해서 구매할 필요가 있는 상품으로 자주 구매하지 않으면서 가격도 상당히 비싼 상품"을 말한다.

2. 상권과 아이템

도표 5-5 | 상권별 유망아이템

입지	특징	권장아이템(업종)
아파트 상가	• 600~1,000가구를 기준으로 상가 형성 • 지하나 2층보다는 1층 점포형 업종이 안정 • 배후지 평형대는 20~30평형이 적당	편의점, 화장품점, 미용실, 이발소, 치킨점, 세탁소 등 생활용품전문점
학교 주변	• 대학을 제외한 초 · 중 · 고등학교 근처 • 정문 기준 500m 이내 후문 기준 300m 이내 • 인 · 허가 사항은 특별히 조심	문구점, 분식점, 캐릭터전문점, CD 전문점, 팬시용품점, 과학모형기기 전문점
지하철역 주변	• 지하상가를 포함한 500m 이내 역세권 • 환승역은 금상첨화 • 먹거리보다는 판매업종이 유리	캐주얼의류점, CD전문점, 꽃집, 보세신발, 스포츠용품점, 선물의 집
주택가 진입로	• 해당 점포 기준 500m 반경이 1차 상권 • 배후지 5천여 가구가 주요 고객 • 버스정류장 기준 100m 이내가 적당	내의전문점, 김밥전문점, 삼겹살전문점, 편의점, 사진관, 건강식전문점
사무실 밀집지	• 5층 이상 10개 동, 10층 이상 5개 동 • 1층 단독점포보다는 건물 지하 • 아케이드 음식점 유리 • 음식점 및 서비스업종이 안정	베이커리카페, 추어탕, 컴퓨터현수막, 국수전골, 사무편의점
중심지 대로변	• 대학을 포함한 젊은층 위주의 번화가 • 6차선 이상보다는 2~4차선이 유리 • 주로 패션관련 업종이 성업 중	감각 패션점, 신발편의점, 청바지전문점, 패션내의점, 액세서리점, 의류체인점

:: 도표 5-6 | 아이템별 상권[10]

업태구분	업종별	상권범위	아이템(업종)
소매업, 유통업	생필품, 편의품	300~500m	편의점, 구멍가게, 문구점, 슈퍼마켓, 반찬가게, 과일야채, 생선, 정육점, 책대여점
소매업, 유통업	선매품, 명품, 고급품	1~3km	안경전문점, 패션브랜드점, 포토샵, 스포츠화, 캐주얼전문점, 가구점, 보석시계전문점, 해외명품점
외식업	중소형 음식점	300~500m	분식, 라면, 우동, 김밥, 치킨, 돈가스, 삼겹살 등
	패스트푸드 고급 · 전문음식점	1~3km	레스토랑, 햄버거, 피자전문점, 갈비냉면, 오리고기, 설렁탕전문점, 두부요리전문점,
기타 서비스업	근린생활업종 문화 · 서비스업종	300~500m	세탁편의점, 플라워샵, 애견용품점
	미용, 취미, 건강 교육서비스업	1~3km	어학원, 어린이집, 요리학원, 대형 pc방, 헬스클럽, 병원, 피부관리, 찜질방, 건강식품대리점 등

3. 상권선택의 고려사항

앞에서 언급한 바와 같이 좋은 상권을 선택하는 것도 성공창업의 중요한 요소이다. 여기에서 좋은 상권은 "어느 업종은 어느 상권이 좋다." 예를 들면, "슈퍼마켓은 아파트단지 상권이 좋다"라고 말하는 것과 같은 일반적으로 좋은 상권이 아니라 실제 창업하려는 업종에 맞는 상권이 좋은 상권이라고 할 수 있다.[11]

상권을 선택할 때 고려해야 할 사항은 다음과 같다.

① 점포 입지를 선택한 후 그 입지에 맞는 업종을 선택하는 것이 안전한 개점의 비결이다.

② 상권선택은 장기적인 안목이 필요하다.

③ 업종에 맞는 상권선택이 필요하다.

④ 소매점을 개설하기 위해서는 점포 자체의 영업능력도 중요하지만 전체적인 시장세력에도 관심을 갖지 않으면 안 된다.

⑤ 상권에 못지않게 중요한 것은 영업전략이다.

제4절 | 각 업태의 상권과 입지[12]

신변품 업태, 충동구매 업태, 계획구매 업태 그리고 제조직판 업태에 따른 상권과 입지를 살펴보면 다음과 같다. 여기에서 업태란 한국표준산업분류표상 영업의 종류 중 대분류에 속하는 것을 뜻한다. 예를 들면, 도·소매업, 서비스업, 광업, 건설업, 제조업, 음식업 등을 의미한다. 그리고 업종은 업태 중에서 세분화된 사업의 분류를 의미하는데, 예를 들어 소매업 중 의류, 문구용품 또는 음식·숙박업 중 한식, 일식, 중식 등을 말한다.

1. 신변품 업태

신변품 업태란 상품의 가격이나 가치가 일정하고 보통 신변에서 일상적으로 이용되는 업태를 말한다(예, 일용 생활용품 업태). 신변품 업태는 점포를 중심으로 하여 반경 500m의 범위 내에 얼마만큼의 소비인구가 있느냐가 중요하고, 근처에 동업시설이 있다면 각 상권의 교차권 내에 있는 시설 여러 요소가 우위에 있는 것이 소비자를 보다 많이 흡인하고, 반대로 경합하는 시설이 없는 경우 그 상권은 더욱 커진다. 인구밀도 수치는 평균치이고, 성숙도시에서는 도심부와 주변부가 두 배 가까운 차이가 있으며, 번화한 곳이 충분히 양성되어 있지 않은 신흥도시에는 주변의 주택 밀집지역이 높은 경우도 있으므로, 그 상태를 잘 알고 조성하는 일이 필요하다.

2. 충동구매 업태

상품의 가격이나 가치에 일정한 기준이 없고, 이용객의 기호에 따라 비교 구매가 중심을 이루는 업태를 말한다(예, 복식용품이나 생활문화용품 업태). 상권의 크기는 그 지구에 모여 있는 같은 점포시설의 수에 비례하고, 입지로는 경쟁이 심한 장소가 반대로 유리한데, 업태상의 특성을 분명히 할 필요가 있다. 전체적으로 보면 젊은층이 많이 모여드는 곳이 경쟁을 벌이는 같은 업자가 많은 상업지역이므로 외래객이 많은 일류 상점가만큼 유리하다.

3. 계획구매 업태

상품의 구매에 있어서 계획이 세워지고, 구매하는 상업시설이 미리 선택되기 쉬운 업태를 말한다(예, 생활 내구품, 고액상품을 다루는 업태). 상권범위는 그 시설의 매장규모에 비례하므로 지역중심 상점가 등의 유리한 입지에 있더라도 소규모이고 상품 구성이 불충분하다면 입지의 효력이 약해진다. 이용객의 구매계획에서 결정까지 시간이 걸리는 경우가 많으므로, 입지의 편리함만으로는 업태의 주요한 조건이 되지 않는다.

4. 제조직판 업태

취급상품 각각의 특색이나 제조방법에 따라 생산량, 유통방법 등이 한정되므로 이용객에 의해 지정되는 업태를 말한다(예, 가공식품 업태(생선, 정육점 등은 제외)). 상품에는 특정시설의 단위의 상품이거나 어느 지역의 특산품인 경우가 있으며, 입지와 상권은 상점명이나 상품명 등의 지명도에 따라 다르므로 유형적인 파악은 어렵다. 또한 경영규모가 확대됨에 따라 제조부문에서 분리된 판매점이 주가 되고, 거의 대부분 광역 상권을 배경으로 한 도시의 주요지역에 집중한다. 예를 들자면, 전국 각지의 역 빌딩 내, 백화점 내, 유명 상점가 등에 설치되어 대대로 이어오는 점포가 있다.

제5절 | 사업장(점포) 입지 고려요인과 선정

창업에 있어서 사업장(점포) 입지선정은 사업성패에 중요한 요인으로 작용한다. 왜냐하면 사업장(점포)의 위치에 따라 창업의 비효율적 경영으로 인해 발생하는 문제점들도 극복가능할 수도 있고, 유능한 창업자지만 능력을 제대로 발휘하지 못하여 실패할 수도 있기 때문이다. 그러므로 창업에 있어서 사업장(점포) 입지선정이 매우 중요하다.

1. 사업장(점포) 입지의 의의와 유의사항

1) 사업장(점포) 입지의 의의

사업장(점포) 입지는 크게 사업장(점포)의 지역범위인 상권과 지점으로 구성된다. 여기에서 상권이란 고객을 흡인하는 지역범위를 말하고, 지점은 사업장(점포) 앞의 유동인구로서 사업장(점포)의 시계성, 접근성, 사업장(점포)규모에 의해 크게 영향을 받는다. 즉, 사업장(점포) 앞의 유동인구가 많고 사업장(점포) 외관이 잘 보이는 곳에 사업장(점포)이 위치하게 되면 고객유인효과가 크게 나타날 수 있다.

2) 사업장(점포) 입지의 유의사항

사업장(점포) 입지에 있어서 유의해야 할 사항은 다음과 같다.

① 해당 상권의 인구수, 인구구성, 가구수, 소비수준 등을 전문기관에 의뢰하거나 창업자가 직접 현장에서 조사해야 한다.

② 사업장(점포) 후보지에 대한 장래성 조사가 이루어져야 한다. 시가지 형성상황, 주변도시의 인구증가속도, 도로신설 · 변경 등과 함께 강력한 경쟁업체 또는 대형 유통업체의 출범가능성이 있는지에 대해서도 파악해야 한다.

③ 새로운 사업장(점포)이 창업자 자신의 능력에 적합한지를 사전에 확인해야 한다. 즉, 사업장(점포)보증금과 권리금, 사업장(점포) 임차기간 연장가능성, 임차료 인상률, 창업자 거주지와의 통근거리 등을 확인하는 것이 필수이다.

2. 사업장(점포)을 선정할 때 확인해야 할 사항

사업장(점포) 선정에서 확인해야 할 사항은 지역적인 면, 조건적인 면 그리고 경영관리적인 면에서 다음과 같다.

1) 지역적인 면

① 창업 희망업종의 일반적 조건에 맞는가?
② 유동인구의 수는 얼마나 되는가?
③ 향후 고객수의 증가를 기대할 수 있는가?
④ 인근의 상가나 동종업종, 대형 사업장(점포) 등의 영업상태는 어떠한가?
⑤ 상권 내의 주거상황과 소득수준, 세대수와 인구수 등은 어떠한가?
⑥ 경쟁사업장(점포)의 위치와 영업상태는 어떠한가?

2) 사업장(점포) 조건적인 면

① 사업장(점포) 전면의 길이는 어느 정도인가?
② 사업장(점포)의 넓이와 형태는 적당한가?
③ 도로에 접하여 있는가?
④ 주차장은 있는가? 상품의 수・배송에 문제는 없겠는가?
⑤ 설비에 문제는 없겠는가?

3) 경영관리적인 면

① 사업장(점포)의 수준과 비교해서 비싸지는 않은가?

② 준비자금과 부합하는가?

③ 관리비, 공과금 등이 높지 않은가?

④ 예상매출은 어느 정도인가?

⑤ 이익은 어느 정도 가능한가?

3. 사업장(점포) 입지의 조건

사업의 성공 여부를 결정하는 절대적인 요인은 대체적으로 무슨 사업을 할 것인가를 결정하는 업종선정과 어디에서 장사를 할 것인가를 결정하는 장소선정의 두 가지를 들 수 있다. 사업을 성공으로 이끌 수 있느냐 없느냐를 결정하는 요소

:: 도표 5-7 | 입지 및 상권의 체크포인트[13]

구분	내용
입지성	사업장(점포) 용도조건, 사업장(점포) 규모조건, 점포형태조건, 점포배치구조, 지형조건, 지표성, 인지성
교통의 접근성	역세권과의 관계, 도로망구조, 보행자의 동선구조, 차량접근환경, 도로접근환경, 신호등과의 관계, 주차장 여건
상권의 양분성	통행자수, 배후 거주자수, 배후 상주자수, 핵심 수요자수
상권의 질	주택구조, 생활수준, 고급내구재 보급률, 상주권 내 업체특성, 상주집단 및 통행자집단의 질적 수준
유동인구 및 인구유발시설	유동인구의 성별 · 연령대, 유동인구의 직업, 유동인구의 내점동기 등 주변 인구유발시설 현황
경합성	상권의 경합성, 직 · 간접 경합점수, 경합점의 MD, 경합점의 H/W, 경합점의 영업력, 경합점의 상권범위, 경합점의 고객층특성, 경합점의 운영자 · 종사자
주변의 업종구조	판매서비스업 분포, 점포의 층별 분포, 업종의 층별 분포, 브랜드의 분포구조, 업종의 위계구조
입점조건	계약기간, 거래가, 임대료수준, 임대형태, 권리금
장래성	주거환경의 변화가능성, 교통 · 접근성의 변화가능성, 상업시설의 변화가능성, 경쟁환경 변화가능성, 기타 요인의 변화가능성

가운데 60~70%를 차지하는 것이 사업장(점포)의 위치이다. 그래서 소매업을 입지산업이라고 부른다.

사업장(점포)의 위치가 좋으면 성공할 수 있는 확률이 그만큼 높아지지만 사업장(점포)의 위치가 매우 좋아도 성공하지 못하는 경우도 있다. 그것은 입지조건에 맞지 않는 사업이기 때문이다.

한편, 사업장(점포) 입지를 분석하기 위한 입지분석표는 [도표 5-8]과 같다.

도표 5-8 | 사업장(점포) 입지분석표[14]

사업장(점포)
소재지 : 작성자 : 년 월 일

구분 \ 내용	평가항목	분석평가			비고
		○	△	×	
점포가치분석	주변시세 대비 임대가와 권리금				
	점포의 규모 및 전용면적률				
	점포 모양새와 점두 길이				
	건물의 건축연대				
	엘리베이터 등 편의시설				
	출입구 동선 및 크기				
점포가치분석	천정높이				
	냉난방 유무				
	건물규모와 업종배치				
경쟁력분석	경쟁점수준과 규모				
	경쟁점과의 입지 및 거리				
	동일업종 경쟁점포 유무				
	유사업종 유무				
기타사항	주차장 유무				
	화장실 등				
종합의견	점포 입지특성	입지평가			
		가	미결	부	

소상공인지원센터의 자가진단시스템에 의한 사업장(점포) 입지분석내용을 소개하면 다음과 같다.[15]

01 주변(반경 300~500m 이내 기준)에 경쟁점포는 얼마나 있는가?
① 없다.
② 2개 이하로 있으나 크게 문제되지 않는다.
③ 2개 이하로 있으며 어느 정도 영향을 미친다.
④ 2개 이상 있으며 매출과 직접적인 영향이 있는 경쟁자가 있다.

02 점포 2Km 이내 10층 이상 건물수는 몇 개인가?
① 10개 이상
② 5개 이상
③ 3개 이상
④ 3개 미만

03 점포에서 가장 가까운 도로의 차선수?
① 편도 1차선
② 편도 2차선
③ 편도 3차선
④ 편도 3차선 이상

04 점포의 주차시설은?
① 점포 내 주차장 및 주차시설이 있다.
② 점포와 점포 인근 50m 이내에 주차시설이 있다.
③ 점포 인근 100m 이내에 주차시설이 있다.
④ 주차시설이 없다.

05 점포 인근 도로의 차량 이동속도는?
① 신호등이 있는 교차로 인근 도로로 정체지역이다.
② 차량의 이동속도가 시속 40Km 이하로 빠르지 않다.
③ 차량 이동속도가 시속 40Km~60Km이다.
④ 차량 이동속도가 시속 60Km 이상으로 빠르다.

06 대규모 집객시설(관공서, 은행, 병원 등)의 수?
① 10개 이상
② 5개~10개 이하
③ 3개 이상 5개 이하
④ 3개 이하

07 사업자의 동일 업종 지속기간은?

① 10년 이상

② 3년 이상 5년 미만

③ 1년 이상 2년 미만

④ 1년 미만

08 점포가 입점한 건물 층수는?(엘리베이터가 없는 건물 기준임)

① 1층

② 2층

③ 지하

④ 3층 이상

09 점포의 접근성, 가시성 등은 어떠한가?

① 건물, 간판 등이 주변에서 가장 잘 보이고 전면이 넓으며 코너 점포이다.

② 대로변에 위치하여 접근하기에 무난하다.

③ 대로변에서 들어가 있으나 전면이 넓어 접근하기는 편리하다.

④ 점포가 잘 보이지 않고 계단 등이 많아 접근하기 불편하다.

10 대중교통으로 접근하기에 편리한가?

① 지하철, 버스노선이 많으며 정류소에서 1분 이내이다.

② 대중교통 노선은 풍부하다.

③ 마을버스 등 주로 버스노선이 통과한다.

④ 대중교통 이용이 불편하다.

11 점포의 임대가격은 적당한가?(특별한 경우 또는 자가점포인 경우 총시세 기준으로 평가)

① 보증금, 권리금, 임대료가 입지 여건에 비해 싸다.

② 보증금, 권리금은 보통이나 권리금이 비싸다.

③ 보증금, 권리금, 임대료 모두 보통수준이다.

④ 보증금, 권리금, 임대료가 모두 비싼 편이다.

12 점포 주변이 새롭게 개발될 여지는 얼마나 되는가?

① 개발이 완료되어 수요층 유입이 진행 중이다.

② 1년 이내에 완료될 개발이 진행 중이다.

③ 개발계획이 구체적으로 잡혀 있으나 2년 이상 걸린다.

④ 특별한 개발계획이 없고 낙후된 지역이다.

13 점포가 위치한 입지형태는?

① 전철역, 지하상가, 오피스텔 밀집 지역, 아파트 1,000세대 이상 입주지역

② 상업지역

③ 학교, 재래시장지역

④ 주택, 빌라 등 주거지역

14 점포 입지상 수요층의 이동경로와의 관계는?
① 수요층의 퇴근경로에 있다.
② 수요층이 이용하는 이동경로와 근접해 있다.
③ 수요층이 이용하는 경로와 벗어나 있지만 접근에 불편은 없다.
④ 수요층이 이용하는 경로와 무관하다.

15 점포 배후지의 소득수준 및 외식빈도는?
① 고소득층의 분포가 많고 외식빈도가 높다.
② 중산층의 분포가 많고 외식빈도가 높지 않다.
③ 중산층 이하의 소득계층이 많고 외식빈도가 적은 편이다.
④ 소득수준이 낮고 외식단가도 높지 않다.

경쟁점포의 조사는 입지분석을 위한 중요한 요소이다. 반경 300m～500m에 경쟁점포가 없다면 고객선점의 의미에서 좋은 입지라고 볼 수 있다. 하지만 경쟁점포가 존재할 경우 자기점포에 얼마만큼의 영향을 줄 것인지에 대해 조사하고 경쟁점포가 가진 힘에 대해 알아볼 필요는 있다. 주요 포인트는 경쟁점포의 현황(면적 및 영업시간, 종업원수 등), 이용객수, 매출 등을 조사하는 것이다.

사업장(점포) 인근 도로의 차량이동속도는 고객이 내 점포를 인식하는 부분에 대하여 영향을 미친다. 신호등이 있는 교차로 인근의 도로로서 정체지역이라면 그만큼 내 점포에 대한 노출이 많이 그리고 오랫동안 되는 것이다. 교통 및 통행량조사에 대한 기본자료는 도시교통연보를 활용하고 점포 앞에서 직접 살펴보는 것이 가장 좋은 방법이다. 주의할 점은 버스나 트럭 등 대형차의 통행비율이 20% 이상이라면 시계성에 문제가 있는 입지로 봐야 한다.

길거리의 유동인구에 의해 매출이 좌우되는 입지가 아니라면 주차장은 점포가 갖춰야 할 필수요인이다. 특별한 목적을 가진 고객이 오는 입지의 점포라면 주차시설이 더욱 필요하다. 점포 내 주차장시설을 갖춘 점포가 아니라면 차선책으로서 인근에 주차할 공간이 있는 입지에 자리를 잡아야 한다.

집객시설은 고객이 모여드는 중요한 요인이다. 역 주변을 중심으로 상권들이 발전한 것만 보아도 집객시설이 왜 중요한지 쉽게 알 수 있다. 관공서, 은행, 병원 등이 주요 집객시설이다. 이러한 집객시설이 많은 지역일수록 좋은 입지라고 할 수 있다. 또 버스노선 등으로 접근하기 쉬운 지역에 위치하고 있다면 이 또한 좋은 입지이다.

점포를 선택하거나 입지를 조사해보면 1층이 가장 비싸고 2층 또는 지하 순서로 임대료가 측정되어 있다. 그 이유는 고객의 접근성 때문이다. 최근에는 엘리베이터가 설치되어 있는 건물이 많지만 그렇지 않다면 2층 이하의 점포를 선택하는 것이 유리하다.

점포가 위치한 입지는 전철역, 지하상가, 오피스텔 밀집지역 등 배후세력 및 유동인구가 많은 지역이 유리하다. 상업지역 및 학교, 재래시장지역은 유동인구의 제한이 있으며 주택과 빌라 등 주거지역은 생활형 업종을 중심으로 위치해 있다. 10층 이상의 건물수가 많으면 상주인구가 많고 고객 유동량이 많은 지역이므로 좋은 입지라고 할 수 있다.

점포가 위치하는 입지는 보통 수요층의 퇴근경로에 위치할 때 좋은 입지로 본다. 수요층이 이동하는 이동경로와 근접해 있다면 괜찮은 입지라고 볼 수도 있지만 수요층의 이동경로와 무관하다면 고객확보가 힘들어 점포운영이 힘들다.

점포의 접근성과 가시성은 점포를 알리고 고객이 찾아오기 위한 중요한 요소이다. 따라서 대로변에서 잘 보이는 코너지역에 위치해 있으면 좋은 입지로 본다. 대로변에서 들어가 있더라도 점포 전면의 길이가 넓다면 보완의 가능성이 있다. 고객이 통행하면서 점포를 인식할 수 있는 시간을 만들어주기 때문이다. 점포에서 가까운 도로의 차선수는 차선수가 많아질수록 점포 맞은편에서의 접근성이 떨어지기 때문에 적을수록 좋다.

신중하게 점포를 선택하고 보증금, 권리금 및 임대료가 입지 여건에 비해 싸다고 생각되는 점포를 선택하는 것이 유리하다. 권리금이 없는 점포라면 그 이유를 생각해봐야 한다. 통상 영업권리는 1년간 점포 영업 순이익을 말한다.

점포 주변 개발계획도 조사해야 할 중요한 요인이다. 개발이 완료되어 수요층 유입이 진행 중인 입지라면 고객이 증가하고 있는 좋은 입지라고 할 수 있다.

4. 입지선정의 기본절차

1) 제1단계 개략적 위치선정

상권분석 및 입지선정의 절차는 본인이 창업하고자 하는 업종 및 아이템이 출발점이 되며 업종이 선정되었으면 제1단계는 점포의 개략적인 위치를 선정하여야 한다. 개략적인 위치는 순서적으로 지역선정→지구선정→지점선정을 하여야 하며 지점선정이 끝나면 용도지역을 선정하여야 한다.

도표 5-9 | 입지선정의 기본절차

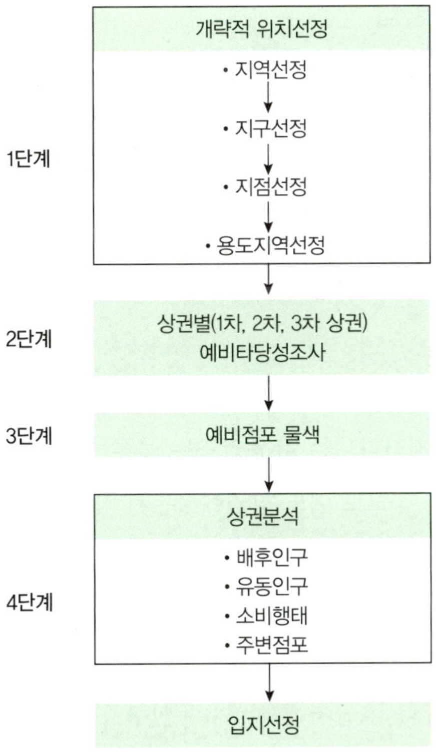

2) 제2단계 상권별 예비타당성조사

개략적으로 선정된 점포의 지점과 용도지역을 중심으로 상권을 1차, 2차, 3차 상권으로 나누어 예비타당성조사를 실시한다.

3) 제3단계 예비점포 물색

투자금액, 규모, 층수, 임대 여부 등의 요소를 감안하여 예비점포를 물색한다.

4) 제4단계 상권분석

배후인구, 유동인구, 소비행태, 주변점포의 4대 과제를 세밀히 조사하여야 한다. 4대 과제의 조사결과가 우수하면 일단 입지선정을 위한 절차가 끝나게 된다.[16]

5. 점포 입지의 등급

점포의 입지조건을 하나하나 챙겨보면 대부분 한 상권 안에서도 유동인구의 많고 적음, 고객접근용이성 등의 입지조건에 따라 다시 A, B, C등급으로 세분됨을 알 수 있다. 이 등급만 제대로 파악할 수 있다면 성공확률은 70% 이상이다. 이와 같이 중요한 입지조건을 구체적으로 분석 · 파악하기로 한다.[17]

1) A급지

A급지는 앞으로 지나다니는 유동인구는 물론 배후지에 거주하는 주민까지도 일부 흡수할 수 있을 정도로 어느 상권에서든지 상권의 범위가 넓다. 따라서 같은 상권 안의 B~C급지보다 입지조건이 월등히 좋기 때문에 보증금과 권리금도 매우 높다. A급지는 대부분의 업종이 잘 되며, 혹시라도 사양사업을 선택하는 실수를 범했다 하더라도 업종전환이 용이하기 때문에 자금력이 있다면 당연히 A급지를 선택하는 것이 좋다. A급지에서는 유동인구를 상대로 하는 유명의류점, 안경점, 액세서리점, 패스트푸드점 등의 업종이 일반적으로 잘 된다. 물론 음식업 중 김밥전문점 등의 분식점을 해도 잘 되기는 하지만 투자대비 수익률을 의식하지 않을 수 없어 비교적 점포의 크기가 작다.

:: 도표 5-10 | A급지

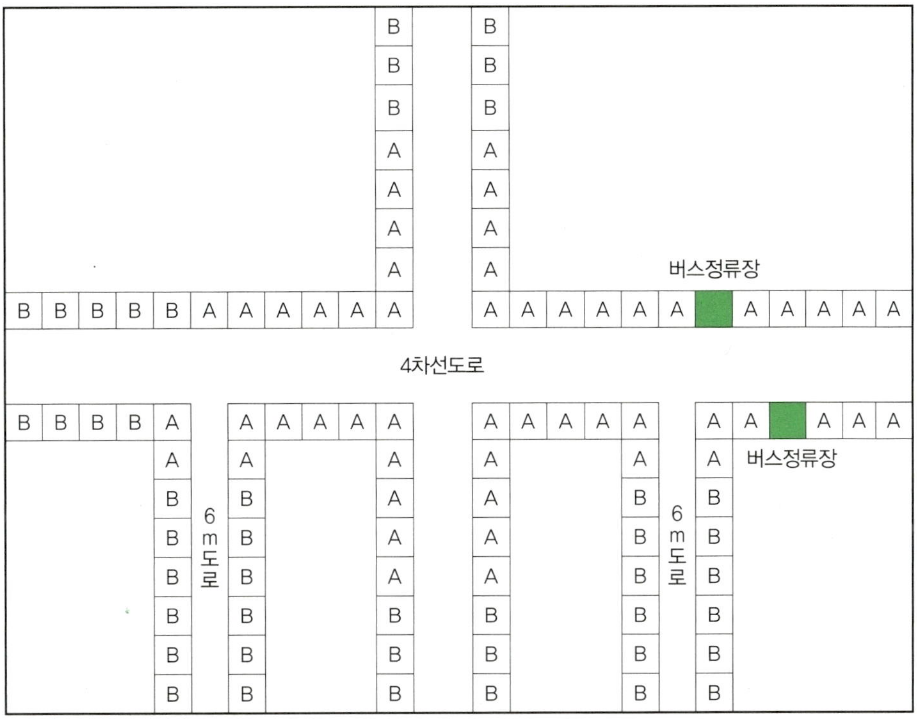

이와 같이 먹자골목이 A급지가 되는 경우는 상권이 좋은 역세권이나 대학가에서 흔히 볼 수 있다. 주택지에서는 이 정도로 상권이 활발한 곳이 그리 많지 않다. A급지는 주택지상권이든 역세권이든 대개 도로변에서부터 골목 초입까지이다.

2) B급지

B급지는 A급지보다 상권의 범위가 좁다. B급지는 유동인구의 일부만 흡수하며, 배후지에 거주하는 주민을 흡수한다. 따라서 같은 상권 내의 A급지보다는 입지조건이 좋지 않지만 C급지보다는 낫다.

B급지는 유동인구를 상대하는 판매업보다는 맛으로 승부할 수 있는 음식점이 적합하다. 즉, 음식점으로는 B급지가 A급지만큼 유용성이 있다.

도표 5-11 | B급지

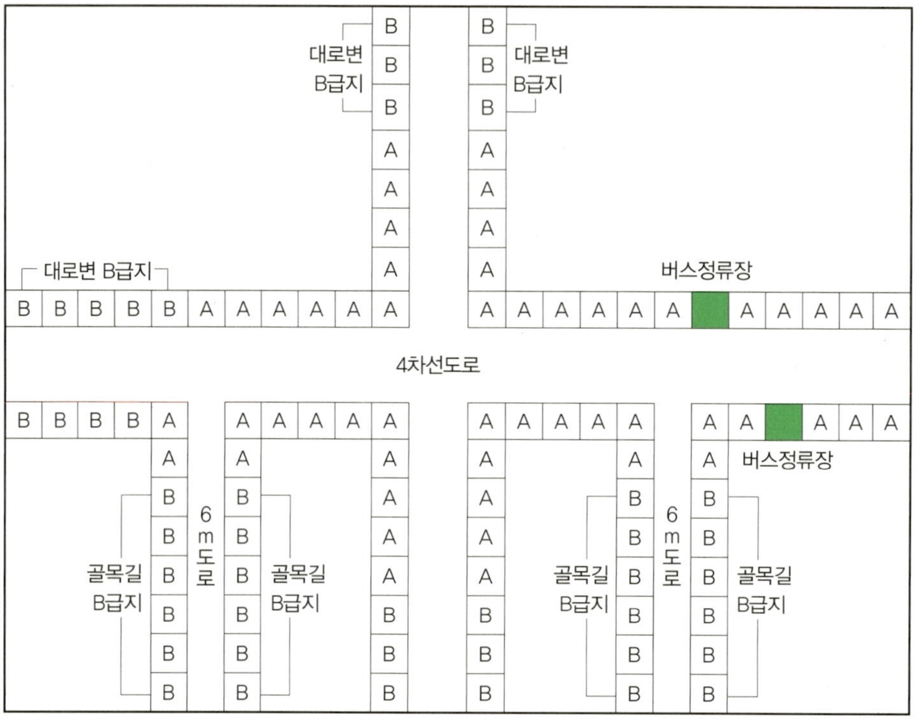

3) C급지

C급지는 그 상권 내에서 가장 상권의 범위가 좁으며 유동인구의 극히 일부만 유입된다. 물론 역세권 중 일부 C급지는 제법 유동인구가 유입되기도 한다. 하지만 대다수 상권에서 C급지의 유동인구는 극히 적고 그 배후지 주민에 한정된다.

이러한 C급지는 역세권의 경우, 업종의 틈새가 많아서 A~B급지와 경쟁을 피하면 의외로 성공하는 수가 있지만 주택지 상권의 C급지는 되도록 피하는 것이 좋다. 이것은 C급지에는 그리 좋은 업종이 없다는 의미이기도 하다.

주택지 상권의 C급지에서는 소규모로 장사를 하되 반드시 시설비가 들지 않는 업종을 선택해야 한다. 특히 이 곳에서 체인점을 한다면 그 순간 망하는 길로 들어선 것이나 다름없다.

도표 5-12 | C급지

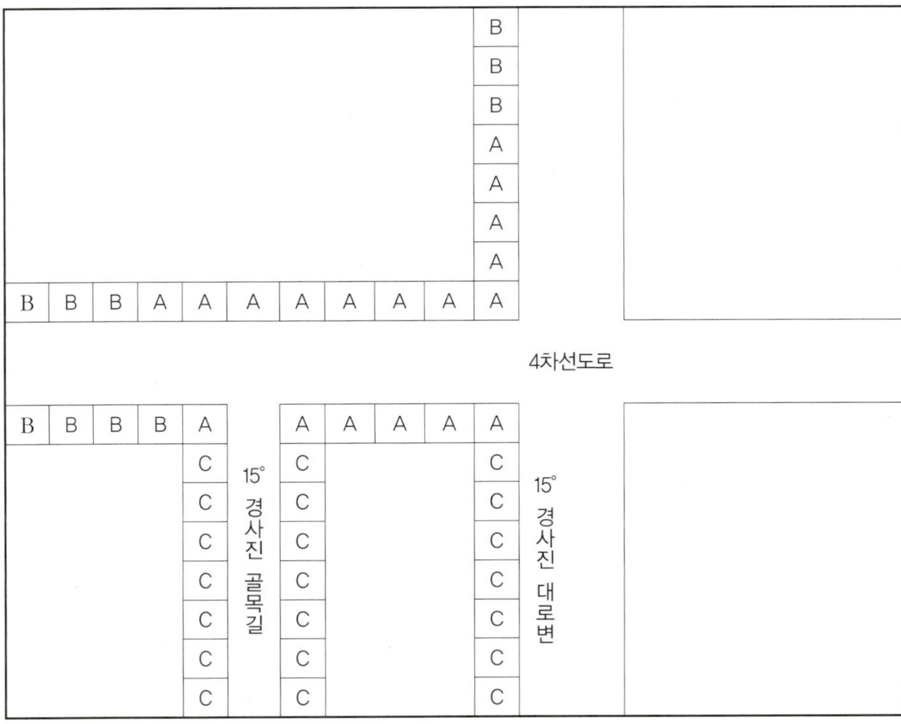

그리고 C급지는 대개 경사진 곳이 많다. 그런데 슈퍼마켓에서 물건을 살 때 사람들을 가만히 살펴보면 일단 낮은 쪽에 있는 곳으로 가서 물건을 사들고 올라오는 경우를 많이 본다. 빈손으로 조금 위쪽에 있는 슈퍼마켓에 올라갔다가 물건을 들고 내려오기가 쉬울 텐데도 말이다. 사람들은 낮은 데로 몰리게 되어 있다. 어쨌든 장사를 하려면 되도록 낮은 지대에서 해야 한다. 특히 주택가 상권의 경우, 동네마다 지대가 높았다 낮았다 하면서 이어져 있는데 이때도 가장 낮은 동네가 좋다.

6. 위치에 따라 점포 구하는 방법

점포의 위치는 상권과 입지를 고려하였을 경우 크게 역세권 상가, 아파트단지, 주택가 점포, 대로변 중심상가, 이면도로(중 · 소로) 근린상가 등으로 구분할 수 있다.

1) 역세권 상가점포

역세권 상가라고 하면 역에서 적게는 반경 100m 이내의 점포 및 크게는 300m 이내의 점포를 의미한다. 역세권 상가의 경우는 생식품(야채, 청과, 육류, 생선 등)을 제외한 음식업, 소매업 및 서비스업 등의 업종이 무난하다고 볼 수 있으나 점포투자비가 비싸므로 창업자의 투자금액에 따라 결정되는 경우가 많다.

2) 아파트단지 내 점포

세대수에 따라 차이가 있으나 실평수 기준 5~10평의 점포가 적당하며 아파트의 세대수가 500가구 내외의 경우는 생식품(야채 · 청과 · 육류 · 생선 등), 음식점(분식 · 중식), 슈퍼(49.6m²평 이내), 어린이관련 학원, 기타 소매점(약국 · 비디오대여 · 문방구 · 미용실 · 부동산 등)이 가능한 업종이 된다. 아파트 가구수가 500~1,000가구일 경우는 패스트푸드점, 한식점, 치킨호프점, 생활용품점(실내인테리어 등) 등의 업종이 유망업종으로 분류된다. 아파트단지 내 점포를 선정할 경우 다음과 같은 사항에 유의하여야 한다.

① 인접상가가 걸어서 5분 이상에 위치하고 4차선 이상의 차량 전용도로가 인접해 있으면 고객을 독점할 수 있어 유리하다.

② 상가의 총평수비율이 아파트 총평수의 3% 이내가 좋다.

③ 아파트 주민은 물론이고 유동고객까지 흡수할 수 있는 위치에 있으면 더욱 좋다.

④ 대규모 아파트단지의 경우는 주민의 주요 이동 동선을 파악하여야 하며 어느 점포에 손님이 많은지를 파악하여야 한다.

⑤ 사전에 그 지역의 개발계획(주변개발계획, 아파트 재개발 여부 등)을 확인하여야 한다.

3) 주택가 점포

주택가의 점포는 5~10평이 적당하며 너무 큰 평수를 구하지 않도록 한다. 가로의 구조를 파악하여 유동인구의 주통행로를 알아내야 하며 주부들이 지나는 길목에 구하여야 한다. 점포 배후에 주택재개발이 활발히 이루어지는지 주목하여야 하며 차량통행이 잦은 곳보다는 도보로 진입하는 골목의 입구에 있는 점포가 유리하다. 주변점포의 경우는 다양한 업종이 모여 있는 장소가 바람직하고, 소비자의 생활수준을 파악하여 창업하고자 하는 업종과 맞는지를 파악하여야 한다.

4) 대로변 중심상가 내 점포

대로변의 중심상가에 점포를 구하는 경우는 점포 앞을 지나는 유동인구의 파악이 가장 중요하다.

① 유동인구의 통행방향 및 연령과 성별을 기록한다.

② 피크타임 시 유동인구가 시간당 5,000명 이상인 지역은 A급 상권이다.

5) 이면도로(중 · 소로) 근린상가 점포

이면도로(중 · 소로) 근린상가에 점포를 구하는 경우는 배후지역의 세대수 및 인구를 파악하여야 한다.

① 해당 동사무소에서 세대수 및 인구수를 파악한다.

② 반경 1km 이내의 지역주민 생활수준 파악과 업종의 연계성을 검토한다.

③ 지하철 이용객수 및 버스노선을 파악한다.

④ 지하철 이용객은 하루 4만 명 이상, 버스노선은 12개 이상이면 발전가능성이 있다.

7. 점포의 입지특성에 가능한 사업

삼계탕전문점의 점포 입지는 사무실이 주를 이루고 배후에는 주택가가 위치한

복합상권이 좋다. 왜냐하면 주중에는 직장인이 주말에는 가족 외식의 수요가 이어지면 주중과 주말의 매출 편차가 거의 없을 수 있기 때문이다.

성별 · 연령별 구분 없이 누구나 선호하는 대표적인 창업아이템 중 하나인 아이스크림전문점의 점포 입지는 아이스크림은 기호식품이므로 소비가 충분히 발생하는 대규모 주거지 상권이나 대학가 · 학원가 · 시내중심 상권에 적합하다. 특히 주택가지역은 가장 안정적인 입지로 들 수 있다. 아이스크림의 주고객인 아이들과 20대 이하의 젊은 연령층이 꾸준한 수요를 창출할 뿐만 아니라 테이크아웃이 많아 대형 점포를 요구하지도 않기 때문에 점포임대비용도 절약할 수 있다.

제과업종의 점포 입지는 넓은 주거지역을 배후에 두고 있는 전철 역세권이 좋다. 전철 역세권이 아니더라도 주거민들의 퇴근 동선에 주 · 정차가 가능한 도로가 좋다. 아파트가 아닌 일반주택가의 경우 제과점이 없는 중소형 마트 또는 중형 병원 인근의 입지가 최적의 입지이다.

소비층이 크게 구분되지 않는 24시 편의점의 점포 입지는 버스정류장이나 유동

도표 5-13 | 점포의 입지특성에 가능한 사업

구분		입지의 특징	가능한 사업
상가	근린 상가	소도시의 역전이나 상가 또는 통근, 통학으로 주간인구가 감소하는 곳	• 일용품, 식품 등의 잡화 • 소형 음식점 등 단골을 중심으로 하는경영
	지방 상가	중소도시중심 상가, 관청이나 대형 점포, 회사 근처로 주간인구가 증가하는 곳	• 유행상품점, 고객층에 맞는 상품 갖추기 • 음식점은 단품보다는 다양한 메뉴로 선정
	대도시 상가	대도시의 번화가로 주간인구가 많고, 야간에는 줄어듦	• 모든 사업이 가능 • 점포확보비용이 많이 들어서 고가품 또는 대량판매가 아니면 곤란 • 소자본 창업은 어려운 구역
비즈니스 타운		관청이나 대기업의 사무실이 집중된 곳, 주간인구가 집중, 야간에는 공동화현상	• 샐러리맨 상대의 사업이나 회사 • 방식에 따라 소자본 창업도 가능 • 음식점은 배달에 주력
학교 근처		대학 근처, 주간인구가 집중	• 학생 상대의 사업 • 대중브랜드의 음식점

인구 동선에 있는 것이 좋다. 교통의 중심이 되는 기점에서 사무실 상권 또는 주택가 상권으로 이어주는 중간 지점은 유리한 입지이다.

점포의 입지를 상가(근린 상가, 지방 상가, 대도시 상가), 비즈니스 타운, 학교 근처로 구분한 후 각각의 입지에 어울리는 업종을 제시하면 다음과 같다.[18]

8. 상품의 분류에 따른 점포의 위치

상품을 분류하는 방법은 재질별, 용도별, 구입처별, 소비자의 구매습관에 의한 분류 등 다양하다. 소비자의 입장에서 분류한다면 편의품, 패션상품 그리고 전문품이 있다.[19]

전문품은 특정한 점포에서만 구입하는 상품이다. 패션품은 소비자들이 구매할 때에 비교, 선택하여 구매하는 상품이다. 그리고 편의품은 가까운 점포에서 특별하게 비교하는 것 없이 구매하는 상품을 말한다. 대표적인 상품이 식료품으로 가격, 품질, 신선도, 크기 등을 비교하여 구매한다. 패션품 중에서도 의류, 문화용품, 일용잡화 등은 편의품에 가까워지고 있다. 일용잡화 중에 디자인이 중시되는 일부는 편의품적 패션품이라고 하고, 어린이용 실용의류는 패션품적 편의품이라고 한다. 이러한 상품의 성격에 따라 점포의 위치도 달라져야 한다.

1) 패션품점의 위치

일반적으로 패션품의 단가는 편의품보다 높으나 구매빈도가 낮다. 따라서 일정한 고객수를 확보하기 위해서는 상권이 넓어야 하며, 교통량이 많아야 한다. 교통기관을 이용하여 1시간 이내의 거리를 상권이라 한다. 거리로는 반경 12km 이내이다. 그러나 차량의 보급으로 인하여 점차 넓어져 가는 추세로 대도시 상권이라면 30~40km에 이른다. 거리 이외에도 통행인구의 질과 남녀의 비율에 따라서 달라진다.

2) 편의품점의 위치

일상생활에 사용하는 편의품의 고객은 인근에 거주하는 사람들이다. 일반적으로 걸어서 10분 이내에 거주하고 있으며 거리로는 700m 이내가 된다.

편의품 중에서도 식료품과 비식료품을 구별하면 구매빈도나 고객의 범위가 달라진다. 식료품은 구매빈도가 높고, 가까운 거리에서 구매한다. 비식료품은 식료품에 비해 구매빈도가 낮고, 1km까지 찾아갈 수 있다.

3) 서비스업의 위치

서비스업은 용역상품의 분류로 음식점과 기타의 서비스업으로 분류하여 살펴보기로 한다.

같은 종류의 음식점이라도 패션가에 위치하면 단가가 비싸지고 메뉴도 고급화된다. 편의품 상가에 위치하면 대중음식을 주메뉴로 하게 되고 양식전문점은 다소 어렵게 된다. 최근 차량의 보급으로 외곽지역에 음식점이 많이 생겨나고 있다. 차량으로 이동하는 만큼 인테리어의 분위기가 확실하게 달라야 한다.

음식점 이외의 서비스업 가운데 호텔과 같은 숙박업은 교통이 편리해야 한다. 이발소는 주거지역이 좋고, 미장원은 주거지를 배후에 둔 상가지역이 좋다. 이처럼 서비스업은 서비스의 목적에 따라 그 위치가 정해진다.

9. 사업장(점포) 선정에서 피해야 할 점포[20]

1) 역세권 중 상권이 확대되는 곳은 피하라

역세권은 유동인구가 많은 곳이므로 공터가 있으면 유통시설이 들어서게 되어 상권이 급격하게 변한다. 이와 같은 변화가 유리하게 작용할 수도 있지만 사실은 불리한 경우가 더 많다.

그리고 일반주택이 상가주택으로 바뀜에 따라 상가가 확대되는 경우도 많다. 이때 상권의 활성화로 인해 그렇게 되었다면 상권이 활황을 유지하는 반면, 그저 상권의 범위만 넓어졌다면 상권이 분산되어 경쟁이 치열해지므로 결국 침체의 길을 걷게 된다.

2) 유동인구가 그냥 흐르는 곳은 피하라

유동인구가 많더라도 목적지를 향해 가는 사람이 대부분이라서 장사에 도움이 되지 않는 곳이 있다. 역세권이라도 이런 곳이 많은데 도로가 4차선 이상이어서 이쪽과 저쪽 도로의 상권이 연결되지 못한 경우, 어느 한쪽의 도로변은 '흐르는 자리'가 되기 쉽다.

3) 업종이나 주인이 자주 바뀌는 점포는 피하라

업종이 자주 바뀐다는 것은 이 업종을 해도 안 되고 저 업종을 해도 안 된다는 말과 같다. 또 임차인이 자주 바뀌는 것도 원인은 같다.

장사를 하다 보면 불가피한 사유가 발생하여 가게를 할 수 없는 경우가 있다. 하지만 그런 일은 그렇게 많지도 않을 뿐더러 그 가게에만 유난히 그같이 불가피한 일이 발생하지는 않을 것이므로 당연히 그런 곳은 장사가 지독히도 안 되는 자리인 것이다.

4) 빈 가게가 많은 곳은 피하라

빈 가게란 장사가 안 되어 나가버린 경우로서 그 임차인도 권리금의 일부는 받아내려고 갖은 노력을 했을 것이다. 그런데도 매매는 안 되고, 장사하기도 힘들고 하여 결국은 시설비 및 권리금까지도 포기하고 보증금만 건물주에게서 받아 나간 것이다. 그러므로 빈 가게가 많다는 것은 그 지역의 상권이 엉망이라는 말과 같다.

5) 언덕 위나 상가의 연속성이 끊긴 곳은 피하라

언덕 위는 상권이 매우 좁아서 언덕 주위의 극히 일부 세대로만 국한된다. 따라서 조그만 구멍가게 정도의 슈퍼마켓밖에 할 것이 없다. 또한 언덕 중턱의 오르막길 역시 그렇다. 사람들은 일단 낮은 데로 몰리는 경향이 있기 때문이다. 특히 주택지의 경우, 대부분 이런 형태로 상권이 형성되어 있으므로 주의해야 한다.

6) 주변에 공터가 있는 곳은 피하라

역세권 같은 유명상권에는 공터나 상가로 전환할 주택이 거의 없다. 이미 거의 다 상가로 되어 있기 때문이다. 그러나 신흥 상권이나 주택지 상권에서는 공터가 많고 웬만큼 오래된 주택은 상가주택으로 개조되는 경우도 많아 더 큰 상가가 건축될 가능성이 많다.

7) 500m 안에 대형 유통시설이 있으면 피하라

이러한 대형 시설과 근접한 상가는 앉아서 덕을 보지만 300~500m 거리에 떨어진 작은 규모의 상가는 경쟁력이 떨어져 손님이 큰 시설로 분산되기 때문에 손해를 입게 된다. 특히 주택지나 아파트는 이러한 대형 시설의 영향을 많이 받게 된다.

8) 권리금이 없는 곳은 피하라

현재 장사를 하고 있으면서 급한 사정으로 인해 권리금도 받지 않겠다며 나온 가게가 있다. 역시 장사가 안 되는 곳이긴 마찬가지이다. 권리금까지도 포기한다면 당연히 목이 안 좋아 도저히 사업을 유지할 수 없는 경우이기 때문에 이러한 곳은 누가 들어가도 장사가 안 된다.

9) 주변에 큰 규모의 같은 업종이 있으면 피하라

독특한 노하우나 아이디어가 있다면 작은 가게로도 충분하다. 그러나 그러한 것도 없는 보통 사람이 "남들 다하는데 나라고 못하겠나?"라는 막연한 기대나 과신을 하는 것은 패망의 지름길이다.

10) 건물주가 장사하는 건물은 피하라

일반적으로 욕심이 많고 인정도 없는 건물주는 보증금과 월세가 주변지역 중에서 제일 높고 또 해마다 올린다. 일단 이런 건물은 피하는 것이 좋다.

10. 사업장(점포)의 계약 및 관련 법률 확인사항

점포를 이용하여 창업을 하는 경우에는 제일 먼저 사업장(점포)의 상태를 조사하여야 한다.

1) 점포의 상태조사

점포는 건물의 준공연월일, 점포의 출입구상태, 입주업종 및 인기도수준, 여성고객 기피점포 및 업종 유무, 건물의 높이 그리고 외부모양 등을 조사해야 한다.

도표 5-14 | 점포의 상태조사내용

구분	내용
건물의 준공연월일	• 건축연수 • 건물 내부의 수도관, 전선 등의 설비상태 • 건물 내장재료, 시공상태 • 낡은 구조 : 신세대 기피
점포의 출입구상태	• 계단이 많으면 여성, 고령고객 불편 • 출입구 통로 open형 : 비, 바람 등의 피해 • 지하층 : 출입구 협소하면 불편
입주업종 및 인기도수준	• 입주업종이 시끄럽고 지저분하면 여성고객, 수준 있는 고객, 가족고객이 출입 꺼림 • 동물병원 있으면 불리 • 야간업소 있으면 불편
여성고객 기피점포 및 업종 유무	• 성인용품점 있으면 불리 • 화려한 주점 있으면 불리 • 남성 위주의 투기성 업종 있으면 불리
건물의 높이	• 지나치게 낮은 건물 : 초라하게 보임, 격이 낮음
외부모양	• 오래되고 낡고 초라한 점포 : 젊은이 기피 • 정원의 조경, 아늑한 분위기 : 가족고객, 여성고객 출입

2) 사업장(점포)의 계약

사업장(점포)의 상태를 조사한 후 계약을 해야 하는데 계약할 때에 필요한 내용은 다음과 같다.[21]

(1) 점포계약의 준비 및 고려사항

① 점포를 계약하기로 결심했다면 집기, 비품의 제조사와 용량, 제품명을 대충이라도 살펴보거나 목록을 만들어 두는 것이 좋다.

② 계약금, 중도금, 잔금 등 전체 자금 일정을 최소 일주일 이상의 기간을 두고 자금상황과 기존임차인의 상황을 점검해 두는 것이 필요하다.

③ 권리금계약은 건물주가 아닌 세입자와 하기 때문에 이중계약 방지를 위해 실질 소유주 혹은 임차인 여부 확인이 가능한 허가받은 중개업소에서 하는 것이 좋다.

④ 등기부등본, 건축물대장, 토지가옥대장, 도시계획확인원 등 법률관계를 직접 확인한다. [도표 5-15] 법률관계 확인사항을 참조한다.

⑤ 계약장소에 나가기 전 막바지 협상에 도움이 될 사람과 동행하도록 한다.

⑥ 마음도 몸도 편안한 상태에서 계약을 진행해야 세밀한 검토가 가능하므로 계약일정은 내가 편안한 시간에 잡는다.

⑦ 가격에 대한 협상은 부드럽고 단호하게 한다. 그리고 계약금은 깎고 싶은 권리금에 반비례하여 준비하도록 한다. 중도금 없이 잔금을 치루는 것이 좋은 가격협상이 될 수 있다. 계약 시에는 계약금을 많이 가지고 왔다고 보여주고 협상가격의 10% 정도만 계약금으로 지불해도 무방하다.

⑧ 계약기간은 업종에 따라 장기 혹은 단기계약을 한다.

⑨ 계약서상의 특약을 효과적으로 활용해야 한다. 차후 임차인으로부터 권리금을 받을 수 있도록 하는 점포주의 협력조항이라든지, 잔금 지불일에 전세권 혹은 임차권등기를 해준다든지, 임차금의 적정한 증가 또는 계속재계약 명시, 간판, 창고, 주차장, 화장실 등의 부속물이용에 대한 사항을 명기해야 한다.

도표 5-15 | 법률관계 확인사항

법률관계 확인사항

등기부등본	토지 · 가옥대장	건축물관리대장	도시계획확인원
• 표제부(건물에 대한 사항) • 갑구(소유권에 대한 사항) : 소유주, 주소, 이전일자, 이전원인 등) • 을구(저당권, 임차권, 지상권 등 소유권 이외의 권리관계) –계약자 확인 –토지, 건물, 소유주 동일 여부 확인 –근저당 등 채무 확인 –신축건물의 경우 건축허가 확인	토지 · 가옥의 위치, 크기, 실소유자 등이 등기부등본과 일치한지 여부를 확인	• 건물노후연한 확인 • 건물전체용도 확인 • 주차장용도 확인 • 신축건물 : 건축허가 도면	• 도시계획사항 확인 • 공공용지로 수용 여부 확인 • 재개발지역 • 업종변경 제한지역 여부 확인
건물 · 토지의 소재지, 법원 등기소	건물 · 토지의 소재지, 시 · 군 · 구청		건물 · 토지의 소재지, 시 · 군 · 구청

(2) 권리금계약과 임대차계약

점포계약은 [도표 5-16]과 같이 권리금계약과 점포임대차계약이 있다. 권리금계약은 권리금이 있는 경우 점포사업주, 즉 임차인 간에 계약을 체결하는 것을 의미하고, 점포임대차계약은 신규임차인과 점포주 간에 체결하는 것을 말한다.

도표 5-16 | 점포계약

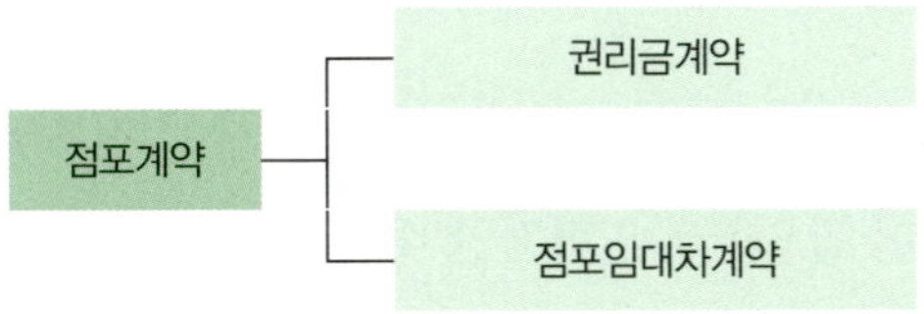

가. 권리금계약

권리금은 점포임대차와 관련해 임차인이 특별하게 누리게 될 장소 또는 영업상의 이익에 대한 대가로 임차보증금과 별도로 지급되는 금전적 대가로 정의한다.[22] 이러한 권리금은 다음 두 가지의 형태로 구분할 수 있다.[23]

① 시설개선비용, 인테리어 설치비에 대한 보상액을 말한다.

② 일정기간 동안 한 장소와 점포에서 특정간판, 상호 등으로 영업을 해온 덕택에 확보가능한 고정적인 수입을 보장해주는 데 대한 금전적 보상액을 말한다.

이러한 권리금은 사실상 법적으로 보장이 되는 것이 아니며 건물주가 권리금을 묵시적으로 인정하는 것이 보통이므로 권리금분쟁이 많이 발생한다. 따라서 권리금계약을 할 때에는 점포임차인이 사업자등록증의 실제 명의자인지, 영업권 및 허가권의 실제권리자인지를 파악하는 것이 중요하다.

권리금 계약서상에 기재되어야 할 사항은 다음과 같다.

① 임대료 인상금액의 책임소재를 분명히 해야 한다. 일반적으로는 몇 % 혹은 얼마의 금액은 매도인이 책임지고, 그 이상의 인상은 매수인이 책임을 진다. 또한 과도한 인상 시에는 위약금 없이 해약이 가능하도록 한다.

② 임대차기간의 잔여기간 승계문제를 명확히 하도록 한다. 권리금계약은 기존 임차인의 잔여기간을 승계하는 것이 원칙이지만 관례상으로는 새로운 계약을 1년간 책임지기로 한다.

③ 시설 및 집기, 비품은 계약 당일의 상태로 잔금 지불일에 양도해야 한다.

④ 임대차 승계 혹은 본사 가맹점 승계가 되지 않을 경우는 해약한다.

⑤ 중도금의 은행입금을 약속하고 계좌번호를 적어둔다.

나. 점포임대차계약

점포임대차계약에서 특별히 필요한 것은 없고 단지 점포임대차계약서의 특약내용의 꼼꼼한 확인이 필요한데 일반적인 내용은 다음과 같다.

① 권리금은 절대 인정하지 않는다.

② 건물주가 요구하면 언제든지 비워준다.

③ 시설은 원상복구한다.

④ 제소 전 화해조서를 요구하면 계약서 작성을 재고하는 것이 좋다.

3) 점포를 구할 때 유의할 사항

점포를 구할 때 유의할 점은 다음과 같다.[24]

① 기존점포의 경영상태가 어떠하였는가를 파악한다.

② 가맹점일 경우 프랜차이즈 본사의 경영상태, 부도가능성, 계약기간, 계약조건의 변동가능성 등을 파악한 후 반드시 건물주와 계약을 해야 한다.

③ 상가일 경우 신·개축의 가능성 유무를 조사한다.

④ 점포가 위치한 지역 또는 인근에 어떠한 도시개발계획이 있는지를 확인하고, 경쟁점, 대형 쇼핑센터 건립계획 등이 있는지 검토한다.

⑤ 고객의 이용상황 등 현장조사도 필요하다.

4) 임차보증금의 안전성 확보

창업자는 임차보증금의 안전성 확보를 위해 임차건물 또는 타건물에 근저당권 혹은 전세권을 설정하는 것이 바람직하다. 그 밖의 방법으로는 보증보험증서 발급, 연대보증서 작성, 약속어음 공증 등의 방법이 있다. 안전성 확보를 위한 수수료 및 설정과 관련된 비용은 일반적으로 법적으로 보호받는 사람, 즉 입주자가 부담한다.

5) 임대차계약서 작성 시 유의사항

차후 임대차인 간에 분쟁의 대상이 되지 않도록 임대차계약서 작성 시 계약서에 명기하고 확인하여야 할 사항은 다음과 같다.[25]

① 반드시 건물주 명의로 계약

② 부동산중개소 대표자의 입회인 서명을 받을 것

③ 월세금 기산일

④ 임대기간

⑤ 계약 연장 또는 해약에 관한 사항

⑥ 보증금, 월세의 인상·인하 등에 관한 사항

⑦ 계약종료 후 구축물 처리, 증설 시설의 처리사항

⑧ 중도해약 시의 처리방안

⑨ 임차료 지급기일, 지급방법

⑩ 계약만료 후 보증금 반환조건

⑪ 건물수리비의 부담 한계

⑫ 건물주의 부주의로 야기된 영업중지 등에 대한 손해배상의 범위 및 처리방법

11. 상가건물임대차보호법

「상가건물임대차보호법」에 의한 상가건물은 '사업자등록의 대상이 되는 건물'을 의미하는데, 즉 일반적 의미의 상가, 오피스텔뿐 아니라 공장, 창고 등도 사업자등록의 대상이 될 경우에는 상가건물에 해당된다. 상가건물이냐 아니냐의 문제는 건물의 특성보다 임차인이 사업자등록을 했느냐 하지 않았느냐가 본질적인 문제라 할 수 있다.

1) 도입배경

많은 중소영세사업자들이 임대차계약을 통해 사업장(점포)을 마련하고 있다. 이렇게 많은 임차사업자가 있음에도 임차인들은 임대인에 비해 상대적 약자의 위치에 있음에 따라 여러 가지 불이익을 감수해야만 했다. 많은 시설비를 투입한 임차인도 임대인의 재계약 거부로 인해 시설비를 회수하지 못하는 사례도 빈번하였으며 심지어 임차건물의 경매로 인하여 보증금조차 회수하지 못하는 경우도 있었다.

이에 상가건물임대차의 공정한 거래질서를 확립하고 영세상인들이 안정적으로 생업에 종사할 수 있도록 임대인의 권리를 보호하는 「상가건물임대차보호법」이 2001년 12월 제정 · 공포되었으며 2002년 11월부터 본격적으로 시행되었다.

2) 상가건물임대차보호법 주요내용[26]

(1) 상가건물임대차보호법의 대상

「상가건물임대차보호법」은 영세임차인 보호라는 취지에 따라 지역별로 임대차 보증금이 일정액(아래 표 기준) 이하인 임차인이 그 적용 대상이 된다.

(2) 상가건물임대차보호법의 대상과 변제권범위

도표 5-17 | 상가건물임대차보호법의 대상과 변제권범위

지역	법적용 대상보증금	소액임차인의 최우선변제권 인정금액
서울특별시	6억 1,000만 원 이하	6,500만 원 이하
수도권과밀억제권지역 (서울시 제외)	5억 원 이하	5,500만 원 이하
광역시 (인천시, 군지역 제외)	3억 9,000만 원 이하	3,800만 원 이하
기타 지역	2억 7,000만 원 이하	3,000만 원 이하

(3) 임차인의 권리

사업자등록과 실질적인 건물인도를 완료(이 두 가지 조건을 확보한 경우를 대항력이 확보되었다고 함)한 임차인에게 다음과 같은 권리가 부여된다.

① 임대차 존속기간 보장 : 최대 5년간 계약갱신 요구권 보장

② 임대인 변경에 따른 영향 차단 : 건물소유주(임대인)가 바뀌어도 새로운 소유주(임대인)에게 임차권 주장

③ 임대료 인상 상한선 설정 : 인상 상한선을 연 12%로 제한

④ 우선변제권 보장 : 대항력을 취득한 임차인이 세무서에서 확정일자를 받은 경우 경매 · 공매 시 임차건물의 환가대금에서 후순위 권리자 그 밖의 채권자보다 우선 변제가능

⑤ 기타 임차권등기명령신청, 소액보증금에 대한 최우선변제권 등이 보장

(4) 임대인의 보호

건물임대인을 위한 보호장치는 법으로 보장된 임대차 존속기간은 5년이나 계약은 최소 1년단위로 체결이 가능하다. 임차인의 부당한 권리남용에 해당되는 경우 임대인이 계약갱신요구를 거절할 수 있도록 규정(법 제10조의 8가지의 경우)·명시해 두었다.

(5) 상가건물임대차보호법에서 대항력

「상가건물임대차보호법」에서 대항력이란 당사자(이 경우 직접적인 계약주체인 임대인, 임차인)뿐 아니라 제3자에게도 주장할 수 있는 권리를 의미한다. 「상가건물임대차보호법」에서 대항력의 발생요건은 임차인의 건물인도와 사업자등록이다. 대항력의 발생시점은 신규로 사업자등록을 신청한 경우는 신청일 다음날부터이다.

이미 사업자등록이 된 경우도 사업자등록을 정정하는 것이 좋으며 확정일자신청을 위해서는 반드시 사업자등록 정정이 필요하다.

대항력이 있는 임차인의 대표적인 특징은 임대인이 바뀌어도 임차인은 종전 임대인과 체결한 계약의 유효성을 주장할 수 있다는 점이다.

(6) 확정일자의 획득

확정일자란 그 날짜에 그 문서가 존재하였음을 인정해주는 것으로 "임대차계약서 원본에 확정일자번호, 확정일자를 기재하고 확정일자용 관인을 날인하는 것"을 말한다. 확정일자의 발급은 상가건물을 관할하는 세무서에서 해주고 있다.

대항력(건물의 인도와 사업자등록)과 확정일자를 받은 임차인에게는 '우선변제권'이 부여되므로 사업자등록 시 확정일자를 같이 발급받는 것이 보다 바람직하다. 확정일자를 받기 위해서는 다음의 서류를 갖추어 관할 세무서에 신청하여야 한다.

:: 도표 5-18 | 확정일자 획득을 위한 서류

기존에 사업자등록이 된 경우	신규로 사업자등록을 하는 경우
임대차계약서 원본	임대차계약서 원본
사업자등록증 원본	사업자등록증신청서
사업자등록증정정신고서	사업허가 · 등록 · 신고필증 사본(법령에 의하여 허가 · 등록 · 신고 대상인 경우)
사업장도면(건물공부상 구분등기 표시된 부분의 일부만 임차한 경우)	사업장도면(건물공부상 구분등기 표시된 부분의 일부만 임차한 경우)
본인 신분증(대리인이 신청 시 위임장과 대리인 신분증)	본인 신분증(대리인이 신청 시 위임장과 대리인 신분증)

사례연구 Case Study

사례 1 [성공 창업, 상권을 보라] 가족 창업

직원관리 부담 뚝 … 인건비 아낄 수 있어
노동강도 세지 않은 디저트카페 권할만

은퇴 후 창업을 선택하는 중장년층이 증가하면서 창업시장에 가족경영 바람이 불고 있다. 가족 창업의 가장 큰 장점은 심적 안정감이 크고 직원관리 부담이 없다는 것이다. 무엇보다 예비 창업자의 고민사항 중 하나인 인건비 부담을 줄일 수 있어 시작부터 경쟁력을 갖출 수 있다.

초보 창업자에게 종업원관리 또한 큰 어려움 중 하나다. 하지만 가족의 경우 오랜 시간 같은 공간에서 생활하며 신뢰관계가 형성돼 있고 공동의 목표를 가지고 있기 때문에 최고의 사업 파트너가 될 수 있다. 소비자에게도 가족경영은 점포의 신뢰도를 높이는 요인이 되기도 한다.

가족 창업 시에도 가장 신경 써야 할 부분은 업종 선택이다. 충분한 시장조사와 입지선정 등 자료를 수집하는 것은 기본이다. 가족 창업자에게 적절한 사업아이템은 판매업, 외식업이다. 특히 외식업은 다른 업종에 비해 고객 접근성이 좋고 인건비 비중이 높아 가족경영을 통한 소형 매장운영에서 가성비 높은 수익을 낼 수 있다.

이 같은 이유로 최근 가족 창업자에게 인기 있는 분야가 디저트카페다. 디저트카페의 경우 노동강도가 세지 않고 소수의 인원으로 운영하기 쉬운 창업아이템이다. 단일상품이 아닌 커피, 음료, 케이크, 베이글, 츄러스 등 다양한 디저트상품을 판매해 소비자들에게 신선함을 줄 수 있다.

서울 홍대, 대학로 등 젊은층이 몰리는 곳도 좋지만 오피스 상권이 밀집해 있는 강남, 시청, 마포 등의 이면도로 상권이나 30대 주부들이 많은 신도시처럼 기본 인구 수요가 풍부한 입지를 추천한다. 다양하고 개성 있는 메뉴로 독보적인 경쟁력과 차별성을 갖춘다면 효과를 배로 누릴 수 있다.

이와 함께 감각적 인테리어를 앞세운 카페형 분식도 고려해볼 만하다. 분식은 남녀노소 연령층에 상관없이 고객층이 넓고 계절의 영향을 받지 않아 음식업 중에서도 수요가 높다. 카페형 분식점은 아파트 입주민이 꾸준히 이용하는 아파트 상가나 대학가, 동네골목과 시장을 연결하는 입지 등을 추천한다. 기존분식의 장점은 그대로 유지하되 서구형 메뉴를 추가로 개발하고 인테리어 디자인까지 앞세운다면 성공 창업에 한걸음 다가설 수 있다.

출처 : 서울경제, 2016-12-11

사례 2 창업비 2,000만 원 이하 '불닭발' · '김가네' 연매출 3억 훌쩍

분식의 고급화로 연매출 5억 원 이상 브랜드도 4개
노동강도 높은 만큼 선택 신중해야

분식전문점은 비교적 저렴한 창업비용으로 도전할 수 있는 업종이다. 소자본 창업으로 분류하는 3,000만 원대 이하의 비용으로 창업이 가능한 브랜드가 많다.

공정거래위원회 가맹사업거래 사이트에서 20개 브랜드를 비교분석한 결과 14개 브랜드가 3,000만 원대 이하로 창업이 가능했다. 또 1,000만 원대로 창업할 수 있는 브랜드도 공수간(1,440만 원), 불닭발동대문엽기떡볶이(1,650만 원) 등 5개에 달했다.

분식전문점 창업이용 및 매출 비교

(단위 : 천 원)

브랜드	상호	가맹비	교육비	보증금	총창업 비용	평균 매출
스쿨스토어	(주)스쿨스토어	30,250	3,300	0	123,200	500,096
코바코	(주)호경에프씨	5,500	7,700	3,000	90,750	224,591
바르다김선생	(주)바르다김선생	7,700	4,400	2,000	60,500	553,786
신포우리만두	(유)신포우리식품	8,800	0	3,000	57,200	352,318
스쿨푸드	(주)에스에프이노베이션	22,000	11,000	20,000	49,500	652,204
명인만두	(주)명인에프엔비	6,600	4,400	0	39,600	73,267
북촌손만두	(주)북촌친구들	5,500	3,300	5,000	39,600	486,822
죠스떡볶이	(주)죠스푸드	5,500	3,300	2,000	39,600	196,441
국대떡볶이	(주)국대에프앤비	11,000	0	10,000	35,200	202,689
홍익돈가스	(주)홍익	5,500	5,500	5,000	81,000	727,648
아딸	(주)오투스페이스	7,700	1,100	2,000	28,000	142,775
셰프의국수전	(주)바인에프씨	5,500	2,200	2,000	24,750	232,817
로봇김밥	(주)로봇에프앤비	5,500	2,200	2,000	24,750	337,560
국수나무	해피브릿지협동조합	9,900	3,300	3,000	24,750	293,480
봉구스밥버거	(주)부자이웃	6,050	0	0	21,890	133,047
얌샘	(주)얌샘	5,500	2,200	2,000	19,800	274,858
김가네김밥	(주)김가네	5,500	2,200	2,000	19,800	336,051
명동할머니국수	(주)봉원에프앤비	3,300	5,500	1,000	165,00	162,093
불닭발동대문엽기떡볶이	(주)핫시즈너	11,000	3,300	0	16,500	398,421
공수간	(주)놀부	5,500	3,300	2,000	14,400	217,003

1억 원 이상 창업비용이 소요되는 브랜드는 스쿨스토어(1억2,320만 원)가 유일했다. 창업비용은 저렴하지만 간식부터 식사까지 다양한 메뉴를 취급하는 브랜드 특성상 매출은 높은 편이었다. 떡볶이나 국수 등으로 메뉴가 제한적이고 매장면적이 좁은 브랜드의 경우 가맹점 연평균 매출이 낮은 편이었으나 조사 대상 브랜드 대부분이 2억 원대 이상의 매출을 올리는 것으로 나타났다.

연 매출이 가장 높은 브랜드는 홍익돈까스로 7억2,700만 원대를 기록했다. 이를 월 매출로 환산하면 월 평균 6,000만 원 이상의 매출을 올리는 셈이다. 홍익돈까스의 매출은 가맹점 평균 매출이 가장 낮은 명인만두(7,300만 원)보다 10배가량 높았다. 이어 스쿨푸드가 6억5,200만 원대의 매출로 2위에 올랐다. 연 5억 원 이상 고수익을 올리는 브랜드도 홍익돈까스, 스쿨푸드, 스쿨스토어, 바르다김선생 등 4개였다. 조사 대상의 절반에 가까운 9개 분식브랜드는 연 매출이 3억 원을 넘었다.

불닭발동대문엽기떡볶이와 북촌손만두, 김가네 김밥 등은 창업비용 대비 높은 매출을 올리는 브랜드였다. 가성비가 높은 이들 브랜드는 소자본으로 창업이 가능하지만 연 매출이 비교적 높았다. 불닭발동대문엽기떡볶이는 1,650만 원으로 창업비용은 조사 대상 중 두 번째로 저렴했지만 연 매출은 3억9,800만 원대였다. 분식브랜드 중 가장 오랜 역사를 지닌 김가네김밥 역시 1,980만 원의 창업비용으로 3억3,600만 원대 매출을 올렸다. 북촌손만두는 두 브랜드보다 창업비용은 3,960만 원으로 높았지만 매출은 5위 수준인 4억8,500만 원대였다.

테이크아웃 비중이 높은 봉구스밥버거, 공수간, 죠스떡볶이, 국대떡볶이, 아딸 등의 연 매출은 1~2억 원대였다. 테이크아웃 중심 브랜드 가운데서는 공수간이 2억1,700만 원대로 가장 높은 매출을 기록했다.

분식은 비수기가 없는 꾸준한 창업아이템으로 꼽힌다. 그러나 분식전문점 운영 시에도 주의할 사항이 있다. 분식은 메뉴의 종류가 많은 브랜드가 대부분이기 때문에 식자재 손실 비중이 높은 편이다. 유통기한이 지난 식자재를 폐기하면 고스란히 점주의 손해로 돌아간다. 또 주요메뉴에 따른 노동강도도 눈여겨봐야 한다. 떡볶이전문점은 떡볶이를 계속 조리해야 하고 김밥전문점도 김밥을 만드는 등 노동강도가 높다. 매장 면적 대비 일손이 많이 필요한 것도 분식의 특징이다.

이상헌 창업경영연구소장은 "분식전문점은 노동강도가 높고 배달서비스를 제공할 경우 주방과 홀, 배달사원까지 고용부담이 크다"며 "수익성을 높이기 위해서는 부부 창업을 통해 고용인력을 최소화하는 전략이 필요하다"고 조언했다.

출처 : 브릿지경제, 2017-01-25

사례 3 가게 망해야 산다 vs 옆 가게 살아야 산다 … 먹자골목 승자는

공생과 공멸의 차이는 협력
순대촌 · 간장게장촌, 점포 공사 제대로 못해
메뉴판도 10년 전 그대로 … 호객행위 등 과열 경쟁
대구 안지랑 곱창거리, 식재료 공동구매 단가 낮춰
대청소도 함께 … 위생 해결

지난달 25일 서울 신림동 양지순대타운. 점심시간인데도 썰렁한 분위기였다. 업소당 10개의 테이블에는 빈자리가 많았다. 15년째 장사를 하고 있다는 A씨는 "갈수록 손님이 줄고 있다"며 "그나마 오랜 단골손님들로 버티고 있다"고 말했다.

같은 날 대구 대명동 안지랑 곱창거리. 약 530m에 이르는 곱창골목에 길게 늘어선 50여개 가게마다 곱창 굽는 냄새가 진동한다. 1인분 가격은 4,000원. B가게 사장은 "저렴한 가격에 완벽한 청결을 유지하고 있는 것이 우리의 자랑"이라고 말했다.

페인트칠도 못하게 하는 이웃가게

OO골목, △△촌 등으로 불리는 일명 '먹자골목'에도 명암이 있다. 비슷한 식당끼리 한곳에 모여 한때 엄청난 호황을 누렸던 골목도 어느새 변해버린 사람들의 입맛에 적응하지 못하면 금세 쇠락한다.

신림동 순대타운은 1970년대 이후 주변시장에서 순대볶음을 팔던 상인들이 1990년대 초 만든 순대촌(村)이다. 양지순대타운과 민속순대타운 등 두 개 건물 3~4개 층에서 60여 개 업소가 백순대 볶음 등 같은 메뉴를 팔고 있다. 이곳은 10년 전까지만 하더라도 권리금이 1억 원에 달할 정도로 성황을 이뤘지만 지금은 곳곳에 비어있는 점포들이 눈에 띈다.

상인 C씨는 "예전에 손님이 많을 땐 하루에 1,000만 원어치를 팔았던 적도 있었다"며 "지금은 주말에도 하루 매출 100만 원을 올리기가 버겁다"고 전했다. 학창시절의 추억을 잊지 못해 최근 주말에 순대촌을 찾았다는 회사원 K씨(40)는 "입맛이 변해서 그런 건지 옛날 맛이 안 난다"며 "새 메뉴를 개발하고 시설도 개선했으면 좋겠다"고 말했다.

이 같은 침체는 빠르게 달라지는 고객들의 입맛에 대응하지 못한 결과라는 지적이다. 가게 벽면에 붙어있는 메뉴판은 10년 전이나 지금이나 달라진 게 거의 없다. D식당 주인은 "매장에 페인트칠을 하려고 해도 마음대로 안 된다"며 "옆 가게에서 공사하면 내 가게 영업에도 지장이 있다는 생각 때문에 다들 불편해 한다"고 털어놨다.

실제 최근 관악구청이 순대타운 내 점포 5곳을 모아 서울시의 브랜드 컨설팅서비스인 '시장닥터'에 참여할 것을 제안했지만 두 곳만이 참여 의사를 밝히는 바람에 컨설팅 지원이 무산되기도 했다.

난투극에 소송전까지 …

서울 잠원동 간장게장골목은 무한경쟁으로 심각한 갈등을 겪고 있다. 최근 '프로간장게장'이라고 불리는 원조 식당과 후발 식당 간 상호명을 둘러싸고 소송전이 일어나면서 상인 간에 갈등의 골이 깊어졌다. 2012년에는 식당 직원들이 손님을 서로 데려가려고 호객경쟁을 하다가 집단 난투극이 벌어진 일도 있었다.

30여 년 전부터 하나둘씩 간장게장집들이 생겨난 이곳은 한때 20여 개 점포로 세를 불렸지만 지금은 10개 정도만 남아 있다. 문을 연 지 15년 됐다는 E식당 주인은 "같이 도와가며 영업을 해도 시원찮을 판에 이렇게까지 싸워서야 …"라며 혀를 끌끌 찼다.

공멸 위기감이 만들어낸 협력

반면 대구의 안지랑 곱창거리는 점주 간 상호협력과 신뢰를 통해 지역상권 전체를 살린 케이스다. 2006년 13개에 불과했던 곱창가게는 51개로 4배가량 늘었고, 주말엔 하루 8,000명이 찾을 정도로 북적거린다. 한 달에 이곳에서 소비하는 곱창이 20t에 육박할 정도다.

외환위기가 닥쳤던 1997년 이후 퇴직자들이 하나둘씩 모여 곱창가게를 차리면서 안지랑 곱창거리가 형성되기 시작했다. 하지만 2000년 이후 비슷한 가게들이 우후죽순 생기면서 경쟁이 치열해졌고 2000년 중반 이후 일부는 문을 닫기도 했다. 이대로 가면 공멸뿐이라는 위기감에 상인들이 모여 대책을 논의하기 시작했다. 이 지역 토박이인 우만환 씨(66)가 상인회장을 맡았다.

공동구매부터 시작했다. 우 회장은 "상인들을 하나하나 찾아다니며 보름 이상 설득해 곱창요리의 주재료인 곱창, 주류, 음료수를 공동구매하기로 합의했다"며 "그 결과 구매단가를 20% 이상 떨어뜨릴 수 있었다"고 설명했다. 제품 위생도 크게 개선했다. 인근 공장에서 깨끗하게 손질해 진공포장한 곱창을 사용하기 때문이다.

초기 협력이 성과를 내자 그다음은 일사천리였다. 상인들은 곱창가게 특성상 연탄 먼지가 거리에 많이 쌓이는 문제를 해결하기 위해 1주일에 2~3회씩 대대적인 물청소를 하기 시작했다. 손님들이 불편해하는 호객행위도 자제하기로 했다. 판매대금에서 일부를 뗀 기금으로 인근 학생들에게 장학금을 주는 등 지역사회 기부활동도 늘려가고 있다.

출처 : 한국경제, 2014-10-01

참 고 문 헌

Reference

01 최창선 · 박현식, 「창업경영」, 두남, 2005, pp.127~130.

02 조경동, 「소자본기업창업론」, 형설출판사, 2004, p.204.

03 경기지방중소기업청, 「소상공인! 알아야 성공한다」, 2003.

04 김충렬 · 최화섭, 「21세기 창업경영론」, 형설출판사, 2003, p.133.

05 www.changupok.com

06 정대용 · 임재석 · 엄명철, 「창업론」, 형설출판사, 2006, pp.202~204.

07 http://sg.sbiz.or.kr/main.sg#/main

08 정대용 · 임재석 · 엄명철, 「창업론」, 형설출판사, 2006, p.201.

09 www.changupok.com

10 임재석 · 엄명철, 「프랜차이즈 창업실무」, 무역경영사, 2004, p.203.

11 조보상, 「소자본창업실무」, 무역경영사, 2005, pp.150~151.

12 편집부 역, 「판매점 설계의 실제」, 도서출판 국제, 1994, p.7.

13 www.sbiznews.com

14 정대용 · 임재석 · 엄명철, 「창업론」, 형설출판사, 2006, p.202.

15 소상공인지원센터, 자가진단시스템

16 www.sbiznews.com

17 박경환, 「장사목을 잡아라」, 현대미디어, 1998, pp.94~101.

18 정윤아 역, 「창업사전」, 도서출판 중명, 1999, p.51.

19 방종태, 「소자본 창업으로 한가족 거뜬히 살아가는 방법」, 태일출판사, 1998, pp. 262~263.

20 박경환, 「장사목을 잡아라」, 현대미디어, 1998, pp.116~130.

21 중소기업청, 「소점포경영론」, 2002.

22 최재희, 「소자본 창업 어떻게 할까요?」, 중앙경제평론사, 2003.

23 중소기업청, 「창업절차」, 1999.

24 중소기업청, 「창업절차」, 1999.

25 조보상, 「소자본창업실무」, 무역경영사, 2005, pp.194~195.

26 중소기업청 소상공인지원센터, 상가건물임대차 이렇게 보호됩니다

Chapter 06

창업자금

제1절 | 창업자금

제2절 | 창업자금조달방법

제3절 | 창업자금지원제도

제1절 | 창업자금

1. 창업자금의 의의 및 종류

창업자금이란 '창업에 필요한 자금'으로 시설자금과 운전자금으로 구분된다. 시설자금은 점포의 개점초기에 소요되는 자금이다. 시설자금에는 사업장 확보 비용, 필요 집기 및 비품 구입비, 그리고 제조업의 경우 제품생산에 필요한 생산설비의 구입비 등인데 거의 대부분 현금으로 지출되는 자금이다. 운전자금은 사업을 개시한 후 제품(서비스)을 판매하여 기업에 현금이 들어올 때까지 점포운영에 필요한 자금이다. 운전자금은 재료비, 인건비, 경비 등에 필요한 자금이다.

도표 6-1 | 창업자금

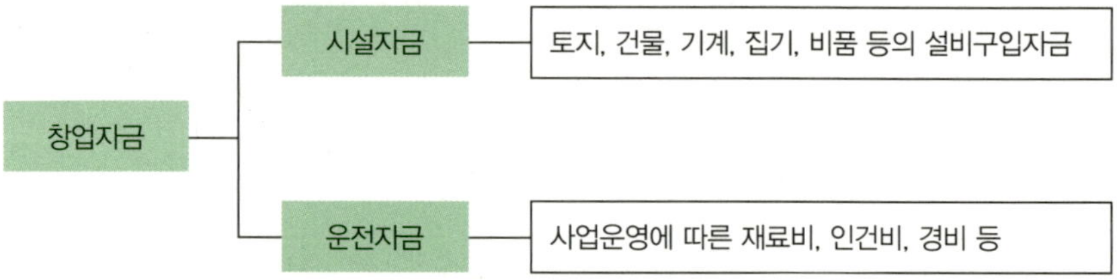

2. 창업자금의 중요성

창업자의 사업아이템이 제품화되기 위해서는 생산요소와 자금들이 결합되어야 한다. 제품생산에 필요한 요소, 즉 원재료, 자재, 부품, 생산기술, 기기, 기계 및 설비, 노동력, 공장, 정보 등은 결국 자금의 투입으로 취득이 가능하다. 따라서 안정적인 창업자금의 조달과 운용이 성공적인 창업을 위해서 중요한 것이다. 그리고 동일 종류의 제품을 생산하는 기업들의 기술수준은 기술개발을 위한 투자금액에 비례하므로 제품생산기술도 역시 자금의 조달과 운용에 영향을 받는다.

한편, 통계자료에 따르면 창업을 한 후 3년 이내에 문을 닫는 업체가 50%를 넘는다고 한다. 도대체 그 이유는 무엇일까? 창업자의 경영관리 미숙과 시장 확보에 실패하였거나 급변하는 사업환경에 능동적으로 대처하지 못하는 등의 여러 가지 이유가 있겠지만 결정적인 사업실패의 원인은 창업자금의 부족에 있다.[01]

창업기간 내에 기업을 움직이게 하는 핏줄과 같은 창업자금의 경화증은 그동안의 꿈과 노력을 헛되게 만들 수도 있는 것이다. 따라서 성공적인 창업이 되기 위해서는 충분한 창업자금의 확보가 선행되어야 하며 이는 곧 성공 창업의 결정적인 요인이 된다.

3. 창업자금조달계획 수립

창업자금은 다음을 고려하여 조달계획을 수립하여야 한다.

1) 창업에 따른 충분한 소요자금을 예측한다

창업을 하기 전에 창업에 필요한 총소요자금을 정확히 산정하는 일은 현실적으로 어려운 일이다. 왜냐하면 계획과 창업 후 실제의 경영활동에는 차이가 발생하게 되고 그것으로 인하여 예상치 못한 자금지출이 이루어지기 때문이다. 따라서 조달할 자금은 추정 소요자금의 약 1.5~2배 정도를 마련하는 것이 바람직하다.

2) 장기적인 계획하에서 창업자금조달을 준비한다

기업경영은 며칠 경영활동을 수행하다가 그만두는 것이 아니라 계속적으로 이루어져야 하기 때문에 장기적인 자금조달계획을 수립해야 하는 것이다.

3) 창업정책자금을 최대한 활용한다

정부의 창업정책자금은 대부분 연 5~7% 이하의 장기저리자금들이다. 따라서 창업정책자금은 기업의 금융비용을 덜어주고 창업기업의 경쟁력 제고에 직결되므로 최대한 활용하여야 한다.

한편, 정책자금을 활용하는 방법은 다음과 같다.[02]

① 해당 정책자금의 지원성격과 당해 기업의 사업성격을 확실하게 맞춘다. 즉, 시설투자, 수출, 창업, 운영자금지원 등 어떤 성격의 자금인지 먼저 파악을 하고 현재 회사의 사업성격과 일치하도록 한다.

② 창업자금 신청에 필요한 사업계획서 작성이 중요하다. 자금신청용 사업계획서는 소정 양식으로 되어 있으며 각 구성항목이 사업심사 시에 평가대상이 된다. 그러므로 정해진 양식에 맞추어 빈칸 없이 기재하도록 하며, 사실에 근거하여 회사의 성장성을 제시하도록 한다.

③ 특히 해당 창업자금을 지원받게 되면 사업의 성장뿐만 아니라 회사 경쟁력 제고에 큰 힘이 된다는 것을 강조한다.

④ 그리고 신청금액(시설 또는 운전자금) 산출에 있어서 가능한 한 세부적인 내용을 기준으로 작성하여 산정금액의 객관성을 보여준다.

⑤ 신청 시 첨부해야 하는 구비서류(특히 견적서 등)는 꼼꼼히 살펴보고 빠짐없이 준비하여야 한다.

⑥ 사업계획서보다 더 중요한 것은 현장실태조사이다. 사업계획서에 담겨 있는 내용과 경영실태를 주관기관의 담당자가 회사를 방문하여 현장에서 직접 확인하는 과정이기 때문에 좋은 인상을 줄 수 있도록 하여야 한다.

⑦ 실태조사원이 요구하는 자료 이외에도 회사에서 내세우거나 자랑할 만한 것들이 있으면 충분히 보여주도록 한다.

⑧ 재무제표는 그 회사의 경영성과를 보여주는 객관적인 자료이므로 평상시 재무제표의 관리(수익성, 성장성, 특히 부채비율을 나타내는 안정성)에 신경을 쓴다.

4. 창업소요자금표 작성요령

창업자는 창업자금을 생각할 때에 자금조달방법부터 고민한다. 그러나 방법을 고민하기 전에 창업소요자금표를 작성해야 한다. 창업소요자금표의 작성은 쉬울 것 같지만 의외로 까다롭고 작성하기도 어렵다. 왜냐하면 미처 생각하지 못했던 곳에 돈이 들어갈 수가 있고, 예상보다 많은 경비가 소요되는 경우도 발생하기 때문이다. 또한 예측이 빗나가는 경우도 생긴다. 그러므로 정확한 소요자금표의 작성을 통한 자금조달은 창업 후에 자금조달을 위한 고생과 시간을 줄일 수 있다. 따라서 일정한 형식의 소요자금표를 갖추고 세부적인 비용항목들을 열거한 후 정확한 소요자금의 추정이 필요하다.

1) 창업소요자금표의 구성

창업소요자금표는 사업의 규모, 종류에 따라 형태나 비용항목들이 상이하다. 일반적으로 자산을 구입하는 시설자금, 경비로 지출되는 운전자금 그리고 예비자금으로 구분된다.

도표 6-2 | 창업소요자금 총괄표

구분	비용항목	금액
시설자금	유 · 무형 고정자산 및 기타 자산 매입비	
운전자금	인건비, 재료비, 경비 등	
예비자금	시설 · 운전자금의 10% 정도	
계		

2) 시설자금내역서 작성요령

시설자금은 회사의 유 · 무형 고정자산이나 기타 자산을 매입하는 데 필요한 자금으로 차후에 대차대조표를 만들게 되면 일정한 감가상각을 제외한 뒤 회사의 자산가치로 남게 되는 자금이다. 대부분 기업외부로부터 매입하는 것이기 때문에 예상 매입처와의 계약서나 견적서를 바탕으로 하여 금액을 산출하는 것이 바람직하다.

도표 6-3 | 시설자금내역서

구분		금액	비고
시설자금	대지매입		세금(취득세, 등록세, 각종 부담금)
	건물건축		인 · 허가비용, 설계비용 포함
	부대공사		전기, 통신, 상 · 하수도, 냉 · 난방구축물
	사업장매입		세금(취득세, 등록세)
	임차보증금		건물수선비용
	생산설비		생산설비내역서 기준
	부대시설		전 · 후방 관련시설, 공 · 기구, 소모품 포함
	차량운반구		견적서 기준
	사무집기, 비품		세부내역서 기준
	가맹비		계약서 기준
	인테리어비		공사내역서 기준
	기술사용료		계약서 기준
	회사설립비용		주식발행비, 등록세 등 세금
계			

3) 운전자금내역서 작성요령

운전자금은 창업초기에 운영에 들어가는 비용으로 크게 인건비, 재료비, 경비로 구분이 되는데 경비는 다시 여러 가지 세부비용으로 나누어진다.

영업활동으로 인하여 회사에 정상적으로 자금이 유입될 때까지의 기간, 즉 1회전 운전자금의 기간은 업종에 따라 다를 수 있으므로 창업자는 이를 감안하여 그때까지 필요한 운전자금을 사전에 확보해야 할 것이다.

도표 6-4 | 운전자금내역서

구분		금액	비고
운전자	인건비		기본급, 상여금, 수당
	재료비		초도상품비, 원 · 부자재비 등
	경비 • 임차료 • 관리비 • 광고선전비 • 외주가공비 • 운반비 • 교통비 • 세금과 공과 • 보험료 • 복리후생비 • 소모품비 • 기타 경비		 임대사업장인 경우 전력비, 수도광열비 사업초기 판매활동비용 하청업체 수수료 포장, 하역비 포함 차량유지비 포함 각종 공과금 회사자산에 대한 보험료 종업원 의료보험, 식대, 국민연금 등 공 · 기구, 집기비품 도서인쇄비, 연구개발비, 접대비 등
계			

제2절 | 창업자금조달방법

1. 창업자금을 조달할 때 고려해야 할 요인

창업자금을 조달할 때 고려해야 할 요인은 다음과 같다.[03]

1) 자본비용

조달된 자금사용에 대한 지급대가를 자본비용이라고 한다. 따라서 자금을 조달할 때에는 자본비용에 대한 투자수익을 고려해야 한다.

2) 자금조달기간과 자금의 용도

자금조달의 소요기간과 필요한 용도를 충분히 고려하여 자금을 조달해야 한다.

3) 경영권

대주주는 자금조달의 원천을 고려할 때 기업의 소유권과 경영통제에 미치는 영향을 민감하게 고려하여야 한다.

4) 재무위험

자금조달의 원천이 외부로부터의 타인자본인 경우에는 이에 따른 재무상의 위험을 신중하게 고려하여야 한다.

5) 기타

이 밖에 기업의 성장성과 금융시장의 여건, 경기변동과 시장전망 등을 충분히 고려해야 한다.

2. 창업자금조달방법

1) 자기자금조달계획

창업 시에 자기자금은 얼마나 갖고 시작하는 것이 좋은가? 물론 창업에 따른 적정 자기자본비율은 창업자의 자금조달능력, 업종, 성장성·수익성 등에 따라 다르기 때문에 일률적으로 정하기는 어렵다.

창업과 동시에 수익이 수직상승을 하는 경우는 타인자금의 규모가 문제되지 않을 수도 있지만 먼저 안정적인 사업궤도에 진입하는 것이 우선 과제이므로 아무래도 타인자금의 규모가 작을수록 유리하다.

이러한 측면에서 볼 때 창업자금 중 50% 이상은 자기자금으로 확보하는 것이 좋다. 먼저 상품지식, 거래처 확보, 경영시스템 안정 등의 사업기반을 안정적으로 다진 후에 그 사업에 대해 자신이 생기면 자금을 더 늘려서 사업규모를 확대하더라도 늦지 않을 것이다.

도표 6-5 | 창업자금조달방법

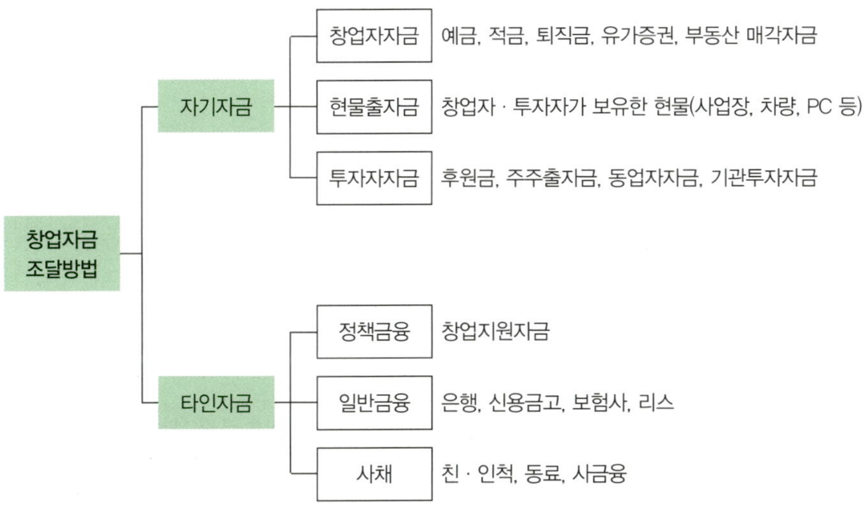

2) 타인자금조달계획

전체 소요자금 중에서 자기자금을 제외한 나머지 부분은 모두 타인자금으로 조달해야 한다. 보통 타인자금은 금융기관의 대출이나 개인적으로 아는 사람을 통한 사채가 일반적인데 차입처에 따라 자금을 빌려주는 조건이 상이하다. 타인자금을 조달할 때 반드시 검토해야 할 사항은 다음과 같다.

① 필요한 차입금의 규모는 정확히 계산하였는가?

② 담보나 보증이 가능한가?

③ 상환목표는 수립되어 있는가?

④ 금융기관의 선택은 적절한가?

3) 담보제공계획서

타인자금을 조달할 경우에 자금을 빌려주는 측에서는 안전한 채권확보를 위해 창업자에게 빌려주는 자금에 상응하는 담보제공을 요구한다. 물론 창업자의 신용을 믿고 무담보로 대출해주는 경우도 간혹 있겠지만 대부분 보증기관에서 발급하는 신용보증서나 부동산 근저당 설정을 통한 담보대출을 하기 때문에 타인자금조달계획과 함께 담보제공계획도 같이 수립해야 한다.

3. 현금흐름표

창업자가 정확한 소요자금을 추정하고 자금조달계획표를 작성하는 것은 창업자의 기본자세이고 이와 함께 중요한 일은 현금흐름표를 작성하는 것이다. 현금흐름표란 현금의 들어오고 나가는, 즉 돈의 흐름을 기간대별로 작성하는 표를 말한다. 필요할 때 필요한 만큼의 사용가능한 자금이 없다면 자금조달계획은 의미가 없기 때문이다.

창업자는 창업기간 동안의 자금흐름을 예측하여 현금흐름표를 작성해두고 이를 바탕으로 자금관리를 하여야 한다. 현금관리를 함에 있어 현금잔고는 항상 마이너스(–)가 되지 않도록 유의하며, 현금흐름표의 작성관리는 창업기간 동안뿐만 아니라 사업을 계속하는 한 경영자로서 반드시 해야 할 일이다.

제3절 | 창업자금지원제도

창업관련 자금조달을 위해서는 자기자금, 금융기관 대출 등의 자금조달방법 이외에 정부의 정책자금을 이용하는 방법이 있다. 정부의 정책자금을 이용하기 위해서는 일정시간 이상의 소상공인 기본교육의 수료가 필요하다.

정부의 정책자금은 무상으로 지원해주는 자금이 아니라 낮은 금리로 대출을 받을 수 있도록 보증을 해주는 자금이라는 인식을 가지고 있어야 하고, 대출금 변제를 위한 자금상환계획의 설정도 필요하다.

2018년 현재 다양한 창업자금 지원기관의 자금 지원조건과 내용을 소개하면

[도표 6-6]과 같다.[04]

도표 6-6 | 창업자금 지원기관의 자금 지원내용

(2018년 현재)

자금 지원기관	자금 지원내용	지원금액
소상공인시장진흥공단	소상공인 창업자금	최고 7,000만 원(연 2.79% 변동금리)
한국여성경제인연합회	여성가장 창업자금	1억 원 이내(연 2.0%)
서민금융진흥원	미소금융 창업 · 운영자금 등	창업자금 : 7천만 원(4.5%), 운영자금 : 2천만 원(4.5%), 시설개선자금 : 2천만 원(4.5%), 긴급생계자금 : 1천만 원(4.5%)
햇살론	사업운영자금, 창업자금 등	5천만 원
지자체 지원자금 (서울, 경기, 강원 등)	소상공인 창업자금 및 운영자금 등	유동적
중소기업진흥공단	시설자금, 운전자금	운전자금 : 연간 5억 원 이내, 여성기업운전자금 : 연간 10억 원 이내

1. 소상공인 창업자금

소상공인 창업자금은 다음을 대상으로 한다. 제조업, 건설업, 운송업, 광업 등은 상시 종업원 10인 미만인 업체, 도소매업 등 각종 서비스업은 상시 종업원 5인 미만인 업체가 대상이지만 유흥 향락업종, 전문업종, 주점업, 학원업 등은 지원 대상에서 제외된다. 지원내용은 업체당 최고 7,000만 원으로 대출기간은 5년이고 상환방식은 1년 거치 4년 분할 상환이다.

[도표 6-7]은 소상공인 정책자금의 내용을 나타내고 있다.

도표 6-7 | 소상공인 정책자금[05]

■ 지원규모 및 운용현황

– 지원규모 : 1조 6,025억 원

– 2018년 운용현황

(단위 : 억 원)

자금구분		지원예산	비고
성장기반자금	소공인특화자금	4,500	
	성장촉진자금	2,300	
경영안정자금	일반경영안전자금	7,025	
	청년고용특별자금	2,000	
소상공인특별자금	매출연동상환자금	200	

* 매출연동상환자금 개시는 별도 공지

■ **신청접수기간** : 매월 첫째, 둘째 주

* 상반기에는 예산 조기집행을 위해 상시 접수

■ **융자대상**

– 공통 지원 자격

* [소상공인 보호 및 지원에 관한 법률]상 소상공인 : 상시근로자 5인 미만 업체(제조업, 건설업, 운송업, 광업 : 상시근로자 10인 미만 업체)

* [일반경영안정자금 지원 확대]

소상공인이 일자리안정자금 수급으로 인하여 상시근로자가 5인 이상 10인 미만이 되는 경우 일반경영안정자금에 한하여 지원가능(단 경영애로자금, 긴급경영안정자금, 소상공인긴급자금은 제외)

※ 대상업종 : 숙박 및 음식업점(표준산업분류코드 55~56), 도매 및 소매업(45~47), 일부 서비스업(76, 90~91, 95~96)만 가능

* 제외업종 : 유흥 · 향락업종, 전문업종 등

– 세부지원요건

구분	세부	신청요건	비고
성장기반자금	소공인 특화자금	제조업을 영위하는 10인 미만의 소공인(직접대출)	
	성장촉진자금	업력 5년 이상 소상인	

<table>
<tr><td rowspan="9">경영안정자금</td><td rowspan="8">일반경영
안정자금</td><td colspan="2">(일반경영) 업력 1년 이상 소상공인</td><td></td></tr>
<tr><td colspan="2">(경영초기) 업력 1년 미만이고 중소벤처기업부 장관이 정한 교육과정을 수료한 소상공인(대리대출), 사관학교 졸업생 중 창업자(직접대출)</td><td></td></tr>
<tr><td colspan="2">(소상공인긴급) 고용노동부 일자리 안정자금 수급 소상공인 사업주</td><td></td></tr>
<tr><td colspan="2">(사업전환) ‘소상공인 재창업패키지’교육을 이수한 소상공인</td><td></td></tr>
<tr><td colspan="2">(크라우드펀딩) ‘크라우드펀딩 소상공인 창업경진대회’ 실전펀딩에서 목표금액을 달성한 기업</td><td></td></tr>
<tr><td colspan="2">(긴급경영) 재해확인증을 발급받은 소상공인
*정책자금 확인서 발급 없이 진행</td><td></td></tr>
<tr><td></td><td>(긴급경영) 포항 지진피해</td><td></td></tr>
<tr><td colspan="2">(경영애로) 재난 · 재해 및 감염병 등의 발생으로 영업에 심대한 피해를 입은 소상공인</td><td></td></tr>
<tr><td>청년고용
특별자금</td><td colspan="2">(청년고용) 아래 요건 중 1개 이상 충족하는 자
① 대표자가 만 39세 이하인 사업자
② 신청일 기준 총상시근로자 중 과반수 이상 청년 근로자를 고용 중이거나, 최근 1년 이내 청년 근로자 1인 이상 고용 사업주</td><td></td></tr>
<tr><td>소상공인
특별자금</td><td>매출연동
상환자금</td><td colspan="2">간이과세자, 신용 4~7등급 소상인</td><td></td></tr>
</table>

* 각 자금별 선착순 마감

■ 융자조건

– 자금별 대출금리(매분기별로 변동)

2018년 1/4분기 정책자금 금리(2018년 1월 10일부터 적용)

<table>
<tr><th>구분</th><th>세부</th><th>금리</th></tr>
<tr><td rowspan="2">성장기반자금</td><td>소공인특화자금</td><td>연 2.94%</td></tr>
<tr><td>성장촉진자금</td><td>연 2.74%
3년 이내 컨설팅 이수 시 연 2.54%(대리 대출에 한함)</td></tr>
</table>

경영안정자금	일반경영안정자금	(일반경영) 연 2.94% 단, 장애인기업 연 2.00%(고정금리)
		(창업초기) 연 2.94%
		(사업전환) 연 2.54%
		(크라우드펀딩) 연 2.74%
		(소상공인긴급) 연 2.50%(고정금리)
		(긴급경영) 연 2.00%(고정금리)
		(경영애로) 연 2.00%(고정금리)
	청년고용특별자금	(청년고용) 연 2.74%
소상공인특별자금	매출연동상환자금	(매출연동) 연 2.54%~2.64%

* 2014년 12월 31일 이전에 대출받은 소상공인의 적용금리는 위 표의 금리와 다를 수 있으므로 해당 은행에 문의하기 바란다.
* 매출연동상환자금 개시는 별도 공지

– 대출한도 : 업체당 최고 7천만 원 이내
  * 장애인(기업), 사업전환자금, 청년고용특별자금 1억 원 이내, 성장촉진자금 2억 원(운전자금 1억 원) 이내, 소공인특화자금 5억 원(운전자금 1억 원) 이내
– 대출기간 : 5년(거치기간 2년 포함)
  * 장애인(기업)은 7년(거치기간 2년 포함)
– 상환방식
  * 거치 한도기간 후 상환기간 동안 대출금액의 70%, 3개월마다 균등 분할 상환하고 30%는 상환기간 만료 시에 일시 상환
– 대출 취급은행(19개)
  * 경남, 광주, 국민, 기업, 농협, 대구, 부산, 산업, 새마을금고, 수협, 신한, 신협중앙회, 우리, 저축은행중앙회, 전북, 제주, 한국씨티, 한국스탠다드차타드, KEB하나

■ 융자절차

– 대리대출

1. **신청접수 (진흥공단(지역센터)** — 정책자금지원 대상 확인서 발급
2. **신용평가 (신용보증기관)** — 신용보증서 발급 (신용, 재정상태, 경영능력, 사업성 등 평가 후)
3. **대출실행 (은행)** — 신용, 담보, 보증 등을 통해 대출

- 직접대출
  - * 자금종류 : 소공인특화자금, 소상공인 사관학교 연계자금, 성장촉진자금(시설자금)
  - * 위 자금의 경우 별도의 신용보증기관 및 은행 방문 없이 공단 신청, 접수 및 평가를 통해 지역센터에서 One-stop대출실행

■ 세무회계자료 온라인 제출(직접 대출)

- 세무회계자료를 온라인으로 전송할 수 있는 시스템이며, 심사 시 필요에 따라서 추가 요청할 수 있다.
- 제출가능서류 : 사업자등록증명, 표준재무제표증명, 부가가치세 과세표준증명, 면세사업자 수입금액증명, 납세(국세)증명

사례연구 Case Study

사례 1 자영업자 대출, 가계부채 3분의 1 넘어 … "폭탄 터질라"

소득 늘지 않는데 빚은 급속 증가
경기침체 · 금리인상 겹쳐 '이중고'
가계대출만 받은 경우 합하면 총대출 520조보다 수십조 늘 듯
대출의 질도 근로자보다 떨어져
저소득 자영업자 대출비중 급증
금리 비싼 비은행권 대출 몰려
빚 부담 높아 부실 위험도 커져

자영업자 대출이 처음으로 500조 원을 돌파한 것으로 확인되면서 가계부채에 대한 우려가 한층 더 커지고 있다. 자영업자 대출은 통계 편재상 일부가 기업 대출로 들어가지만 실질적으로는 가계부채로 보아야 한다. 자영업자는 소득은 더디 느는데 부채가 빠르게 늘어나 빚상환 여력이 떨어지고 대출 부실화가능성이 크다.

2017년 3월 28일 〈한겨레〉가 김종민 더불어민주당 의원실을 통해서 한국신용정보(나이스)로부터 받은 지난해 자영업자 대출총액은 모두 520조 원이 넘는 것으로 나타났다. 이는 1,344조 원(한국은행 가계신용 기준)에 이르는 국내 가계부채의 3분의 1에 해당하는 규모다. 다만 자영업자 대출은 전체 대출의 60% 이상인 약 329조 원이 개인사업자 대출이다. 이는 사업체운영 등에 쓰인다는 명분으로 기업 대출로 분류돼 숨겨진 가계부채의 뇌관이란 지적을 받았다. 나머지 191조 원 정도는 지금도 가계 대출로 분류돼 현재 가계부채 통계에 포함된다. 하지만 개인사업자 대출은 부채 부담을 온전히 개인이 떠안아야 한다는 점에선 일반 가계 대출과 차이가 거의 없다.

이번에 확인된 자영업자 대출총액 520조 원은 최소치라고 할 수 있다. 여기엔 자영업자들이 사업자 대출을 받지 않은 채 가계 대출만 받은 경우가 빠져 있기 때문이다. 이를 더할 경우 자영업자의 총 대출규모는 수십조 원이 증가할 수 있다.

자영업자 대출금액 증가 추이

(단위 : 원, 연말 기준)

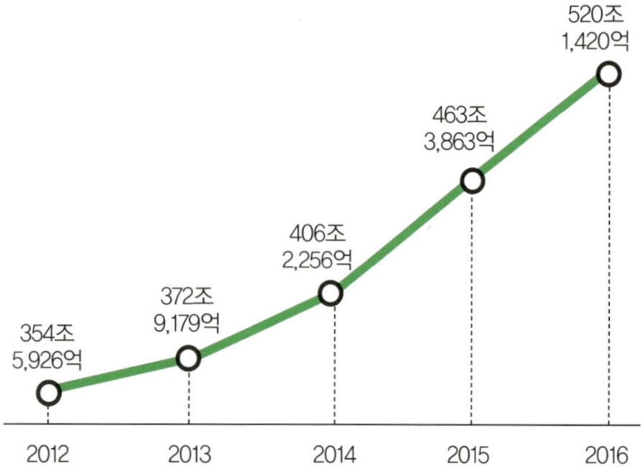

(출처 : 김종민 의원실, 한국신용정보)

더구나 자영업자 대출의 증가속도는 전체 가계부채를

앞지르고 있어 그 규모는 앞으로도 빠르게 커질 것으로 보인다.

현재 자영업 대출은 증가세를 멈추지 않고 있다. 고용시장에서 밀려난 뒤 사업자금을 빌려 자영업에 뛰어들었다가 폐업을 하고서 빚만 남기는 퇴출 자영업자가 계속 양산되는 탓이다. 자영업자 수는 지난해 말 557만 명에 이르렀다.

자영업자 대출 구성 현황

(2016년 말 기준)

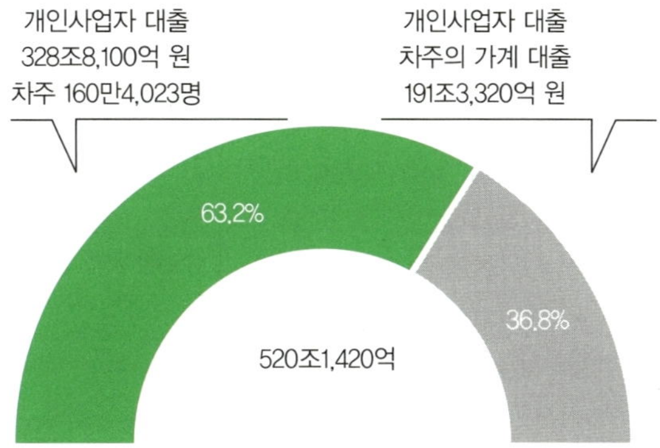

나이스가 집계한 자영업자 대출 총량은 그동안 금융당국이 파악한 것보다 규모 면에서 훨씬 심각한 수준이다. 실제 금융기관으로부터 대출자료를 직접 받아 나이스가 확인한 자영업자 대출총액은 한국은행이 최근 발표한 자영업자 대출총액 추정치인 480조 원보다 40조 원 이상이나 많다. 한은은 그간 나이스로부터 받은 가계대출 약 100만 차주의 표본에서 자영업자 대출을 추려내 이를 바탕으로 전체 자영업자 대출규모를 추정해 발표해왔다. 한은 담당자는 "추정으로 인한 차이가 아니라 분류기준이 달라 나는 차이로 보인다"며 "우리 수치는 금융기관의 업무보고서와도 거의 일치한다"고 말했다.

자영업자 대출은 규모도 문제지만 대출의 질도 임금근로자에 견줘 떨어지는 탓에 우려가 크다. 겉으로만 봐서는 자영업자 대출엔 별문제가 없어 보인다. 나이스 현황 자료를 보면 자영업 차주 가운데 저신용이라고 할 수 있는 7~10등급(전체는 1~10등급으로 수치가 클수록 신용도가 낮음)의 비중은 2012년 18.5%에서 지난해 10.7%로 크게 줄었다. 이는 수년째 저금리 기조가 이어지면서 이자부담이 낮아져 연체율이 떨어지는 등 이른바 '신용 인플레현상'이 불러온 효과로 보인다. 하지만 소득수준으로 보면 얘기가 달라진다.

자영업자 중 연간 3천만 원 미만 소득자(상환 여력이 없거나 소득정보가 없는 미산출자도 포함)는 2012년 18.6%였으나 지난해엔 그 비중이 21.8%로 늘어났다. 즉 전체 자영업 차주에서 저소득자의 비중이 커졌다는 뜻이다. 자영업자들은 당장은 신용등급이 높을지 모르나, 경기침체가 이어져 소득 여건이 개선되지 않으면 채무불이행 가능성이 크다는 것을 보여준다.

이미 지난해 가계금융복지조사를 보면 자영업자 가구의 처분가능소득 대비 원리금 상환액비율(DSR)은 41.9%로 상용근로자 가구의 30.5%에 비해 매우 높게 나타나고 있다. 이는 소득에서 빚이 차지하는 부담이 자영업자 가구에서 훨씬 높아 이들이 부채를 상환하지 못할 가능성 또한 일반 임금근로자에 비해 크다는 뜻이다. 한은은 최근 금융안정점검회의 뒤 내놓은 보도자료에서 "자영업자 대출의 건전성은 여타 대출에 비해 경기변동에 민감할 수 있다"고 밝혔다. 특히 자영업자 중에서도 직원을 두지 않은 '나홀로 사장님'(1인 자영업자)은 지난해 디에스아르 비율이 45%(가계금융복지조사 금융부문 마이크로데이터 기준)에 이르는 등 경기변동에 가장 취약한 것으로 나타났다.

자영업자 대출의 취약성은 저축은행 등 상대적으로 금리가 높고 대출조건이 좋지 않은 비은행권에서 대출이 빠르게 증가하면서 더 커지고 있다. 지난해 자영업자들의 개인사업자 대출 증가율은 전년 대비 은행권의 경우 8.6%였던 반면에 비은행권은 무려 20.4%를 기록했다. 이는 은행권 문턱이 높아지면서 많은 수의 자영업자들이 비은행권으로 몰려들어 나타난 현상으로 보인다. 실제 자영업 차주수는 지난해 비은행권에선 13%가 증가해 은행권 증가율(7%)의 거의 두 배를 나타냈다.

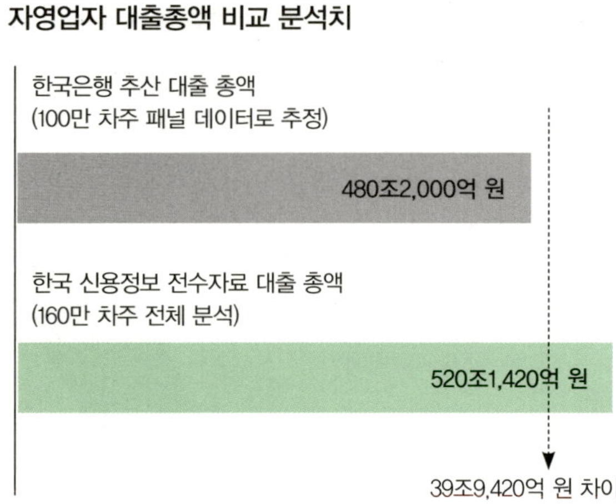

정부가 지난해 초부터 단계적으로 확대 시행하고 있는 이자와 원금의 균등 상환정책(여신심사 선진화 가이드라인)과 미국발 기준금리 인상으로 촉발된 시중금리 상승 여파로 자영업자의 부채 부담이 크게 늘어나면서 비은행권에 쏠린 이들 대출의 부실 위험도 커지고 있다.

출처 : 한겨레, 2017-03-28

사례 2 수익성은 '이디야' · 성장성은 '빽다방'

카페베네, 폐점률과 부채비율 1위로
쇠락공정거래조정원 커피 프랜차이즈 비교정보 발표

이디야커피가 국내 커피 가맹본부 중에서 수익성이 가장 높은 것으로 나타났다. 빽다방은 성장세가 가장 두드러졌고, 한때 커피 프랜차이즈의 신화로 불린 카페베네는 3년 연속 당기순이익이 마이너스를 기록하는 등 내림세가 뚜렷했다.

공정거래조정원은 19일 국내 10개 커피 가맹사업 본부의 주요정보를 비교분석한 '프랜차이즈 비교정보'를 발표했다. 대상은 이디야커피, 카페베네, 엔제리너스, 요거프레소, 투썸플레이스, 커피베이, 빽다방, 할리스커피, 탐앤탐스커피, 파스쿠찌 등 10곳이다. 스타벅스는 직영점만 운영하고 프랜차이즈사업은 하지 않아 제외했다.

이디야커피는 영업이익률(12.1%)과 매출액순이익률(9.7%), 자기자본순이익률(45%) 등 수익성이 가장 좋은 것으로 분석됐다. 빽다방은 영업이익 증가율(73.3%), 가맹점 증가율(1,616.7%)이 가장 높았고 최근 2년 새 매장수가 가장 많이 늘었다. 요거프레소는 부채비율(35%)은 가장 낮고 자본비율(74%)이 가장 높아 안정성이 부각됐다.

반면 카페베네는 성장성 · 수익성 · 안정성 모두 크게 떨어졌다. 가맹본부 중 유일하게 당기순이익이 2013년부터 3년 연속 적자였고, 지난해 영업이익률 · 매출액순이익률 · 자기자본순이익률이 마이너스였다. 부채비율도 1,158%로 가맹본부 중 가장 높았다. 이 때문에 폐점률이 2014년 5.6%에서 2015년 14.6%로 대폭 올랐다.

공정거래조정원 관계자는 "가맹본부 재무현황은 커피사업뿐만 아니라 가맹본부 전체사업 실적이 반영된 것으로 커피 외 다른 사업의 성과에 따라 좌우될 수 있다"고 말했다.

창업비용은 투썸플레이스가 3억 원을 넘겨 가장 비쌌다. 투썸플레이스는 가맹금 · 교육비 · 보증금에 3,915만 원, 인테리어와 집기 및 설비 등에 2억8,770만 원이 필요했다. 반면 커피베이는 같은 조건에 5,549만 원만 내면 됐다.

출처 : 서울경제, 2016-09-19

사례 3 '호식이두마리치킨' 저비용 고효율 '가성비 최고'

치킨전문점 비비큐 창업비용 가장 비싸고, 교촌치킨 연매출 4억4천으로 가장 높아

통계청에 따르면 국내 치킨집의 수는 전 세계 맥도날드보다 1,000개 이상 많은 3만 6,000여 개에 달한다. 여기에 주메뉴가 치킨은 아니지만 치킨을 판매하는 식당까지 더하면 약 6만 개에 달할 것이라는 게 업계의 추산이다. 치킨집의 수만큼 치킨브랜드가 많다. 공정거래위원회에 정보공개서가 등록된 치킨프랜차이즈만 394개에 이른다. 정보공개서 등록의무가 없는 브랜드까지 포함할 경우 국내 치킨프랜차이즈는 500개에 달할 것으로 추산된다.

브랜드수가 많은 만큼 예비창업자들이 선택의 고민도 커진다. 치킨프랜차이즈는 크게 홀과 배달을 병행하는 브랜드와 배달전문, 테이크아웃과 홀 매장을 운영하는 경우로 나눌 수 있다. 홀 매장을 운영하는 경우 점포 입지도 중요하지만 면적도 넓어야 하기 때문에 임대료와 인테리어비용 부담이 큰 편이다. 그러나 홀운영과 배달 또는 테이크아웃을 병행함으로써 그만큼 높은 매출을 올릴 수 있는 장점이 있다. 배달전문은 초기 투자비용이 적은 대신 매장을 알리는 전단광고나 배달앱 광고 등이 필요하다. 또 기존 배달 사업자와 차별화된 서비스를 제공해야 한정된 상권에서 우위를 점할 수 있다.

브릿지경제가 20개 치킨프랜차이즈의 창업비용과 가맹점 연평균 매출을 조사한 결과 창업비용이 가장 저렴한 브랜드는 '호식이두마리치킨'으로 나타났다. 호식이두마리치킨의 창업비용은 2,060만 원으로 가장 창업비용이 비싼 '비비큐'보다 10배 이상 비용이 저렴했다. 국내에서 가장 많은 가맹점을 보유한 비비큐의 창업비용은 2억2,630만 원에 달했다.

창업비용은 인테리어비용과 가맹비, 교육비 등을 포함한 것으로 상권별로 차이가 큰 임대료는 반영되지 않은 금액이다. 치킨프랜차이즈는 2,000만 원대에서 2억 원대까지 창업비용이 다양했으며 또봉이통닭, 부어치킨, 처갓집양념통닭도 비교적 저렴한 2,000만 원대에 창업이 가능했다.

배달과 홀운영을 병행하는 교촌치킨, 오븐에빠진닭은 창업비용이 1억 원 이상이었다. 배달 없이 홀 매장과 테이크아웃 중심으로 운영하는 호치킨의 경우 30평 기준 7,800만 원대에 창업이 가능했다. 바비큐 공간이 별도로 필요한 훌랄라숯불바베큐와 코리안바베큐는 각각 9,000만 원대, 7,000만 원대에 창업할 수 있다.

가맹점 평균 매출은 교촌치킨이 가장 높았다. 교촌치킨의 연평균 가맹점 매출은 4억4,000만 원

프랜차이즈 창업정보

(단위 : 천 원)

브랜드	가입비 (가맹비)	교육비	보증금	기타비용 (인테리어 포함)	합계	인테리어비용			가맹점 평균 매출액
						3.3m²당 비용	기준면적(m)	총비용	
비비큐치킨(BBQ)	33,000	7,700	5,000	180,632	226,332	2,420	165	121,000	371,596
교촌치킨	9,397	3,650	5,000	85,380	103,427	2,207	99	66,200	446,510
깐부치킨	7,700	1,100	2,000	82,900	93,700	2,200	66	44,000	402,669
보드람치킨	16,500	0	0	59,400	75,900	2,860	49.5	42,900	193,364
코리안바베큐	5,500	2,750	2,000	60,940	71,190	1,870	66	37,400	120,597
둘둘치킨	4,400	1,100	2,000	58,300	65,800	1,650	66	33,000	57,867
거성치킨	5,500	2,200	2,000	50,600	60,300	1,650	66	33,000	154,094
비에이치씨(BHC)	11,000	2,200	4,000	46,750	63,950	1,760	56.1	29,920	304,462
훌라라참숯바베규	11,000	3,300	5,000	80,300	99,600	2,200	49.5	33,000	82,310
굽네치킨	0	0	0	62,983	62,983	1,850	33	18,500	244,341
네네치킨	0	3,300	3,000	50,850	57,150	1,320	39.6	15,840	240,686
페리카나	3,000	0	500	26,500	30,000	1,495	33	14,950	106,509
처삿집양념치킨	3,300	1,100	1,000	21,450	26,850	1,320	33	13,200	139,282
또래오래	6,600	550	1,000	24,200	32,350	1,320	33	13,200	123,975
부어치킨	3,300	0	1,000	23,870	28,170	1,595	26.4	12,760	141,764
또봉이통닭	990	1,320	1,000	19,150	22,460	1,200	33	12,000	144,309
멕시카나	8,580	1,100	1,000	20,116	30,796	1,056	33	10,560	190,250
호식이두라미치킨	2,750	1,650	3,000	13,200	20,600	0	0	0	352,029
오븐에빠진닭	11,000	3,300	3,000	89,290	106,590	1,650	49.5	24,750	332,199
호키킨	0	0	1,000	77,770	78,770	2,750	66	55,000	332,194

대로 조사 대상 중 가장 높았고 깐부치킨이 4억 원 수준으로 뒤를 이었다. 비비큐가 3억7,000만 원으로 3위를 기록했고 3억 원대 매출을 올리는 브랜드에는 호식이두마리치킨, 오븐에 빠진 닭, 호치킨, bhc가 포함됐다. 호식이두마리치킨의 경우 투자비용은 조사 대상 중 가장 저렴했지만 매출은 4위권으로 조사 대상 중 가성비가 가장 높은 브랜드였다.

출처 : 브릿지경제, 2017-01-11

사례 4 정확한 통계 없고 이자 갚기도 벅차

자영업 정의도 불분명해 통계 착시 우려 … 경기 지지부진한데 금리 인상 초읽기

가계대출 증가에 대한 위험성이 끊임없이 지적되는 가운데, 자영업자 대출이 한국 경제의 뇌관으로 떠올랐다. 금융당국도 자영업자 부채관련 가이드라인을 내놓는 등 대책 마련에 나섰다. 자영업자 대출이 왜 불안한 걸까? 여러 각도로 지적되는 자영업자 부채의 위험요소를 짚어봤다.

① 얼마나 많은지 정확히 모른다

자영업 부채를 두고 제기되는 가장 큰 문제는 규모를 정확하게 파악하지 못하고 있다는 점이다. 서로 다른 기준에 따라 자영업자 대출 추정규모는 290조 원에서 650조 원까지 다르게 나타난다. 이로 인해 자영업 대출이 관리 사각지대에 있었던 만큼 문제 발생 때 위험성이 더 클 것이라는 우려가 나온다.

자영업자 대출규모를 파악할 때 지금까지 가장 많이 활용된 자료는 개인사업자 대출 잔액이다. 사업자등록을 한 기업 대출 중에서 개인사업자 대상의 대출만 뽑아 합한 수치다. 한국은행에 따르면 예금은행 개인사업자 대출 잔액은 1월 말 290조3,000억 원이다. 그러나 자영업자는 개인사업자 대출만 받는 게 아니다. 사업자금을 개인 자격의 가계 대출을 받아 마련하기도 한다. 두 종류의 대출을 동시에 받는 것도 가능하다. 지난해 10 · 24 가계부채 종합대책 발표에서 개인사업자 대출 차주 가운데 가계 대출을 동시에 받았다는 경우는 81%에 달했다. 이에 따라 한은은 지난해 금융안정 보고서에서 기존 개인사업자 대출자 중에 가계 대출을 따로 받은 사람의 가계 대출규모까지 모두 합친 자영업자 대출규모를 집계했다. 이에 따르면 자영업 대출은 2016년 말 기준 480조2,000억 원이다.

최근 나온 다른 통계에서는 자영업 부채가 더 크게 집계되기도 한다. 김종민 더불어민주당 의원이 나이스신용평가로부터 받은 2012~2016년 자영업자 대출 현황 자료에 따르면 2016년 자영업자의 대출 총액은 520조1,419억 원이다. 한국은행 추산치보다 40조 원가량 많다. 원화 대출 기준인 한은 집계에 더해 외환대출, 리스 등의 대출까지 모두 포함돼 규모가 더욱 커졌다. 금감원이 지난해 6월 발표한 자영업자 대출규모도 520조 원으로 비슷하다.

그런데 이보다 앞선 지난해 2월 금감원은 자영업자 부채규모를 650조 원이라고 발표한 바 있다. 금감원에 따르면 이 수치는 ▶개인사업자 대출 ▶개인사업자 대출자의 가계 대출 ▶사업자 대출을 받지 않은 개인사업자의 가계 대출까지 더한 통계다. 금감원 관계자는 "당시 자영업자 중에서 개인사업자 대출을 아예 받지 않고 가계 대출로만 돈을 빌린 사람들도 통계에 포함시켰지만, 이후 이 항목은 자영업자 부채 개념으로 포함하기 어렵다고 판단해 최근 통계에서는 배제했다"고 설명했다.

대출 기준의 문제만 있는 것도 아니다. '자영업자'가 누구인지도 불분명하다. 자영업자에 대한 뚜렷한 법률적 정의는 어디에도 없다. 그저 일반적인 통념을 바탕으로 자영업자를 구분한다. 이게 부처마다도 다르다. 통계청의 자영업자는 "근로자를 1인 이상 고용하거나 근로자를 고용하지 않고 자기 혼자 또는 1인 이상 파트너(무급으로 일하는 가족 포함)와 함께 사업하는 사람"이다. 따라서 사업자등록과는 무관하다. 무등록사업자인 노점상이나 일부 대리운전기사, 농부도 자영업자로 잡힌다. 국세청의 자영업자 기준은 납세 대상 사업자 중 법인을 제외한 개인사업자다. 무등록사업자는 빠지지만 부동산업이나 임대업자가 대거 포함된다. 대부분의 대출 통계는 이 기준을 바탕으로 한다. 뒤집어 보면 지금 집계되는 자영업자 대출규모에는 사업자로 등록하지 않은 영세자영업자는 빠진다는 얘기다. 부동산 임대업자나 의사나 변호사 같은 고소득 자영업자의 부채가 통계에 착시를 일으킬 소지도 있다.

② 규모는 모르지만 빠르게 늘고 있다

기준에 따라 자영업자 대출규모는 달라지지만 증가 추세는 공통적으로 관측된다. 개인사업자 대출 잔액은 지난 2015년 210조4,000억 원, 2016년 240조 원, 2017년 262조3,000억 원으로 해마다 늘어나는 추세다. 3년 만에 무려 38%나 증가했다. 2016년 말 520조 원으로 집계된 한은의 기준으로 봐도 자영업자 대출규모는 2012년 318조8,000억 원, 2013년 346조1,000억 원, 2014년 372조3,000억 원, 2015년 422조5,000억 원으로 해마다 증가해왔다. 김종민 의원이 공개한 자료에서는 자영업자 대출이 1년 만에 약 57조 원(12.2%)이나 늘어났다. 2012년 354조5,926억 원에 불과하던 자영업자 대출금액은 4년 만에 거의 166조 원이나 증가했다. 한 해 평균 40조 원 이상 불어난 셈이다. 같은 기간 가계부채 증가율(39.5%)과 비교할 때도 자영업자 대출은 46.7%에 달해 증가 속도 면에서 가계부채보다 빨랐다.

③ 대출의 질이 좋지 않다

또 다른 위험 징후는 자영업자 대출이 저신용 대출이나 비은행권에서 돈을 빌리는 비중이 크다는 점이다. 자영업자가 상호금융권, 보험사, 카드 · 캐피털사 등 비은행 금융회사에서 받은 대출은 항상 법인기업 대출, 가계 대출보다 빠르게 늘었다. 특히 비은행권 대출은 대부분 고금리다. 한국은행에 따르면 지난해 3분기 말 비은행 금융회사의 개인사업자 대출은 전년 동기 대비 42.3% 증가했다. 시중은행의 개인사업자 대출(10.1%)은 물론 비은행 금융회사의 법인기업 대출(17.2%)이나 가계 대출(7.6%) 증가율을 크게 웃도는 수준이다. 이 같은 증가세에 비은행 금융회사의 개인사업자 대출이 기업 대출과 전체 대출에서 차지하는 비중은 각각 27.5%, 9.6%로 전년 말 대비 각각 3.1%포인트, 1.7%포인트 상승했다.

부실 대출의 비중도 크다. 금감원에 따르면 생계형 대출의 13.8%(5조3,000억 원), 일반형 대출의 10.1%(18조 원), 기업형 대출의 4.0%(6조5,000억 원), 투자형 대출의 1.7%(2조4,000억 원) 등 32조2,000억 원이 신용도 7등급 이하의 저신용자 대출로 파악됐다. 전체 자영업자 대출의 약 6.1%가 부실 위험이 큰 저신용자를 상대로 대출된 셈이다. 부동산 · 임대업을 제외하면 연체율도 높다. 한국은행 경제연구원 정호성 연구위원이 'BOK경제연구'에 실은 '가계대출 부도요인 및 금융업권별 금융취약성: 자영업 차주를 중심으로' 보고서에 따르면 지난해 6월 기준 음식점이나 여관 등을 운영하는 자영업자가 대출 상환을 연체할 확률은 4.13%다. 도매 및 소매업은 연체할 확률이 3.9%로 두 번째로 높았다. 같은 자영업이라도 부동산 · 임대업(0.73%)보다 훨씬 높다. 앞서 지적한 부동산 · 임대업의 자영업 포함 문제를 감안하면 실제 영세 자영업자의 대출 부실가능성이 더 커진다는 얘기다.

④ 금리와 경기 변동에 취약하다

지난해 한국은행이 발표한 '국내 자영업의 폐업률 결정요인분석' 연구에 따르면 대출금리가 0.1%포인트 올라가면 자영업자의 폐업 위험은 7~10.6% 높아진다. 다른 보고서에 따르면 가산금리가 1%포인트 오를 때 자영업 대출자의 부도 확률은 0.127%포인트 증가한다. 비자영업 대출자에 비해 증가율이 3.6배 높다. 중복 대출이 많고 비은행 금융권 대출이 많아 금리 상승에 따른 부실 위험이 더 큰 것이다. 기준금리가 오르면 시중 금융권 대출금리가 상승하면서 자영업자의 대출 이자 부담이 커질 수 있다. 최악의 경우 폐업에 이르면 대출은 고스란히 부실이 된다. 한은 보고서에 따르면 대출총량보다 금리가 폐업에 이르는 데 더 큰 영향을 미친다. 더구나 미국이 올해 4번이나 기준금리를 인상한다는 전망이 나오는 가운데 금리 역전에 따른 자본 유출을 걱정하는 한국 역시 기준금리 인상이 불가피하다는 전망이 우세하다. 경기 침체와 더불어 유동성의 급격한 축소 역시 자영업자의 건전성에 악영향을 미친다. 연구에 따르면 저소득, 매출 감소 자영업자는 경기 침체와 유동성 축소에 더 민감하게 반응한다. 자영업자에 많은 다중 대출자도 마찬가지다. 이런 영세 자영업자의 경우 경기가 침체되고 동시에 대출이 까다로워지면 제2금융권 또는 비제도금융으로 이동할 수밖에 없다. 이로 인한 상환 부담 가중은 결국 연체로 이어지는 악순환을 초래한다.

⑤ 빚 갚기가 쉽지 않다

실제로 자영업자의 소득은 개선될 기미를 보이지 않고 있다. 통계청의 '2017 가계금융복지조사'에 따르면 자영업자 가구(2016년 기준)의 평균 소득증가율은 12.7%로 임시 · 일용근로자(4.2%)나 상용근로자(3.1%)보다 낮게 나타났다. 지난해 국내총생산(GDP)이 3.1% 늘어나는 동안 숙박 · 음식점업 GDP는 0.8% 오르는 데 그쳤다. 이들의 평균 소득(2016년 기준 월 137만 원)은 업종 중 가장 낮다. 물가상승률을 감안하면 사실상 제자리다.

전망도 좋다고 할 수 없다. 특히 17년 만에 최대폭으로 오른 최저임금은 자영업자에게 가장 큰 부담이다. 높은 임대로나 프랜차이즈의 '갑질'도 자영업 소득 개선에 걸림돌이다. 정부가 일자리 안정자금 지원, 프랜차이즈 감시 강화, 임대료 인상 제한 등 각종 대책을 내놓고 있지만 언 발에 오줌 누기에 그친다. 청년실업과 1인가구 증가, 회식문화 간소화라는 근본적인 사회구조 변화도 전망을

기준마다 다른 자영업 대출 규모

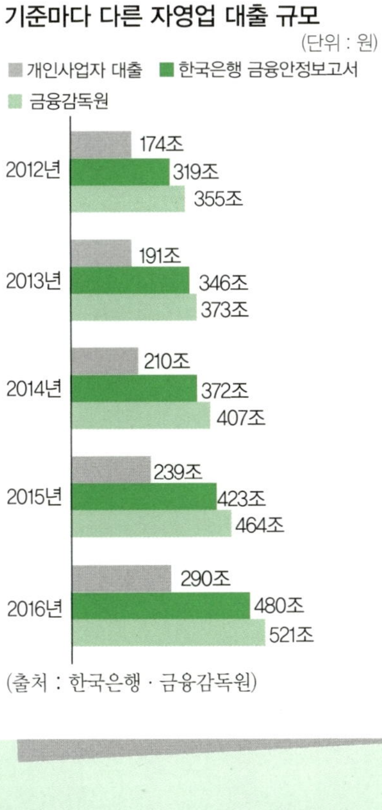

(출처 : 한국은행 · 금융감독원)

자영업자 · 근로자 소득 · 부채

자영업자 · 상용근로자(가구주) 가구당 평균 소득

(단위 : 원, %)

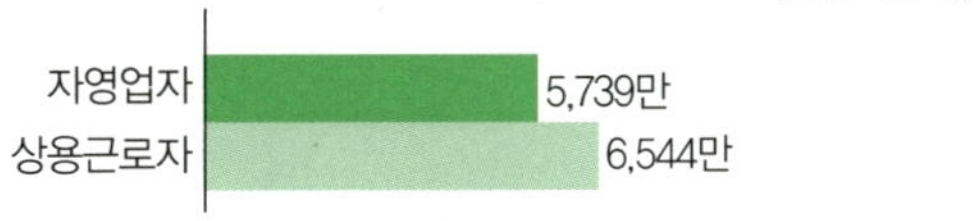

가구당 부채

처분가능소득 대비 원리금 상환액

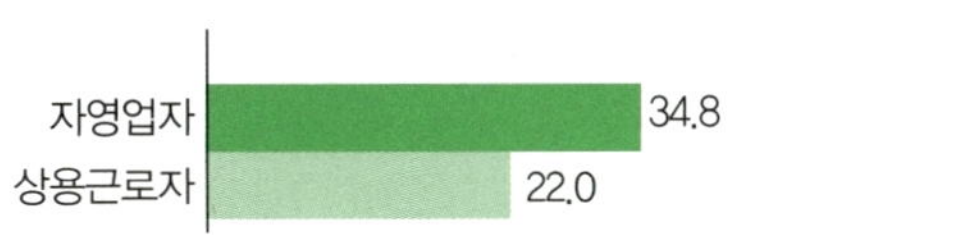

(출처 : 2017년 가계금융 · 복지조사 결과)

어둡게 한다. 그런데도 은퇴한 베이비붐 세대와 일자리를 찾지 못한 청년들의 진입이 잇따르면서 시장은 이미 포화상태에 이르렀다. 소득기반 악화로 자영업 3년 생존율은 2010년 40.4%에서 2015년 37.0%로 하락한 것으로 추정됐다.

버는 돈을 빚 갚는 데 쓰는 비중도 크게 비교된다. 자영업자는 원리금 상환액이 처분가능소득의 34.8%나 되는 반면 상용근로자는 22%로 집계됐다. 자영업자의 경우 소득증가율이 낮은데 이마저도 빚 갚는 데 쓰며 허덕일 가능성이 크다는 얘기다. 자본시장연구원의 분석에 따르면 자영업가구 중 가계부채 한계가구는 12만1,749가구인 것으로 추정됐다. 가계부채 한계가구는 소득으로 원리금을 정상적으로 상환하기 어려운 가구 중에서도 자산을 모두 매각해도 부채 전체를 갚기 어려운 가구를 말한다.

출처 : 중앙일보, 2018-03-25

참 고 문 헌

Reference

01 이응렬 · 전성호, 「창업자금 Guide」, 씨티미디어, 1998, p.13.

02 이응렬 · 전성호, 「창업자금 Guide」, 씨티미디어, 1998, p.21.

03 조경동, 「소자본 기업창업론」, 형설출판사, 2004, p.324.

04 중소기업청 소상공인진흥원, 초보3인방의 성공창업기, 2011.

05 http://www.semas.or.kr/web/SUP01/SUP0103/SUP010301.kmdc

PART 03

창업의 관리

Theory & Practice of Entrepreneurship

Chapter 07

사업타당성분석과 사업계획서

제1절 | 사업타당성분석

제2절 | 사업타당성분석의 체계

제3절 | 사업계획서

제1절 | 사업타당성분석

사업타당성분석은 창업자가 구상하는 사업의 구성요소를 정확하게 파악하는 기회를 제공하고, 사업의 적정규모와 어떠한 영업형태가 좋은가를 알게 하여 창업실패로 인한 손실과 시행착오를 예방하게 하며, 예비창업자의 사업에 대한 지식기반을 확고히 하여 창업경영에 큰 도움을 줄 수 있다.

창업을 위해서는 창업자의 적성과 사업수행능력 평가를 통하여 창업자로서의 자질을 충분히 검토하고, 창업자가 고려하는 여러 개의 창업아이템을 대상으로 제품 및 서비스의 상품성과 시장성을 분석하며, 고려하고 있는 점포 · 입지가 창업아이템에 적합한지를 점포 · 입지의 분석, 사업수익성 추정, 사업에 내재된 위험요소의 분석 등 각 항목별 분석기법을 이용하여 가장 최적의 사업아이템이 도출될 때까지 반복적으로 검토 · 분석하여야 한다. 사업타당성분석은 창업자 자신이 직접 하는 것이 원칙이나 사업규모가 크거나 사업수행에 특별한 기술이나 경험이 요구되는 경우에는 외부전문기관에 의뢰하여 최종적으로 검증하는 단계를 거치는 것이 바람직하다.

1. 사업타당성분석의 의의 및 필요성

1) 사업타당성분석의 의의

사업타당성분석이란 "사업을 시행하기 이전에 특정사업의 성공가능성을 파악하기 위해 사업추진능력, 기술성, 시장성, 판매전망, 수익성, 경제성, 위험 정도 등을 분석하고 평가하는 총체적인 과정"을 말한다. 즉, 기술성분석, 시장성분석, 그리고 경제성분석을 통해 특정사업의 타당성에 대한 평가와 진단을 하게 된다.[01]

2) 사업타당성분석의 필요성

창업에 있어서 사업타당성분석의 필요성은 다음과 같다.[02]

① 사업타당성분석은 창업자의 주관적이고 막연한 사업구상에 머무르지 않고, 객관적이고 체계적인 관점에서 분석을 통해 창업의 성공률을 높일 수 있다.

② 사업타당성분석을 통해 구상하고 있는 기업의 각종 경영요소의 정확한 파악이 가능하므로 창업기간 단축과 효율적인 창업업무의 수행이 가능하다.

③ 창업계획을 자세히 분석함으로써 창업자가 미처 생각하지 못했거나 독자적으로 점검하기 어려운 부분까지 사전 인식이 가능하도록 하여 효율적인 창업이 가능하다.

④ 기업 구성요소에 대한 정확한 파악으로 창업자의 경영능력 향상에 도움을 줄 뿐만 아니라 창업계획에 대한 지식습득과 보완사항을 미리 확인하여 예방조치를 취할 수 있다.

3) 사업타당성분석의 중요성

현대기업경영에서 사업타당성을 분석할 수 있는 능력은 기술, 자본, 정보 등과 같이 기업성패의 핵심요인이 된다. 왜냐하면 현대의 경영환경에서 사업타당성분석의 필요성이 그만큼 커지고 있으며 다음과 같은 중요성을 갖고 있기 때문이다.[03]

① 환경변화에 적응하지 못하는 기업은 존속할 수 없기 때문에 환경변화에 적응하기 위한 노력을 계속해야 한다. 따라서 오늘날의 모든 기업들은 생존을 위해서 기존제품의 생산 또는 시장의 확대, 신제품개발, 신시장 개척, 다각화 추진 등을 해야 한다. 이러한 모든 행위는 자본이 투입되어야 가능한데 그렇다고 결과가 기업에게 유리하게만 나타나는 것이 아니므로 사업 시행 전에 면밀한 분석과 검토가 요구되는 것이다.

② 잘못된 사업타당성분석이나 투자로 인해 거대 자본의 회수가 불가능하게 된다면 개인적 · 사회적으로 큰 손실이다. 따라서 창업에 앞서 반드시 성공가능성에 대한 다각적인 분석과 검토가 요구되는 것이다. 왜냐하면 분석된 정

보에 의해 성공가능성이 낮은 투자를 회피함으로써 성공확률을 높일 수 있기 때문이다.

③ 사업타당성분석에서 얻은 정보는 사업을 추진하는 주체가 지니고 있는 약점을 보완하고 미래의 위험상황에 대비할 수 있도록 하는 전략정보로 이용할 수 있다.

제2절 | 사업타당성분석의 체계

창업을 할 때 창업요건을 분석해보고, 사업으로서의 타당성이 있다고 판단될 때 창업을 해야 한다. 이를 위해서는 기업의 다각화 정도, 경영규모 및 경영활동 범위 등에 대한 결정도 하여야 한다.

사업타당성분석을 위해 다음과 같은 요인에 대한 분석이 필요하다.[04]

1. 사업타당성분석요인

1) 예상되는 시장 및 제품의 분석

시장조사, 특히 소비자조사를 통하여 소비자 수요의 동향을 파악하고 이를 충족할 수 있는 제품으로는 어떠한 것이 있는가를 결정하여야 하며, 이를 전제로 생산 예정 제품의 품질, 즉 효용과 시장성, 그 제품을 소비하게 될 수요의 성격이 안정적 혹은 변동적인지를 파악하고, 잠재수요의 규모 및 예상되는 경쟁과 이용가능제품의 판매경로 등을 파악해야 한다.

2) 사업 및 경제상황의 분석과 예측

현재의 사업 및 경제상황과 그것이 미래에 어떤 추세를 나타낼 것인가 하는 것은 기업에 상당한 영향을 미친다. 따라서 이러한 상황이 미래의 기업에 미칠 유·불리를 면밀히 분석·검토해야 한다.

3) 주요활동목표 및 범위의 결정

기업의 활동범위는 창업과 동시에 생산품목의 수, 크기, 모델 또는 다각화를 통해 확장하고자 하는 추가적인 분야나 현제품의 품질, 가격범위 등을 정하는 제품계획을 통해 결정하여야만 한다.

4) 제품의 설계

제품은 일정한 가격범위 내에서 소비자에게 잘 수용될 수 있는 품질, 즉 효용과 시장성을 가짐은 물론 가장 저렴한 비용으로 생산될 수 있도록 설계되어야만 한다.

5) 기업규모의 결정

판매예측을 통해 파악한 판매예상량을 바탕으로 기업규모를 결정하게 되는데, 이때에는 비용과 수익이 일치하는 수준이 어느 정도인가를 파악하는 손익분기분석을 통해 어느 정도 적정규모를 정할 수 있다. 그러나 판매증대를 고려한다면 기업규모를 어느 정도 여유 있게 설정하는 것이 좋다. 손익분기분석은 제8장에서 상세히 살펴보기로 한다.

6) 기업 입지의 선정

창업기업은 시장이 가깝거나, 싼 원료를 구입할 수 있거나, 노동력이 풍부하거나 혹은 수송이 용이하거나 공해의 규제를 받지 않는다 등과 같은 여러 가지 조건을 고려하여 기업의 입지를 선정하여야 한다.

7) 부분품의 직접 제조 여부의 결정

부분품에 따라서는 직접 제조의 경우와 아웃소싱의 경우의 원가를 비교하여 직접 제조하거나 아웃소싱(outsourcing)을 통해 구입할 수 있다. 일반적으로 표준화된 원재료나 부분품 및 비교적 적게 사용하는 원재료는 구입하는 것이 유리하다. 아웃소싱이란 "기업업무의 일부 프로세스를 경영 효과 및 효율의 극대화를 위한 방안으로 제3자에게 위탁 처리하는 것"을 말한다. 즉, 국내 · 외의 경제상황 악화, 경쟁의 심화 등으로 인해 제한된 자원(기계, 시설, 장비, 원재료, 기술, 정보 등)을 보유한 기업이 유력분야나 핵심역량에 자신의 역량을 집중시키고, 여분의 능력은 외부전문기업에 위탁 처리함으로써 경제적 효과를 최대로 하는 전략을 말한다.

8) 공정, 설비 및 건물의 선정과 공장배치

시설은 제조공정과 생산량에 따라 결정되는데 생산량이 많으면 많을수록 전문적이고 능률적인 것을 선정해야 한다. 시설은 가장 능률적인 생산이 가능하도록 적절히 조정 · 배치되어야만 한다.

9) 소요자금액 및 예상이익의 결정과 자금조달계획의 수립

예상이익을 결정한 후 소요자금액을 결정하여야 한다. 소요자금액은 기업의 활동범위가 밝혀지고, 소요설비와 배치계획이 마련되며, 토지, 설비, 건물 및 재고 등에 투입할 비용과 기업운영상 필요한 비용에 관한 수치자료가 마련된다면 비교적 쉽게 계산할 수 있다.

10) 조직구조의 설정과 인선

창업을 결정하였다면 조직구조를 설정하게 되는데 기업의 주요기능에 따라 부, 과, 계가 마련되며 그 구조는 조직도에 개괄적으로 표시된다. 다음에는 모든 주요 직위에 취임할 사람을 선정한다.

11) 창업

토지를 구매하고 공장건축을 개시하게 됨은 물론 설비를 구매하고 이를 배치하여 생산에 착수하게 된다. 생산품에 대한 광고와 판매촉진활동을 전개하며 제품이 생산되면 재고관리와 판매경로를 통해 판매하게 된다.

도표 7-1 | 사업타당성분석의 절차

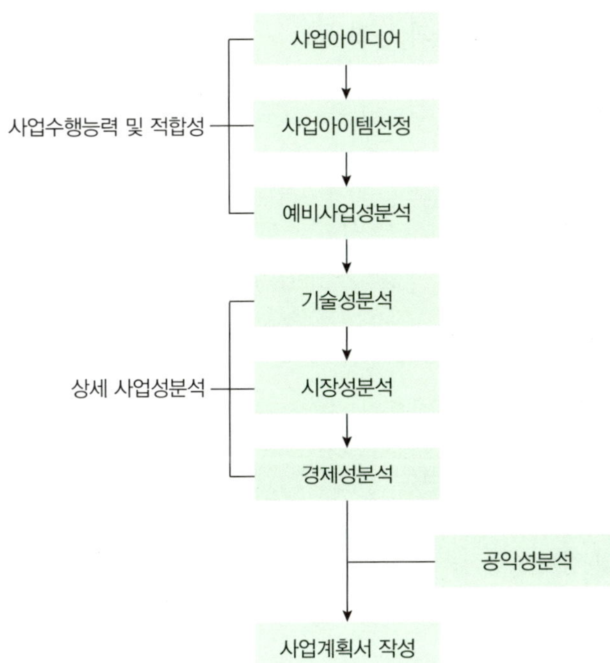

2. 사업타당성분석의 절차

사업타당성분석이 중요하지만 분석을 통해 가치 있는 정보를 획득하는 일이 쉽지는 않다. 사업타당성에 관한 가치 있는 정보를 획득하려면 분석에 투입되는 자료와 처리방법이 우수해야 한다.

사업의 성격과 규모에 따라 내용에 차이가 있을 수 있지만 사업타당성분석의 절차, 내용 및 방법을 살펴보면 다음과 같다.

1) 사업수행능력 및 적합성분석

일반적으로 사업수행능력 및 적합성분석에서는 다음을 검토한다.

① 사업수행능력(아이디어, 기획능력, 영업력, 상황 판단력, 지속적인 친절능력 등)

② 창업자 적성(적성, 흥미, 모험심, 리더십, 의지력, 추진력, 건강, 경험과 지식 등)

③ 자질(학력, 경력, 경영수완과 능력 등)

④ 아이템선정의 적합성

2) 상세 사업성분석

(1) 기술성분석

기술성분석에서는 다음의 내용을 다루게 된다.

① 제품의 용도 및 특성

② 제조공정

③ 생산일정 및 생산시설규모

④ 생산기계 및 장비선정

⑤ 공장 입지선정 및 배치

⑥ 생산능력 및 조업도

⑦ 원재료 특성 및 조달

⑧ 기술 · 기능 인력 확보

⑨ 폐기물의 유무 및 처리방법

(2) 시장성분석

창업의 계획과정에서 해결해야 할 과제는 충분한 소비자를 확인하는 시장조사이다. 시장조사란 "마케팅활동의 바탕이 되는 마케팅 의사결정을 할 때 필요로 하는 정보를 과학적 방법을 기초로 하여 수집 · 기록 · 분석 · 평가 내지 해석 · 보고함으로써 마케팅 의사결정이 객관적 · 합리적으로 이루어지게 하는 활동"을 말하고,[05] 다음과 같이 구분된다.

① 시장분석 : 시장의 크기, 위치, 성격, 특징을 연구

② 판매분석 : 판매를 위한 조사연구

③ 소비자조사 : 주로 소비자의 태도, 반응, 선호의 발견 등을 분석

④ 광고조사 : 광고업무의 관리

시장조사의 목적은 조사된 정보를 수요예측, 시설투자계획, 판매 및 생산계획, 판매촉진전략, 구조조정전략 등에 활용함으로써 기업가치를 증대시키는 데 있다.

시장성분석이란 생산할 제품이 시장에서 언제, 어느 정도 팔릴 수 있는가를 분석하는 것을 말한다. 즉, 여러 가지 상황변수를 가정하여 판매예측을 실시함으로써 계획사업의 성패를 예측하는 것이 시장성분석의 주요내용이 된다. 판매예측은 먼저 계획아이템의 전체 시장규모를 추정하여 사업개시 후 점유할 수 있는 시장규모를 추정하는 것이 기본이다. 이러한 원칙하에 전반적인 시장 동향, 시장특성 및 구조, 판매조직, 원가구조 및 가격추세 등을 분석한다.

가. 시장성분석의 중요성

시장성분석의 중요성은 다음과 같다.[06]

첫째, 시장조사를 통해 판매가능한 수요를 예측하고, 예측된 수요에 따라 시설을 계획하며 생산 및 판매계획을 세워 평가해봄으로써 계획사업의 경제성이 어느 정도인지에 대한 분석을 해준다. 따라서 만약 시장조사가 잘못되어 사실과 다르게 과대평가된 정보를 토대로 하게 된다면, 창업과 신규투자는 실패로 끝날 것이고 회피할 수 있었던 막대한 자본손실을 초래하여 기업의 생존이 어렵게 된다.

둘째, 시장조사를 통해 광고 등 판매촉진비용, 유통과정상의 비용, 가격정책, 할인 및 신용정책 등에 관한 정보를 입수하고 그 원인과 효과를 분석하여 비용관리, 유통전략, 광고전략 등의 수정 · 보완에 활용이 가능하다.

시장성분석에서는 아이템의 국내 · 외 동향 및 잠재수요, 시장규모, 유통구조 및 특성, 거래관행, 동종업계 판매조직 및 판매전략, 소비자 특성분석(소득수준,

구매형태, 변화추세 등), 상권분석, 점포 및 입지 여건(건물상태, 주변환경, 주거환경, 지형지세, 동선 적합 여부), 판매전망 등을 다루게 된다.

나. 시장성분석의 목표

시장성분석을 하는 경우 다음과 같은 세부적인 사항들을 조사목표로 설정하는 것이 보통이다.[07]

첫째, 전반적인 시장동향의 분석이다. 계획제품에 대한 전체 시장규모가 어느 정도이며, 경쟁제품과 유사제품 그리고 수입제품에 대한 시장은 어떤 특성과 구도로 이루어지고 있는지를 분석함과 동시에 소비자 구성 분포 및 변화추세 등도 분석목표로 삼는 것이 좋다.

둘째, 제품성 및 제품의 경쟁적 지위분석이다. 계획제품이 경쟁제품과 비교하여 어떤 특성을 가지고 있으며, 품질수준은 어느 정도인지, 경쟁회사에는 어떤 회사들이 있으며, 이들 회사의 기본적 재무상태와 영업실적, 가격경쟁력의 여부도 분석해야 할 목표이다.

셋째, 계획제품에 대한 수요예측이다. 국내의 주요 경쟁업체의 시장점유율 현황분석과 각 판매 영역에 있어서의 제품별 판매가능량을 추정한다.

넷째, 시장 및 제품환경분석과 판매전략의 수립이다. 아무리 정확한 수요예측이 이루어졌다고 하더라도 이 예측은 시장 및 제품환경 변화에 따라 유동적일 수밖에 없으며, 구체적인 판매전략이 수립되어야만 한다. 따라서 부수적인 목표이기는 하지만 시장 및 제품환경분석과 판매전략 수립을 목표로 삼아야 한다.

다. 시장성분석계획 수립 시 고려해야 할 사항

시장조사 및 시장성분석계획 수립 시 고려해야 할 사항은 다음과 같다.[08]

첫째, 분석항목의 범위와 수준을 결정하는 일이다. 시장성분석의 수준은 자체적으로 약식으로 할 것인가, 아니면 경영지도사 혹은 컨설팅회사에 의한 정식 시장성분석으로 할 것인가를 결정하는 것이다.

둘째, 시장성분석의 자료수집 범위, 자료수집처 및 자료수집방법 등의 결정이다.

셋째, 분석항목별 소요인력, 분석기간 및 소요예산 등에 대한 치밀한 계획의 수립이다.

넷째, 시장성분석기법, 즉 수요예측방법의 결정이다. 시장성분석에서 주로 쓰이는 판단예측법, 설문조사예측법, 시계열분석법, 상관분석법 중 적절한 방법을 선택하는 것이다.

다섯째, 시장성분석의 일정계획이다. 시장성분석은 제품의 시장출시와 관계가 깊기 때문에 반드시 시판계획시점에 맞춰 진행해야만 한다.

도표 7-2 | 시장성분석요소[09]

구 분	분석요소
전반적인 시장동향분석	시장규모분석, 시장의 구조 및 특성, 소비자분석
상품성분석	상품의 강 · 약점, 제품의 라이프사이클, 보급률분석
경쟁적 지위분석	재무상태, 생산능력 · 실적 비교, 경쟁요소 비교
상품의 수익성분석	상품원가, 마케팅비용, 마진율, 상품가격분석
수요예측	시장점유율, 판매량 증감요인, 판매전망, 불황적응도
시장 및 상품환경분석	자원환경요인, 기술적 환경요인, 마케팅환경요인
판매전략	판촉 및 광고전략, 영업전략

3) 경제성분석

경제성분석이란 어떤 사업이 경제적으로 얼마나 매력적인지를 판단하는 데 필요한 정보를 입수하기 위해서 사업과 관련된 모든 수익과 비용자료를 추정하고 분석 · 검토하는 일체의 과정을 말한다. 경제성분석에서는 투자비용분석, 수익전망, 손익분기점분석, 장 · 단기 채산성분석, 자금조달 및 자금운용계획표 작성, 수익성 및 경영지표계산 등을 다루게 된다.

경제성분석과정에서 입수한 정보는 사업의 기각 혹은 채택을 결정하는 근거로 이용되므로 가장 핵심적인 중요과제이다.

4) 공익성분석

공익성분석은 사업아이템이 공익에 미치는 손익관계를 분석하는 것을 말한다. 현대의 기업은 영리추구 이외에 기업의 사회적 책임이라는 부수적인 목적을 가지기 때문에 사업아이템이 공공의 안녕과 질서를 저해한다든가 국민경제적 측면에서 기여하는 바가 없다면 기업화가 허용되지 않을 수도 있으므로 부가가치효과, 국제수지효과, 고용창출효과 그리고 지역경제 활성화효과 등을 사업타당성분석에 포함하여야 한다. 그리고 이들 각 분석이 끝난 후에는 일반적으로 요약 및 종합의견, 사업의 개요, 기술성분석, 시장성분석, 경제성분석, 공익성분석, 결론 등의 순서에 따라 평가의 전체내용이 포함되는 보고서를 작성한다.

도표 7-3 | 사업타당성분석의 평가항목

평가요소	평가항목
사업수행능력 및 적합성	• 창업자 적성과 자질분석(적성 또는 흥미, 추진력, 건강, 경험과 지식 등) • 사업수행능력(아이디어, 기획능력, 영업력, 상황판단, 지속적인 친절능력 등) • 아이템선정의 적합성
기술성분석	• 제품의 용도 및 특성 • 제조공정 • 생산일정 및 생산시설규모 • 생산기계 및 장비선정 • 공장 입지선정 및 배치 • 생산능력 및 조업도 • 원재료 특성 및 조달 • 기술 · 기능 인력확보 • 폐기물의 유무 및 처리방법
시장성분석	• 전반적인 시장동향분석(시장규모, 시장의 특성 및 구조, 소비자분석) • 제품성분석(제품의 강 · 약점분석, 제품의 라이프사이클분석 및 보급률분석) • 경쟁적 지위분석(재무상태 비교, 생산능력 비교, 주요경쟁요소 비교) • 제품의 채산성분석(제품원가 및 마케팅 원가분석, 마진율 등의 분석) • 수요예측(제품가격분석, 시장점유율분석, 판매량 증감요인분석, 판매전망, 불황적응도 및 계절성분석) • 시장 및 제품환경분석(자원환경요인, 기술적 환경요인, 마케팅환경요인) • 판매전략(광고 및 판촉전략, 영업전략)

경제성분석	• 투자비용분석 • 수익전망 • 손익분기점분석 • 장 · 단기 채산성분석 • 자금조달 및 자금운용계획표 작성 • 수익성 및 경영지표 계산
공익성분석	• 부가가치효과 • 국제수지효과 • 고용효과 • 지역경제 활성화효과

제3절 | 사업계획서

1. 사업계획서의 의의 및 필요성

1) 사업계획서의 의의 및 필요성

사업계획서란 '사업의 내용, 경영방침, 기술문제, 시장성 및 판매전망, 수익성, 소요자금조달 및 운용계획, 인력 충원계획 등을 일목요연하게 기록한 서류'로[10] 사업의 성공 여부를 가늠할 수 있는 척도이다. 이는 계획한 사업과 관련된 제반사항이 체계적으로 기술되어 있는 문서가 바로 사업계획서이기 때문이다.

2) 사업계획서의 의의 및 필요성

사업계획서의 필요성은 다음과 같다.[11]

① 사업계획서는 체계적인 사업 준비를 하는 데 유리하다.

② 사업성공가능성을 높여준다.

③ 사업계획서는 자본조달수단이다.

④ 점포경영의 지침서이다.

⑤ 사업계획서는 경영자의 인격이다.

⑥ 대외 홍보용 자료가 된다.

2. 사업계획서의 종류 및 기능

사업계획서는 사업의 형태, 사용목적 등에 따라 여러 가지 용도와 종류로 구분된다. 사업계획서를 작성할 때는 용도에 맞도록 작성하여야 한다.

1) 사업계획서의 종류 및 기능

사업계획서는 요약 사업계획서, 서술형 사업계획서, 프레젠테이션용 사업계획서로 구분할 수 있다.[12] 그리고 업종에 따른 사업계획서, 사업형태에 따른 사업계획서, 자금 또는 사업승인을 위한 사업계획서로 분류할 수 있다.[13]

(1) 요약 사업계획서

요약 사업계획서는 A4를 기준으로 1~2장 분량으로 작성되며, 사업의 핵심내용을 설명한 것이라고 할 수 있다.

① 개조식 요약 사업계획서 : 가장 일반적인 유형으로 회사의 현황과 강점을 중심으로 설명한 사업계획서이다.

② 도식형 요약 사업계획서 : 비즈니스 모델을 중심으로 하는 사업에 적합한 요약 사업계획서이다.

③ 도표 비교형 요약 사업계획서 : 경쟁제품이나 경쟁회사가 분명한 경우에 각자의 장 · 단점을 하나의 표로 비교하여 설명한 사업계획서이다.

(2) 서술형 사업계획서

투자가나 관련 고객 등을 직접 만나지 않고 사업계획서만을 보낼 때에는 알기 쉽고 편안한 서술형 사업계획서가 효과적이다. 서술형 사업계획서는 사업의 세부내용에 대해 구체적이어야 하고 이해가 쉬운 용어를 사용하여야 한다.

(3) 프레젠테이션용 사업계획서

프레젠테이션용 사업계획서는 발표를 위한 목적으로 사용된다. 프레젠테이션용 사업계획서는 핵심내용을 중심으로 작성하되, 20~30분 정도에서 발표할 수 있도록 적당한 분량으로 작성한다.

(4) 업종에 따른 사업계획서

① 제조업 사업계획서

② 유통(운수, 창고)업 사업계획서

③ 서비스업 사업계획서

④ 수출 · 입업 사업계획서

⑤ 소점포업(의류, 외식, 도 · 소매업 포함) 사업계획서

⑥ 건설, 부동산개발 사업계획서

⑦ 기타 업종 사업계획서

(5) 사업형태에 따른 사업계획서

① 창업을 위한 사업계획서

② 신규사업(사업다각화)을 위한 사업계획서

③ 사업확장(시설투자)을 위한 사업계획서

④ M&A를 위한 사업계획서

⑤ 공장설립을 위한 사업계획서

⑥ 사업전환을 위한 사업계획서

⑦ 연구 · 기술개발을 위한 사업계획서

⑧ 외국인투자 또는 해외투자를 위한 사업계획서

(6) 자금 또는 사업승인을 위한 사업계획서

① 금융기관 제출용 사업계획서

② 정부 또는 지방자치단체 제출용 사업계획서

③ 공공기관, 정부투자기관 제출용 사업계획서
④ 연구기관 제출용 사업계획서
⑤ 협회, 각종 단체 제출용 사업계획서

2) 사업계획서의 기능(용도)

사업계획서는 창업자와 이해관계자(주주, 채권자, 투자자, 공급자, 세무서, 교육기관 등)들에게 다양한 기능을 수행하는데 크게 내적기능과 외적기능으로 나눌 수 있다. 내적기능은 창업자 자신 또는 기업내부의 관리목적에서 수행하는 기능을 말하고, 외적기능은 창업자본을 제공하는 외부투자자에게 투자의사결정에 참고할 정보를 제공하는 기능을 말한다.[14]

도표 7-4 | 사업계획서의 용도

(1) 내적기능

사업계획서는 창업자 및 내부구성원들이 계획사업을 성공적으로 이끌어나가도록 하기 위해 다음과 같은 기능을 수행한다.

첫째, 이미 계획사업의 타당성을 검토한 후 사업계획서 작성과정에서 사업의 성공가능성을 다시 점검할 수 있으며 계획사업의 강점과 약점을 재인식할 수 있는 기회를 제공해준다.

둘째, 사업계획서는 창업초기의 업무추진계획이라는 성격을 가지고 있지만 업무가 본격적인 단계에 들어섰다 하더라도 유용한 행동지침으로 기여하게 된다. 즉, 일단 사업이 시작되면 처리해야 할 업무가 많아지고 업무 상호 간의 갈등요소가 발생되며 시간부족으로 시행착오를 겪을 수 있는데 사업계획서는 이러한 문제를 미연에 방지할 수 있게 한다.

셋째, 사업계획서는 이해관계자들에게 기업을 소개하고 의사소통하는 매체로서의 기능을 수행한다.

(2) 외적기능

사업계획서는 이해관계자들에게 계획사업과 관련된 의사결정에 참고할 수 있는 다음과 같은 기능을 수행한다.

첫째, 사업의 인·허가 담당기관에게 사업의 목적, 계획사업의 경제·사회적 기여도, 사업주체의 인적구성, 사업장의 위치와 환경문제 등에 관한 정보를 제공한다.

둘째, 은행 등의 창업자금 융자 및 지원기관 등에게 자금지원에 대한 판단근거를 제공한다. 즉, 사업계획서는 제품아이디어, 업계동향, 수요추세, 경쟁상태, 소요자금, 경영진의 경영능력 등에 관한 정보를 제공해줌으로써 투자의사결정에 활용할 수 있도록 한다.

셋째, 공급자, 판매업자 및 납품업자, 종업원 등에게 사업내용을 소개함으로써 거래관계 형성에 기여한다. 즉, 사업계획서는 사업의 목적, 제품아이디어 및 제품의 성능, 관리능력 및 방식, 자금조달능력, 성장계획 등에 관한 정보를 제공해줌으로써 기업에 대한 이해와 거래유인기능을 수행한다.

넷째, 이미 동종의 제품을 생산하고 있는 기존업자들이 분발하도록 하는 계기를 제공해줌으로써 산업발전을 촉진하는 기능을 수행한다. 즉, 경쟁상대의 구체적 사업계획이 알려지면 기존업자들은 자신의 기존계획에 대한 검토와 보완을 서두르게 되어 품질, 가격, 서비스 향상 등을 위해 더욱 노력하게 될 것이다.

3. 사업계획서 작성요령 및 기본지침

사업계획서는 계획사업의 종합적인 결론으로 간결하고 명료하게 작성해야 하는데 사업계획서 작성요령, 작성순서 및 기본지침을 살펴보면 다음과 같다.

1) 사업계획서 작성요령, 작성순서 및 유의사항

(1) 작성요령[15]

① 사업계획서는 누구나 창업하고자 하는 사업의 내용을 알 수 있도록 구체적으로 작성한다.

② 사업계획서는 주요 생산제품에 대하여 집중적으로 기술한다.

③ 사업계획서는 실현가능한 계획을 담아야 한다. 즉, 미래의 기술개발가능성과 잠재능력을 강조하는 한편, 인력충원과 경영자에 대한 내용을 포함한다.

④ 사업계획서는 전문적인 용어를 피하고 단순하고 보편적인 어휘를 사용하여 설명한다.

⑤ 사업계획서는 근거가 충분한 자료나 논리적인 추정을 한다.

⑥ 사업계획서는 잠재된 문제점이나 발생가능한 위험요소를 기술하고 그에 대한 대안을 제시함으로써 변화에 대한 대처능력을 나타낸다.

⑦ 사업계획서는 자금조달의 원천과 자금운용의 용도별 금액과 일시별로 자세히 기술한다.

도표 7-5 | 사업계획서 작성순서

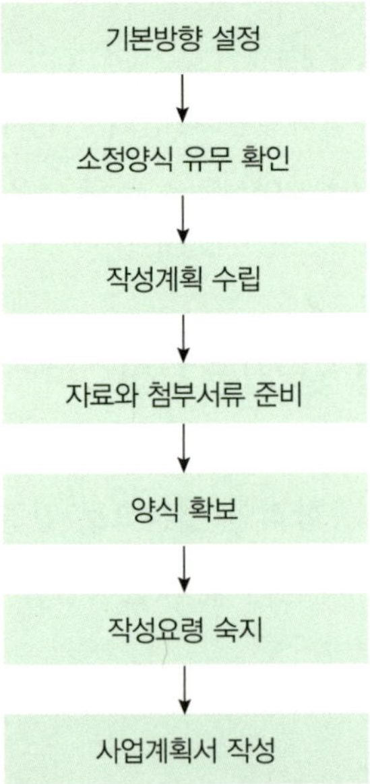

⑧ 사업계획서는 사업계획내용을 충분히 반영하고 자신감을 바탕으로 작성한다.

(2) 작성순서

사업계획서 작성순서를 간략히 살펴보면 다음과 같다.[16]

① 사업계획서 작성목적에 따른 기본방향을 설정한다.

② 사업계획서 작성목적 및 제출기관에 따라 소정양식이 있는지 알아본다.

③ 사업계획서 작성계획을 수립한다. 대부분의 사업계획서는 사업추진 일정상 일정기간 안에 작성해야 할 필요성이 있다. 왜냐하면 자금조달이나 공장입지를 위한 경우에는 관련기관에 제출하기 위해서 빠른 시간 내에 작성해야 하기 때문이다.

④ 사업계획서 작성에 필요한 자료와 첨부서류 등을 철저히 준비한다. 자료를 철저히 수집하지 않으면 불충분한 자료로 인하여 자료를 다시 수집해야 하는 일이 발생할 수 있기 때문이다.

⑤ 작성해야 할 사업계획서 양식을 구성한다. 특정기관의 정해진 양식이 있는 경우에는 그 양식에 의해 사업계획서 양식을 구성할 필요가 있다.

⑥ 제출기관에 따라 사업계획서 작성방법을 간단히 설명하고 있는 경우도 있지만 그것만으로는 충분하지 못하므로 작성자는 사업계획서 작성요령을 미리 숙지한다.

⑦ 실제 사업계획서를 작성한다.

⑧ 사업계획서는 내용도 중요하지만 그 내용을 포괄하고 있는 표지 등의 편집도 중요하다.

(3) 사업계획서 작성의 원칙

사업계획서는 여러 가지 이유로 인해 다양한 목적과 다양한 양식으로 작성된다. 그러나 이상적인 사업계획서가 되기 위해서는 다음과 같은 몇 가지 원칙들이 사업계획서 안에 담겨 있어야 한다.[17]

첫째, 목적적합성을 가져야 한다.

사업계획서는 사용용도(경영관리, 금융지원, 사업승인 등)에 따라 그 목적에 적합하도록 작성되어야 한다. 창업자금을 지원하는 기관에 창업자금을 신청하기 위한 경우라면 지원기관의 사업심사기준이나 요구사항에 방향을 맞추어 작성해야 한다.

둘째, 일관성을 유지하여야 한다.

사업계획서는 첫 장에서 마지막 장까지 그 내용이나 수치에 일관성을 유지하여야 한다. 생산이나 판매계획에서 계량화되는 금액들은 추정재무제표나 회사수익성분석 등에서 일관성 있게 반영되어야 한다.

셋째, 객관성을 띠어야 한다.

사업계획서는 비논리적인 추정을 피하고 확실한 근거와 함께 사실에 접근하여야 한다. 외부기관에 제출하기 위한 사업계획서를 작성할 때 흔히 발생하는 오류인데 계획사업에 대한 주관적인 의견보다는 통계적이고 객관적인 자료를 근거로 하여 합리적인 내용으로 작성되어야 한다.

넷째, 충분하고 명료성이 있어야 한다.

사업계획서는 각 사업운영별로 충분히 다루어주면서 그 내용을 명료히 나타내야 한다. 사업계획은 생산, 판매, 자금, 인력, 상품소개, 시장현황 등 사업과 관련된 내·외적인 요소를 골고루 포함하여야 한다. 그리고 내용의 중복성을 피하여 명료하면서도 이해하기 쉽게 표현하여야 한다.

다섯째, 사업의 강점을 제시하여야 한다.

모든 사업에는 사업자가 가지고 있는 강점이 있다. 그 강점은 계획사업을 성공하도록 하는 경쟁력이다. 보유한 강점이 무엇이며 어떠한 방향으로 사업성공에 기여하는지 확실하게 제시하여야 한다. 강조하고 싶은 중요한 부분에는 밑줄을 긋거나 글씨체, 글씨 크기를 달리하여 눈에 띄게 할 필요가 있다.

여섯째, 탄력적이어야 한다.

사업계획서는 계획사업에 내재되어 있는 문제점과 사업의 위험을 인식하고 이에 대한 대안을 가지고 있어야 한다. 모든 사업은 강점이 있는 반면 약점(위험)도 있다. 그 약점을 보완하고 극복할 수 있는 전략이 필요하다.

일곱째, 설득력이 있어야 한다.

외부에 제출하기 위해 작성하는 사업계획서는 더욱 그러하다. 이해관계인(자본투자가, 사업승인자)에게 신뢰감을 주고 동조를 얻을 수 있는 힘을 가지고 있어야 한다. 사업승인권자에게는 계획사업이 미치는 긍정적인 파급효과의 제시, 자본투자가에게는 투자자본의 충분한 보상을 보장하는 제안이 설득력을 가질 것이다.

여덟째, 검증가능성을 가지고 있어야 한다.

구매, 생산, 판매, 관리, 인원으로 이어지는 모든 사업내용은 추정재무제표로 작성이 되고 재무분석을 통하여 계획사업의 적정수익성, 성장성 등이 검증되어야 한다.

4. 사업계획서 작성 시 주의할 점

사업계획서를 작성할 때 주의할 점은 다음과 같다.[18]

① 창업은 개인적인 이익 추구만을 목적으로 하지만 공공의 이익에도 도움이 되어야 한다.

② 사업내용이 차별화가 되도록 노력한다. 경쟁기업과 차별적인 특징이 없으면 성공할 수 없다.

③ 틈새시장을 집중적으로 공격할 전략을 제시한다.

④ 구체적인 숫자의 예측으로 사업이 성공할 것이라는 객관적인 자료를 보여주어야 한다.

⑤ 제품의 가격, 이윤, 판매량, 시장점유율 등을 예측할 때는 지나치게 낙관적인 자세로 임하지 않는다.

⑥ 유능한 사람들이 모여 균형 잡힌 경영진이 되도록 인력을 구성하는 것이 필요한데, 인력의 수보다는 인력의 질을 중요시해야 한다.

⑦ 회사의 소요자본이나 운영비를 너무 적게 예측하지 말아야 한다.

⑧ 예상되는 경쟁관계를 과소평가하지 말아야 한다.

⑨ 일회용 히트기술로는 회사가 지속될 수 없으며 지속적인 기술진보와 제품향상이 이루어질 수 있어야 한다.

⑩ 투자자를 찾을 때는 어떤 형태(경영에 관여할 사람 또는 단순히 투자에만 관

심이 있는 전문 투자자)의 투자자를 원하는지 명확히 정의하여야 한다.

5. 사업계획서 구성 및 내용

사업계획서는 일반적으로 외부관계기관 제출용과 창업자용 두 가지로 나누어 제시하며 다음 [도표 7-6]과 [도표 7-7]과 같다. 외부관계기관 제출용은 사업인 · 허가기관 및 창업자금조달 등을 위한 용도에 사용되고 창업자용은 창업자 스스로 계획 수립 혹은 내부조직구성원 등에 활용할 목적으로 사용한다.

1) 창업자용 사업계획서

도표 7-6 | 창업자용 간이 사업계획서[19]

Ⅰ. 기업체 현황 1. 회사개요 2. 업체연혁 · 창업동기 및 향후계획 Ⅱ. 조직 및 인력 현황 1. 조직도 2. 대표자, 경영진 및 종업원 현황 3. 주주 현황 4. 인력구성상의 강 · 약점 Ⅲ. 기술 현황 및 기술개발계획 1. 제품(상품)의 내용 2. 기술 현황 3. 기술개발투자 및 기술개발계획 Ⅳ. 생산 및 시설계획 1. 시설 현황 2. 생산공정도 3. 생산 및 판매실적 4. 원 · 부자재 조달상황 5. 시설투자계획	Ⅴ. 시장성 및 판매전망 1. 일반적 시장 현황 2. 동업계 및 경쟁회사 현황 3. 시장 총규모 및 시장점유율 4. 판매실적 및 판매계획 Ⅵ. 재무계획 1. 최근 결산기 주요 재무상태 및 영업실적 2. 금융기관 차입금 현황 3. 소요자금 및 조달계획 Ⅶ. 사업추진 일정계획 Ⅷ. 사업차질시 대안 Ⅸ. 첨부서류 1. 정관 2. 사업등기부등본 3. 사업자등록증 사본 4. 최근 3년간 요약결산서 5. 경영진 이력서

2) 외부관계기관 제출용 사업계획서

도표 7-7 | 투자용 사업계획서[20]

Ⅰ. 일반 현황 1. 기업체 개요 2. 기업연혁 3. 경영진 및 주주 현황 가. 주요 경영진 현황 나. 주주 현황 4. 관계회사 현황 5. 영업 현황 가. 영업실적 나. 원재료조달 현황 다. 거래추진 현황 라. 주요거래처 현황 Ⅱ. 사업내용 1. 사업개요 및 계획 가. 사업개요 등 나. 관련법규 다. 제품내용 라. 제품개발 및 생산 · 판매추진일정 마. 투자회수기간까지의 총소요자금 및 조달계획 2. 시장성 가. 제품의 시장동향 나. 수요전망 다. 동업계 현황 라. 매출목표 3. 기술성 가. 공업소유권 및 규격표시 보유 현황 나. 기술인력 다. 기술개발실적 라. 기술제휴 현황 마. 적용기술 내용 및 특성 Ⅲ. 재무상태 1. 향후 6개월간 소요자금 및 조달계획	2. 차입금 현황 3. 추정 재무제표 가. 제품별 판매계획 나. 인력계획 다. 단위당 생산능력 라. 추정재무제표 Ⅳ. 사업추진일정 Ⅴ. 첨부서류 1. 정관 2. 법인등기부등본 3. 사업자등록증 사본 4. 주주명부 5. 이력서(대표이사, 과점주주인 이사, 기술진, 경영실권자) 6. 사업장 부동산 등기부등본(임차 시 임대차계약서 사본) 7. 대표이사 거주주택 등기부등본 8. 금융기관 금융거래확인서 9. 최근 3개년 결산서(최근연도 부속명세서 포함) 및 감사보고서 10. 최근연도 분기별 부가가치세신고서 사본(매출액 · 공급가액 증명원) 11. 최근 3개월 소득세징수액집계표(세무서 확인본) 12. 협회 및 단체가입 관련 회원증 사본 13. 제품에 대한 공업소유권 및 인증서 사본 14. 기술 제휴 시 계약서 사본 15. 제품안내 팸플릿 16. 조직도 및 담당업무 17. 제출일 현재 미결제 지급어음명세서 18. 리스거래 현황 19. 기타심사에 필요한 서류

참고문헌 Reference

01 조보상, 「소자본창업실무」, 무역경영사, 2005, p.116.

02 중소기업청, 「소점포경영론」, 2002.4.

03 김기홍, 「프랜차이즈 경영론」, 형설출판사, 2006, pp.67~68.

04 김원수, 「경영학원론」, 경문사, 1978, pp.396~399.

05 안태호 · 이희준, 「경영학연습」, 법문사, 1991, p.630.

06 김기홍, 「프랜차이즈 경영론」, 형설출판사, 2006, pp.79~80.

07 김기홍, 「프랜차이즈 경영론」, 형설출판사, 2006, pp.83~84.

08 김기홍, 「프랜차이즈 경영론」, 형설출판사, 2006, pp.84~85.

09 www.sbiznews.com

10 중소기업청, 「소점포경영론」, 2002.4.

11 최재희, 「소자본 창업, 어떻게 할까요?」, 중앙경제평론사, 2003.

12 김진영 외 4인, 「창업지식과 경영정보」, (사)한국창업경영컨설팅협회, 2003.

13 이응렬 · 전성호, 「창업자금 Guide」, 씨티미디어, 1998, pp.238~239.

14 이석규, 「창업 및 사업성검토」, 다산출판사, 1997, pp.402~403.

15 김충렬 · 최화섭, 「21세기 창업경영론」, 형설출판사, 2003, pp.115~116.

16 미래와 경영연구소, 「창업세금 지식쌓기」, 미래와 경영, 2001, pp.51~52.

17 이응렬 · 전성호, 「창업자금 Guide」, 씨티미디어, 1998, pp.234~236.

18 박건실, 「경영의 이해와 창업」, 한올출판사, 2004, pp.173~174.

19 www.bizonk.or.kr.

20 www.bizonk.or.kr.

Chapter 08

손익관리

제1절 | 손익분기점

제2절 | 경영분석

제1절 | 손익분기점

1. 손익분기점의 의의

손익분기점(Break Even Point : BEP)이란 기업이 일정한 기간의 판매활동에서 실현된 총수익(매출액)과 총비용이 일치하는 점이다. 즉, 영업이익이 0원이 되는 판매량 혹은 매출액을 의미한다. 다시 말하자면 손익분기점은 이익도 손실도 발생하지 않는 조업도(판매량 혹은 매출액), 최소한 손실을 면하는 수준의 조업도를 가리킨다. 창업기업에서는 손익분기점을 분석함으로써 총비용과 총수익(영업이익)의 관계를 검토할 수 있는데 흔히 CVP분석(Cost-Volume-Profit relationship analysis)이라고도 한다.

손익분기점(BEP)의 정의에서 손익분기점은 총수익과 총비용이 일치하는 점이라고 하였으므로 총수익=총비용이다.

따라서 총비용을 이항하면 총수익 - 총비용=0이다. 여기에서 총비용=고정비 + 변동비이므로 총수익-(고정비 + 변동비)=0이다.

도표 8-1 | 손익분기점

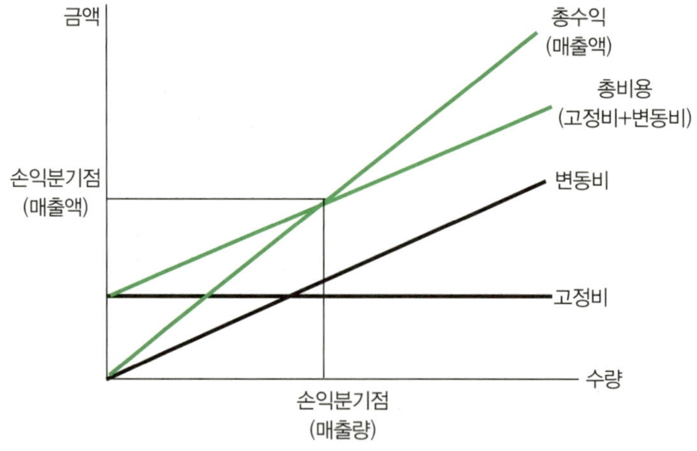

그러므로 손익분기점은 총수익과 총비용, 즉 고정비+변동비의 교차점이다.

2. 비용의 의의 및 특성

1) 비용의 의의

손익분기점을 구하기 위해서는 기업 내에서 발생하는 모든 비용을 고정비와 변동비로 구분할 수 있어야 한다. 즉, 모든 비용을 조업도에 따라 변동하는 변동비(variable cost)와 조업도수준에 관계없이 발생하는 고정비(fixed cost)로 분류할 수 있어야 한다.

기업의 비용에서 변동비와 고정비를 구분하는 것은 어렵지만 통상적으로 [도표 8-2]와 같이 분류하고 있다. 그런데 변동비에는 주로 직접비용이, 고정비에는 간접비용이 많이 해당됨을 알 수 있다.

도표 8-2 | 변동비와 고정비의 분류

고정비	변동비
고정자산의 감가상각비	재료비
인건비(고정급 급여)	노무비(성과급 급여)
수선 · 유지비	외주가공비
제세공과금	운반비
보험료	소모품비
임차료	판매수수료
금융비용(지급이자 등)	매입원가
연구개발비	
종업원훈련비	

2) 비용의 특성

조업도를 기준으로 하여 비용행태를 변동비와 고정비로 나누게 되면 여러 가지 관리적 의사결정과 미래 경영성과 예측에 도움이 되는데, 다음과 같은 특성이 있다.

(1) 고정비의 특성

첫째, 고정비는 조업도와 관계없이 일정하지만, 단위당 총고정비는 생산량(판매량)의 증가에 따라 감소한다. 다시 말하자면 고정비는 조업도가 증가할수록 단위당 원가(단위당 고정비 부담액)는 점점 체감하게 된다. 대량생산을 할 경우 규모의 경제(economy of scale)가 발생한다는 것은 생산량이 증가할수록 생산단위당 부담하는 고정비가 감소하기 때문이다.

예를 들어, A기업은 생산시설을 보유하고 있는데 총고정비가 10,000원이라고 가정하자. 만약 A기업이 500개를 생산하면 단위당 고정비는 20원(10,000원÷500개=20원)이 된다. 그러나 1,000개를 생산하면 단위당 고정비는 10원(10,000÷1,000=10원)이 된다. 생산량과 총고정비 및 단위당 고정비와의 관계를 정리하면 [도표 8-3]과 같다.

둘째, 고정비는 기업의 최대생산능력이 주어졌을 때 그 생산능력 이내에서 고정적이다.

공장규모를 늘리게 되면 감가상각비도 증가되고, 여러 가지 제조간접비가 증가될 것이므로 총고정비는 증가한다. 따라서 고정비는 최대생산능력 내에서는 일정하지만, 최대생산능력에 변동이 생기면 계단식으로 증가하는 모양을 보인다. 즉, 적정범위 내에서만 고정적인 것이다.

도표 8-3 | 생산량, 총고정비 및 단위당 고정비와의 관계

총고정비	생산량	단위당 고정비(총고정비/생산량)
10,000원	100개	10,000원 / 100개 = 100원
10,000원	200개	10,000원 / 200개 = 50원
10,000원	500개	10,000원 / 500개 = 20원
10,000원	1,000개	10,000원 / 1,000개 = 10원

(2) 변동비의 특성

첫째, 변동비는 생산량(판매량)이 변동함에 따라 일정비율로 변동하는 비용이어서 총변동비는 변동하지만 단위당 변동비는 생산량(판매량)의 변동에 관계없이 일정한 특성을 갖는다.

예를 들어, 단위당 변동비가 200원일 때 판매량과 총변동비 및 단위당 변동비의 관계를 정리하면 [도표 8-4]와 같다

도표 8-4 | 판매량, 총변동비 및 단위당 변동비와의 관계

판매량	단위당 변동비	총변동비(판매량×단위당변동비)
1,000개	200원	1,000개 × 200원 = 200,000원
5,000개	200원	5,000개 × 200원 = 1,000,000원
10,000개	200원	10,000개 × 200원 = 2,000,000원
20,000개	200원	20,000개 × 200원 = 4,000,000원

둘째, 변동비에는 조업도가 증가함에 따라 일정비율로 증가하는 비례비의 성격을 띠는 것도 있지만 체감하거나 체증하는 변동비도 있다.

① 조업도에 따라 체감하는 변동비 : 조업도에 따라 체감하는 변동비 발생은 조업도가 증가하면 노동력 이용의 전문화, 숙련도의 증가, 기술수준의 향상, 수량할인 등 규모의 경제가 실현되기 때문이다.

② 조업도에 따라 체증하는 변동비 : 조업도에 따라 체증하는 변동비 발생은 조업도가 적정규모를 넘어서면 비숙련공의 사용 증가, 부서 간 조정의 어려움 등의 과잉규모의 불이익으로 인하여 규모의 불경제가 작용하기 때문이다. 이처럼 체감적 변동비와 체증적 변동비가 상존하게 되는데, 이들의 영향이 평균적으로 상쇄될 것으로 가정하여 손익분기점분석에서는 변동비를 비례적으로 가정하는 것이 일반적이다.

3. 손익분기점모형

1) 손익분기점의 계산목적

손익분기점 계산의 목적은 실제 조업도와 손익분기점 조업도를 비교하여 경영

계획을 수립하고, 경영에 내재하는 위험을 예측하여 의사결정을 하는 데 있다. 즉, 실제 조업도가 손익분기점 조업도보다 높을 경우에는 순이익이 발생한다. 이것은 실제조업도가 손익분기점 조업도에 접근할수록 경영활동이 악화됨을 알 수 있다. 또 실제 조업도가 손익분기점 조업도보다 낮을 경우는 손실이 발생한다. 따라서 손익분기점분석을 통해 조업도를 어느 수준으로 확대하여야 손실을 제거할 수 있는가를 알 수 있다.

2) 손익분기점모형의 가정

① 기업에서 발생하는 모든 비용은 고정비와 변동비로 구분가능하다.
② 생산능력의 범위에서 총고정비와 단위당 변동비는 일정하다.
③ 총수익과 총영업비는 선형관계, 즉 비례관계에 있다.
④ 모든 기업은 단일제품을 생산한다.
⑤ 생산제품은 즉시 판매된다.
⑥ 판매가격과 원재료의 구매가격은 일정하다.

3) 손익분기점의 도출

(1) 손익분기점(판매량)

손익분기점은 총수익과 총비용이 같은 점이다. 따라서 손익분기점의 총수익은 다음과 같이 나타낼 수 있다.

총수익 = 총비용(= 고정비 + 변동비)
총수익 = 단위당 판매가격 × 판매량
총비용 = 고정비 + (단위당 변동비 × 판매량)이므로
단위당 판매가격 × 판매량 = 고정비 + (단위당 변동비 × 판매량)

만약, 단위당 판매가격을 P, 판매량을 Q, 고정비를 F, 그리고 단위당 변동비를 V라고 하면 손익분기점은 다음과 같다.

$$P \times Q = F + (V \times Q)$$

$$P \cdot Q - V \cdot Q = F$$

$$Q(P - V) = F$$

$$\text{손익분기점(판매량 } Q) = \frac{\text{고정비}(F)}{\text{단위당 판매가격}(P) - \text{단위당 변동비}(V)}$$

앞의 식에서 '단위당 판매가격(P)－단위당 변동비(V)'를 '단위당 공헌이익'이라고 한다.

예를 들어, 진주(주)는 장난감을 제조 · 판매하는 기업인데 장난감의 판매가격은 600원이고 고정비는 300,000원이며 단위당 변동비는 300원이라면 손익분기점(판매량)은 다음과 같다.

$$\text{손익분기점(판매량)} = \frac{300{,}000}{(600 - 300)} = 1{,}000\text{개}$$

즉, 진주(주)는 1,000개를 판매하면 손실도 이익도 발생하지 않는다는 것을 의미한다.

(2) 손익분기점(매출액)

매출액은 판매량 × 단위당 판매가격으로 구한다. 따라서 손익분기점(매출액)은 손익분기점(판매량) 식에서 양변에 판매가격을 곱하여 구한다.

$$\text{손익분기점(매출액)} = \frac{\text{고정비}(F)}{1 - \dfrac{\text{변동비}(V)}{\text{매출액}(S)}} = \frac{\text{고정비}(F)}{\text{단위당 공헌이익률}}$$

따라서 위의 예에서 손익분기점(매출액) $= \dfrac{300{,}000}{1 - \dfrac{300}{600}} = 600{,}000$원이다.

손익분기점(판매량)은 1,000개였다. 단위당 판매가격은 600원이므로 손익분기점(매출액)은 $1{,}000 \times 600 = 600{,}000$이다. 즉, 진주(주)는 600,000의 매출액이 손실도 이익도 발생하지 않는다는 것을 의미한다.

(3) 목표이익 확보를 위한 손익분기점(판매량)

손익분기점모형을 이용함으로써 투자정책에 따라 책정되는 목표이익 확보를 위한 최소한의 판매량을 추정할 수 있는데 손익분기점(판매량)은 다음과 같다.

$$\text{손익분기점(판매량)} = \frac{\text{고정비}(F) + \text{목표이익}}{\text{판매가격}(P) - \text{단위당 변동비}(V)}$$

따라서 위의 예, 즉 진주(주)의 창업자가 월 이익 300,000원을 목표로 한다면 손익분기점(판매량)은 다음과 같다.

$$\text{손익분기점(판매량)} = \frac{300,000 + 300,000}{600 - 300} = 2,000\text{개}$$

적어도 2,000개의 장난감을 판매해야만 300,000원의 영업이익을 확보할 수 있다는 것을 알 수 있다. 물론, 300,000원의 영업이익을 확보할 수 있는 매출액은 2,000개 × 단위당 판매가격 600원 = 1,200,000이다.

4. 손익분기점분석의 한계

첫째, 기업의 모든 비용을 고정비와 변동비로 구분할 수 있다고 하였으나 현실적인 관점에서 볼 때 모든 비용을 고정비와 변동비로 분류하기는 매우 어렵다.

둘째, 단위당 판매가격과 변동비가 일정하다고 가정하고 있으나 실제로는 단위당판매가격이나 변동비가 변동한다. 판매량이 일정수준 이상으로 증가하면 원재료의 공급 부족, 노동력 부족 등에 따라 단위당 변동비가 체증한다. 그리고 기술수준의 향상, 노동자들의 숙련도 개선 등으로 생산성이 향상되고 규모의 경제효과를 얻게 된다면 단위당 변동비가 체감하는 현상이 나타난다.

셋째, 모든 기업은 단일제품만을 생산한다고 가정하였으나 현실적으로 단일제품만을 생산하는 기업은 찾기 힘들다. 대부분의 기업에서는 여러 제품을 생산하는데 이런 경우에 공통적으로 발생된 비용을 각 제품별로 어떻게 할당할 것인가 하는 문제가 발생된다.

넷째, 경영환경이 일정하다고 가정하고 있으나 시간이 흐름에 따라 경영환경이 달라지고 그에 따른 비용구조도 달라지기 때문에 손익분기점 판매량도 달라진다.

5. 손익분기점의 원리와 재무정책

1) 손익분기점률과 안정비율

손익분기점은 위치가 높을수록 자본수익성이 낮고, 위치가 낮을수록 자본수익성이 높다. 위치가 높다는 것은 손익분기점이 되는 매출액이 정상매출액에 접근하고 있다는 것을 의미한다. 그리고 만일 매출가격이 하락하거나 기타 경제적 사정으로 인하여 매출액이 조금이라도 낮아지면 이익이 격감할 뿐만 아니라 매출액이 손익분기점 이하가 되어 손실이 발생하는 상태를 의미한다. 따라서 창업자는 손익분기점률과 안정비율이 어느 정도인지 파악하는 것이 필요하다.

손익분기점률은 손익분기점의 위치를 나타내는 비율로 손익분기점이 크면 클수록 이익이 적거나 손실이 발생한다는 것을 의미하고 다음과 같이 계산된다.

$$\text{손익분기점률} = \frac{\text{손익분기점}}{\text{매출액}} \times 100$$

그리고 안정비율(margin of safety)은 정상매출액 100%에서 손익분기점을 차감한 잔액을 말하는데 안정비율이 크면 클수록 수익성이 높다는 것을 의미하며 다음과 같이 계산된다.

$$\begin{aligned}\text{안정비율} &= 1 - \text{손익분기점률} \\ &= 1 - \left(\frac{\text{손익분기점}}{\text{매출액}}\right) \times 100\end{aligned}$$

한편, 미국의 경우 손익분기점률은 75% 이하, 즉 안정비율이 25% 이상이면 수익성이 있다고 판단한다.

2) 손익분기점 하향을 위한 재무정책

창업에 있어서 손익분기점은 모든 노력을 다하여 낮출 필요가 있다. 왜냐하면 손익분기점이 높다는 것은 일일 판매량이 많아야 한다는 것이다. 즉, 매출액이 높아야 함을 의미하므로 경영활동에 더욱 많은 노력이 요구되기 때문이다.

어느 업종의 두 기업 A, B가 있다고 가정하자. 그런데 A기업과 B기업이 창업할 때에 고정비에서 차이가 있었다면 손익분기점의 위치가 하향됨을 알 수 있다. 고정비에서 차이란 인테리어 혹은 기계, 장비 등의 구비에 많은 비용을 투자한 창업자와 그렇지 아니한 창업자가 있을 수 있다.

도표 8-5 | 손익분기점 하향

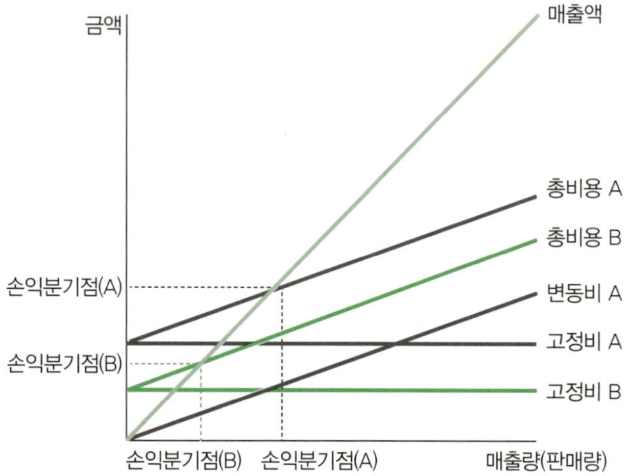

손익분기점 하향을 위한 재무정책으로 다음을 들 수 있다.

(1) 고정비를 낮춘다

① 새로운 고성능 설비도입을 통한 기술 향상과 생산성 향상

② 경영관리의 합리화를 통한 비용절감

(2) 매출액을 높인다

① 판매량의 증가(가격하락, 광고 · 판매촉진)

② 차별가격정책 채용

③ 품종 개선

④ 판매조직 개편

⑤ 판매경로 개선

⑥ 신시장 개척

⑦ 신제품 발매 등

(3) 매출이익을 높인다

매출이익은 매출액에서 매출원가를 차감한 금액이다. 매출액은 총매출액에서 매출에누리, 환입 및 매출할인을 차감한 순매출액을 말한다.

(4) 총자산회전율(asset turnover ratio)을 높인다

총자산회전율이란 기업이 경영활동에 자산을 얼마나 효율적으로 혹은 얼마나 강도 높게 사용하였는가를 나타내는 척도로 총자본회전율이라고도 한다. 총자산회전율은 총자산 1원에 대한 매출액의 실현효과를 나타낸다. 표준비율은 높을수록 좋다.

$$\text{총자산회전율} = \frac{\text{매출액}}{\text{총자산}}\ (\text{회})$$

6. 음식점 손님단가(객단가)

손님단가란 "손님 1인당 소비금액"을 말한다. 음식점 고객의 주문은 간단한 음식품일 수도 복잡한 음식품일 수도 있다. 상품단가는 제공상품 개개의 액수이므로 손님의 소비금액과는 다르지만, 손님단가는 통상 상품단가의 차이나 음식의 종류에 따라 달라진다. 일반적으로 많이 먹는 평범한 음식품을 제공하는 음식점의 손님단가는 대부분 낮다. 그러나 특수한 음식품 제공을 주로 하거나 혹은 제공하는 상품이 많은 음식점은 단가가 높은 요리이거나 고급요리이기 때문에 손님단가가 높아지는 경향이 있다. 또한 유흥 음식서비스업종의 점포는 손님의 접대 서비스에 따른 요금이 많기 때문에 소비금액이 그만큼 많다.

상품단가는 제공하는 상품 개개의 금액이다. 상품단가는 원재료비와 조리에 드는 가공료 등으로 조리품 원가를 정하고, 모든 경비와 합산하여 상품단가를 정한다. 또한 그 지역의 상품금액 경향이나 그 점포의 부가가치(점포의 격식이나 역량, 서비스내용 등)에 따라서도 금액이 다르다.

1) 객석의 효율, 객석회전율(수)

$$\text{음식점의 매출액} = \text{손님단가} \times \text{손님수}$$

매출액을 올리는 일이 경영의 주목표이므로 손님단가와 손님수를 늘리는 일에 고심하게 되며 이 손님수에 따라서 객석회전율이 좌우된다.

$$\text{객석회전율} = \frac{\text{손님수}}{\text{객석수}}$$

매출액은 객석회전율이 높은 만큼 상승된다. 그래서 영업내용이나 장소에 따라 주된 영업시간에 얼마나 손님수를 늘리느냐가 음식점의 관심사이다.

손님수를 늘리기 위해서 종업원수를 늘리는 일이 기본이지만, 여기서는 한정된 객석과 시간 내에서 어떻게 효율적으로 손님수를 늘리는가 하는 것이 중요한 문제이다. 그러기 위해서는 손님수와 객석수의 비율을 맞추어야 한다. 즉, 빈자리를 줄이고, 4인석의 이용객수를 2인보다 3인, 3인보다 4인으로 하는 것이다. 그러기 위해서는 1인 손님이 많은가, 2인 손님이 대다수인가를 파악하여 객석구성을 조화시키는 일이 기본이 된다. 또한 종업원이 사람수에 따라 적절한 객석으로 유도하는 노력도 필요하다.

제2절 | 경영분석

기업경영을 책임지고 있는 경영자는 경영성과를 높이고 기업의 체질을 건강하게 유지해야 할 책임이 있다. 따라서 경영자는 수시로 자신의 기업에 대한 건강을 조사하고 조사결과에 따라 적절한 조치를 취해야 한다. 만약 경영자가 이를 게을리 하거나 적절한 진단과 처방에 대한 방법을 모른다면 기업의 영양상태는 점점 악화될 것이고 질병에 대한 저항력이 떨어져서 경영활동을 지속하기가 어려워진다.

투자자는 투자를 원하는 기업이나 이미 투자해준 기업의 경영성과 및 건강상태에 관한 정확한 정보를 얻기 위해 경영분석을 필요로 한다.

1. 경영분석의 의의 및 목표

경영분석이란 재무제표, 즉 손익계산서 · 대차대조표 · 원가보고서 등의 재무적 정보를 분석하여 기업의 재무상태와 경영성과의 좋고 나쁨을 판단하는 것이다. 이는 넓은 의미로는 경영활동 전반에 관한 분석이나 좁은 의미로는 재무제표분석, 즉 수익성만을 측정하는 것을 말한다. 월별로는 재무제표분석만으로도 충분하나 경영이 나빠지거나 계간별 또는 연간별로는 경영활동 전반에 걸쳐 분석하는

도표 8-6 | 경영분석의 목표

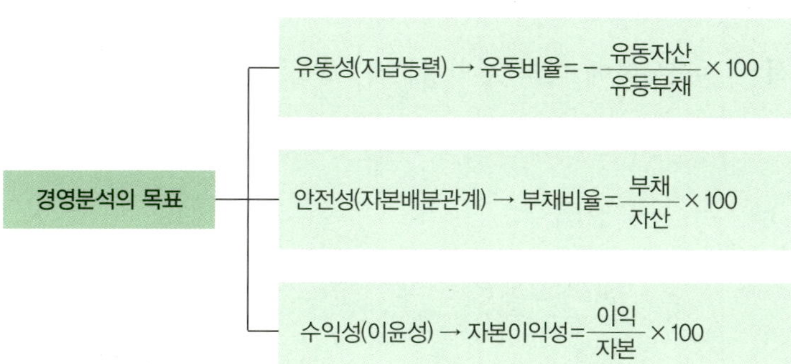

것이 효과적이다.

그러나 경영분석은 비교판단 기준을 정하기가 곤란하고, 분석자료의 제한성과 경영분석 그 자체의 한계성이 있으며 종합판단법이 발견되지 않고 있으나 일반적으로 재정적 요소(40%), 인적 요소(40%), 경기변동적 요소(40%)에 기인한다.

2. 경영분석의 종류

경영분석은 다음과 같은 여러 가지 기준에 의해서 분류할 수 있다.

1) 분석목적과 주체에 의한 분류

경영분석은 분석목적과 주체에 따라 내부분석과 외부분석으로 나뉘고, 외부분석은 다시 여신자의 입장에서 분석하는 신용분석, 투자자의 입장에서 분석하는 투자분석, 그리고 정부의 입장에서 분석하는 공공분석으로 구분된다.

도표 8-7 | 분석목적과 주체에 의한 분류

2) 분석목표에 의한 분류

경영분석은 분석목표에 따라 수익성분석, 유동성분석, 안정성분석, 활동성분석, 채산성분석, 성장성분석 등으로 구분된다.

:: 도표 8-8 | 분석목표에 의한 분류

3) 분석자료에 의한 분류

경영분석은 자료를 기준으로 손익계산서분석, 대차대조표분석, 이익잉여금처분계산서 또는 결손금처리계산서분석, 현금흐름표분석, 제조원가명세서분석 등으로 구분된다.

:: 도표 8-9 | 분석자료에 의한 분류

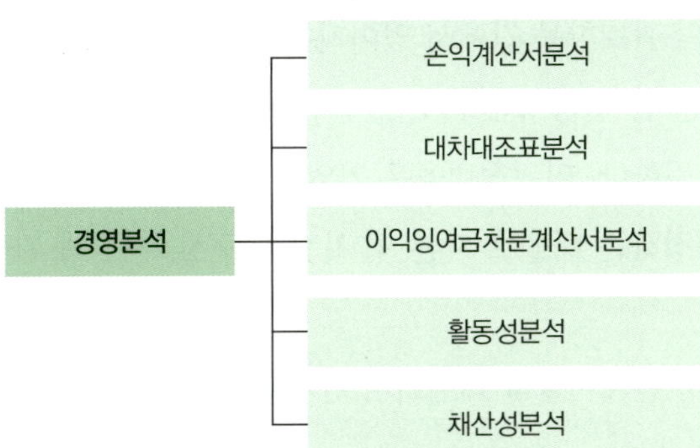

4) 분석방법에 의한 분류

경영분석은 분석방법에 따라 재무제표상에 표시된 여러 수치를 실수 그대로 사용하여 분석하는 실수법과 두 수치 사이의 일정한 비율을 산출하고 그것을 사용하여 분석하는 비율법으로 나누어진다.

5) 상태 또는 성과에 의한 분류

경영분석은 상태 또는 성과에 따라 기업의 일정한 시점에 있어서의 상태를 분석하는 정태적 분석과 일정한 기간에 있어서의 성과를 분석하는 동태적 분석으로 구분된다. 정태적 분석은 주로 대차대조표와 같은 자료에 의한 분석이며, 동태적 분석은 손익계산서 또는 추세자료에 의한 분석이다.

3. 경영분석방법

경영분석방법 중에서 재무제표상의 특정항목과 그 항목에 관계가 있는 다른 항목과의 관계를 백분율 또는 회전율 등으로 표시하여 경영의 성과 또는 상태를 판단하는 방법이 관계비율법이다. 관계비율은 정태비율과 동태비율로 나누어지고 비율분석법이 중추를 이루고 있다.

1) 정태비율

정태비율은 기업의 정태자료, 즉 일정시점에 있어서의 기업의 재무상태를 표시하는 대차대조표상의 관계항목 간에서 얻어지는 각종 비율을 말하며, 대차대조표 관계비율이라고도 한다. 일정시점에 있어서의 대차대조표상의 항목 간의 비율은 안전성 측정비율을 뜻한다. 안전성비율은 기업의 단기적 자금능력과 장기적 재무구조의 안전성을 측정하는 비율로 자본 및 자산의 구성, 자본과 자산구성의 상호관계 등을 관찰한다.

정태비율은 유동성 관계비율과 레버리지 관계비율로 나누어진다.

(1) 유동성 관계비율

유동성 관계비율은 기업의 채무상환의 이행능력, 즉 지급능력을 측정하기 위한 비율이다. 지급능력은 주로 현금 또는 단기간 내에 현금화될 수 있는 항목, 즉 유동자산과 단기간 내의 지급의무의 항목, 즉 유동부채와의 비율을 분석함으로써 판단가능하다. 그 중요한 비율로는 유동비율, 당좌비율, 현금 · 예금비율 등이 있다.

(2) 레버리지비율

레버리지비율은 장 · 단기 부채 지불능력을 측정하는 비율로 다음과 같은 의미를 가지고 있다.

첫째, 기업의 자기자본조달이 적으면 채권자가 주로 기업의 위험을 부담한다.

둘째, 기업이 부채에 의해서 자본을 조달하게 되면 주주는 한정된 투자로 기업을 지배할 수 있다.

셋째, 기업이 부채에 의한 자본조달로 지급이자 이상의 수익을 올리면 주주의 이익은 커진다.

넷째, 레버리지비율이 낮은 기업이 호황인 경우에는 기대수익률이 낮아지지만 불황인 경우에는 손실의 위험이 적다. 반대로 레버리지비율이 높은 기업은 호황인 경우에는 기대수익률이 높아지지만 불황인 경우에는 손실의 위험이 크다. 따라서 합리적인 레버리지비율을 구해야 하는데 방법은 다음의 두 가지가 있다. 하나는 대차대조표를 이용하여 타인자본과 자기자본을 비교하여 부채조달비율을 측정하는 방법이다. 다른 하나는 손익계산서를 이용하여 고정비용이 영업이익에 의해 충당되는 정도를 구해 부채의 위험을 측정하는 방법이 있는데 부채비율, 이자보상비율, 고정금융비용보상률, 고정비율 그리고 고정자산장기적합률 등이 있다.

2) 동태비율

동태비율은 일정시점에서의 기업의 상태만을 분석하는 정태비율과는 달리 주로 손익계산서를 포함한 기업의 동태적 자료를 중요한 분석자료로 한다는 특징이 있다. 동태비율은 일정기간의 기업의 경영성과 또는 변동사항을 관계비율로 분석하는 방법을 말한다. 동태비율은 ① 수익성 관계비율, ② 비용 관계비율, ③ 활동성 관계비율, ④ 성장성 관계비율로 나누어진다.

(1) 수익성 관계비율

수익성 관계비율은 기업의 이익창출능력을 나타내는 지표로 기업활동의 결과를 집약한 경영성과를 측정하는 재무비율이다. 이 비율은 자본의 투자효율성을 나타내므로 이해관계자들의 의사결정에 중요한 정보원으로 이용된다. 수익성 관계비율로는 자본수익성 관계비율과 매출수익성 관계비율이 있다.

(2) 비용 관계비율

비용 관계비율은 각종 비용과 매출액과의 비교를 통해 비용의 정도를 평가하고, 그것으로써 기업의 손익관계를 판단하기 위한 것이다. 비용 관계비율은 수지비율, 영업비율, 매출원가율, 그리고 영업비비율이 있다.

(3) 활동성 관계비율

활동성 관계비율은 매출액을 올리는 데 있어서 기업이 보유하고 있는 자산을 얼마나 능률적으로 운용하였는가를 측정하기 위한 지표로서 매출액에 대한 각종 자산의 회전율로 표시되는데 자본운용, 자산관리의 효율성을 나타내므로 효율성 비율이라고 한다. 즉, 기업의 유동자산 또는 고정자산 등에 대한 투자가 과대한가 또는 과소한가를 나타낸다. 활동성을 나타내는 비율로는 총자본회전율, 경영자본회전율, 자기자본회전율, 타인자본회전율, 매출채권회전율, 재고자산회전율, 그리고 고정자산회전율 등이 있다.

(4) 성장성 관계비율

성장성 관계비율은 일정기간 동안 기업의 경영규모와 경영성과가 얼마나 증가하였는가를 나타내는 비율로 재무제표의 각 항목에 대한 증가율로 측정된다. 성장률을 측정하는 대표적인 비율로는 총자산증가율, 매출액증가율, 그리고 순이익증가율 등이 있다.

사 례 연 구 Case Study

사례 1 8,900원 '추억의 통닭'으로 치킨 이겼지요

경제 불황 속에서도 꾸준히 성장을 이어가는 프랜차이즈업체가 있다. 또봉이 통닭이 그것으로, 지난 2011년 창업한 이래 만 5년 만에 전국 570개 매장을 운영하고 있다. 국내 프랜차이즈업체 중 점포가 500개 넘는 브랜드가 10여 개 안팎인 것을 감안하면 비약적 성장이다. 최종성(44) 또봉이 통닭 대표를 만나 성공기를 들었다.

포화 치킨시장 '통닭' 향수로 승부
창업 5년만에 전국 570개 매장 돌풍
가격경쟁력 위해 직접 CF모델 나서
목표? 정직한 맛 초심 잃지 않는 것

▷또봉이 통닭의 상승세가 예사롭지 않다. 브랜드를 소개하자면

"맛의 가치, 정직, 신뢰를 바탕으로 서구식 프라이드가 아닌 고유의 옛날 맛 그대로를 재연한 통닭을 제공하고 있다. 담백하면서도 매콤한 맛과 특제 파우더를 얇게 입혀 튀겨낸 튀김옷은 바삭하고 가슴살까지 부드러워 아이부터 어른까지 폭넓은 소비자들의 입맛을 사로잡고 있다."

▷레드오션인 치킨시장에 뛰어드는 게 쉽지 않았을 텐데

"지금도 그렇지만 2011년 창업 당시에도 치킨은 레드오션 중 레드오션이었다. 하지만 수많은 치킨 브랜드가 탄생하는 것에는 뭔가 이유가 있을 것이라는 생각이 들었고 분명히 틈새시장이 존재할 것이라는 확신이 있었다. 틈새시장의 주요 테마는 복고아이템과 가격경쟁력이다."

▷복고아이템에 대해 설명하자면

"기존에 없던 치킨을 선보이겠다는 목표가 옛날 추억을 불러일으키는 맛으로 귀결됐다. 어릴 때 아버지가 월급날에 누런 봉투에 담아 사다주셨던 통닭이 생각났다. 치킨이라는 외래어로 굳어져 버린 닭고기의 정체성을 통닭이라는 순 우리말로 되찾음으로써 아버지 시대의 향수와 가족애를 불러일으킨 것도 주효했다."

▷복고아이템뿐 아니라 제품 자체 맛도 중요한데

"맛있는 통닭을 튀기기 위해 하루 6~7마리씩 1년여 동안 피땀 어린 노력과 실험이 뒤따랐다. 덕분에 속살의 육즙은 살아 있으면서 초벌 · 재벌 튀김과정을 통해 기름이 쏙 빠진, 껍질까지 고소한 통닭이 탄생하게 됐다. 마치 전기구이 통닭처럼 맛이 담백하면서 육질이 탱글탱글하다."

▷가격경쟁력도 눈에 띈다.

"치킨값이 2만 원을 넘보고 있지만 대표 메뉴인 옛날통닭은 5년 전 처음 선보일 때보다 400원

오른 8,900원에 불과하다. 이는 국내산 신선육을 전국 가맹점에 공급함에 있어 직배송시스템을 도입해 유통과정을 줄였기에 가능했다. 국민 간식인 치킨이 비싸지 않을 수 있다는 것을 보여준 사례로 한국식 옛날통닭도 얼마든지 경쟁력을 갖출 수 있다는 것을 몸소 보여줘 자부심도 크다."

▷직접 CF 모델로 활약한 것도 가격경쟁력과 관련 있어 보인다.

"현재 치킨 광고는 전지현(BHC치킨), 이민호(교촌치킨), 엑소(굽네치킨), 아이유(멕시카나치킨) 등 톱스타들 차지다. 몸값이 천정부지인 톱스타를 모델로 쓰면 치킨값 인상은 불가피하다. 결국 소비자가 비싼 모델비를 감당하게 되는 것인데 기존가격을 유지하면서 고객에게 신뢰와 믿음을 주기 위해 직접 모델로 나서게 됐다."

▷가격이 저렴하면 품질이 떨어진다는 우려도 있다.

"품질만큼은 자신 있다. 하림과 계획 생산계약을 체결해 업계 최초로 단일 품종의 육계를 공급받고 CJ제일제당과 옛날식 통닭에 최적화된 전용 식용유를 개발하는 등 품질관리에 심혈을 기울이고 있다."

▷향후 전망은 어떤가.

"최근 1인 가구의 증가로 인해 8,900원이라는 부담 없는 가격으로 즐길 수 있는 또봉이통닭은 향후 성장가능성이 더욱 크다. 치킨과 호프를 동시에 서비스하고 다양한 메뉴개발을 통해 수익성을 다양화할 것이다. 중장년층에게는 통닭에 대한 추억을, 젊은층에게는 신선한 맛과 품질을 제공하도록 최선을 다 하겠다."

▷향후 계획이 있다면.

"치킨업계에 도전하면서 합리적 가격, 정직한 맛, 신뢰를 수칙으로 삼았고 결과는 성공이었다. 정직하게 사업을 하면 성공할 수 있다는 확신이 들었다. 앞으로도 마찬가지다. 점포를 늘리는 것도 중요하지만 가맹점과 본사가 상생할 수 있는 방안을 계속 선보여 브랜드 가치를 높여 가겠다. 초심을 잃지 않고 가맹점과 무한신뢰를 쌓는 것이 중요하다."

▷성공한 사업가가 됐는데, 비결이 있다면.

"사람을 만나고 끊임없이 움직이는 것이 주효했다. 사업을 하다 보면 늘 생각하고 결정을 내려야 하는데 그럴 때마다 혼자서 고민하기보다는 가능한 한 많은 사람들을 만나서 대화한다. 이론과 지식도 필요하지만 일단 부딪혀보는 것. 그로 인해 나타난 결과물을 보고, 한 번 더 생각하며 판단하자는 게 내 방식이다."

출처 : 스포츠동아, 2016-12-12

사례 2 월세 · 재료 · 인건비 월 2,000만 원 … '속빈 강정' 치킨집 김 사장"

연봉 7,000만 원을 받으며 외국계 대기업에 다니다 자영업에 뛰어든 지 2년. 나(35)는 일하는 빚쟁이가 됐다. 매일 오전 2시까지 일해도 그렇다.

서울 장안동의 가게를 찾아온 친구들은 나를 '사장님'이라며 부러워한다. 100㎡(약 30평) 남짓한 프랜차이즈 치킨가게의 간판은 멀리서도 눈에 띈다. 맥주 한 잔 마시기 좋게 꾸며진 테라스와 유명 연예인의 광고 사진을 둘러보며 월급쟁이 친구들이 특히 부러워했다. 그럴 때마다 단호하게 말한다.

"속 빈 강정이야. 무조건 회사에 붙어 있어."

이유가 있다. 가게 문만 열어 놓아도 매달 약 2,000만 원이 꼬박꼬박 빠져나간다. 임차료와 관리비 280만 원, 인건비 600만 원, 투자비용으로 빌린 대출금의 원금과 이자가 매달 130만 원이다. 프랜차이즈 본사에 내는 물품비가 한 달에 약 1,000만 원이다. 생활비조차 건지지 못하는 달도 있다. 벌어서 비용으로 다 나가는 셈이다.

치킨집 사장 김영식 씨는 어떻게 '일하는 빚쟁이'가 됐나

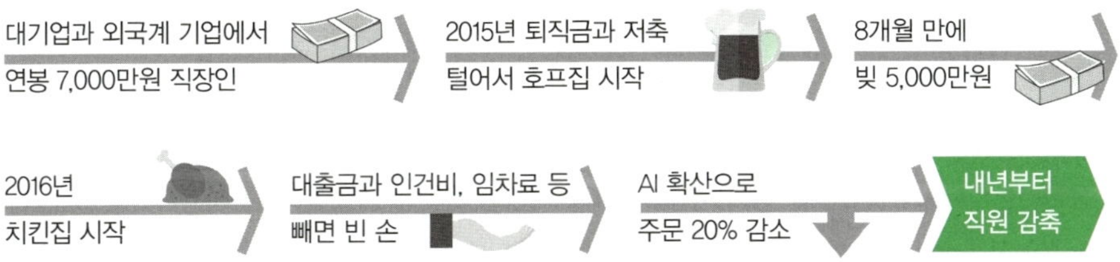

프랜차이즈 치킨은 동네 치킨집보다 수월할 줄 알았다. 착각이었다. 치킨 한 마리를 1만7,000원에 팔면 본사에 지급해야 할 생닭값과 광고비가 5,400원이다. 소스와 포장박스비, 튀김용 기름값은 별도로 약 1,000원이다. 배달 직원 인건비를 줄이려고 외부업체에 맡기는데 한 마리 배달에 2,500원을 줘야 한다. 비나 눈이 오는 날에는 3,000원이다. 매장수가 늘고 본사 매출이 커진다는 소식을 들으면 분통이 터진다. 생활비 한 푼 집으로 가져가지 못할 때, 나는 누구를 위해 일하고 있는 것인지 헷갈린다.

나만 그런 게 아니었다. 지난달 다른 점주들을 만났다. 한 점주는 "본사에 줄 물품비를 대느라 고금리지만 어쩔 수 없이 사채를 빌렸다"고 했다. 특히 학교 주변의 치킨집들은 이른바 '김영란법' 이후 직격탄을 맞았다. 교무실 · 교실로 배달해 달라던 학부모들의 단체 주문이 뚝 끊겼기 때문이란다.

치킨집을 열기 전, 지난해 호프집 장사를 시작했다. 젊을 때 10년만 고생해 아이들이 크기 전에 자리를 잡아 보자고 마음먹었다. 호기롭게 시작했지만 8개월 장사 끝에 남은 건 빚 5,000만 원. 여름에만 좀 장사가 될 뿐 빈 테이블을 채우기가 어려웠다. 빚도 갚고 다시 일어서자며 시작한 것이 치킨집이었다.

올해 처음 치킨집을 열었을 때 아내는 가게에 나와 재료를 나르며 도왔다. 아직 유치원생인 두 아들은 시급을 주고 남의 손에 맡겼다. 대기업 공채에 합격해 직장생활만 했던 나는 컴퓨터로 문서를 작성하는 대신 16~20㎏씩 나가는 생닭을 옮기고 닭을 튀겼다. 근처 배달은 직접 뛰었다. 아내도 나도 허리와 손목의 통증을 밤새 숨죽이며 앓았다.

요즘 오랜만에 이력서를 만지작거린다. 낮 시간대라도 일을 할 수 있는 곳이 있을까 찾아보면서다. 최근 조류인플루엔자(AI)가 확산되면서 주문은 지난달보다 20% 뚝 떨어졌다. 불안감에 휴대전화로 AI 뉴스를 매일 찾아본다. 내년부터는 한 명 있던 직원도 그만두게 하고 아르바이트생만으로 운영하기로 했다. 힘들더라도 일단 내가 더 뛰어볼 도리밖에 없다. '밑 빠진 독에 물 붓기'는 언제쯤 끝이 날까. 성공해 책을 내겠다는 내 꿈이 바닥나기 전에 긴 터널의 끝이 보였으면 한다.

국내 자영업자수는 568만 명

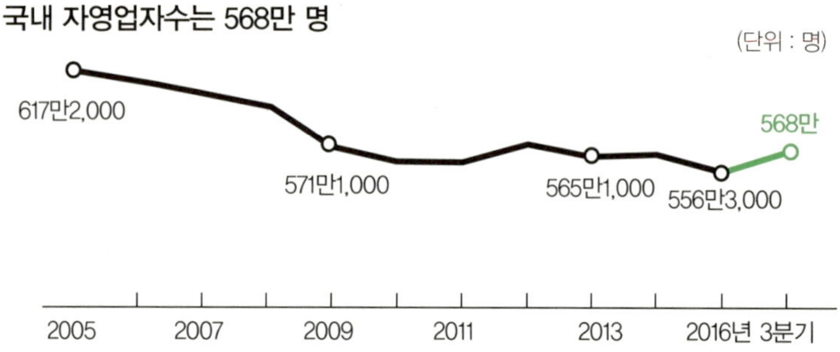

서울에서 치킨집을 운영하는 김영식(가명 · 35) 씨의 목소리를 통해 들여다본 2016년 12월 대한민국 자영업자의 현실이다. 국내 자영업자는 568만 명(올 3분기). 이들 중 김 씨처럼 자영업 터널에 갇힌 사람이 늘고 있다. 통계청의 2014년 기업 생멸 통계에 따르면 연 매출액이 5,000만 원이 안 되는 영세 자영업자가 절반(56.7%)이 넘는다. 연 매출액 1억 원 미만이 전체의 71.3%를 차지한다.

고용원 없이 장사를 꾸려 나가는 영세 자영업자수도 늘었다. 지난 3분기 고용원 없는 자영업자는 408만8,000명으로 지난해 3분기(403만7,000명)보다 1.3% 증가했다.

반면 경쟁은 갈수록 치열해진다. 은퇴자금으로 차리는 치킨집 · 고깃집 같은 외식업체의 경쟁이 특히 그렇다. 농림축산식품부에 따르면 2014년 기준 국내 외식업체수는 65만1,000개로 인구 78.8명당 한 개꼴이다. 60만7,000개였던 2011년(인구 83.6명당 한 개)과 비교하면 3년간 연평균 7.2% 증가

최근 들어 영세 자영업자 늘어나고

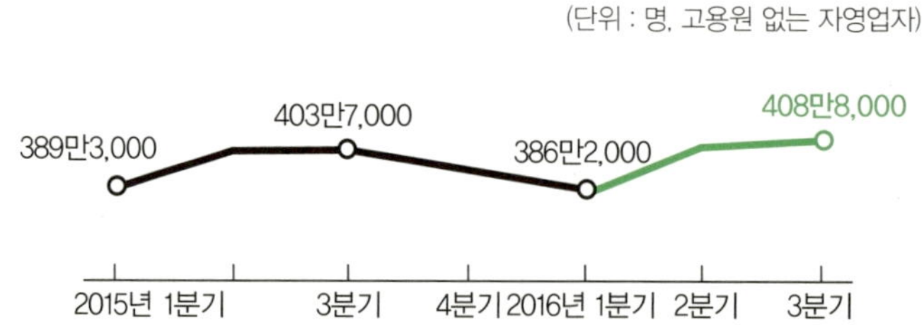

(출처 : 통계청)

했다.

소비 한파는 자영업자들을 더 위축시킨다. 지난달 소비자심리지수(CCSI)는 95.8로 금융위기 직후인 2009년 4월(94.2) 이래 가장 낮은 수치를 기록했다. 게다가 한국외식산업연구원이 지난달 23일부터 28일까지 전국 외식업체 479개를 대상으로 조사한 결과, 10곳 중 2곳(21.2%)은 김영란법 이전보다 매출이 줄었다고 답했다. 휴 · 폐업이나 업종 전환을 고려하고 있는 업체들도 26.9%나 되는 것으로 나타났다.

최승재 소상공인연합회 회장은 "매출은 줄어드는데 대출금리가 오르다 보니 소상공인들은 한계 상황에 봉착했다"며 "결국 폐업하는 자영업자들이 극빈층으로 추락하는 게 현실"이라고 지적했다.

출처 : 중앙일보, 2016-12-20

사례 3 벼랑 끝에 선 자영업 임대료 · 대출금리 · 원가 상승 '악전고투'

생계형 자영업자들이 벼랑 끝으로 내몰리고 있다. 가뜩이나 내수 부진이 심각한 상황에서 청탁금지법(김영란법) 시행까지 맞물려 자영업자들은 하루하루 버티기도 어려운 실정이다. 베이비붐 은퇴세대나 취업에 실패한 청년들이 무리한 대출을 받아 자영업에 대거 뛰어들면서 악순환은 시작된다. 장사는 안 되는데 매달 이자 부담에 허덕이면서 폐업 위기에 처하는 경우가 부지기수다. 자영업자가 몰락하면 중산층 붕괴로 이어져 한국 경제에 큰 짐이 될 거란 전망도 나온다. 정부는 뒤늦게 자영업 구조조정에 나서기로 했지만 얼마나 효과가 있을지는 의문이다.

내수 부진 · 김영란법 여파 자영업 위기
500조 빚더미 … '창업 점포수만큼 폐업'

대기업 은퇴 후 퇴직금과 모아둔 돈을 털어 서울 마포구 서교동에 볶음밥 전문식당을 차린 유진홍 씨(가명). 홍대 상권에서도 가장 번화했다는 '걷고 싶은 거리'일대 2층 점포를 빌려 장사를 시작했다. 나름 식당 인테리어에도 3,000만 원가량 거금을 투자해 '어엿한 내 가게'를 연 지 1년이 채 되지 않아 한참 바쁠 듯싶다. 하지만 유 씨는 벌써 진지하게 폐업을 고민 중이다. 식사시간에도 손님이 별로 없는 데다 1인분에 8,000~9,000원대 음식을 팔아서는 다달이 나가는 월세 400만 원과 아르바이트생 4명 인건비 900만 원을 도저히 감당할 수 없기 때문이다. 은퇴 후 창업을 준비하던 당시 "유동인구 많은 상권에 식당을 열면 매출은 걱정 없겠다"고 판단한 게 화근이었다. 평생 회사만 다니다 속성으로 요리에 입문한 유 씨의 식당은 온갖 개성이 넘치는 홍대 상권에서 별다른 호응을 얻지 못했다.

폐업만은 면한 채 가게를 유지해도 사정이 녹록지 않은 건 마찬가지다.

경기 일산신도시 마두동 주택가에서 커피숍을 운영하는 김수영 씨는 요즘 하루하루 피가 마른다. 500m 남짓한 이 길목에 커피숍만 20곳 넘게 포진해 있다. 커피를 함께 파는 빵집이나 제과점까지 포함하면 경쟁 매장은 더 많다. 지난해 말엔 같은 골목에 스타벅스까지 입점하면서 인근 커피숍 주인들이 바짝 긴장하기 시작했다. 이 길목은 역세권도, 그렇다고 중심 상권도 아니어서 유동인구가 한정돼 있다. 커피숍이 늘어날수록 손님도 매출도 줄어드는 건 당연지사. 같은 길목에 위치한 한 프랜차이즈 커피숍은 음료값을 정가보다 30~50%가량 낮춰 판매하는, '할인행사 아닌 할인행사'를 1년 내내 진행 중이다. 맞은편에 입점해 있던 또 다른 프랜차이즈 커피숍도 4,100원이던 아메리카노 가격을 2800원까지 낮췄다가 버티지 못하고 결국 올 초 문을 닫았다. "커피숍은 진입장벽이 낮은 대표적인 업종이다. 그렇다 보니 크지도 않은 상권에 일 년에도커피숍만 몇 차례씩 개업하고 폐업하길 반복한다. 하루 종일 텅 빈 가게를 지키면서 옆 가게에 손님이 몰리는 모습을 보고 있노라면 속이 까맣게 타들어간다. 음료야 메뉴가 뻔한데 어떻게 차별화해야 할지 모르겠다. 가격을 내리지 않고서는 도저히 가게를 운영할 수 없을 지경이다." 김수영 씨의 한숨 섞인 토로다.

480조 원. 국내 자영업자 550만 명이 보유한 부채 규모다. 회사에서 은퇴한 베이비부머, 노년층뿐 아니라 취업난에 허덕이던 청년층까지 생계형 창업에 몰려들면서 자영업자 빚이 기하급수적으로 늘고 있다. 그야말로 '빚더미'라는 표현이 딱 들어맞는다.

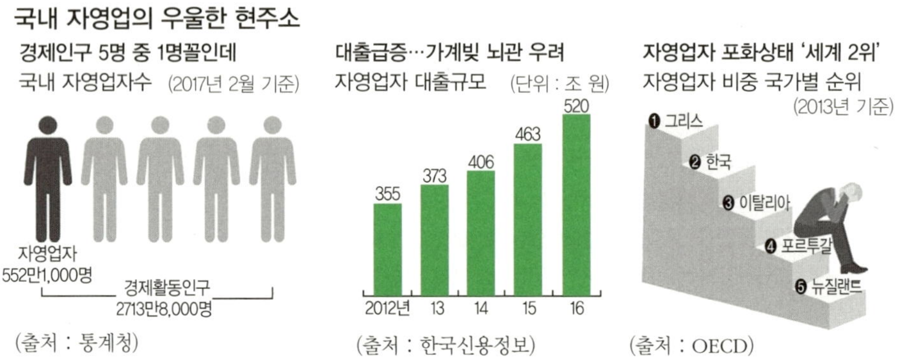

한국은행에 따르면 지난해 말 자영업자가 은행 등에서 받은 대출은 480조2,000억 원으로 2015년 말보다 57조7,000억 원(13.7%) 급증했다. 자영업자 대출 증가율은 2014년까지만 해도 10% 미만이었지만 2015년 13.5%, 지난해 13.7%로 매년 높아지는 중이다. 자영업자 가구의 평균 부채는 1억 1,300만 원(지난해 3월 기준)으로 상용근로자 가구보다 1.5배나 많다.

심지어 자영업자 대출 총액이 520조 원(지난해 말 기준)에 이른다는 신용평가사 한국신용정보 통계도 나왔다. 개인사업자 대출이 중소기업대출로 분류되면서 한국은행 통계는 자영업자 대출 위험을 반영하지 못했지만 한국신용정보는 이런 통계까지 감안했다.

자영업자 빚이 늘어난 건 장사가 잘 안 된 탓도 있지만 종잣돈 없이 생계형 창업 전선에 뛰어드는 이들이 증가했기 때문이다. 통계청에 따르면 국내 자영업자수는 552만1,000명(올 2월 기준)에 달한다. 1년 전보다 21만3,000명이나 늘었다.

문제는 자영업자들이 빚 갚을 여력이 없다는 점. 매달 임대료에 이런저런 경비를 제하면 도무지 남는 돈이 없다는 호소다. 엎친 데 덮친 격으로 은행금리까지 오르면서 가계 부담은 나날이 불어나고 있다. 한은은 자영업자 빚이 가계부채의 화약고가 될 것으로 우려하는 모습이다. 오랜 불황에 가계 소비심리가 얼어붙은 데다 청탁금지법(김영란법) 여파로 자영업 사정이 나아질 기미가 없는 탓이다.

그나마 장사가 잘 된다는 프랜차이즈 식당도 사정이 어렵긴 마찬가지다. 공정거래위원회에 따르면 2015년 폐업한 프랜차이즈 식당수는 전년(1만1158곳) 대비 19%가량 늘어난 1만3241곳이나 됐다. 하루 평균 36곳이 문을 닫은 셈이다. 2008년 관련 통계 작성 이후 가장 가파른 증가세다. 업종별로는 한식이 가장 많았고 치킨전문점, 주점, 분식집, 커피전문점, 패스트푸드점이 뒤를 이었다. 금융위원회 자료를 봐도 2009년부터 2013년까지 5년간 창업 점포수는 연평균 77만 개, 폐업은 65만 개에 달했다. 창업 점포 못지않게 폐업 점포가 넘쳐난다는 의미다.

실제로 먹거리 창업시장에선 한순간 선풍적인 인기를 끌다가도 금세 자취를 감춰버리는 아이템이 수두룩하다. 유행하는 모습에 현혹돼 '끝물'에 창업했다 손해만 보고 문을 닫는 가게도 부지기수다. 한 폐업 전문업체 관계자는 "창업할 때 비싼 임대료를 감당하려다 보면 원가율 낮은 음식점 창업을 선호하게 된다. 하지만 영세 자영업자들은 1년 내 절반가량이 폐업한다. 새로 문을 여는 가게 못지않게 폐업하는 가게가 많다 보니 서울 황학동 주방거리 같은 중고 주방기기 판매상에는 재고만 쌓여간다"고 설명했다.

국내 자영업자 550만 명 넘어서 실직자들 자영업에 내몰리는 중

청탁금지법 시행도 자영업자 위기에 한몫했다. 대표적인 업종이 화훼업종이다. 기업 수요가 줄다 보니 최근 소리 소문 없이 문 닫은 영세 화훼업체가 쏟아진다. 고경수 폐업119 대표는 "국내 화훼업체들은 관공서에 화환을 선물하는 기업고객이 주요매출원이다. 대부분 영세한 규모로 운영되는 화훼업체들은 김영란법 시행 이후 그야말로 패닉상태다. 과천 화훼단지 일대에선 점포마다 매출이 40~50%씩 빠졌다며 하소연한다"고 안타까워했다.

사정이 심각해지자 정부는 부랴부랴 대책 마련에 나섰다. 자영업자발 금융위기에 대응하기 위해 대대적인 자영업 구조조정에 나서기로 했다.

일단 치킨전문점, 카페 등 과당경쟁 업종을 과밀지역에 창업할 경우 대출할 때 가산금리를 매기거나 대출 한도를 조정할 계획이다. 예를 들어, 상권 과밀지역으로 꼽히는 홍대, 가로수길 일대에 치킨집, 레스토랑을 창업하면 대출이 까다로워진다는 의미다. 또 자영업 대출 증가 원인인 부동산 임대업 명목의 사업자 대출에 대해서는 원금 분할상환을 의무화하기로 했다. 이번 대출 규제로 자영업자 반발이 거세지만 그렇다고 무작정 창업 지원금만 늘리는 것도 능사는 아니다. 공급과잉으로 자영업 경쟁력이 떨어진 상황에서 창업 지원만 늘리면 오히려 기존 자영업자들이 피해를 볼 수 있다는 논리다.

전문가들은 무작정 창업을 막을 게 아니라 무분별한 창업에 제동을 걸고 창업에 앞서 철저히 준비하도록 유도해야 한다고 입을 모은다. 실제로 창업정보에 어두운 영세 자영업자들은 폐업하고 재창업할 때 기존업종을 다시 선택하는 경우가 부지기수다. 하준경 한양대 경제학부 교수는 "예비 자영업자들이 과밀업종을 피하고 '블루오션'업종이나 전문성이 필요한 유망업종에 도전할 수 있게 체계적인 교육을 하는 게 중요하다"고 말했다.

출처 : 매경이코노미, 2017-04-07

사례 4 "월수입 200만 원도 안 돼" 40% … "형편 더 나아질 것 같다" 11%

서울 중구 자영업자 설문

골목상권 상인들은 통계 수치만큼 어려움을 겪고 있을까. 한국경제신문은 지난 15~19일 서울시 중구 일대의 음식점, 미용실, 커피숍, 문구점 등 가게 주인 154명을 직접 만나 물었다. 자영업 실태를 눈으로 확인하고 애로사항을 듣기 위해 영세한 점포를 중심으로 찾아갔다.

중구는 서울시에서 자영업자의 월 소득이 가장 낮은 대표적인 취약 상권으로 꼽힌다. 지난달 발표된 외식산업연구원과 본지의 외식업 실태조사를 보면 중구 음식점의 월평균 순수익은 매출 828만 원의 14.5%인 121만 원에 불과하다. 3인 가구의 월 최저생계비(135만9,688원)도 벌지 못한다는 것이다. 물론 소득을 실제보다 낮추려는 자영업자 특유의 방어심리가 어느정도 작용하고 있는 점을 전제해야 한다.

실제 소득이 200만 원도 되지 않는 상인이 10명 중 4명꼴이었다. 응답자의 31.2%(48명)가 월 순수익이 '300만 ~500만 원'이라고 답한 반면 '100만 원 미만'(20.8%, 32명), '100만~200만 원'(19.5%, 30명)인 응답자가 적지 않았다. 중림동의 한 고깃집 주인은 "2002년 개장했을 때보다 운영비는 2배 늘었고, 경쟁업체가 많아져 매출은 오히려 줄었다"고 하소연했다. 향후 가게 형편을 묻는 항목에 10명 중 6명은 부정적이었다. "곧 폐업하게 될 것 같다"고 답한 응답자가 55명(35.7%), "어려워질 것 같다"는 응답자도 37명(24.0%)에 달했다. 나아질 것이라고 답한 상인은 18명(11.7%)에 그쳤다. 운영비에서 가장 부담이 되는 요인으로 응답자의 절반에 가까운 48.1%(74명)가 '임차료(월세)'를 꼽았다. 다음으로 '종업원 임금 등 인건비'(24.7%), '재료비'(11.7%) 등의 순이었다.

운영비를 뺀 월 순수익

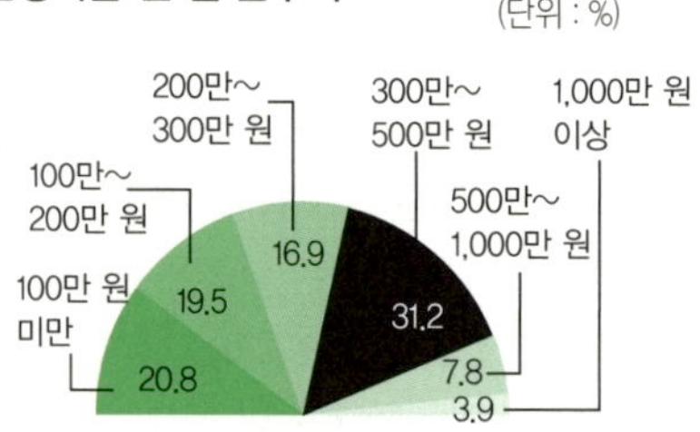

운영비에서 가장 부담이 큰 부분

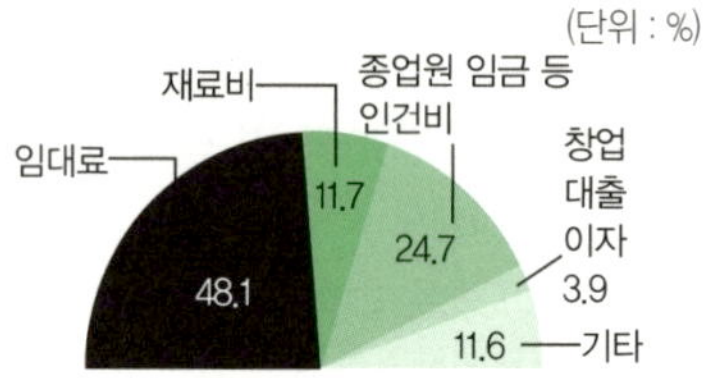

향후 가게 형편 전망

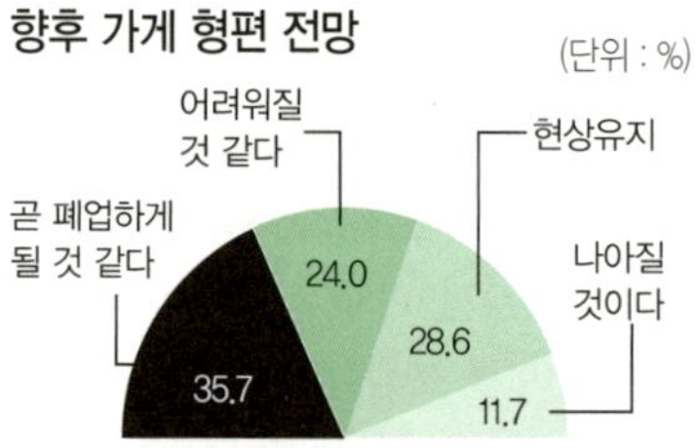

※ 서울 중구 154개 사업장 대상 설문조사

'가게 운영 시 가장 큰 애로사항'에 대해선 '주변업체와의 경쟁'(36.4%)이라고 답한 상인이 가장 많았다. '신체적 피로'(26.0%), '과도한 운영비'(22.1%)라는 답변도 상당했다. 중림동의 한 편의점 점주는 "아르바이트생 1명과 2교대로 운영하는데 오전 8시 이전에 출근해 오후 11시 이후 퇴근해야 해서 너무 힘들다"고 했다. 기간별로는 10년 이상 한자리에서 장사를 하고 있는 상인들이 60명(39.0%)으로 가장 많았다. '3~5년'(28명, 18.2%), '1~2년'(24명, 15.6%), 1년 이내(16명, 10.4%) 순이었다. 신당동의 한 감자탕집 주인은 "5년 전 고깃집에서 감자탕으로 업종을 바꿨는데 요즘 남는 게 너무 없어 다시 업종을 바꿔야 하는 게 아닌지 고민"이라고 했다.

출처 : 한국경제, 2014-09-21

사례 5 인건비만 건지는 '무늬만 사장' 수백만 명

'런다운'에 걸린 사람들 – 앉아서 枯死한다
"가게 접자니 빚이 발목"

오전 7시~밤 12시 휴일도 없는 상도동 제과점 月수입 69만 원
"적자 안 보는 게 위안" … 재료비 · 월세 내면 남는 게 없어
비용 줄이려 종업원 내보내 "실속 없지만 투자금 때문에 …"

서울 상도동에서 8년째 덴마크제과점을 운영 중인 임형회 씨(56). 지난달 1,100만 원의 매출을 올리고도 달랑 69만 원만 손에 쥐었다고 한다. 전체 매출에서 재료비 500만 원, 임차료 및 기타 관리비 230만 원, 아르바이트 월급 총 180만 원, 전기요금 100만 원을 빼고 남은 돈이다. 매달 내는 도시가스 6만 원, 화재보험 10만 원, 세무기장료 5만 원도 고정비용이다.

"너무 고생스럽다."

임씨가 2006년 처음 문을 열었을 때에는 제과 · 제빵기술자 3명을 따로 뒀다. 월 매출이 3,000만 원에 이르던 시절이다. 2009년 글로벌 금융위기 여파로 경기가 급격히 가라앉으면서 시련이 시작됐다. 결국 3명을 다 내보내고 본인이 직접 빵과 과자를 굽기 시작했다.

3년 전에는 건너편 건물에 프랜차이즈 빵집이 들어서면서 매출은 3분의 1로 곤두박질쳤다. 임씨는 하루종일 개미처럼 일한다. 오전 7시에 출근해 밤 12시에 문을 닫는다. 휴일도 없다. 그래서 더 서글프다고 한다. "이 나이에 남 밑에서 일하고 싶지는 않아요. 적자 안 보는 것을 위안으로 삼아야죠."

22일 서울 용문시장의 한 빵집에서 주인이 빵을 진열하고 있다. 자영업 폭주와 프랜차이즈 빵집의 범람 속에서 이 많은 빵이 제때 임자를 만날 수 있을까.

임씨처럼 자신의 인건비 정도만 간신히 버는 자영업자는 수백만 명에 이른다. 사업을 접자니 마땅히 할 일이 없고 계속 하자니 실속도 없이 너무 고생스러운 현실이다. 권리금이나 인테리어 등에 쓴 투자금을 떠올리면 그만두기도 힘들다. 대출을 받았다면 그야말로 옴짝달싹할 수 없게 된다.

이렇다 보니 고육지책으로 비용을 줄이기 위해 종업원들을 내보내는 곳이 부지기수다. 임차료 재료비 등은 손대기가 어렵기 때문이다. 중소기업연구원에 따르면 지난해 자영업체 평균 종업원수는 0.88명으로, 2007년 1.05명보다 0.17명 감소했다. 반면 혼자 사업을 꾸리는 사람들의 비율은 같은 기간 늘어났다. 지난해 1인 사업장은 전체 사업장의 48.2%를 차지했다. 2007년보다 3.9%포인트 늘어난 수치다.

"이러지도 저러지도 못하는 …"

서울 중림동에서 청국장전문점을 하는 A씨(60)는 부인과 함께 일하고 있다. 한 달에 버는 돈은 900만 원 남짓. 종업원 인건비, 재료비 등을 빼고 나면 남는 돈은 200만 원 정도다. 부부 두 사람이 100만 원씩 벌고 있는 것이다. A씨는 "자고 일어나면 새로운 식당들이 들어서는 것을 보면 이 정도라도 버는 게 다행"이라고 말했다.

프랜차이즈를 운영하는 자영업자들은 사정이 나을까. 프랜차이즈 스쿨푸드를 운영하는 안모 씨(37)는 월 매출 8,000만 원을 올리고 있지만 속은 그다지 편하지 않다. 안씨는 형제 두 명과 함께 4억여 원의 돈을 모아 프랜차이즈 초기비용을 마련했다. 젊은층에 인기 있는 김밥, 떡볶이 등 분식을 고급화하면 충분히 승산이 있다고 봤다. 하지만 매달 2,000만 원이 넘는 인건비, 월세 1,000만 원, 재료비 3,000만 원, 관리비 등을 빼고 나면 700만 원 정도의 이익밖에 남지 않았다. 그나마 이 돈은 삼형제가 나눠 가진다. 안씨는 "많은 돈을 쏟아부었는데도 고작 인건비만 건지고 있다"고 털어놨다. 그는 야구경기로 치면 자신이 이러지도, 저러지도 못하는 '런다운(rundown)'에 걸린 것과 같은 처지라고 말했다.

덴마크제과점(서울 상도동) 지난달 손익계산서

매출	1,100만 원
재료비	500만 원
인건비(파트타이머 3명)	180만 원
임차료(부가세 10% 포함)	198만 원
전기요금	100만 원
도시가스요금	6만 원
화재보험	10만 원
세무기장료	5만 원
기타 관리비	32만 원
이익	**69만 원**
개점 시기	2006년
매장 크기	66m^2
근무시간	오전 7시~밤 12(17시간)
휴일	명절 제외하고 연중무휴
직원수	오전 · 오후, 평일 · 주말 파트타이머 3명

"업종 변경도 소용 없어"

서울 구로시장에서 30년째 이불 · 한복집을 운영하는 B씨는 "이달에는 이불 한 채도 못 팔았지만 매일 문을 열 수밖에 없다"며 "놀아도 가게에서 놀아야 마음이 편하다"고 말했다.

대안을 찾더라도 또다시 자영업을 택하는 사람도 많다. 서울 문정동에서 감자탕 프랜차이즈를 운영하는 C씨는 세 번째 업종 변경을 고민하고 있다. 그는 7년 전 같은 자리에서 소고기전문식당을 차렸지만 2년 만에 '광우병 파동'이 터지면서 치명적 타격을 입었다. 결국 살던 집을 담보로 4,000만 원의 대출을 받아 인테리어를 바꾸고 프랜차이즈 감자탕집을 차렸다. C씨는 "지금은 한 달에

1,500만 원 정도 벌지만 가스 · 전기 · 수도 등 관리비 300만 원, 인건비 800만 원, 재료비, 세금 등을 내고 나면 남는 게 없다"며 "원가가 싼 치킨 호프집으로 업종을 바꿀지 고민 중"이라고 전했다.

출처 : 한국경제, 2014-09-22

사례 6 60살 연양갱 · 칠성사이다 아직 팔팔하네

점유율 80% … '장수식품' 대명사 서울우유 · 미원 매출 1천억 넘어

국내 식품업계에선 한 해 1,000개 안팎의 신제품이 쏟아지지만 이 중 3년을 넘기는 제품은 20%, 10년 후까지 살아남는 제품은 10% 미만이다. 하지만 출시된 지 반백년(50년)이 넘었어도 여전히 '팔팔'한 매출을 올리는 장수제품들도 있다. 서울우유와 연양갱(64세), 칠성사이다(59세), 미원(53세)이 그 주인공.

'서울우유'는 1937년 설립된 경성우유협동조합이 같은 이름으로 출시한 1홉(180㎖)짜리 우유가 원조다. 이때를 기준으로 하면 72세이지만 1945년 해방 후 서울우유협동조합으로 회사명이 바뀌면서 '서울우유'로 재출시했으니 64세인 셈이다. 지난해 서울우유협동조합의 매출 1조2,000억 원 중 서울우유(흰우유)의 매출 비중은 22%(2640억 원)에 달했다.

서울우유와 같은 해 나온 '연양갱'은 해태제과 출범과 함께 출시된 국내에서 가장 오래된 과자제품이다. 1990년대까지만 해도 중장년층만 찾던 '추억의 먹거리'였지만 2000년대 들어 등산, MTB, 마라톤 등 레포츠 붐 속에 '레저 간식'과 다이어트식으로 젊은층에게도 각광받으며 '제2의 전성기'를 맞고 있다. 소성수 해태제과 팀장은 "지난해 200억 원의 매출을 올려 양갱시장 점유율이 80%에 달하고 올해도 매출이 10~20%가량 늘어날 전망"이라고 말했다.

제조사	서울우유	연양갱	칠성사이다	미원
출시년도	1937년	1945년	1950년	1953년
매출액(2008년도)	2,640억 원	200억 원	2,700억 원	1,100억 원
시장점유율	37%	80%	75%	75%

롯데칠성음료의 '칠성사이다'는 1950년 선보인 이래 59년 동안 무려 150억 병이 팔렸다. 사이다 시장의 76%를 차지하고 있고 매출은 2,700억 원으로 서울우유와 비슷하다. 롯데칠성 관계자는 "시원한 맛은 물론 콜라와 달리 카페인, 인공색소, 합성향료 등을 넣지 않은 것도 소비자들이 선호하는 이유"라고 설명했다.

'미원'은 1956년 대상그룹 창업주인 임대홍 전 회장이 만든 국산 조미료 1호다. 웰빙 열풍에 소비자들의 시야에서 멀어진 듯 하지만 지금도 발효조미료시장의 75%를 점한다. 지난해 미원의 매출은 1,100억 원으로 대상의 고추장 매출(1,200억 원)과 맞먹는다. 또 세계 80여개국에 'MIWON'이란 브랜드로 수출하고 있다.

주류에서는 25도짜리 '진로 두꺼비'가 1925년 출시돼 올해로 85년이 됐지만 이 제품은 현재 판매되지 않는다. 진로 관계자는 "2007년 생산이 중단됐고 현재는 뚜껑이 스크류캡형태인 25도짜리 '진로 골드'가 명맥을 잇고 있다"고 말했다.

이들 외에도 올해로 48세를 맞는 해태제과의 '크라운 산도'(1961년)와 '삼립 크림빵'(45세 · 1964년)이 반백년 장수식품 입성을 눈앞에 두고 있다. 또 해태제과 '브라보콘'(1970년), 한국야쿠르트 '야쿠르트'(1971년), 농심 '새우깡'(1974년), 빙그레 '바나나우유'(1974년), CJ제일제당 '다시다'(1975년) 등이 여전히 판매호조를 보이며 30년 이상 장수 브랜드의 '관록'을 보여주고 있다.

출처 : 한국경제, 2009-08-26

사례 7 '배스킨라빈스' 연매출 창업비의 2.5배 '달콤'

커피&디저트카페 창업비용 높은 브랜드가 수익성도 높아
설빙 창업비용 1위 매출 3위
투썸플레이스가 매출 최고

커피전문점과 디저트카페는 창업자들에게 선호도가 높은 업종이다. 치킨이나 주점 대비 노동강도가 낮아 고른 연령대가 선호한다. 지난해 국세청이 조사한 바에 따르면 커피전문점 사업자는 1년 만에 6,049명이 늘어난 3만6,109명이었다.

커피전문점 시장규모는 지난해 기준 4조 원 규모로 추산된다. 커피전문점에서 판매하는 사이드메뉴의 시장규모가 차지하는 비중도 1조 원에 육박한다. 최근 커피전문점들이 디저트메뉴를 강화하는 것도 이 때문이다.

국내보다 디저트 문화가 일찍부터 발달한 일본은 프랑스와 더불어 디저트 강국으로 불린다. 일본의 디저트 시장규모는 2조5,000억 원대에 달한다. 외식업계에서는 5~10년 내 일본수준으로 디저트시장이 성장할 것으로 전망하고 있다. 커피전문점은 매장 면적에 따라 창업비용이 큰 차이를 보였다. 테이크아웃중심의 소형 평형으로 가맹사업을 전개하는 브랜드의 경우 5,000~6,000만 원대의 비교적 저렴한 비용으로 창업이 가능했지만 커피 외에 아이스크림과 디저트 등 메뉴를 다양화한 브랜드의 경우 창업비용도 높았다.

20개 커피전문점과 디저트카페의 창업비용을 분석한 결과 가장 비싼 비용을 지불하고 창업해야 하는 브랜드는 설빙이었다. 설빙의 창업비용은 3억870만 원대였다. 설빙의 창업비용이 높은 이유는 빙수와 디저트를 주메뉴로 하기 때문에 관련 기계장비가 일반 커피전문점보다 많이 필요하기 때문이다. 창업비용이 3억 원을 넘는 브랜드는 설빙을 포함해 3개로 망고식스(3억750만 원대), 투썸플레이스(3억570만 원대)가 뒤를 이었다.

커피베이는 5,549만 원이라는 가장 저렴한 비용으로 창업이 가능했다. 토프레소도 5,670만 원이면 창업할 수 있었다.

커피전문점과 디저트카페의 대부분은 창업비용보다 높은 연 매출을 올리고 있는 것으로 나타났다. 특히 아이스크림전문점인 배스킨라빈스의 경우 창업비용의 2.5배에 육박하는 4억7,180만 원대

주요 커피전문점 · 디저트카페 창업비용 및 점포당 평균 매출액

(단위 : 천 원)

브랜드	가입비 (가맹비)	교육비	보증금	기타비용 (인테리어 비용 포함)	합계	가맹점 평균 매출액
투썸플레이스	27,500	1,650	10,000	266,550	305,700	482,889
카페베네	0	11,000	5,000	255,450	271,450	308,207
파스쿠찌	14,300	1,650	10,000	201,520	227,470	369,301
할리스커피	6,600	4,400	10,000	160,900	181,900	351,209
이디야커피	7,700	3,300	5,000	91,450	107,450	239,845
빽다방	6,600	0	5,000	89,276	100,876	288,635
더카페	5,500	1,100	5,000	58,000	69,600	137,402
요거프레소	5,500	5,500	5,000	48,950	64,950	111,082
토프레소	3,300	3,300	2,000	48,100	56,700	103,021
커피베이	5,500	3,300	5,000	41,690	55,490	102,001
망고식스	7,700	3,300	10,000	286,550	307,550	213,024
공차	16,500	3,300	10,000	144,000	173,800	299,943
쥬씨	11,000	0	2,000	55,550	68,550	329,712
설빙	27,500	5,500	5,000	270,765	308,765	423,525
배스킨라빈스	8,800	1,650	8,000	174,800	193,250	471,834
나뚜루	5,500	330	7,000	122,650	135,480	113,700
엔제리너스	11,000	440	15,000	239,360	265,800	329,019
스무디킹	16,500	0	10,000	122,000	148,500	244,433
카페띠아모	7,700	3,300	10,000	156,051	177,051	139,852
주커피	5,500	5,500	5,000	215,600	231,600	229,297

의 연매출을 기록했다. 월 평균 4,000만 원가량 매출을 올린 셈이다. 매출 1위인 투썸플레이스(4억 8,280만 원대)와의 격차도 100만 원가량에 불과했지만 창업비용은 1억 원가량 저렴했다.

조사 대상 커피전문점의 연평균 매출은 모두 1억 원을 상회했으며 연 4억 이상 매출을 올리는 브랜드는 투썸플레이스, 배스킨라빈스, 설빙으로 디저트메뉴가 강한 브랜드가 대부분이었다. 그러나 카페는 창업비용과 매출만으로 브랜드를 결정해서는 안 된다. 창업전문가들은 객단가와 수익성까지 꼼꼼히 따져봐야 한다고 조언한다.

이상헌 창업경영연구소장은 "카페창업은 단순히 매출이라는 지표보다 수익성이 얼마나 되는지 살펴야 한다. 브랜드마다 차이가 있지만 카페의 경우 매출에서 재료비와 인건비를 제외한 점주 순수익이 50%에 달하는 브랜드부터 20%에도 미치지 못하는 브랜드도 있다"며 "카페창업에서 중점적으로 살펴봐야 할 것은 외형보다 내실"이라고 강조했다.

출처 : 브릿지경제, 2017-01-18

Chapter 09

고객관계관리

제1절 | 고객관리의 의의

제2절 | 데이터베이스 마케팅

제3절 | 고객카드

제4절 | 고객관계관리

제5절 | 단골고객을 만드는 방법

제1절 고객관리의 의의

1. 고객 및 고객관리의 의의

1) 고객 및 고객관리의 의의

(1) 고객의 의의

고객이란 대가의 지불과 관계없이 "상품과 서비스를 제공받는 사람"이다. 고객이라면 흔히 돈을 지불하여 물건을 사주는 손님을 연상하지만 기업에서는 상품을 구입하는 사람과 실제로 그 상품을 사용하는 사람이 다른 경우가 보통이다. 이 경우 상품을 사용하는 사람이 고객이다.

소비자는 당연히 고객이다. 차이점은 소비자는 그 물건을 가공하거나 부가가치를 붙여서 판매하지 못하고 스스로 사용한다는 점이다. 물론 고객의 개념은 [도표 9-1]에서와 같이 이미 그 상품 및 서비스를 구입하거나 사용하는 사람과 미래에 상품 및 서비스를 구입 · 사용할 가능성이 있는 잠재 및 기대고객도 포함된다. 또한 거래처, 협력업체, 주주 그리고 종업원 또한 고객이 된다. 관리자의 입장에서 보면 기업 내에 내부고객이 많이 있다. 기업에 종사하는 모든 사람이 내부고객인 것이다. 그들이 자신의 회사에 대해서 호감을 갖고 밖에서도 회사에 대하여 칭찬을 하면 할수록 최종고객인 외부고객이 회사의 상품에 관심을 갖거나 구매를 할 것이다.[01]

도표 9-1 | 고객의 정의

고객
- 이미 그 상품 및 서비스를 구입 · 사용하는 사람
- 미래에 그 상품 및 서비스를 구입 · 사용할 가능성이 있는 사람
- 거래처 · 협력업체 · 주주 · 종업원

(2) 고객관리의 의의

고객관리란 "고객에 관한 정보를 수집하여 분류 · 정리하고 가공 · 활용하는 정보활동"을 의미한다.

2) 고객의 종류

고객은 다음과 같이 잠재고객, 가망고객, 현재고객, 단골고객으로 분류할 수 있다.[02]

(1) 잠재고객

잠재고객이란 "현재는 우리 상품을 사용하고 있지 않지만 미래에 사용할 가능성이 있는 모든 사람으로서 판매의 가능성은 있으나 판매가 불확실한 모든 사람"을 말한다.

(2) 가망고객

가망고객이란 "잠재고객 가운데 판매노력 여하에 따라 우리 상품을 구매할 가능성이 큰 사람으로 영업의 주활동 표적이 되는 사람"이다.

(3) 현재고객

현재고객은 "현재 우리 상품을 구매하고 있는 고객이지만 상황의 변화에 따라 변할 가능성이 있는 고객층"이다.

(4) 단골고객

단골고객이란 "항상 우리 상품만을 구매하는 고객"을 말하며 우리 상품의 안정적 수요층이 된다. 단골고객은 총고객수의 15~20%, 기업이익의 70~80%를 창출하는 고객이다.[03]

단골고객은 [도표 9-2]와 같이 분류된다.[04]

도표 9-2 | 단골고객의 분류

단골가능고객	단골고객	고정고객(VIP고객)
최소한의 고객정보를 파악한 상태 • 성명 • 전화번호 • 주소 등 파악	먼 친척 정도의 관계유지, 상품과 고객이 연관 지어짐 • 정확한 생일 • 결혼기념일 • 직장 전화번호 • 전화수신 희망시간 등 파악	반드시 나의 사업장(점포)에서만 구입하는 고객 • 직장의 부서, 직위 • 1명 이상의 가족사항 파악 • 개인의 신상에도 관심

3) 단골고객과 일반고객과의 차이

단골고객과 일반고객의 차이를 보면 [도표 9-3]과 같다.[05]

도표 9-3 | 단골고객과 일반고객과의 차이

구분	단골고객	일반고객
구입량	• 대량 구입 • 계속 구입	• 구입량이 일정하지 않음 • 계속성이 없음
구입처	• 우리 사업장(점포)만 이용	• 여러 사업장(점포)을 이용
정보제공	• 고객으로서의 희망 · 의견을 솔직하게 표현 • 우리 사업장(점포)에 없는 상품에 대해 취급 권장 • 타사업장(점포)의 동향, 신상품정보 등을 제공	• 자진해서 정보를 제공하지 않음 • 없는 상품이 있으면 마음속으로 불평
소개	• 자진해서 친척, 친구에게 소개 • 타인에게 PR	• 소개나 PR을 하지 않음
구입태도	• 우리 사업장(점포) 상품이라면 틀림없다고 믿음 • 타상점과 비교하지 않음 • 필요하면 무조건 구입 • 사는 고객이나 판매자가 서로 편함	• 믿지 못함 • 품질, 기능, 서비스를 타사와 비교 • 조건을 비교하고 구매하지 않을 수도 있음 • 서로 신경을 쓰고 정신을 차려야 함
기간	• 장기간 계속적으로 구입	• 장기간 관계를 갖지 않음
신뢰관계	• 우리 사업장(점포)의 경영방침, 사원의 근무태도에 대한 감탄, 감사, 감동을 함	• 상품을 구입할 뿐 마음이 통하지 않음
지불	• 사업장(점포)의 조건대로 지불	• 지불조건을 따짐

4) 고객의 유형

고객관리의 최종목표는 매출증대를 통한 이익극대화에 있다. 그것을 위해서는 일반고객을 단골고객으로 만드는 것에서부터 충성고객이 되도록 해야만 한다. 고객의 우월감을 고취시켜 판매를 유도하고 구매심리를 자극하며, 고객단가를 높이도록 니즈(needs)를 환기시킬 수 있는 것도 훌륭한 상술 중의 하나이다. 그러므로 다양한 고객성격을 잘 파악하여 상황에 따른 적절한 고객응대를 하는 것은 성공적인 창업 및 경영을 위한 고객관리의 기본이다.

고객의 유형을 고객의 기질, 성향, 연령, 성격 그리고 기타로 구분하여 살펴보면 다음과 같다.[06]

(1) 고객의 기질에 따른 분류

고객의 기질에 따른 유형은 담즙질, 다혈질, 점액질 그리고 우울질로 구분된다.

① 담즙질 : 흥분 · 감동이 느려 침착 · 냉정하고 인내력이 강한 반면 고집이 세고 거만한 태도가 있는 기질이며 강직하다.

② 다혈질 : 자극에 민감하고 쉽게 흥분하지만 오래가지 못하고 바로 식어버리며 성격은 매우 낙천적이다. 성급하고 인내심이 적은 기질이다.

③ 점액질 : 흥분하는 일이 별로 없다. 감수성이 둔하고 열심히 하고 활기가 적으나 의지가 강하고 내구력이 있는 기질이다.

④ 우울질 : 기질이 강하며 흥분을 억제한다. 사소한 일도 지나치게 생각하여 필요 이상의 애를 쓰며 사람을 믿지 않고 생기가 없는 어두운 성질이다.

(2) 고객의 성향에 따른 유형

고객의 성향에 따른 유형은 외향적, 내향적, 쟁취적 그리고 예술적으로 구분된다.

① 외향적 성격 : 낙천적이며 친밀성이 있으나 권위에는 약하다. 남의 말을 잘 듣는 형이며 임기응변적이다.

② 내향적 성격 : 지적인 반면 독창성이 없고 회의와 냉담, 선망과 질투가 강한 형이다.

③ 쟁취적 성격 : 완고한 면이 있어서 주위와 잘 어울리려 들지 않는다. 자기에 대하여는 놀라우리만치 충실한 면이 있고 결과에만 몰두하며 자기중심적이다.

④ 예술적 성격 : 지적이며 순응성이 있고 호기롭고 인정이 있다. 변덕스러운 점이 있는 것도 이 타입의 특징이다.

(3) 고객연령에 따른 분류[07]

고객의 연령에 따른 유형은 노인층, 청 · 장년층, 청소년층 그리고 어린이로 구분된다.

가. 노인층 고객

① 급격한 변화를 원치 않으므로 각별히 신중을 기해야 한다.

② 다소 소극적이며 우유부단한 편이므로 지나친 적극성은 삼가는 것이 좋다.

③ 일반적으로 인내심이 강해 감정의 노출을 억제한다. 따라서 응대에 있어서 세심한 배려가 요구된다.

④ 자율성이 강해 지나친 간섭을 싫어한다.

⑤ 비교적 소유욕이나 애착심이 강해 욕구를 충족시키려는 경향이 있다.

나. 청 · 장년층 고객

① 엘리트 의식과 프라이드가 강하므로 자존심을 해치는 언동을 삼가야 한다.

② 구매의욕이 강하므로 합리적인 셀링 포인트로써 집중적인 설득에 주력한다.

③ 매우 이기적인 경향이 있으므로 이익과 장점에 대하여 설명한다.

④ 자신의 건강에 대하여 유별나게 관심이 많다.

⑤ 편의주의적이며 단순하다.

⑥ 실천적이며 행동적이다.

다. 청소년층 고객

① 개성이 매우 강하므로 개성에 영합되는 방향으로 응대한다.

② 사물을 매우 감상적으로 보거나 해석하려고 한다.

③ 생각이 매우 단순하여 깊은 사려가 없다.

④ 매우 이상적이며 현실적이다.

⑤ 기성관념이나 기성세대에 대하여 회의적이며 거부적이다.

라. 어린이 고객

① 극히 단순하며 비판력이 약하다.

② 온순하며 순종적이다.

③ 순진하며 악의가 없다.

④ 모방심리가 강하다.

(4) 고객성격에 따른 분류[08]

고객의 성격에 따른 유형은 거만한 고객, 빈정투의 고객, 성급한 고객, 수다스러운 고객, 혼자 중얼거리는 고객, 우유부단한 고객, 박식한 고객, 내성적인 고객, 인색한 고객, 염치없는 고객으로 구분된다.

① 거만한 고객 : 거만한 고객의 유형은 말투나 태도가 권위적이며 자존심이 강한 사람이므로 특히 정중한 말이나 태도로 응대해야 한다. 가령 거만한 유형의 고객이 틀린 이야기를 할지라도 곧바로 부정하거나 고쳐주려 하지 말고 가능한 한 자존심을 세워주도록 하여야 한다.

② 빈정투의 고객 : 빈정투의 고객은 설령 고객이 놀린다 할지라도 화를 내지 말고 온화한 표정으로 농담을 되받아주게 되면 오히려 매출로 이어지게 될 가능성이 훨씬 높아진다. 그리고 단시간에 승부를 걸려고 하지 말고 다소 느긋하게 응대한다.

③ 성급한 고객 : 성급한 고객은 성격이 급하고 점원의 어투나 태도 등에 조금이라도 실례되는 부분이 있으면 금방 화를 내는 타입이다. 그리고 기다리는

것을 기본적으로 싫어하므로 신속하고 명확한 어투로 대응한다.

④ 수다스러운 고객 : 수다스러운 유형의 고객은 말을 도중에 끊어버리면 감정을 상하기 쉬우므로 마지막까지 열심히 들어주도록 한다. 그리고 화제가 상품에 관련된 사항과는 다른 쪽으로 흐르지 않도록 수위를 조절해가며 응대할 수 있는 유연성이 요구된다.

⑤ 혼자 중얼거리는 고객 : 혼자 중얼거리는 고객은 불평불만이 많고 정신집중이 잘 안 되며 판매원의 말에도 귀를 기울이지 않는다. 이런 유형의 고객은 자칫하면 많은 시간과 노력을 허비할 수 있다. 따라서 시간범위 내에서 스스로 결정할 때까지 인내심을 가지고 모른 척 내버려둔다.

⑥ 우유부단한 고객 : 우유부단한 고객은 고객의 요구사항이나 취향 등을 충분히 파악한 후 적합하다고 생각되는 상품에 대하여 구체적으로 설명한다. 그리고 상품 구매 여부의 최종결정 시에 점원이 옆에 서서 조금만 거들어주게 되면 효과적이다.

⑦ 박식한 고객 : 박식한 고객은 자신의 풍부한 지식을 과시하려고 논설조의 이야기를 늘어놓거나 판매원을 가르치려고 하는 태도를 보인다. 이러한 고객에게는 이야기를 잘 들어주고, 고개를 끄덕이며, 수긍조의 말이나 몸짓을 보여주면 매우 효과적이다.

⑧ 내성적인 고객 : 내성적인 고객은 자신의 취향이나 궁금증 등에 대해서도 거의 의사표시를 하지 않는 경향의 타입이다. 그러므로 전면에 신뢰감을 내세워 천천히 대화를 유도한다. 그리고 이러한 내성적인 유형의 고객에게는 보다 자세한 설명이나 질문을 던짐으로써 고객과의 심리적인 거리감을 좁히도록 한다.

⑨ 인색한 고객 : 인색한 고객을 응대하는 데는 두 가지 방법이 있다. 첫째는 가격이 싼 물건을 보여주는 것이며, 둘째는 그만한 가치가 있는 상품이라는 것을 믿게 하는 것이다.

⑩ 염치없는 고객 : 고객이 염치없이 구는 것은 고객의 자유이며 그 사람의 자유를 뺏는 것은 곧 판매의 실패를 가져온다. 염치없는 고객은 고객의 자유를 침해하지 않는 범위에서 적당히 응수해야 한다.

(5) 기타

① 동행이 있는 고객 : 동반자에게도 신경을 쓰되 동조를 얻어낼 수 있는 말을 끌어내어 상품을 살 수 있는 분위기를 조성한다.

② 심부름으로 온 어린이 고객 : 심부름 보낸 사람을 대하는 마음으로 정중히 맞는다. 간단한 선물을 해도 좋다.

③ 지방에서 온 고객 : 지방에서 온 고객은 쇼핑에 대한 불안감을 가지기 쉬우므로 더욱 친절하게 응대하여 부담스럽지 않은 분위기를 조성하여 좋은 인상을 남기도록 한다.

④ 단골고객 : 단골고객은 새로운 상품정보를 제공해주면서 우대하여야 하지만 다른 고객이 있을 경우에 특별대우는 바람직하지 못하다. 고객은 모두 왕이기 때문이다.

앞에서 살펴본 바와 같이 고객은 실로 천태만상이다. 고객 한 사람 한 사람 그 유형에 따라 거기에 맞게끔 진심과 경의를 갖고 응대하여 즐겁고 유익하며 만족스러운 쇼핑을 할 수 있도록 하여야 한다.

2. 고객의 심리 및 내점고객의 유형[09]

고객은 점포나 회사의 규정이나 방침에는 관심이 없고 신경도 쓰지 않는다. 또한 경영자의 애로사항, 개인적 고충, 고민 등에도 전혀 관심이 없고 오직 자신의 욕구충족에만 있다. 그러므로 성공적인 창업을 위해서는 반드시 고객에 대한 충분한 이해가 필요하다.

고객은 경영자 또는 종업원에게 소득과 급여를 제공해주는 매우 중요한 존재이다. 고객에게 서비스로 호의를 베푸는 것이 아니라 고객이 경영자 또는 종업원에게 서비스를 제공할 기회를 제공해주는 것이다. 결국 고객이 호의를 베풀어주는 존재가 된다.

심리학에서는 사람의 마음을 빙산에 비유하여 수면 위에 나타난 부분이 이성이고 물속에 잠긴 부분이 비이성적인 마음이라고 한다. 결국 대부분의 사람은 20%의 이성과 80%의 비이성이 지배한다는 것이다. 따라서 고객을 접할 때는 "고객을 머리로 겨냥하지 말고 마음으로 응대"하여야 한다.

1) 고객의 욕구

고객관계관리는 고객의 욕구를 파악하고 고객에게 맞춤서비스 제공을 통하여 만족도 향상, 고객과의 장기적인 관계관리가 가능한 체계 확보를 통하여 기업의 경쟁력 증가가 가능하다.[10] 기업에 대한 고객욕구는 개별 고객욕구, 개별 고객서비스, 편익제공, 정보제공, 고객차별화서비스 등이 있다.

(1) 개별 고객욕구

고객은 일반적으로 다음과 같은 욕구를 가지고 있다. 고객은 대량고객 중의 한 사람이 아닌 개별적인 고객으로 인식되기를 원한다. 개성시대에는 동일한 제품을 구매하기보다는 나만의 개성 있는 제품을 선택하기를 원하고 대중적인 제품이더라도 자기만의 개성을 살릴 수 있는 제품을 원한다.

(2) 개별 고객서비스

고객은 대중적이고 일괄적이며 표준화된 고객서비스는 식상해 하고 기업에서 특별히 준비한 고객별로 차별화된 특화된 서비스에 감동한다.

(3) 편익제공

고객은 바쁘게 살고 있기 때문에 제품과 서비스 구매를 위하여 전시장 또는 매장방문을 위한 시간적 여유가 많지 않다. 결국 고객은 편안한 상태에서 제품과 서비스에 대한 편익을 제공받기를 희망한다.

(4) 정보제공

고객은 바쁜 일상 속에서 살아가고 있지만 언제 어디서든지 원하는 정보검색에 익숙해져 있다. 그러나 너무 많은 정보의 홍수 속에 살아가는 고객은 자신이 원하는 제품과 서비스를 검색하는 데 많은 번거로움을 겪게 되고 최적의 정보 획득에 많은 시간과 노력이 필요하다.

따라서 고객은 기업이 고객별 맞춤식 정보제공을 무의식적으로 기대하고 있다.

(5) 고객차별화서비스

고객은 기업으로부터 차별화된 특별한 서비스를 제공받기를 희망한다. 동일한 제품과 서비스임에도 장소와 품격에 따라서 가격의 차이가 심한 경우를 흔히 볼 수 있다. 고객은 더 비싼 가격을 지불하더라도 특별한 대우, 즉 차별화된 서비스 제공을 희망한다.

2) 고객의 심리

고객은 일반적으로 다음과 같은 행동을 원하는 심리가 있다.

① 기억되기를 바란다. : 환영받고 싶어 하는 기대심리

② 관심을 끌고 싶어 한다. : 독점하고 싶어 하는 심리

③ 중요한 사람으로 인식되고 싶어 한다. : 남보다 우월감을 느끼고 인정받고 싶어 하는 심리

④ 편안해지고 싶어 한다. : 편안하고 즐겁게 살고 싶어 하는 심리

⑤ 기대와 욕구를 수용해주기를 바란다. : 자기 존위의 심리

⑥ 모방하고 싶어 한다. : 모방의 심리

⑦ 손해 보기 싫어한다. : 손해 보고 싶지 않은 심리

3) 내점고객의 유형

점포를 찾아오는 고객의 유형을 몇 가지로 분류해보면 다음과 같다.

① 구매할 것을 확실하게 계획하고 오는 고객

② 구매할 것이 있지만 확실하게 결정하지 않고 오는 고객(와서 보고 구매할 것이 있으면 구매하는 고객)

③ 미래에 구매할 것에 대해 알아보러 오는 고객

④ 구매와 관계없이 오는 고객 등으로 나눌 수 있다.

4) 고객의 본능

고객은 다음과 같은 3가지 본능에 의해 구매의욕이 유발된다.

① 남에게 존경이나 칭찬을 받고 싶은 본능 : 자부심과 허영으로 특히 여성에게 강하게 나타나는 경향이 있다. 이를 감정적 구매동기라 하는데 이들은 우월욕, 경쟁욕, 미용욕, 소유욕, 안락을 바라는 마음, 선물을 주고받는 만족감에 의해 구매가 이루어진다고 할 수 있다.

② 타산의 본능 : 이는 이익을 보는 방향의 것을 계산적으로 선택 또는 선호하는 심리로서 고객을 접할 때 고객에게 "○○○만큼 이익입니다"라고 권하는 것이 효과적이다. 이는 이성적(합리적) 구매동기로 고객은 합리성이나 이성에 의해 구매를 한다. 즉, 편리한 것, 능률적인 것, 품질이 좋은 것, 내구성이 강한 것, 경제적인 것, 싸게 살 수 있는 것, 사후서비스를 받을 수 있는 것을 주로 구매한다.

③ 모방의 본능 : 이는 자신이 좋아하는 사람(스타, 우상 등)의 행동이나 형태에 맞추어 유사한 태도를 형성하려는 것이며, 심지어 모방하는 행동의 일부분을 모방했다고 보이고 싶지 않은 본능도 있다. 이는 대리만족의 한 형태로서 모방을 통해 자신도 그와 같은 인물로 느끼고 싶어 하는 경우와 원래의 그 행위자를 즐겁게 해줌으로써 인정받으려는 두 가지의 경우가 있다.

3. 고객관리활동

유통기업 입장에서 고객관리를 실행해 가는 데 있어서는 무엇을 어떻게 하는 것이 바람직하고 고객관리상의 요점은 무엇인가에 대해 살펴보기로 한다.

구체적인 고객관리활동은 다음과 같다.[11]

첫째, 소매기업이 나아가려고 하는 방향과 거기에 적합한 고객영역을 만들고,

거기에 매치시킨 고객 만들기를 행할 필요가 있다. 이를테면 팬시아트점이라면 젊은 고객층에 맞는 점포 이미지 구축과 상품 구색의 확보 등이다.

둘째, 표적고객에 대해서는 개별고객에 대한 정보의 획득을 꾀한다. 이 정보는 활용을 전제로 한 것이어야 하며, 그 활용의 포인트는 데이터베이스 마케팅전략 수립 및 실행을 고려하는 것이 바람직하다.

① 고객가치 패키지의 개발

② 협력유통점포(체인화)의 개발

③ 상품 부대서비스 등의 기록

④ 고객과의 관계구축을 통한 고객유지 및 단골고객화를 위한 커뮤니케이션 및 충성도 강화

⑤ 매력 있는 점포의 창조

셋째, 표적고객 영역 내의 고객정보를 완성하려면 원칙적으로 단 한 번으로 완성된 것을 찾기보다 계속적으로 완성해 가는 것이 바람직하며, 그러기 위해서는 다음의 여러 활동에서 정보를 입수할 필요가 있다.

① 판매 시 또는 납품 시

② A/S 때

③ 정기적인 설문조사

④ 그 외 특별한 경우

넷째, 고객에 대한 필요한 정보가 획득될 때마다 그 내용은 소매점포의 재산이므로 올바르게 정보시스템에 기록되어야 하고 효과적으로 관리되어야 하며, 활용하기 쉽도록 정리 · 가공 · 보관되어야 한다.

다섯째, 고객자료의 활용은 그 활용의 내용에 따라 다른 것(앞의 둘째의 내용)이지만 적어도 가망고객의 발견이 용이하도록 관리되어야 하며, 나아가 그 가망고객을 유인하는 데에 필요한 마케팅전략이 수립되어야 한다.

여섯째, 고객의 자료는 어떤 일정한 기준에 따라 항상 고객관리가 행해져야 한다. 이를테면 1년간 반응이 없는 고객은 일단 고객관리에서 제외하고 2년이 지나도 반응이 없는 고객은 완전히 제외하는 식이다. 또한 고객자료의 관리는 관리기준에 따라 관리되어야 하며, 관리자가 항상 필요한 형태로 기록 · 정리 · 보관하

고 있어야 한다.

일곱째, 영업방법의 전환, 점포의 확충 등의 변화는 고객층의 교체에도 항상 직결되어 있으므로 그 변화에 맞춘 고객층을 개척해야 한다.

결국 고객관리는 고객들로 하여금 우호적인 또는 차별적인 기업 또는 점포 이미지를 갖게 하고, 축적된 고객정보를 이용하여 고객만족을 유지 · 향상시키는 방향으로 관리 · 활용함으로써 신규고객의 확보, 기존고객의 유지 및 단골고객화를 통한 지속적인 성장과 발전을 도모하는 데 기여할 수 있을 것이다.

4. 고객불만

1) 고객불만관리의 중요성

기업은 고객만족을 위해 최대한의 노력을 하고 있지만 고객불만은 발생하기 마련이다. 그러한 고객의 불만관리는 매우 중요하다. 왜냐하면 고객들의 불만으로 인하여 고객유지율이 저하하게 되고, 부정적인 입소문으로 인한 신규고객창출에의 악영향 유발로 인하여 기업경영에 나쁜 결과를 초래할 수 있기 때문이다. 고객불만관리는 "고객불평관리를 체계적으로 수립하고 이를 해결하고자 하는 활동"이라고 정의할 수 있다.[12]

고객불만관리의 중요성이 부각되는 구체적인 이유는 다음과 같다.

(1) 정보 원천으로서의 고객불평

고객의 불평은 기업에게 가치 있는 정보를 제공해줄 수 있다. 즉, 고객불평에 의해서 현재 판매되고 있는 제품이나 서비스의 품질에 대한 아이디어 획득이 가능하고 더 나아가 신제품 또는 새로운 사업에 대한 아이디어 획득이 가능하다.

(2) 고객충성도 제고의 수단

고객충성도란 "고객이 거래하고 있는 회사와의 관계를 강화하기 위해 기꺼이 투자 또는 희생을 하고자 하는 정도"라고 정의할 수 있다.[13] 불평고객을 적극적으로 관리함으로써 충성고객으로 만들어 갈 수 있다.

(3) 부정적 입소문의 확산 방지

불만고객은 거래 중단에 그치지 않고 주변에 부정적인 입소문을 퍼트림으로써 기업에 타격을 줄 수 있다. 부정적 입소문은 인터넷과 소셜미디어의 확산으로 예전과 비교할 수 없을 정도로 파급속도도 빨라지고 파급규모도 커지고 있다. 따라서 소셜미디어 내의 고객불평에 적극적이고 신속한 대응이 매우 중요하다.

제2절 | 데이터베이스 마케팅

현대사회는 극심한 경쟁 그리고 소비자 욕구의 다양화 등으로 인해 마케팅의 초점도 매스 마케팅(mass marketing)에서 점차 세분화되어 세분화 마케팅, 틈새 마케팅으로 변하고 있다. 더구나 오늘날의 소비자는 더 이상 어떤 집단 또는 목표시장의 한 구성원으로서가 아닌 유일한 개성을 지닌 독립적인 존재로 인식되기를 바라고 있다. 이와 같은 소비자의 감성적 욕구를 만족시키기 위해서는 소비자 개개인으로 하여금 자신이 남들보다 더 나은 대접을 받고, 남들과는 다른 제품과 서비스를 제공받고 있다는 느낌을 가질 수 있도록 마케팅이 이루어져야 한다. 이를 위하여 개인 마케팅, 일대일 마케팅, 혹은 관계 마케팅의 개념이 생겨났으며 이러한 개념을 실현시켜 줄 수 있는 수단이 데이터베이스 마케팅이다.

1. 데이터베이스 마케팅의 의의 및 구축단계

1) 데이터베이스 마케팅의 의의

고객과의 장기적인 관계 구축을 위해 잠재고객이나 현재고객에 대한 유용한 정보를 데이터베이스로 구축하고, 구축된 고객 데이터베이스를 전략적으로 활용하여, 고객 개개인과의 접촉을 통해 직접적인 반응 · 판매를 유도하거나, 장기적인 일대일관계를 구축하고자 하는 제반 마케팅활동을 데이터베이스 마케팅이라 한다.[14]

2) 데이터베이스의 구축단계

데이터베이스 마케팅은 개별 고객의 데이터베이스를 근거로 고객 한 사람 한 사람에게 접근하는 개별화된 마케팅이다. 따라서 데이터베이스 마케팅의 성립기반은 고객 개개인의 데이터베이스에 있다.

고객 데이터베이스 구축단계는 다음과 같다.[15]

(1) 데이터베이스 구축의 주도

데이터베이스를 자사 내의 부서에서 작성할 것인가 아니면 사외기관에 의뢰 혹은 전략적 제휴에 의해 할 것인가 하는 방침을 결정해야 한다.

(2) 데이터 요소의 점검과 산정

데이터베이스에 구축할 데이터 파일을 명확히 정하고, 각 데이터 파일에 저장된 파일을 점검하고, 각 파일에서 데이터베이스에 저장할 데이터를 선택한다. 또한 각 파일에 그 데이터의 수치를 기간치로 할 것인지 누적치로 할 것인지를 결정해야 한다.

모든 데이터 파일을 데이터베이스에 축적하는 것은 무의미하므로 데이터베이스에 포함시킬 파일에 대한 타당성을 충분히 검토하여야 한다.

(3) 데이터의 추출과 처리작업

개인의 데이터를 추출하고 새로운 데이터를 만들어 낼 데이터 처리작업을 어디에서 행할지를 결정한다. 이 단계는 필요한 데이터를 추출하고 데이터베이스를 작성하는 작업으로 크게 두 가지 방법이 있다.

첫째, 원래의 데이터 파일을 보유하고 있는 부문에서 데이터베이스 구축 부문의 지시에 따라서 필요로 하는 데이터를 추출한 다음, 그것을 데이터베이스 구축 부문에 보내는 방식이다.

둘째, 데이터베이스 구축 부문에 의한 데이터 작성방식으로, 데이터 파일 자체를 구축 부문에 보내어 구축 부문이 파일 보유 부문의 파일 안에서 데이터를 추출하는 방식이다.

(4) 각 데이터의 통합

개개인의 고객에 대한 정보를 정리 혹은 통합하는 방법과 개인의 정보를 가구별 정보로 정리 혹은 통합하는 방법도 결정하여야 한다.

(5) 데이터베이스의 구조 설계

데이터베이스의 구조 설계는 다음과 같은 데이터가 축적될 수 있는 구조로 설계될 수 있다.

① 고객속성 데이터
② 고객구입행동 데이터
③ 고객상품아이템 데이터
④ 판매촉진(카탈로그, DM, 텔레마케팅, 직접 반응광고) 데이터
⑤ 상품구입관계 데이터
⑥ Offer Data

(6) 데이터베이스의 갱신

오래된 데이터베이스의 갱신빈도를 결정하는 것으로서, DM이나 카탈로그 발행 등의 판매촉진활동을 실시하고 있는 부문에서는 무엇보다도 최신의 정보를 요구하며 빈번한 데이터베이스의 갱신을 요망한다.

2. 고객정보의 구성항목과 수집방법

1) 고객정보의 구성항목

마케팅을 위한 고객 데이터베이스에 어떠한 고객정보항목들이 포함되어야 할 것인가에 대한 결정은 데이터베이스의 구축과정에서 가장 우선적으로 고려되어야 할 사항이다. 데이터베이스 마케팅이 고객 개개인에게 호소하는 방식을 취하므로 데이터베이스는 모든 고객의 데이터를 정리한 형태로 다음과 같은 고객정보항목들이 예시될 수 있다.

① 고객의 성명, 주소, 휴대전화번호

② 고객에 대한 촉진프로그램(DM, 텔레마케팅 등)이 이루어진 날

③ 고객의 촉진프로그램에 대한 반응행동

④ 상품 구입일(최초, 그 후 그리고 최근)

⑤ 새로운 상품 구입일

⑥ 반품된 상품

⑦ 고객불평의 내용

⑧ 총구입금액

⑨ 1회 평균 총구입액

⑩ 상품구입수단(전화, 우편, 인터넷, 판매원 등)

⑪ 대금지불방법

⑫ 기타 고객에 대한 정보들

2) 고객정보의 수집방법

고객에 대한 정보(데이터)가 어디에서 구해지느냐에 따라서 크게 사내에서의 고객정보와 외부에서의 고객정보로 구분할 수 있다.

(1) 사내에서의 고객정보

기업내부에서 자료를 수집하는 방법은 매우 다양하므로 몇 가지만을 제시한다.

① 세일즈맨과 점원이 대면관계를 할 때 정보를 입수하는 방법
② 판매정보시스템(Point Of Sale System : POS)에 있는 데이터를 수집하는 방법
③ 설문조사에 의한 방법
④ 고객에게 보증서를 제공할 때 보증서 청구용지에 고객정보를 기입하도록 하는 방법
⑤ 반응고객정보의 수집방법 : 기업이 대중매체를 통한 직접반응 광고기법의 활용(예컨대, "안내책자를 드립니다.", "시제품을 무료로 드립니다." 등의 광고내용을 삽입)
⑥ 인터넷을 통한 방법

(2) 외부에서의 고객정보

외부에서의 고객정보 수집은 전문조사기관에 의뢰해서 고객 데이터를 확보하거나 구입 또는 전략적 제휴의 형태로 자료를 확보하는 방식이다.

① 타기업의 고객정보 획득방법 : 산업별 조합이나 연합회, 각 단체 등의 회원 명부 입수, 동창회 명부 그리고 상공회의소의 가입회원 자료 등 공개된 자료 등에서도 유용한 자료를 획득할 수 있다. 또한 전략적 제휴형태로 보험회사, 카드회사, 금융기관 등에서 자료를 획득할 수 있다.
② 전문적인 리스트 공급업체에 의해 만들어진 편집 리스트의 구입방법 : 편집 리스트는 판매를 목적으로 전문업체에 의해 만들어진 고객 편집 리스트를 말한다. 이는 리스트 전문공급업체에 의해 통합, 가공된 고객 리스트로 이들 업체는 다양한 정보원천으로부터 수집된 리스트를 이용해서 편집 리스트를 만들어내고 있다.

3. 데이터베이스가 고객관리의 자료로서의 역할을 하기 위한 조건

데이터베이스가 고객관리의 자료로서의 역할을 하기 위한 조건은 다음과 같다.

① 기업의 현실에 맞아야 한다.

② 유연성이 있어야 한다.

③ 데이터의 내용은 다양할수록 좋다.

④ 범용성을 가져야 한다.

⑤ 이익 측정이 가능해야 한다.

⑥ 신속한 검색이 가능해야 한다.

⑦ 고객관리부서에서 관리되어야 한다.

제3절 | 고객카드

1. 고객카드 작성방법[16]

1) 고객에게 부탁하거나 판매원이 직접 카드를 써서 만드는 방법

① 상품배달을 부탁받았을 때 카드를 쓰도록 한다.

② 고객이 상품을 살 때 카드에 주소, 성명, 전화번호 등을 기입하게 한다.

③ 제품수리를 의뢰해 왔을 때 카드를 쓰도록 한다.

④ 문의하는 손님에게 "차후에 더 상세한 안내서를 보내겠다"고 하고 카드를 작성한다.

⑤ 구하는 상품이 품절이 되고 없을 때 주소, 성명을 물어 기록하고 "상품이 들어오면 알려주겠다"고 약속한다.

⑥ 신용카드를 사용할 때 위와 같은 내용의 카드를 쓰게 한다.

⑦ 메이커가 준 추첨권을 나누어줄 때 카드를 작성한다.

2) 우리 상점에서 상품을 구입할 가능성이 있는 소비자의 카드를 만드는 방법

다음과 같은 자료를 이용할 수 있다.

① 직업별 전화번호부

② 학교 동창생, 재학생 명부

③ 기업체나 단체의 직원 명부

④ 각종 전문단체 또는 직업별 단체의 회원 명부

⑤ 결혼식장의 예약신청 명부

⑥ 다른 소매업자들과 명부를 교환할 수도 있다.

2. 고객카드 활용의 이점

① 판매원(구역)의 '지도'를 만든다.

② 방문이 용이해진다.

- 유망한 고객을 잊어버리는 일이 없다.
- 유효하다고 생각되는 시기에 방문이 가능하다.
- 성공률이 높은 순서대로 고객을 선택할 수 있으므로 종합적인 판매능률을 향상시킨다.
- 한 사람의 고객에 대한 방문 횟수와 빈도의 관계를 적절히 조정할 수 있다.

③ 계획을 세우기가 쉬워진다.

④ 실천력이 강화된다.

⑤ 기술이 향상된다.

제4절 | 고객관계관리

1. 고객관계관리의 개념

고객관계관리(Customer Relationship Management : CRM)란 "고객과 관련된 기업의 내 · 외부 자료를 분석 · 통합하여 고객특성에 기초한 마케팅활동을 계획하고 지원하며 평가하는 과정"을 의미한다.[17]

기존마케팅이 단발적인 마케팅전술이라면 CRM은 고객과의 지속적인 관계를 유지하면서 "한 번 관계를 맺은 고객은 평생고객"이 될 수 있는 기회를 만들며, 평생고객화를 통해 고객의 가치를 극대화하는 것이다. 즉, 현재 기업이 보유하고 있는 고객과 잠재고객에 대한 데이터를 수집 · 분석하여 비즈니스적인 요구에 맞는 마케팅정보로 가공하고, 고객행동을 분석 · 예측하기 위하여 고객의 행동확률을 고객 개인별로 점수화하고, 개별고객의 점수를 활용하여 동일한 고객군으로 그룹화하여 분류하며, 고객별 · 그룹별로 효과적인 마케팅프로그램과 전략을 개발 · 검증 · 구현 · 측정 및 수정하는 일련의 과정이 CRM이다.

2. CRM의 필요성

1) 고객만족과 CRM

많은 기업들이 고객을 이해시키고 만족시키고자 막대한 노력을 기울여 왔다. 이처럼 기업이 고객만족을 지향해야 하는 이유는 다음과 같다.[18]

① 만족한 고객은 자신이 만족한 기업의 제품이나 서비스에 대한 긍정적인 경험을 평균 5~6명의 다른 사람에게 전달한다고 한다.

② 불만족한 고객은 보통 9~10명에게 자신의 부정적인 경험에 대하여 이야기한다고 한다.

③ 불만족한 고객 중 기업의 제품 및 서비스에 아주 실망한 고객(10~13%)은 20명의 다른 사람에게 적극적으로 자신의 불만을 이야기한다고 조사되었다.

④ 불만족한 고객 중 90%는 회사가 자신의 불만과 고충을 적극적이고 신속하게 해결해줄 경우, 불만이 없던 고객보다 더 단골고객이 될 수 있다.

⑤ 불만족한 고객의 98%는 해당 기업에 불평하지 않으며, 조용히 경쟁회사로 옮겨갈 뿐이다.

2) CRM의 올바른 접근방법

(1) 마케팅부서만을 위한 마케팅에서 벗어나야 한다

기존의 마케팅에 대한 투자는 뚜렷한 방향이나 본질적인 요건을 정의하지 못한 채 변화하는 시장환경을 따라잡는 데에만 급급하였다. 이러한 마케팅의 방향과 환경, 제도를 바꾸는 방안이 CRM인 것이다. 따라서 CRM은 고객에 대한 중요성을 마케팅의 전면에 배치하여 사내 모든 정보의 방향과 프로세스, 그리고 사내 마인드를 고객관계강화에 초점을 맞추어야 한다.

(2) 마케팅은 고객 니즈를 잘 파악해야 한다

현재 기업의 마케팅은 고객 니즈(needs)를 제대로 파악하지 못하고 있다. 고객들은 광고와 정보의 홍수 속에 살고 있어 어느 누구보다도 많은 정보를 갖고 있다. 하지만 이들에 대한 분석은 거의 이루어지지 않아서 고객을 이해하기에는 문제점이 있다.

(3) 고객욕구의 파악시스템은 필수적이다

고객에 관한 정보는 하루가 다르게 변하는데 이러한 고객정보를 뒷받침할 수 있는 시스템이 이전에는 없었다. 어떻게 고객을 세분화할 것인가?, 어떻게 표적고객을 세분화할 것인가?, 표적고객에 대한 포지셔닝(positioning)은 어떻게 실시할 것인가?, 고객에 대한 수익을 어떻게 증가시킬 것인가? 등의 문제에 대한 해답을 제공해줄 수 있는 제반 인프라를 구축해야 하며, 고객에 대한 새로운 전략이 필요하다. 여기에서 포지셔닝이란 "소비자의 마음속에 자사제품이나 기업의 바람직한 위치를 형성하기 위하여 제품효익(product benefit)을 개발하고 커뮤니케이션하는 활동"을 말한다.

(4) 지속적으로 고객에게 서비스를 제공할 방법을 모색한다

고객에 대한 정보가 있어도 어떻게 서비스를 해야 할지를 모르고 있다. 고객을 만족시킬 수 있는 방향을 모른다면 아무리 좋은 투자라도 소용이 없을 것이다. 장기적인 계획수립을 통하여 고객을 지속적으로 관리할 수 있어야 한다.

(5) 전사적(全社的)이고 고객지향적인 접근을 한다

보다 나은 고객서비스를 위해서라면 기업 어느 부서에 근무하는 어느 누구라도 항상 고객을 위해, 고객에 대해 준비해야 한다. 예를 들어, 고객과 가장 가까이 접하는 A/S 담당자의 정보를 마케팅부서에서 활용한다면 직접적인 시장의 변화를 느낄 수 있으며, 고객의 변화에 대응하는 새로운 마케팅이 가능하게 될 것이다.

3. CRM의 목표

CRM의 목표는 학자들이나 기업체별로 다양한데 가장 일반적이고 중요한 목표 세 가지는 다음과 같다.[19]

1) 새로운 고객의 확보

관계를 정립하고 발전시킬 고객이 없는 상태에서 CRM을 한다는 것 자체가 어불성설이기 때문이다. 되도록 많은 고객을 새롭게 확보하는 것이 기업의 생존 여부를 결정짓는 잣대가 된다는 것은 당연한 일이다.

2) 확보한 고객의 유지

고객유지는 수익성에 중요한 영향을 미치게 된다. 새로운 고객을 취득하는 것은 기존고객을 유지하는 것보다 더 많은 비용이 들어가고 더 많은 문제점을 갖고 있다. 만약 신규고객을 확보하기 위해 소요되는 비용을 100이라고 했을 때 확보된 고객을 유지하는 비용은 20~30 정도이다. 20~30을 투자하지 않고 100을 다시 투자하려는 바보는 없을 것이다. 기존고객 유지를 통해 초기 고객확보비용을 절감하고, 고객믿음을 강화하는 것이 얼마나 중요한지를 모르는 기업은 없다.

3) 수익의 창출

모든 고객이 물건을 구매하고, 모든 고객이 기업에 도움이 되지는 않는다. 상위 20%의 고객이 업체 매출의 80%를 차지한다는 일반적인 매출의 법칙은 고객의 분류에 따른 차별화된 고객관리가 얼마나 중요한지를 이야기해주고 있다.

4. 매스 마케팅(mass marketing)과 CRM[20]

다양한 고객의 요구를 충족시키는 개인화 마케팅은 다품종 소량생산이 필수적이다. 결국 개인화 마케팅전략을 구사하려면 소비자의 욕구를 파악해 바로 제품을 생산해낼 수 있는 유연한 제품생산체계가 필요하며 고객과의 광범위하고 지속적인 접촉을 통해 얻어진 정보를 데이터베이스화해야 한다. 이 데이터베이스를 토대로 개인화 마케팅전략을 세우고 실천해야 하므로 데이터베이스 마케팅 역시 개인화 마케팅의 발달과 함께 반드시 필요한 마케팅전략이다. 결국 개인화 마케팅은 기업이 소비자의 욕구, 기호, 취향 등을 세밀하고 정확하게 파악할 수 있는 정보기술이 갈수록 발달하면서 힘을 발휘하고 그 중요성도 날로 더해가고 있다.

이러한 개인관리 마케팅이란 생산업체나 상사회사 등이 거래처인 판매점에 대하여 행하는 관리활동을 말하며 그 목적은 매출채권의 확보와 판매촉진에 있다. 이를 위해서는 평소부터 고객의 경영상태에 관한 정확한 파악과 동시에 그 목적에 따른 적극적인 육성지도와 원조가 필요하다. 따라서 대금회수의 조사나 판매량과 재고량의 대조 등은 물론 업적의 추이, 자산의 내용, 경영자의 자질, 적정규모의 분석, 입지조건의 검토, 경쟁관계의 동향 등 고객에 관한 중요한 문제에 대해서는 모든 분야에 걸쳐 조사 · 분석해 놓지 않으면 안 된다. 과거에는 고객관리에서 고객대장이나 고객카드 등을 작성하였는데, 컴퓨터의 보급에 따라 그 기억장치와 분석력에 의존하는 일이 많아졌다.

도표 9-4 | 매스마케팅과 CRM 비교

구분	매스 마케팅	CRM
주된 관심부분	매스 마켓(mass market)	고객과의 일대일관계
시장접근	제품 밀어 넣기	혜택의 추출
지표	시장점유율	고객점유율
판매	거래기반	가치기반
서비스	반응적	상호적
전달경로	물리적 단일채널	통합된 멀티채널

5. 관계마케팅

사업장(점포)을 운영할 때 다양한 마케팅활동을 위해서는 많은 시간과 비용 그리고 노동력이 요구된다. 새로운 고객을 유치하기 위한 노력보다는 단골손님에 대한 서비스와 관심이 매장의 매출 상승에 크게 작용한다. 단골손님에게 더욱 집중하는 판매전략이 소비의 회전주기를 앞당길 수 있을 뿐만 아니라 판매효율 제고도 가능한 것이다.

따라서 관계마케팅은 종전의 생산자 또는 소비자 중심의 한쪽 편중에서 벗어나 생산자(판매자)와 고객과의 지속적인 관계를 통해 서로 윈윈(win-win)할 수 있도록 기업과 고객 간 인간적인 관계에 중점을 두는 관점의 마케팅전략이다. 다시 말하자면 고객과 끊임없이 대화하면서 관계를 강화하고 원하는 제품을 정확히 파악해 고객 만족도를 높이는 마케팅전략이 관계마케팅(relationship marketing)이다.

1) 관계마케팅과 데이터베이스 마케팅

기업이 지속적으로 이윤을 추구하려면 고객의 재구매를 유도하여 고정고객을 확보하는 것이 중요한데 이렇게 고객과의 지속적인 관계를 유지하여 장기적인 이익을 실현하려는 것이 관계마케팅이다.[21] 다시 말해서 고객들과 장기적으로 만족스러운 관계를 형성하여 고객들이 자사의 상품이나 서비스에 대하여 지속적인 호감을 갖도록 함으로써 특정고객의 생애가치를 극대화하려는 마케팅전략이다.[22] 이를 위해서는 고객들에 대한 정보를 데이터베이스로 만들고 지속적으로 업데이트하여 유지함으로써 고객관계를 밀착시킬 필요가 있는데 이러한 마케팅활동이 앞에서 살펴본 데이터베이스 마케팅이다.

2) 관계마케팅의 목표

관계마케팅의 목표는 마케팅전략에 의한 제품판매가 아니다. 기존의 마케팅은 제품판매를 위해 마케팅전략을 세우고 실행했지만 관계마케팅은 고객과의 관계를 구축하는 것이 마케팅의 목표가 된다. 즉, 고객과 관계를 맺으면 그 결과로 판매가 일어나는 것이다. 관계마케팅은 기업과 고객의 관계에서만 성립되는 것이 아니고 관련기업, 경쟁업체, 기업조직 등도 관계마케팅의 대상이 된다.

관계마케팅은 소비자의 관여도가 높은 제품에 많이 사용된다. 자동차와 같이 고가의 구매위험이 큰 제품이나 전자제품처럼 구매 전 · 후에 서비스가 필요한 제품의 경우 이 마케팅이 적용된다. 이 밖에도 보험 등과 같이 전문지식이 필요하거나 고객의 욕구가 모두 달라 이에 각각 대응해야 하는 상품의 경우에도 많이 적용된다.

매년 자동차회사, 전자제품회사, 보험회사 등에서는 그 해 가장 우수한 판매실적을 올린 '판매왕'을 선발해서 포상한다. 이렇게 선발된 판매왕들의 공통적인 영업전략은 관계마케팅이다. 그들은 판매 이전부터 판매 이후까지 제품을 설명하고, 생일 또는 결혼기념일과 같은 기념일에 축하카드를 보내고, 구매한 제품에 문제점은 없는지 살피는 등 고객을 꾸준히 관리하여 고객과의 신뢰를 구축한다. 이러한 관계가 지속적으로 유지될 때 고객은 '단골'이 되는 것이다.

제5절 | 단골고객을 만드는 방법

창업시장에 있어서 점포에 한 번 방문하는 일회성 고객보다 지속적으로 매장을 방문하는 단골고객 확보가 성공 창업의 관건이다. 단골고객을 만드는 방법에 대해 살펴보기로 한다.

1. 단골고객을 만드는 방법

1) 단골고객으로 만들기 위한 판매원 유의사항

안면이 없는 고객이 상점 안에 들어왔을 때 그 손님을 단골고객으로 만들려면 판매원은 다음 사항을 유의해야 한다.[23]

① 고객에게 적절한 상품을 권한다.

② 처음 온 고객일수록 친절히 대한다.

③ 상품을 구입하고 간 며칠 후에는 DM(direct mail)이나 전화를 통하여 사용해본 소감이나 의견을 물어본다.

④ DM이나 전화를 통하여 가끔 행사 안내나 신제품을 소개한다.

⑤ 다시 상점에 찾아 온 고객에게는 이전에 전화 통화한 내용을 상기시키면서 친밀감을 주는 대화를 한다.

⑥ 상품을 사지 않은 고객도 끝까지 친절히 대하여 다음에 또다시 찾아오도록 한다.

2) 단골고객을 만드는 10가지 방법

단골고객을 만드는 10가지 방법을 다음과 같이 제시한다.[24]

① 이름이나 직함 등을 기억하여 불러주고 기호, 습관 등을 기억한다.

② 전에 방문했던 것을 기억하고 화제로 삼는다.

- “따님이랑 같이 오시더니 오늘은 혼자 오셨네요?”
- “결혼식장에 가신다고 하시더니 잘 치르셨나요?”
- “바캉스 잘 다녀오셨나요?”
- “지난번에 사 가신 것은 잘 사용하십니까?”
- “지난번에 청바지를 사셨는데 이 빨간 티셔츠를 받쳐서 입으면 잘 어울릴 텐데요.”

③ 집으로 전화한다.

- 불평(complain)전화
  - “새로 교환하신 제품은 마음에 드세요?”
  - “매장에 방문하셨을 때 친절히 해드리지 못해서 죄송했습니다.”
  - “지난번에 교환하신 것은 잘 사용하셨습니까? 다른 불편은 없으시고요?”
- 구매한 다음날 전화
  - 잘 사용하는지 묻는다.
  - 사용방법, 보관법 등을 알려준다.

④ 고객카드를 작성하고 연락한다(연락하지 않은 카드는 죽은 카드이다).

- 엽서를 보낸다.
- 안부전화를 한다.
- 문화행사, 전시회 등을 알려준다.
- 바겐세일, 단골고객 우대판매 등이나 휴일 전, 폐점 전 특별히 싸게 파는 상품(예, 생선 등)이 있을 때 전화한다.
- 신상품을 알려준다.
- 사보, 정보지 등을 보내준다.
- DM 공란에 친필 안부를 기록하여 우송한다.
- 편지를 보낸다. 이때 간단한 삽화나 형광펜으로 색칠을 가볍게 해서 주의를 환기시킨다.
- 생일축하, 결혼기념일 카드 등의 카드를 보낸다.

⑤ 구매액의 일정률(예, 10%)의 금액을 고객 명의로 적립금을 만들어준다.

⑥ 보너스제도를 시행한다.

- 몇 회 이상 오면 어떤 혜택이 있다.
- 얼마 이상의 금액이면 어떠한 혜택이 주어진다.

⑦ 자사 크레디트 카드를 만들어준다.

⑧ 고객클럽을 만들어 각종 행사를 개최한다.

⑨ 신규고객을 소개하면 혜택을 준다.

⑩ 동류의식(예, 고향, 출신이 같다 등)을 조성한다.

- 관리된 고객만이 구매한다.
- 고정고객이 많은 판매사원이 최종승자가 된다.
- 내 고객만이 구매한다.

3) 음식점에서 단골고객을 늘리는 4가지 방법

음식점에서 단골고객을 늘리는 방법을 다음과 같이 제시한다.[25]

① 전적으로 음식 맛이 탁월해야 한다.

② 입지 경쟁력과 시설 경쟁력이 있어야 한다.

③ 주인의 서비스 경쟁력이 뛰어나야 한다.

④ 마케팅의 차별화가 필요하다.

2. 단골고객화 강화방안 및 프로그램의 종류

1) 단골고객화 강화방안

도표 9-5 | 단골고객화 강화방안[26]

고객관리 전담부서 확대	• 고객전문 관리요원 고정 배치 • 고객의 소리함 설치, 상시의 모니터 운영, 불만, 요구사항, 구매행태, 고객관리 실적평가 등의 분석에 의한 즉각적인 반영
단골고객화 활동 강화	• 정기방문 제도화(계획적인 라운딩, 초대회 개최) • 고객과의 지속적인 의사소통 : 정기적 DM, 회사의 소식지(사보) 발송으로 관심유도 – 차별적인 고객에 대한 개인적인 배려가 있어야 한다. – 생일, 결혼기념일을 기억해 둔다. • 전화를 적극 활용 – 구매 시 특별할인이나 할인기간 선택권 부여, 사은품 증정, 각종 연극, 영화, 레저시설 무료 또는 특별우대 관람권을 발행한다.
고객관리를 위한 신마케팅기법 도입	• 텔레마케팅으로 고객에게 한발 더 접근된 마케팅 시도 – DM 발송 후 전화하는 것과 DM 발송 없이 전화하는 것과는 큰 차이가 있다.
상품을 팔기 전에 이미지를 판매	• 기업과 상품에 대한 우호적인 이미지를 심어줌 • 판매는 단순히 물건을 파는 것이 아니라 인격과 이미지를 파는 것
혁신적 서비스개발	• 경쟁사보다 앞선 참신한 서비스개발
사후 서비스 강화로 고객 이탈방지	• 고객 확보보다 고객 이탈방지에 더 큰 비중을 두고 고객을 관리 • 고정고객에게는 특별한 혜택 부여
고객을 참여시키고 어울리게 함	• 고객의 입장에서 개발된 이벤트 행사의 개발 및 확대를 통해 고객의 충성도 제고 노력

2) 단골고객화프로그램의 종류

고객의 이탈을 방지하고 고객의 충성도를 높여갈 수 있는 단골고객화프로그램의 종류는 다음과 같다.[27]

(1) 포인트(point)제 프로그램

포인트제란 고객의 구입금액의 일정금액을 포인트로 부여하는 제도이다. 예를 들면, 주유소, 슈퍼마켓 등에서 구입한 금액에 해당하는 만큼의 포인트를 부여하는 것 등이다.

(2) 회원제

가입된 회원에게 회사의 각종 행사참여권이나 회보지 등을 제공해서 계속적인 관계를 유지해 나가려는 프로그램이다.

(3) 핫라인

우량고객에 대해 "무엇이든 물어 보세요"라는 핫라인(hot line) 전화번호를 알리는 방법이다.

> 미국 출장에 나선 고객이 샌프란시스코의 리츠칼튼 호텔에 묵게 되었다.
>
> 서양식의 푹신한 베개가 싫어 프론트에 전화해서 약간 딱딱한 베개로 바꾼 일이 있었다. 그런데 그곳의 용무를 마치고 다른 목적지인 뉴욕으로 이동해 그곳에 있는 리츠칼튼 호텔에 투숙했을 때 그 고객은 놀라운 사실을 발견하였다. 고객의 침대 위에는 딱딱한 베개가 놓여 있었기 때문이었다. 샌프란시스코의 종업원이 '고객의 기호 Hot Line'이라는 내선번호에 전화를 해 고객이 좋아하는 베개를 등록해 놓았기 때문이다.
>
> 이처럼 리츠칼튼 호텔에서는 고객이름만 입력하면 고객기호를 알게 해주는 공유 데이터베이스가 있다. 리츠칼튼 호텔은 이를 토대로 개별 마케팅에 적절하게 활용하고 있다.

3. 단골고객관리 원칙

단골고객은 누구이며 어떻게 단골고객이 되었는지 아는 것은 매우 중요하다. 단골고객을 어떻게 집중관리하느냐는 기업의 수익성과 직결되는 사안으로 단골고객을 제대로 관리하기 위해서는 다음을 고려해야 한다.

1) 단골고객을 파악하고 세분화해야 한다[28]

많은 사람들이 단골고객을 VIP 고객과 동일시하는데 반드시 그렇지는 않다. 예를 들어, 은행의 VIP 고객은 한 번 오면 거액의 돈을 입금하지만 막상 은행에는 1년에 한두 번 들러 기본적인 입출금서비스만 이용하는 것이 고작일 수 있다. 반면 어떤 고객은 입금액은 그리 크지 않지만 수시로 은행을 방문해 은행의 수익을 올려주는 거래를 자주 한다. 이런 고객은 VIP 고객은 아니지만 은행의 수익창출에 주요한 단골고객이다.

2) 단골고객 전담조직을 구성해야 한다

단골은 모든 기업에게 가장 중요한 고객군이므로 반드시 적극적으로 관리해야만 한다. 단골고객관리 전담조직은 최고경영진에게 직접 보고해야 한다.

3) 직원의 애사심을 높여야 한다

연구결과에 따르면 회사에 애사심이 높고 충성스러운 직원이 늘어날수록 단골고객이 많아진다. 회사의 경영방식과 문화에 대한 직원들의 로열티를 측정할 수 있는 지표를 개발해서 정기적으로 지표를 측정해야 한다.

4) 기존고객 유지 여부를 지속적으로 점검해야 한다

오늘날 구매자 우위의 기업환경에서 단순히 고객을 만족시키는 마케팅만으로는 부족하다. 만족한 고객을 계속 자사의 고객으로 남도록 하는 일, 즉 고객유지가 마케팅의 궁극적인 목표가 되어야 한다. 고객유지비율을 측정할 수 있는 지표를 개발하고 정기적으로 점검해야 한다.

5) 단골을 유지하면 인센티브를 주는 체계를 갖추어야 한다

영업사원은 판매수당을 받기 때문에 신규고객 확보에 더 신경을 쓰게 된다. 이처럼 단골고객 유지를 영업사원의 인센티브체계에 포함시켜 기존고객에 대한 서비스를 강화해야 한다. 단골고객의 중요성은 일반적인 상식이지만 단골고객의 중요성을 진정으로 이해하고 체계적으로 관리하는 기업은 드물다. 단골고객관리에 성공하는 소수의 기업이 결국 웃는다는 사실을 명심해야 한다.

사 례 연 구 Case Study

사례 1 단골손님이 발길을 돌리는 이유? 깨진 유리창의 법칙(Broken Window Theory)

미국의 정치학자 제임슨 윌슨(James Wilson)과 사회학자 조지 캘링(George Kelling)이 1982년 3월 월간 〈Atlanta〉에 발표한 글에서 유래한 법칙으로 1969년 스탠포드대학의 심리학자 필립 짐바드로 교수가 실험한 내용이다.

실험 1

범죄가 많이 일어나는 골목에 두 대의 자동차를 일주일간 방치하였다. 그 중 한 대는 보닛만 열어놓고 다른 한 대는 창문도 조금 깨진 상태로 방치해 둔 결과 일주일 후 창문을 깨 놓은 차는 실험 시작 10분 만에 배터리, 타이어 등이 사라지고, 낙서를 하고, 쓰레기를 버려 완전 고철덩어리로 변했다. 유리창이 깨진 차는 버려진 차로 인식하고 버려진 차의 부품은 훔쳐도 된다는 심리에서 비롯된 것이다.

실험 2

1994년 루돌프 줄리아니(Rudolf Giuliani) 뉴욕시장은 범죄율을 줄이기 위해 지하철의 모든 낙서를 지우게 한 결과 90일 만에 범죄율이 줄어들기 시작하여 3년 후 범죄율의 80%를 감소시켰다.

고객은 기업들의 사소한 실수 하나로 기업들을 불신하게 된다.

고객이 겪은 단 한 번의 불쾌한 경험, 정리되지 않은 제품, 단 한 명의 불친절한 직원까지, 아주 조금 깨진 유리창이 범죄를 유도하듯 기업의 사소한 실수가 기업 전체를 흔들 수 있다. 그래서 결론은 어쩌다 유리창 하나가 깨질 수 있지만 방치하면 안 되고 바로 복구해야 한다는 것이다.

사례 2 "말 걸면 부담돼요" … 나홀로 쇼핑객 잡는 '언택트'기술

〈앵커〉

쇼핑을 할 때 점원이 말을 건네면 오히려 눈치가 보인다거나 불편하다고 생각하는 분들이 많습니다. 그런데 IT를 이용해서 부담 없이 상품을 소개하고 파는 기술이 생겨나고 있습니다.

손승욱 기자입니다.

"도움이 필요하시면 말씀해주세요."

이 화장품 매장 직원들은 고객들이 부담스러울까봐 가급적 먼저 말을 걸지 않습니다.

▷임연주/매장 매니저 : "(고객에게 먼저) 물어보는 경우도 있는데 그러면 '제가 볼게요' 이렇게 대답하시는 분들도 많아요."

고객들의 생각도 크게 다르지 않습니다.

▷오지윤/대학생 : "(말 걸어오는 게) 부담스럽기도 하고, 제가 무엇을 찾는지 구구절절 얘기해야 될 거 같고, 좀 귀찮기도 하고 …"

이런 상황을 고려해 사람 간 접촉 없이 첨단 IT기술로 제품정보를 제공하면서 물건을 파는 이른바 '언택트기술'이 속속 등장하고 있습니다.

화장품을 테이블 위에 올려놓으면 모니터로 상품정보를 알려 주는 스마트 테이블이나 태블릿을 통해 전시된 가전제품을 보면 가상현실로 제품을 설명해주는 태블릿 안내기가 대표적입니다.

점점 다양해지고 선택사항이 많아지는 커피전문점의 음료를 점원에게 말 건네지 않고도 주문할 수 있는 스마트폰 앱도 인기입니다.

▷이모 씨/회사원 : "(복잡한 음료의 경우) 주문받으면서 오류도 많고 그래서, 줄 서기 귀찮아서라기보다는 정확한 주문을 위해 (앱을 이용합니다.)"

대인관계에 피로감을 느끼는 소비자에게 보다 정확하고 풍부한 정보를 제공할 수 있다는 점 때문에 이런 언택트 마케팅은 더 빠르게 확산할 것으로 보입니다.

출처 : SBS 뉴스, 2017-11-13

사례 3 먼저 웃어주세요. 서비스가 달라져요

"특별한 날을 맞아 큰 맘 먹고 아내와 함께 고급 레스토랑을 찾았다. 기분 좋게 식사를 하던 중 웨이터가 옆자리 손님에게 기념품(또는 특별한 디저트)을 주는 걸 봤다. 갑자기 기분이 나빠져 '같은 돈을 낸 손님인데, 나는 왜 안 주느냐?'고 소리쳤다." 이런 사람은 '꿀불견 고객' 리스트에 올라 좋은 서비스를 못 받을 수 있다. 그럼 어떻게 해야 할까? 레스토랑을 예약할 때 "특별한 날이니 아내를 기분 좋게 하는 특별한 서비스를 부탁한다"고 미리 말하면 최상급 대접을 받을 가능성이 높다.

연말을 맞아 호텔이나 레스토랑 등지에서 모임을 갖는 사람이 적지 않다. 이런 곳에서는 사소한 말 한마디나 행동이 'VIP 고객'이냐 '꿀불견 고객'이냐를 결정한다. 돈을 많이 쓰지 않아도, 단골이 아니어도 최상의 서비스를 받으며 기분 좋은 하루를 보내는 노하우를 알아보자.

꿀불견 고객 아닌 고마운 고객 되려면

동아일보는 서울 시내 16개 호텔의 레스토랑 종사자, 벨맨(투숙객을 방까지 안내하는 직원), 프런트 직원 30여 명을 대상으로 지난달 30일부터 4일까지 고객의 태도가 서비스에 미치는 영향에 대해 설문조사했다. "서비스맨도 사람이기 때문에 인간적인 대접을 받아야 서비스가 좋아진다"는 답이 돌아왔다. 이들은 손님의 행동에 따라 '꿀불견 고객'과 '고마운 고객'을 구분했다. VIP 대접을 받으려면 우선 경멸을 받지 말아야 한다. 이들은 어떤 고객을 싫어할까?

'꼴불견 고객'의 대표적 유형은 '반말족'(13명)이었다. 언제 봤다고 "야, 방 있어?", "여기 물 좀 주지"라며 반말을 던지는 고객은 눈살을 찌푸리게 한다. 가는 말이 고와야 오는 말이 곱다고 반말을 듣고도 기분 좋게 서비스하는 사람을 찾기는 힘들다.

직원의 사소한 실수를 빌미 삼아 할인이나 공짜 쿠폰을 바라는 '얌체족'(9명)도 골치 덩어리였다. '신분 과시족'도 있었다. "나 사장 친구인데 …", "당신 지배인이 꼬마이던 시절부터 출입했는데…."

레스토랑은 예약과 관련해 꼴불견 고객이 많은 편이다.

예약도 하지 않은 채 좋은 자리를 달라고 요구하거나, 레스토랑 입구에서 직원의 안내도 받지 않고 무조건 안으로 들어가는 고객이다. 불만거리가 생겼을 때 무조건 "사장 어디 있어?"라거나"매니저 어디 있어?"라고 말하는 '고위층족'도 꼴불견으로 꼽혔다.

다른 고객과 이야기하고 있는데 자신을 먼저 서비스해 달라는 '끼어들기족', 여직원을 아래위로 훑어보며 "사복을 입으면 더 예쁘겠네"라고 말하거나 신체 접촉을 시도하는 '느끼족', 공공장소인데도 떠드는 아이를 말리지 않거나 일행끼리 큰 소리로 떠들거나 금연석에서 담배를 태우는 '무례족'도 있었다.

꼴불견 고객이 되지 않으려면 상식적으로 행동하면 된다. 여기에 평범한 한 마디를 보탠다면'고마운 고객'으로 격상돼 VIP 대접을 받을 수 있다. 응답자들은 '직원과 눈을 마주쳤을 때 먼저 웃어주거나 인사를 잘 받아주는 고객', '돌아갈 때 고맙다거나 맛있었다는 등 코멘트를 해주는 고객', '줄을 서서 기다려야 할 때 말없이 기다려주는 고객', '대화에 호응해주는 고객'이 고맙다는 반응을 보였다.

이름까지 불러주면 금상첨화다. 자신의 이름을 기억했다가 불러주거나 가족처럼 안부를 물을 때 "저절로 서비스가 좋아진다"고 응답한 사람이 9명이었다. 처음 이용하는 레스토랑이라면 왼쪽 가슴에 붙은 이름표를 슬쩍 보고 다정하게 이름을 부르는 센스를 발휘해보자. 효과 만점이다. 이름을 부른다고 해서 '안주연'이란 명찰을 단 여성에게 "주연아" 또는 "미스 안"이라고 부르면 역효과가 난다. "안주연 씨"가 예의바른 호칭이다.

호텔이나 레스토랑을 이용한 뒤 회사 대표 메일이나 팩스로 '감사 편지'를 써주는 고객은 VIP 고객 대우를 받을 수 있는 장기적인 포석을 쌓은 셈이다. 깔끔한 옷차림도 중요하다. 반바지에 슬리퍼를 신고 가면 이용이 제한되는 호텔도 있고, 혹시 이용할 수 있다 해도 좋은 서비스를 받긴 힘들다. 레스토랑을 이용하려면 영업시간을 적어도 1시간은 남겨두고 도착해야 제 대접을 받는다.

불만족스러운 서비스를 받았을 때에는 어떻게 해야 할까? 목소리를 낮춰 말할수록 대우를 받는다. 불만거리나 개선사항을 조용히 말해주는 고객에게는 미안해서라도 더 좋은 서비스를 해 주게 된다는 게 서비스맨의 말이다.

스페셜 디저트 – 무료 와인 등 서비스격차 커

레스토랑이나 호텔에서 얼마나 더 좋은 서비스를 받을 수 있을까라는 생각이 든다면 한 번도 VIP가 돼보지 못한 사람이다. 서비스의 차이는 생각보다 크다. 고급 레스토랑에서는 지배인의 재량에 따라 색다른 디저트를 추가로 제공하거나 가장 신선한 재료로 음식을 서비스하게 된다. 요리의 양마저 달라질 수 있다. VIP에게는 세트 요리에서 마음에 들지 않는 음식을 다른 음식으로 바꿔주기도 한다.

호텔 직원은 "VIP가 오면 그 손님이 어떤 자리를 좋아하는지, 어떤 소스를 좋아하는지, 어떤 와인을 선호하는지 등을 적은 조그만 쪽지를 받게 된다"며 "누가 서비스를 하든 손님의 취향에 맞춰 최상의 서비스를 할 수 있다"고 말했다.

심지어 VIP가 아프면 평소 좋아하는 수프를 싸서 병문안을 가기도 하고 오랫동안 해외에 있다 귀국할 때는 공항으로 마중 나가는 경우도 있다. 물론 이런 서비스를 받는 VIP는 매출액이 높은 극소수의 '큰손'이다. '큰손'은 아니더라도 품격을 갖춘 고객에게는 커피 한 잔이라도 더 리필해주거나 빵도 갓 구운 따끈따끈한 것을 내놓게 된다.

호텔 방에 과일바구니 또는 와인을 무료로 제공하거나 객실을 업그레이드해주는 것도 지배인의 재량이다. 한 호텔 지배인은 "처음 이용한 고객이 모처럼 부모님을 모시고 싶은데 잘 서비스해 달라고 부탁하기에 과일바구니를 드린 적이 있다"며 "고객이 부드럽고 친절하게 요구하면 호텔 이미지를 올리기 위해서라도 최선을 다한다"고 말했다.

한 레스토랑 지배인은 "자주 와서 돈을 펑펑 쓰면 VIP 대우를 받기도 하지만 돈이 VIP 대접의 모든 조건은 아니다"면서 "대우받는 고객으로서의 몸가짐이 돈보다 더 중요하다"고 말했다.

서비스맨에 대한 태도가 비즈니스를 좌우하기도

서비스 직원들을 대하는 태도는 때로 비즈니스 거래의 성사 여부를 결정하기도 한다.

미국의 고급 샌드위치 전문체인인 '오봉팽'의 공동 창업자였던 론 샤이치 씨는 회사 법률고문의 유력한 후보자인 한 여성과 식사를 하다가 이 여성을 채용하지 않은 적이 있다. 최고경영자(CEO)인 자신에게는 공손하던 여성이 식당 종업원에게 깜짝 놀랄 만큼 무례하게 대하는 것을 봤기 때문이다.

한 정보통신업체의 CEO는 사업 파트너와 식사 도중 파트너가 웨이터의 실수를 유머로 넘기자 비즈니스 거래를 체결하기로 결정한 사례도 있다. 웨이터가 파트너의 고급 양복에 와인을 쏟았는데도 "오늘 아침에 바빠서 샤워를 못했는데 그걸 어찌 알았느냐?"고 너스레를 떤 것. 미국의 사례이긴 하지만 사람에 대한 예의를 판단하는 기준은 한국에서도 별반 다르지 않다.

서울대병원 강남센터 신경정신과 윤○○ 교수는"인간의 자존심시스템은 이성보다는 감정에 큰 영향을 받기 때문에 부하나 서비스맨을 대할 때 자존심을 건드리는 표현은 삼가는 게 좋다"고 설명했다.

예를 들어, "당신은 하는 일이 왜 그래? 그렇게 서비스를 해서 직장생활 오래 할 수 있겠어?"라고 말하기보다는 "지난번 모임 때 전반적으로는 다 좋았는데 요리가 나오는 속도가 모임의 흐름과 잘 맞지 않았다"라고 지적하는 게 좋다는 것이다.

물론 기본자세를 제대로 갖추지 않은 서비스맨들도 있다. 하지만 한 호텔 서비스맨의 말은 새겨들을 만하다.

"고객은 물론 왕이지만, 왕다운 서비스를 받느냐 못 받느냐의 50%는 고객의 태도에 달렸다."

출처 : 동아일보, 2007-12-07

사례 4 '소통의 달인'돼야 창업대박 터뜨린다

직원을 '왕'으로
단골고객 취향 잘 챙기고
수시로 무상수리서비스

고객과 직원과 소통하는 사례		
구분	점주	소통사례
고객과 소통	'잉크가이' 박○○ 씨	• 고객군을 세분해서 정리 • 생일이나 우수고객에게 선물증정
	'에코노미스트' 배○○ 씨	• 정기서비스 외 수시로 고객을 방문해 수선서비스 실시
	'짚동가리쌩주' 이○○ 씨	• 고객특징을 수첩에 메모 • 제방문하는 고객에게 맞춤서비스 제공
직원과 소통	'원할머니보쌈' 이○○ 씨	• 2년 이상 근속한 직원에게 국내외 여행 지원 • 2개월에 한 번 직원들에게 인센티브 제공
	'피쉬&그릴' 박○○ 씨	• 직원 경조사 챙기고 인센티브 제공 • 점포 내 직원 휴식공간 마련

서울 서초구 서초동에서 프린터 유지보수업체인 '잉크가이'를 운영하는 박○○ 씨는 '고객관리의 달인'으로 불린다. 고객을 크게 기업고객과 가정고객으로 나눈 뒤 항상 긴급하게 주문하는 고객, 여유분을 미리 주문하는 고객, 재(再)주문이 없는 고객 등으로 다시 세분했다. 신상정보와 서비스내용도 꼼꼼히 기록해 생일을 맞은 우량 고객에게 포스트잇이나 휴대용 저장장치인 USB메모리를 선물로 제공하기도 한다. 그 덕분에 2006년 8월에 창업한 이후 매월 고객수가 늘었다. 현재 박 씨는 월평균 1,500만 원의 매출에 800만 원 정도의 순이익을 올리고 있다.

대기업의 마케팅방식으로 알려졌던 고객관계관리(CRM)가 최근 소규모 창업분야에서도 중요하게 다뤄지고 있다. 고객 혹은 직원과 원활히 소통해야 창업 성공률이 높아지기 때문이다.

고객의 마음을 훔쳐라

서울 용산구에서 실내환경 개선업체 '에코미스트'를 운영하는 배○○ 씨는 월 1회 고객을 방문해 천연 방향제를 리필해주거나 살균, 살충 작업을 해준다. 전체 고객의 절반은 어린이집과 유치원인데 교사 대부분이 여성이어서 형광등 전구 교체 등 간단한 작업도 어려워하는 것을 발견했다. 7년 동안 건축업에 종사한 배 씨는 이를 보고 월 1회 정기서비스 외에 수시로 고객을 방문해 무상수리 서비스를 했다. 현재 배 씨는 창업비용 1,000만 원을 투자해 월평균 500만~600만 원의 순수익을 올린다. 장기로 서비스를 받는 고객이 많은 게 특징이다.

서울 광진구 화양동 건국대 앞에서 퓨전전통주점 '짚동가리쌩주'를 운영하는 이○○ 씨는 한 번 방문한 고객의 특징을 모두 수첩에 적어둔다. 그 덕분에 고객이 두 번째 찾아오면 어떤 취향을 가지고 있는지를 대체로 기억한다. 고객이 말하기 전에 먼저 인사를 건네고 고객의 취향에 맞춰 서비스 안주를 제공하면서 자연스럽게 단골고객을 늘릴 수 있었다.

사장과 직원의 소통도 중요

'내부고객'인 직원과의 소통도 중요하다. 직접 음식을 만들고 고객과 얼굴을 맞대며 서비스를 제공하는 사람이 직원이기 때문에 직원만족은 곧 고객만족으로 이어진다. 경북 칠곡군에서 '원할머니보쌈'을 운영하는 이홍수 씨는 2년 이상 장기 근속한 직원에게 부부 동반으로 제주도여행을, 3년 이상은 해외여행을 보내준다. 2개월에 한 번 꼴로 각 직원에게 수십만 원의 인센티브도 준다. 원할머니보쌈은 인근 10여 곳의 보쌈 및 족발전문점과 경쟁하고 있지만 매출이 가장 높은 곳으로 꼽힌다.

서울 관악구 신림동에서 퓨전포장마차 '피쉬&그릴'을 운영하는 박○○ 씨는 직원들 사이에 '큰누나'로 통한다. 직원들의 각종 경조사를 직접 챙겨주고 인센티브를 제공하는 것은 기본이다. 점포 3층에 직원 휴식공간을 별도로 마련하기도 했다. 자연스럽게 직원들의 근속기간이 길어지면서 음식 맛이나 서비스 질이 꾸준히 유지됐다. 직원에 대한 세심한 배려 덕분에 박 씨는 한 번 성공하기도 어려운 창업을 21년간 4번 연속 성공했다.

출처 : 동아일보, 2008-10-04

참고문헌 Reference

01 조영대, 「서비스학개론」, 현학사, 2003, p.2.

02 조영대, 「서비스학개론」, 현학사, 2003, p.406.

03 이시환, 한 번 찾은 고객 '평생 고객' 만들기, 한국경제신문, 한경BUSINESS, 2010.10.20., p.46.

04 김이태 · Chong S. K. Lee, 「고객관계관리」, 도서출판 대경, 2006, p.146.

05 조영대, 「서비스학개론」, 현학사, 2003, pp.406~407.

06 조보상, 「소자본창업실무」, 무역경영사, 2005, pp.366~371.

07 김이태 · Chong S. K. Lee, 「고객관계관리」, 도서출판 대경, 2006, pp.50~51.

08 김이태 · Chong S. K. Lee, 「고객관계관리」, 도서출판 대경, 2006, pp.51~53.

09 김이태 · Chong S. K. Lee, 「고객관계관리」, 도서출판 대경, 2006, pp.19~21.

10 이범희, 「서비스와 제조기업에 적합한 CRM 고객관계관리」, 학현사, 2013. pp.15~16.

11 김봉관, 「고객관리」, 남두도서, 2001, pp.20~21.

12 박찬욱, 「CRM 고객관계관리」, 도서출판 청람, 2014. pp.75~80.

13 박찬욱, 「CRM 고객관계관리」, 도서출판 청람, 2014. p.84.

14 김형길 · 정구도, 「창업과 경영」, 두남, 2005, p.339.

15 김봉관, 「고객관리」, 남두도서, 2001, pp.84~89.

16 김이태, 「창업경영전략」, OK Press, 2005, pp.428~429.

17 권금택, 「전략적 고객관계관리」, 도서출판 대명, 2007, p.15.

18 권금택, 「전략적 고객관계관리」, 도서출판 대명, 2007, p.25~28.

19 김승욱 외, 「고객관계관리」, 형설출판사, 2005, pp.219~220.

20 김승욱 외, 「고객관계관리」, 형설출판사, 2005, pp.87~88.

21 김승욱 외, 「고객관계관리」, 형설출판사, 2005, p.82.

22 김승욱 외, 「고객관계관리」, 형설출판사, 2005, p.75.

23 김이태, 「창업경영전략」, OK Press, 2005, p.427.

24 조영대, 「서비스학개론」, 현학사, 2003, pp.407~409.

25 최재희 외 3인, 「창업성공마인드」, 중앙경제평론사, 2007, pp.245~248.

26 김봉관, 「고객관리」, 남두도서, 2001, p.163.

27 김봉관, 「고객관리」, 남두도서, 2001, pp.164~165.

28 권금택, 「전략적 고객관계관리」, 도서출판 대명, 2006, pp.156~158.

Chapter 10

가격관리

제1절 | 가격관리

소비자가 제품 및 서비스 구매에 있어서 가장 민감하게 생각하는 것이 가격이다. 소비자는 가격 인상에 가장 민감하게 반응하는 합리적인 소비자, 가격 변화에 반응하지만 그다지 민감하지 않은 보통 소비자 그리고 가격이 상승할 때 수요가 오히려 늘어나는 감각적인 소비자 등의 세 유형이 존재한다. 따라서 세 유형의 소비자들 중에서 가장 이상적인 소비자에게 계획적이고 지속적인 마케팅전략의 수행이 요구된다. 그리고 자사 제품에 대한 이미지를 보다 이상적으로 위치하도록 해주는 노력이 필요하다.

1. 가격관리의 중요성 및 성격

1) 가격관리의 중요성

어느 해장국집에서 해장국 한 그릇이 3,500원일 때에는 많은 고객으로 식당이 북적였다. 그런데 원재료비 상승 등으로 가격을 4,000원으로 인상하였더니 그 다음날부터 고객의 발길이 뚝 끊어져 폐업까지 이르게 된 사례가 있다. 이처럼 가격의 결정은 기업의 마케팅활동 중에서 가장 중요한 역할을 하고 있다. 잘못된 가격결정은 잘못된 제품으로 연결될 수 있다. 따라서 창업을 할 때 공정하고 정확한 가격산정을 통해 시장에 진출해야 한다. 잘못된 가격결정은 판매예측과 수익의 예상을 정확하게 할 수 있으며, 때로는 경쟁자와의 관계에서 악영향을 줄 수 있기 때문이다. 만약, 최종소비자나 구매자가 제품가격이 너무 높다고 인식하게 되면 자연스럽게 경쟁상품이나 대체품을 구매하게 될 것이므로 매출과 이윤 모두 막대한 손실을 보게 될 것이다. 그 반대로 제품가격이 너무 낮게 설정되면 판매량은 크게 증가될 수 있겠지만 매출액수익성 측면에서 심각한 위협을 받게 될 것이다. 따라서 신제품을 출시하거나 기존제품의 장 · 단기 가격변동을 계획할 경우 가격결정에 영향을 미치는 수요 · 공급상황, 환경적 요인 등을 명확하고 신중하게 고려하여 제품가격을 결정하여야 한다.

2) 가격결정의 성격[01]

자본주의 사회에서는 자유로운 거래활동으로 인하여 공급과잉이 발생하고 그에 따른 재고에 대한 우려는 항상 경영자에게 부담이 된다. 이에 따라 경영자에게는 재고가 발생되기 전에 조금 더 저렴한 가격으로라도 제품을 판매하려는 욕구가 있고, 재고 과잉과 재고를 만들지 않으려는 욕구로 인하여 세일이 홍수를 이룬다. 세일에 익숙한 소비자들은 정상가격의 제품구매는 손해를 본다는 생각 때문에 늘 동일제품이라 하더라도 조금 더 저렴한 점포를 찾는다.

가격결정은 신제품을 시장에 진출시키거나 기존제품이라 하더라도 새로운 유통조직 또는 신시장에 진출하고자 할 때 이루어진다. 가격결정은 관리적 · 객관적 관점의 요소뿐만 아니라 상징적 · 주관적 관점의 요소, 즉 잠정 구매조직의 인식 등을 고려하여 이루어져야 한다. 물론 마케팅과 가격결정은 앞에서 언급한 바와 같이 조화를 이루어야 한다. 이것은 소비자들이 인식하는 가격수준과 제품의 편익 및 효용, 유통방법 등이 서로 격차가 작아야만 시장에서 무리 없이 수용될 수 있음을 말한다.

시장에서 가격수준의 범주를 결정짓는 방향은 첫째, 제품의 원가에 의해서 결정되는 최저가격(price floor), 둘째, 유사제품의 경쟁적 가격과 고객의 지불능력에 의해서 결정되는 최고가격(ceiling price), 마지막으로 수요와 공급의 함수이며 최저가격과 최고가격 사이에서 결정되는 적정가격(optimum price)이 있다. 창업자는 기업이 운영되고 있는 각각의 개별 시장상황에 따라 이러한 근본적 방향을 고려하여 가격체계 및 가격정책을 세워야 한다.

2. 가격결정의 목적 및 고려사항

가격결정의 목적 및 고려사항을 살펴보면 다음과 같다.[02]

1) 가격결정의 목적

가격결정의 목적은 이윤의 극대화, 생산시설 이용의 극대화, 고객의 단골화, 그리고 공중관계의 증진 등이다.

(1) 이윤의 극대화

기업에서 이윤은 기업의 생존과 성장에 결정적인 영향을 준다. 영리기관과 마찬가지로 비영리기관도 이윤을 추구하고 있으며 이윤을 추구할 필요성이 있다. 사실 비영리기관이 영리 위주는 아니었지만 영업손실의 방지를 위해 이윤추구를 해오고 있다. 그리고 가격과 수익성과의 관계는 영리성 여부에 관계없이 중요하다.

(2) 생산시설 이용의 극대화

기업은 인적 · 물적 자원의 낭비 없는 효율적인 경영을 위해 생산시설 이용의 극대화를 추구해야 한다. 생산시설의 낭비가 없도록 기업들은 이용 극대화를 위해 상품의 가격인하 또는 할인판매를 통해 소비자들의 재구매를 촉진할 수 있다.

특정상품에 대한 일정비율의 가격변화는 동일한 비용의 광고지출로 인한 변화보다 매출액에 10~20배 더 강한 영향을 미칠 수 있다.

(3) 고객의 단골화

고객들이 손쉽게 상품을 구매하게 하고, 구매자극을 위해 판촉활동과 가격할인이 자주 이용된다. 한 번 이용한 고객이 다시 이용할 수 있도록 즉, 단골고객이 될 수 있도록 고객의 지불능력에 맞는 가격결정과 다양한 지불방법에 적합한 가격결정이 이루어져야 한다.

(4) 공중관계의 증진

모든 기업은 공중관계(public relation)의 증진에 목적을 두고 가격을 결정한다. 보건, 교육, 예술, 도심교통 등과 같은 공공이나 비영리조직에 의해 서비스가 제공되는 경우와 생활필수품의 경우에 보편적으로 이용된다.

2) 가격결정의 고려사항

상품의 가격은 상품의 수요에 영향을 미칠 뿐만 아니라 판매기업의 상품정보제공의 역할을 수행한다. 가격은 고객에게 제시하는 유형의 대상이 아니다. 왜냐하면 고객은 가격과 같은 부차적 근거를 기초로 상품에 대한 기대수준을 결정하기 때문이다. 만약 기업이 상품의 가격을 소비자에게 알린다면 소비자들은 그들의 기대수준을 통하여 자신들이 어느 수준의 상품을 기대해야 되는가를 결정하게 되는 것이다. 이런 점에서 가격결정은 매우 중요하다. 가격수준이 수요에 영향을 미침은 물론이고 상품에 대한 기대수준을 형성하기 때문에 광고의 허용범위에서 중요한 역할을 하고 있다.

기업의 가격결정에 관련된 중요한 이슈는 다음과 같다.

(1) 표적고객은 누구인가?

표적고객에 적합한 상품개발도 중요하지만 가격결정 또한 중요하다. 왜냐하면 아무리 우수한 제품이라 하더라도 제품 구입을 위해 소비자가 지불하기 불가능한 가격이라면 구매가 불가능하기 때문이다. 따라서 표적고객의 특성에 따라 가격결정이 이루어져야 할 것이다.

(2) 고객이 바라는 편익은 무엇인가?

표적고객이 바람직하게 결정되었다면 고객이 원하는 편익(benefits)이 무엇인가를 알아야 한다. 표적고객이 원하는 편익을 충족시켜 줄 때 높은 수준의 상품가격 책정이 가능하다. 고객의 편익요소에 따라 상품의 가격범위가 달라진다. 고객이 필요로 하고, 원하는 편익요소를 충족시켜주는 상품의 개발을 통해 부가가치를 높일 수 있다.

(3) 편익에 대한 고객의 부가가치는 어느 정도인가?

고객이 원하는 편익요소의 충족은 상품의 부가가치를 높여준다. 그러나 상품의 가치에 대한 고객의 인식은 고객의 만족 여하에 따라 다를 수 있다. 동일상품에 대해 인식하는 기업의 가치가 높더라도 고객은 기업의 가치만큼 인식하지 않을 수도 있다. 따라서 기업은 고객으로 하여금 높은 가치를 인식하도록 상품의 편익요소를 강조할 필요가 있다. 상품에 대한 고객의 인식가치의 정도를 파악하여 그것을 제고할 때 상품의 부가가치는 증대된다.

3. 가격결정에 영향을 미치는 요인

제품 및 서비스의 가격결정에 영향을 미치는 요인을 수요상황, 공급요인, 환경요인으로 구분하여 살펴본다.[03]

1) 수요상황

완전경쟁상태에서의 특정제품의 가격은 시장에서 수요와 공급이 일치하는 균형가격에서 결정이 된다. 그리고 오늘날 대부분의 제품이나 서비스들이 직면하는 독점적 경쟁의 상황 속에서도 가격은 주로 공급자와 수요자(구매자)와의 교섭력과 교섭상황에 따라 결정된다. 따라서 제품의 가격수준의 결정에는 무엇보다도 수요자의 수요상황에 관한 철저한 분석이 요구된다.

일반적으로 제품에 대한 수요가 가격결정에 미치는 영향은 주로 표적시장의 특성, 주어진 가격수준, 가격변화에 대한 소비자의 예상반응과 관련된다. 수요상황과 관련하여 마케팅관리자가 고려해야 할 사항으로는 목표고객들의 인구통계적 요인, 심리적 요인, 가격탄력성 등을 들 수 있다.

(1) 인구통계적 요인

가격결정과 관련하여 특히 중요한 인구통계적 요인은 잠재구매자(재구매자 혹은 소비자)의 수, 구매장소, 거주위치, 예상소비율 그리고 경제력(구매력) 등이다.

이들 요소는 제품에 대한 시장잠재력의 결정뿐만 아니라 여러 가격수준하에서의 예상판매량 추정에도 유용하게 활용이 가능하다.

(2) 심리적 요인

가격결정과 관련된 심리적 요인은 주로 소비자들이 다양한 가격과 가격변화를 어떻게 지각하는가에 관한 것이다. 마케팅관리자는 제품의 가격과 관련하여 다음과 같은 심리적 요인을 검토해보아야 한다.

① 잠재구매자는 가격을 품질판단의 기준으로 인식하고 있는가?

② 잠재구매자는 홀수(단수)가격에 매력을 느끼고 있는가? **예** 9,990원

③ 잠재구매자는 해당 제품을 그들이 제공받는 혜택에 비하여 높은 가격으로 인식하고 있는가?

④ 잠재구매자는 품격이나 지위지향적이기 때문에 욕구충족을 위하여 높은 가격에도 제품을 구매할 의도를 가지고 있는가?

⑤ 잠재구매자는 제품에 대하여 얼마의 가격을 지불할 용의가 있는가?

이러한 제품가격에 대한 잠재구매자의 심리적 요인은 가격전략과 전반적인 마케팅전략의 성공에 중요한 영향을 미친다.

고가격제품을 구매하는 소비자는 동일한 제품군에 속하는 제품들 사이에 품질차이가 많은 것으로 지각하고 있다. 그들은 제품의 품질은 가격과 밀접한 관계에 있으며 그들 자신이 제품의 품질을 잘 판단하는 것으로 인식하고 있다. 그리고 저가격제품을 주로 구매하는 소비자는 정반대의 시각을 가지고 있다. 따라서 비록 구매와 관련한 심리적 요인에 대한 정확한 관련정보를 입수하기가 어렵다고 할지라도 마케팅관리자는 이들 요소가 표적시장과 마케팅전략에 미치는 영향을 항상 고려해야 한다.

(3) 가격탄력성

인구통계적 특성과 심리적 요소는 모두 제품수요의 가격탄력성에 큰 영향을 미친다. 가격탄력성은 소비자의 가격에 대한 민감성을 나타내는 척도로서 다음과 같이 추정된다.

$$\text{가격탄력성} = \frac{\dfrac{\text{판매량변화량}}{\text{판매량}}}{\dfrac{\text{가격변화량}}{\text{가격}}}$$

가격탄력성을 정확히 추정하는 것은 어려운 일이지만 일반적으로 다음의 두 가지 방법이 있다. 하나는 가격변화에 치중하여 과거자료 혹은 여러 판매지역의 가격과 매출자료를 토대로 추정하는 방법이고, 다른 방법은 조사비용이 많이 소요되고 응답자 반응의 타당성에 의문이 제기될 수도 있지만 표적시장에서 추출한 표본을 대상으로 가격과 구매량 사이의 여러 관계를 조사하는 방법이다. 두 가지 방법 모두 완벽하지는 않지만 가격탄력성을 토대로 제품의 적정가격수준결정에 유용하게 사용될 수 있다.

2) 공급요인

제품의 가격결정에 영향을 미치는 공급요인, 즉 개별기업 입장에서 가격결정을 위해 고려해야 할 주요요인으로는 ① 가격목표, ②원가, ③ 제품의 특성 등을 들 수 있다.

(1) 가격목표

제품이나 서비스의 가격목표는 마케팅 전체목표에서 도출되어야 하기 때문에 기본적으로 기업목표에서 출발해야 한다. 개별기업이 가격결정을 위한 지침으로 실제 사용하는 다양한 목표가 있는데, 이들 목표는 기업의 장기이윤의 극대화를 달성하기 위한 활동방안으로 인식되기도 한다.

일반적으로 사용되는 가격목표는 투자수익률 달성을 위한 가격결정, 가격과 이윤의 안정, 표적시장의 점유율 확보를 위한 가격결정, 그리고 경쟁에 대처하기 위한 가격결정 등을 들 수 있다.

(2) 원가

일반적으로 제품의 가격은 생산, 촉진 및 유통비용뿐만 아니라 이윤을 포함한다. 그리고 이들 원가에 일정이윤을 더하는 식으로 가격이 결정되는 경우, 시장에서는 이 합계금액을 제품에 대한 경제적 가치를 나타내는 것으로 생각하게 된다.

원가중심적 가격결정은 원가가산법과 수익률가산법(목표가격설정법)이 있다.

가. 원가가산법

원가가산법은 제조원가에 일정한 이익을 가산하여 가격을 산정하는데, 소매점포에서는 흔히 마진가산법이라 불리며 소매상 입하가격에 일정한 마진(margin)율을 가산하여 최종판매가격으로 결정하는 방법이다. 여기서 원가란 이익산출을 위한 기준이 되며 제품의 생산 및 운영에 소요되는 모든 비용을 뜻한다. 원가가산법에 의한 제품의 단위원가는 다음과 같이 계산된다.

$$\text{단위원가} = \text{변동비} + \frac{\text{고정비}}{\text{예상판매량}}$$

$$\text{판매가격} = \frac{\text{단위원가}}{1 - \text{예상판매이익률}}$$

예 어떤 제품의 변동비가 2,000원, 고정비가 2,000,000원인데 예상판매량이 5,000개, 제품에 대한 이익률을 20%로 감안할 때 제품의 판매가격은 다음과 같이 결정된다.

$$\text{단위원가} = 2{,}000 + \frac{2{,}000{,}000}{5{,}000} = 2{,}400\text{원}$$

$$판매가격 = \frac{2,400}{1 - 0.2} = 3,000원$$

나. 수익률가산법(목표가격설정법)

수익률가산법은 목표수익률을 설정하고 이 목표를 달성할 수 있도록 가격을 설정하는 방법이다. 단위원가는 원가가산법과 동일하게 산정하지만 제품단위 판매가격은 다음과 같이 결정한다.

$$판매가격 = 단위원가 + \frac{목표수익률 \times 투자액}{예상판매량}$$

위의 예에서는 다음과 같이 결정된다.

$$판매가격 = 2,400 + \frac{0.2 \times 2,000,000}{5,000} = 2,480원$$

원가중심적 가격결정법이 널리 활용되는 방법인데 그 이유는 첫째, 기업은 수요보다는 원가에 대하여 보다 많은 확실성을 가지고 있기 때문이다. 가격산정의 기준을 원가로 함으로써 가격결정을 단순화시킬 수 있고, 수요가 변동할 때마다 가격을 결정하지 않아도 된다. 둘째, 업계의 모든 기업이 이 방법을 사용한다면 가격수준은 비슷해질 것이며 가격경쟁은 축소될 수 있다. 셋째, 이 방법은 구매자와 판매자 모두에게 공정한 방법이다. 수요가 많아지는 경우에도 판매자는 수요증가를 악용하여 무리한 가격인상을 하지 않을 것이며 적정한 투자수익률을 얻게 될 것이다.

그러나 원가중심적 가격결정법은 다음과 같은 문제점을 지니고 있다. 첫째, 원가가산법은 가격결정에 있어 수요요인을 고려하지 않는 것이다. 예컨대, 원가가산법에 의한 결정가격은 해당 제품에 대하여 소비자가 지불할 용의가 있는 가격과 관련성을 가지지 못할 수 있다. 수익률가산법의 경우에는 판매량의 추정에 큰 비중을 두지 않는다. 그러나 이 방법에서는 단위원가가 판매량에 달려 있으며 판매량은 판매가격에 의존하게 된다. 둘째, 원가접근법은 시장의 경쟁상황을 적절하게 반영하지 못한다.

(3) 제품의 특성

가격결정에 영향을 미치는 여러 가지 제품 특성 가운데 소멸성, 독특성, 제품수명주기에서의 위치 등이 특히 중요하다.

가. 소멸성

물리적으로 소멸하기 쉬운 제품(식품류나 원재료 등)은 지체에 따른 손실 없이 곧바로 판매될 수 있도록 가격이 결정되어야 한다.

제품의 소멸성은 두 가지 측면에서 고려해야 한다. 첫째, 패션상품, 단기간의 유행상품이나 계절적 상품 등은 제품의 물리적 측면이 아니라 제품의 수요가 특정기간에 한정된다는 점에서 소멸성을 지니고 있다. 둘째, 내구성 소비재와 같은 제품의 경우 매우 천천히 소멸된다는 점에서 소멸성은 소비율과도 관련이 있다. 내구재는 제품구매 시 많은 서비스가 한꺼번에 제공되기 때문에 가격이 비싸지는 경향이 있고, 소비자는 대체구매결정 시까지 상당한 여유시간을 가지게 된다는 것을 인식해야 한다.

나. 독특성

제품은 제품이 지니고 있는 독특성에 따라 분류될 수 있다. 밀가루나 우유처럼 동질적인 제품은 완전한 대체가 가능한 반면, 일반 제조 공산품들은 포장, 의장상표, 기술적 설계, 화학적 성분 등에 따라 차별화될 수 있다. 따라서 완전히 동질적인 소비재는 매우 드물며, 이러한 제품을 취급하는 기업의 경우 해당 회사의 제품을 구매자에게 가급적 독특하게 인식시키는 것을 주요 마케팅목표로 삼을 수 있다. 이러한 제품의 독특성을 확보하기 위해 기업은 막대한 투자를 하게 되며, 그 결과 해당 제품에 대하여 높은 판매가격을 제시할 수 있게 된다.

다. 제품수명주기에서의 위치

제품수명주기란 "하나의 제품이 시장에 도입되어 폐기되기까지의 과정"을 말한다. 제품수명주기는 제품의 성격에 따라 다르지만 대체로 도입기 · 성장기 · 성숙기 · 쇠퇴기의 과정으로 나눌 수 있다. 제품수명주기 측면에서 해당 제품이 현재 위치하고 있는 단계는 그 제품의 가격결정에 중요한 의미를 지닌다. 제품수명주기와 관련하여 신제품의 경우에는 두 가지의 가격결정방법, 즉 초기고가격전략과 저가격침투가격전략을 취할 수 있다.

① 초기고가격전략(skimming pricing) : 판매자는 신제품에 대하여 비교적 높은 가격을 설정한다. 이러한 가격전략은 기업이 잠정적으로 시장에서의 독점이 가능하거나 제품의 수요가 비탄력적일 때 주로 사용한다. 그러나 제품이 제품수명주기의 후반부에 접어들게 되면 경쟁이 가속화되고 여타의 시장요인이 변화하기 때문에 가격을 인하하게 된다.

② 저가격침투가격전략(penetration pricing) : 신제품에 대하여 비교적 저렴한 가격을 설정하는 방법이다. 이 전략은 기업이 신제품의 시장도입 후 조만간 경쟁이 거세질 것으로 예상되거나 적어도 단기간에 제품이 가격탄력성을 지닐 것으로 판단될 때 취하게 되는 방법이다. 또한 이 전략은 규모의 경제를 확보하거나 대규모 시장을 신속하게 창출하기 위한 수단으로도 사용된다.

3) 환경요인

가격결정에 영향을 미치는 환경요인은 마케팅관리자가 전혀 통제할 수 없거나 통제가 곤란한 여러 가지 환경변수로서, 이 가운데 경쟁상황이나 가격설정과 관련된 정부의 각종 규제 등을 주요요인으로 고려하여야 한다.

(1) 경쟁상황

가격의 설정과 변동에 있어서 기업은 경쟁업체들의 특성과 자사의 제품가격에 대한 경쟁업체의 반응을 충분히 고려해야 한다. 이와 관련하여 주로 고려해야 할 경쟁상황은 다음과 같다.

① 경쟁업체의 수

② 경쟁업체의 규모

③ 경쟁업체의 위치

④ 시장진입의 조건

⑤ 경쟁업체의 수직적 계열화 정도

⑥ 경쟁업체의 판매제품의 수

⑦ 경쟁업체의 원가구조

⑧ 가격변동에 대한 그간의 경쟁업체의 반응

이와 같은 요인들을 분석하게 되면 특정기업이 자사의 제품가격을 경쟁업체와 동일하게 할 것인지, 아니면 경쟁업체보다 높거나 낮게 책정할 것인지를 결정하는 데 도움이 된다. 경쟁업체와 같거나 유사한 수준에서 가격을 결정하는 이른바 '산업평균가격'은 일반적으로 제품이 동질적일 경우에 자주 사용되는 방법이다. 이러한 가격결정방법은 업계의 조화를 해치지 않으려는 분위기가 지배적인 시장상황에서도 흔히 사용된다. 경쟁수준 이하의 가격결정의 예는 공개입찰에 의한 가격결정상황에서 흔히 찾아볼 수 있다. 이 경우 비록 원가와 이윤은 사전에 계산된다 할지라도 계약을 따내기 위하여 경쟁업체보다 낮게 입찰에 응하는 것이 일반적이다. 경쟁수준 이상의 가격결정은 해당 기업의 제품이 상대적으로 우수하거나 업계에서 가격선도적 역할을 하는 경우에 나타난다.

(2) 정부의 규제

어떤 제품이나 서비스의 가격은 정부에 의해 규제를 받게 된다. 공공재의 경우 대부분 정부의 규제를 받게 되지만, 마케팅관리자의 주된 관심은 실제 가격결정상의 적법성에 있다. 따라서 가격결정과 관련하여 다음과 같은 여러 가지 법률적 제약을 이해할 필요가 있다.

① 가격담합 : 가격담합은 그 자체가 불법이다. 판매자는 경쟁업체와는 물론이고, 유통업체와도 제품의 최종가격에 관해 어떠한 협정을 맺어서도 안 된다.

② 허위가격설정 : 허위가격설정은 위법이다. 예로서 제품의 가격을 터무니없이 비싸게 책정하고 실제의 판매가격은 합법적 가격인하를 가장하여 저렴하게 판매하는 경우를 들 수 있다.

③ 가격차별 : 경쟁을 약화시키거나 저해하는 가격차별은 불법이다. 가격차별 그 자체는 불법이 아니지만 차별적인 가격에 의한 판매로 경쟁을 저해하게 된다면 판매업체는 본질적으로 동일한 제품에 대하여 경쟁관계에 있는 구매자들에게 다른 가격을 제시할 수 없다. 그러나 대량구매에 따른 할인판매와 같이 가격차별이 원가상의 차이를 반영하게 된다면 이는 적법한 가격결정이다.

④ 협동광고나 가격흥정과 같은 촉진을 위한 가격결정 그 자체는 불법이 아니다. 그러나 판매자가 광고공제, 진열서비스, 무상상품, 고객 특별할인 등을 제공하게 된다면 공정한 조건하에서 행하여야 한다.

4. 가격결정상의 문제

기업의 가격결정과 관련되는 주요문제를 살펴보면 다음과 같다.

1) 가격의 수준

소비자가 지불할 상품가격의 수준을 어느 정도로 유지할 것인가의 문제이다. 가격수준을 결정하기 위한 보전비용(고정비, 변동비, 총비용 등), 소비자의 가격에 대한 민감성, 경쟁업자가격, 가격할인폭, 심리적 가격결정 이용 여부 등에 대한 조사가 이루어져야 한다.

2) 가격결정의 기준

가격결정의 기준을 무엇으로 하는가의 문제이다. 가격결정의 기준으로 행위(세탁, 이 · 미용)의 종결, 입장료(극장, 스포츠관람 등), 이용시간(렌터카, 객실 등), 물적 자원의 소비량(식음료, 전기, 가스 등), 지리적 거리(고속버스, 열차 등), 상품의 중량(화물수송), 패키지상품의 경우 단일가격으로의 제공 여부 등을 조사하여야 한다.

3) 상품가격의 수령자

소비자가 이용한 상품의 가격을 누가 수령할 것인가의 문제이다. 상품가격의 수령자로 상품 제공자가 직접 받을 수 있고, 전문적인 중개인(여행사, 은행 등)이 받을 수도 있다. 중개인이 상품 제공자의 업무를 대리하는 경우 중개인은 수수료를 받게 된다.

4) 가격의 지불장소

상품가격의 지불장소를 어디로 할 것인가의 문제이다. 가격의 지불장소로서 상품이 제공되는 장소, 중개인을 통한 가격지불, 상품을 제공받은 소비자의 가정 등이 이용된다. 소비자들이 편리한 지불장소의 선정이 필요하다.

5) 가격지불의 시기

상품가격의 지불시기를 언제로 할 것인가의 문제로서 상품의 구매 이전 또는 이후에 지불할 수 있다. 경우에 따라서는 상품 구매 이후에 지불하는 것보다 구매 이전에 지불하는 것이 상품 제공자와 소비자 모두에게 유리할 수 있다. 예를 들어, 지하철 승차권을 매번 구입하는 것은 소비자에게 불편을 주므로 정기승차권의 구매로 불편을 덜 수 있다.

6) 가격의 지불방법

상품가격을 어떠한 방법으로 지불하게 하느냐의 문제이다. 가장 일상적인 가격의 지불방법은 신용카드 또는 현금이며 안전과 보관상의 문제로 다른 지불방법이 이용된다. 예를 들어, 수표, 약속어음, 자동이체, 외상 등이 그것이다. 고객지향적인 지불방법이 필요하다.

7) 가격의 전달

상품의 가격을 어떠한 방법으로 전달하느냐의 문제이다. 경쟁업자와 비교될 수 있는 수단과 방법이 강구되어야 한다. 소비자들이 가격의 내용을 알기 쉽도록 명확한 방법으로 가격이 전달되어야 한다.

제2절 | 가격전략

1. 가격전략의 의의 및 종류

1) 가격전략의 의의

가격전략이란 “상품의 가격을 어떤 기준을 가지고 어떻게 정할 것이냐를 결정하는 일”이다. 물론 가격전략은 상품전략과 무관할 수 없다. 상품을 고급화하면 가격은 비싸질 것이고, 상품을 저급화하면 가격은 싸질 것이다. 그러므로 상품 포지셔닝(positioning)을 어디에 잡느냐에 따라 가격이 달라질 수밖에 없다. 포지셔닝이란 “경쟁사의 제품이나 상표와 차별화될 수 있도록 소비자의 마음속에 자사의 제품이나 상표의 정확한 위치를 심어주는 과정”을 의미한다.

제품의 가격은 제품수명주기의 위치에 따라서도 가격이 크게 차이날 수 있다. 일반적으로 볼 때 어떤 상품이 도입기에 있을 때는 판매가격이 적정가격보다 월등히 높은 경향이 있고, 성장기에 있을 때는 약간 높은 경향이 있으며, 성숙기에 있을 때는 적정가격, 쇠퇴기에 있을 때는 적정가격보다 낮은 경향이 있다. 이런 현상은 근본적으로 경쟁과 관련이 있다. 자동차의 길 안내를 해주는 내비게이션의 경우를 예로 들면 내비게이션이 처음 시장에 나왔을 때는 그 값이 수백만 원대에 이르렀다. 그러나 내비게이션이 많은 기업에서 생산이 되고 경쟁이 치열해지자 그 값은 점점 떨어져서 지금은 몇 십만 원에도 구입이 가능하다. 이와 같이 신제품 혹은 발명특허품인 경우에는 최초가격을 높게 책정해도 상관없다. 왜냐하면 후발업체들이 추격해오기까지 선발업체로서의 기득권을 누릴 수 있기 때문이다. 그리고 후발업체들이 추격해오면 점점 적정수준으로 낮추었다가 그 상품이 성숙기에 이르면 값을 인하하여 후발업체들의 시장진입을 차단하는 것이 일반적인 가격전략이다. 만일 생산하고자 하는 상품이 도입기에 있는 것이라면 가격을 좀 높여도 무방하지만 성수기, 특히 쇠퇴기에 있는 상품이라면 가격이 영업의 매우 중요한 요소가 되므로 가격적 경쟁력이 있도록 가격을 책정하여야 한다.

2) 가격전략의 종류

가격전략을 고객생애단계에 따른 전략, 동적 가격전략, 고가전략, 저가전략, 시장가격전략, 시장침투가격전략, 그리고 선점가격전략 등으로 구분하여 살펴보기로 한다.

(1) 고객생애단계에 따른 가격전략

고객의 생애단계가 달라진다는 것은 반복 구매하는 상품에 대한 가치인식도 달라진다는 것을 의미한다. 예를 들면, 장기간 거래해온 고객일수록 신규고객에 비해 가격변화에 대한 민감성이 낮다는 사실이 자주 거론된다. 이처럼 고객생애단계에 따른 가격민감성의 변화나 신규고객과 장기고객 사이에서 발견되는 가격민감성의 차이는 고객관계관리를 위한 가격책정에 중요한 단서를 제공한다. 이를 기업과 고객의 관계단계에 접목시켜보면 다음과 같다.[04]

가. 고객확보단계

고객확보단계에서는 수익성 극대화보다는 고객으로 관계 맺기가 주된 목적이다. 그러므로 가격할인이나 리베이트(rebate) 등을 포함해 가격과 관련된 유인을 하는 것이 효과적일 수 있다.

신규고객을 확보하기 위해 가장 많이 사용되는 기법은 기존의 우량고객의 특성, 특히 인구통계적인 특성을 밝혀내고 그 특성을 가지고 있거나 이와 닮은 신규고객들을 찾아내는 것이다. 이러한 기법을 통해 신규고객의 유형을 구분하고 각 고객유형에 적합한 마케팅 프로그램을 만들어 나가야 한다.

나. 고객유지단계

고객유지단계에서는 고객과의 관계를 유지 또는 강화하고자 업셀링(up selling)과 교차판매를 위한 마케팅 프로그램을 많이 사용하게 된다.

가) 업셀링에서 활용가능한 가격정책

업셀링은 '격상판매' 또는 '추가판매'라고 한다. 이는 특정한 상품범주 내에서 상품구매액을 늘리도록 유도하는 활동이다. 예컨대, 가격이 비싼 신모델을 추천하는 경우나 포인트 마일리지 프로그램 등의 방법으로 신용카드 등의 사용을 늘리도록 유도하는 경우이다.[05]

대량구매를 하는 고객은 소량구매를 하는 고객보다 단위당 지불하려는 가격수준이 낮아지기 때문에 대량구매 고객에게는 소량구매 고객보다 단위당 더 낮은 가격을 제시하는 것이 적절한 가격차별화가 될 수 있다. 여기에서 문제가 되는 것은 얼마나 많은 양을 구매하는 고객에게 얼마만큼의 할인을 해줄 것인가? 하는 것이다. 이는 장기간에 걸쳐서 수집된 고객의 거래 데이터, 가격지불 의향에 대한 정보, 시장조사를 통해 얻은 데이터 등을 분석하여 결론에 도달할 수 있다. 결국 얼마나 많은 고객정보를 획득하느냐가 성공적인 가격차별화를 이끌어낼 수 있다. 이러한 가격책정의 유형은 다음과 같다.

① 전량 수량할인 : 구매량이 일정 단위 이상일 때의 단가를 이하일 때의 단가보다 더 싸게 제시하는 방식

② 이중 요율제 : 상품을 몇 단위 주문하든지 상관없이 기본요금을 부과하고 모든 단위마다 균일가격을 적용하는 방식

③ 이단계 요율제 : 고객이 원하는 상품 구매량이 기준 이상일 때에는 기준에 초과하는 양에 대해서만 할인된 단가를 적용하는 방식

④ 복수 이중 요율제 : 고객이 기업이 제안하는 가격대안 중 하나만을 선택하여 적용받을 수 있는 방식

⑤ 가격포인트 : 이용횟수가 증가함에 따라 단가를 점차 할인해서 제시하는 방식

나) 적응가격전략

적응가격전략이란 동일하거나 유사한 상품으로 다양한 소비자들의 구매를 유인하고 구매량을 늘리도록 유도하기 위하여 가격을 다르게 적용하는 전략을 의미한다. 적응가격전략의 대표적인 수단으로는 심리적 가격결정, 촉진가격결정, 가격할인, 지역별로 가격구조를 달리하는 방법, 차별가격 등이 활용되고 있다.

다) 교차판매 가격정책

교차판매란 상품을 묶어서 판매하려는 마케팅전략이다. 이를 위한 가격정책으로 묶음가격을 예로 들 수 있다. 일반적으로 묶음가격은 고객이 관련상품을 개별적으로 구입하는 것보다 더 낮게 제시되므로 그만큼 판매가능성이 높아진다. 예를 들어, 여행사에서는 항공료, 자동차 렌탈료, 호텔 숙박비 등의 패키지가격을 각각의 상품을 별도로 구매하는 경우보다 더 싸게 제시하는 것이다. 또 영화관에서 영화를 관람한 고객에게는 음식값을 할인해 주는 것 등이다. 이렇게 묶음가격을 통해 교차판매를 하게 되면 고객과의 거래수 또는 거래폭이 넓어져 거래관계가 강화된다.

다. 관계강화단계

관계강화단계는 고객이 기업과 동반자로서 관계를 형성하고 이를 제고시켜 나가는 단계이다. 이런 단계에서는 차별화된 고객대우와 더불어 프리미엄가격을 적용하여 수익성 극대화를 꾀할 수 있다. 즉, 어떤 고객들은 자신에게 맞춤화된 상품을 편리한 방식으로 제공해주는 기업에게 프리미엄가격을 지불할 용의가 있으므로 기업은 이러한 고객에게 특별서비스를 제공하는 대신 프리미엄가격을 받을 수 있는 것이다. 특히 우량고객들에게 특별히 맞춤화된 상품을 제공하거나 또는 구매의 편리를 최대한 제공함으로써 고객이 기업에게 기꺼이 더 높은 가격을 지불하게 될 때 프리미엄가격전략은 성공을 거둘 수 있다.

(2) 동적 가격전략

구매량, 구매가격 등에 대한 데이터를 일정기간 동안 수집하게 되면 개별고객에 대한 데이터가 계량적인 모델을 적용할 수 있을 정도로 충분히 축적되고, 축적된 데이터의 분석을 통해 개별고객의 가격탄력성을 파악할 수 있다. 이로써 기업은 시간에 따라 변하는 개별고객의 가격탄력성을 기초로 한 차별화된 가격책정으로 고객의 수익성을 극대화할 수 있는 동적 가격전략을 활용할 수 있다. 차별가격의 형태는 고객별 차별가격과 용도별 차별가격으로 분류할 수 있다.

가. 고객별 차별가격

고객의 일부에게 특수한 자격을 부여하여 일반구매자보다 싸게 판매하는 차별가격이다.

예 '학생 20% 할인', '쿠폰 지참 고객 할인', '조조 또는 심야고객 할인' 등

나. 용도별 차별가격

동일한 종류의 상품이라 하더라도 상품에 따라서는 여러 가지 다른 용도가 있으며 용도별로 수요의 크기도 다르다. 따라서 각기 다른 용도에 따라 차별가격을 붙여 판매하고자 하는 방식으로 전기료나 수도요금 산정에서 일반가정용과 공장용으로 차별가격을 설정하는 것이 그 예이다.

예 우유 : 식탁용 생우유, 크림용, 버터용, 제과용, 기타 가공용 등 여러 가지 상이한 용도대로 차별가격을 두는 제도이다. 이러한 제도의 이유로는 가공품은 저장보관, 장거리 수송을 할 수 있으므로 수요가 탄력적이나 비가공품은 그렇지 못하고 또 소량소비이므로 그 수요가 비탄력적이라는 점을 들 수 있다. 따라서 가공용은 저가로 하고 비가공용은 고가로 하면 총수익은 증대될 수 있다.

(3) 고가전략

고가전략이란 비탄력적 수요를 겨냥하여 "단기수익을 목표로 제품의 가격을 높

게 책정하는 것"을 말한다. 주로 경쟁제품이 없고, 비용불확실성이 높은 경우, 제품수명주기가 짧은 경우, 혁신이 급속하게 일어나는 제품인 경우, 그리고 경쟁자의 진입가능성이 낮은 경우에 사용할 수 있다.

(4) 저가전략

저가전략은 기존의 기업이 혁신제품의 초기에 고가를 책정하였다가 경험효과에 의해 가격이 점차 하락하는 것으로 주로 제품수명주기가 긴 경우에 활용된다.

도표 10-1 | 가격전략의 종류와 장 · 단점[06]

구분	장점	단점
고가전략	• 투자회수의 신속 • 고객에게 품질 우수성 인지	• 고가시장중심으로 시장 한정 • 고수익으로 인해 경쟁자 진입
저가전략	• 저비용우위 활용 • 가격변동이 완만	• 경험효과는 이론적 가정 • 초기구매자(고가구입)의 불만
시장가격전략	• 출혈경쟁 회피 • 시장조사 노력을 줄임	• 다른 차별화 역량 필요 • 투자회수기간이 길어짐
시장침투가격전략	• 경쟁자의 진입제한 • 고객가치중심	• 과대 수요량 자극 위험 • 초기자본투자의 필요
선점가격전략	• 제한된 경쟁을 통한 독점수익	• 경쟁자의 저가공세에 따른 손실발생가능성

(5) 시장가격전략

시장가격전략은 현재 경쟁자의 가격에 맞추어 산정하는 것으로 출혈경쟁을 회피하는 방법으로서 비용예측이 가능한 경우, 시장이 지속적으로 성장하는 경우에 활용할 수 있다.

(6) 시장침투가격전략

시장침투가격전략은 낮은 가격으로 시장에 침투하여 빠른 시간 안에 시장점유율을 최대한 늘리는 전략으로 ① 제품수명이 길고, ② 시장진입이 용이하며, ③

가격민감도가 높고, ④ 경험효과가 가능할 때 활용가능하다.

(7) 선점가격전략

저가가격전략으로 잠재적 경쟁자의 진입을 방지하고 기존경쟁자를 퇴출시키는 것을 목적으로 하고 있다. 다른 가격전략과 조합하여 사용함으로써 시장지위를 확보하는 전략이다.

(8) 할인판매전략

물건을 구입하기 전에 가격, 품질, 스타일 등을 꼼꼼히 따지는 컴퓨터, 가구, 중고차 등의 내구재와 중국음식점, 분식점, 세탁소 등 경쟁이 치열한 업종은 할인전략이 먹히는 업종이다.[07] 대부분의 회사는 비수기 극복이나 재고처분을 목적으로 할인판매를 실시하는 경향이 있으나 어떤 회사는 절대로 할인판매를 하지 않는 소위 말하는 'no sale(무할인)'정책을 고수하는 경우도 있다. 이렇게 무할인정책을 고수하는 것은 유통질서를 확립하고 강렬한 기업 이미지를 심는 데 도움이 될 수 있다. 그러나 무할인정책을 고수할 경우 자금의 회전이 어렵고 재고를 폐기해야 하는 경우도 생길 수 있어 자원의 낭비를 초래할 수 있다.

2. 가격의 조정과 변경[08]

가격전략과 관련된 또 다른 의사결정영역으로는 가격의 조정과 설정된 가격의 변경과 관련된 문제가 있다. 기업은 자사제품의 가격이 결정된 후 상황이 변화됨에 따라 제품가격을 인상 또는 인하하는데 이와 같은 가격변경도 매우 중요한 마케팅전략이 된다.

1) 가격의 조정

가격의 조정에는 소비자의 가격에 대한 심리적 반응이나 일상적인 구매패턴을 반영하여 가격을 조정하는 심리적 가격조정과 지역별 수송비를 고려하는 지리적 가격조정, 그리고 촉진수단으로서의 판매촉진가격조정 등이 있다.

(1) 심리적 가격조정

가격에 대한 소비자심리를 반영한 심리적 가격조정에는 홀수(단수)가격, 관습가격, 준거가격, 품격(명성)가격 등이 있다.

가. 홀수(단수)가격(odd pricing)

제품의 가격을 100원, 1,000원 등과 같이 현재의 화폐단위에 맞게 책정하는 것이 아니라, 그보다 조금 낮춘 95원, 970원, 990원 등과 같이 홀수로 책정하는 방식이다. 이 가격의 설정목적은 소비자들에게 제품의 가격이 정확한 계산에 의해 가장 낮게 책정되었다는 인식을 심어주는 데 있다. 이러한 방식을 통해 소비자가 지각하는 가격이 실제 가격차이보다 훨씬 큰 차이가 있음을 느끼게 한다.

나. 관습가격(customary pricing)

관습가격이란 소비자들이 습관적으로 제품을 오랫동안 일정금액으로 구매하였기 때문에 습관화된 가격으로서 실제 제품의 원가가 상승되었음에도 불구하고 기업이 이를 따라가는 가격정책이다. 예를 들어, 껌, 라면, 아이스크림 등의 제품에 대해 소비자들은 과거부터 오랫동안 일정금액을 지불하여 가격의 고정화가 형성되어서 이 금액에서의 가격변화를 가격인상으로 받아들이게 된다. 이 경우 기업들은 가격인상보다는 원가상승 때문에 어쩔 수 없이 내용물의 양을 줄이는 등의 방법을 채택한다.

다. 준거가격(reference pricing)

준거가격이란 소비자들이 제품가격의 높고 낮음을 평가할 때 비교기준으로 사용하는 가격이다. 소비자들은 자주 구매하는 상표의 가격, 과거에 지불한 가격, 유사제품의 일반가격 등을 이용하여 준거가격을 형성할 수 있다. 따라서 소비자들은 어떤 제품의 가격이 자신의 준거가격보다 높으면 비싸다고 지각하고, 낮으면 싸다고 지각하게 된다. 그리고 동일하다면 비슷한 품질의 제품으로 지각하게 된다. 예로서 마케팅관리자는 가격할인을 할 경우, 보통 기존가격을 제시하게 되는데(예, 10,000→8,000원), 이는 소비자의 준거가격에 영향을 미치고 가격할인에 의한 매출증대효과를 높이고자 하는 전략이다.

라. 품격(명성)가격(prestige pricing)

구매자가 쉽사리 제품을 평가할 수 없을 때 구매자들은 제품의 가격이 곧 품질을 표시하는 것으로 생각한다. 예를 들어, 여성용 모피코트를 구매하는 경우 고가의 코트가 곧 품질이 우수한 것으로 생각하기 쉽다. 고가의 품격(명성)가격결정 시에는 가격 자체의 높고 낮음이 품격에 대한 상징성을 지니고 있다.

(2) 지리적 가격조정

지역별로 운송비 등 물류비용에 많은 차이가 나는 경우 이 비용을 어떻게 처리하는지에 따라 가격조정이 다양하게 이루어지는데 균일운송가격, FOB가격, 구역가격, 기점가격, 그리고 운송비흡수가격 등이 있다.

가. 균일운송가격(uniform delivered pricing)

지역과는 관계없이 모든 고객에게 운임을 포함한 동일한 가격을 부과하는 가격정책으로서, 운송비가 가격에서 차지하는 비중이 낮은 경우 용이한 가격관리를 위해 설정하는 방법이다. 대부분의 생필품 및 일상용품 등의 가격이 이에 해당된다.

나. FOB가격(free on board pricing)

FOB가격은 균일운송가격과는 반대의 가격개념으로서 제품의 생산지로부터 고객이 위치한 곳까지의 운송비를 고객이 부담하도록 하는 방법이다. 이 방법은 고객의 수가 많은 일반소비재의 경우에는 적용이 매우 어려우며 발생건수가 많지 않은 산업재나 제조업자와 중간상 간의 거래에서 자주 사용된다.

다. 구역가격(zone pricing)

구역가격이란 전체시장을 몇 개의 지대로 나누고 각 지대 안의 소비자들에게 동일한 수송비를 부과하는 방법인데, 이는 지역 간의 운송비의 차이를 어느 정도 반영하면서 가격관리의 효율성도 동시에 취할 수 있는 방법이다. FOB가격과 균일운송가격의 중간형태로 볼 수 있다.

라. 기점가격(basing-point pricing)

기점가격이란 판매자가 특정도시나 지역을 하나의 기준점으로 하여 제품이 운송되는 지역과는 관계없이 모든 고객에게 동일한 운송비를 부과하는 방법이다.

마. 운송비흡수가격(freight absorption pricing)

운송비흡수가격이란 특정고객이나 지역을 대상으로 판매업자가 운송비를 흡수하는 방법이다. 이 전략은 사업을 확대하기 위하여 실제 운송비의 일부 혹은 전부를 제품가격에 부과하지 않고 제조업자가 흡수한다. 이러한 가격결정은 사업의 확장, 시장침투, 경쟁이 심각한 시장에서의 사업유지를 위해 사용하는 전략이다.

(3) 판매촉진가격조정(promotional pricing)

판매촉진가격조정은 소비자의 구매를 단기적으로 촉진하기 위하여 가격을 일시적으로 낮추거나 유통업자들에게 유인책으로 가격을 조정하는 것이다. 소비자 대상 가격할인과 중간상 대상 가격할인으로 나누어진다.

가. 소비자 대상 가격할인

소비자대상할인으로는 유인(미끼)가격, 바겐세일, 수량할인, 계절할인, 그리고 보상판매 등이 있다.

가) 유인(미끼)가격(loss leader pricing)

유인가격은 슈퍼마켓 등에서 잘 알려진 제품의 가격을 매우 저렴한 가격으로 판매함으로써 소비자들에게 그 점포의 가격수준이 매우 낮다는 이미지를 심어주기 위한 전략이다. 이때 이 제품은 비록 그 제품 자체로서는 손실(loss)을 초래하지만 다른 제품의 판매를 유도하기 때문에 유인(미끼)이라고 한다.

나) 바겐세일(bargain sale)

바겐세일은 백화점 등에서 일정기간 동안 취급품목의 대부분을 할인가로 판매하는 방법으로서 단기적인 매출의 증대와 상품회전을 통한 재고감소의 효과를 가져오게 된다. 그러나 너무 자주 세일을 할 경우에는 소비자들은 정상가격에서의 구매를 연기하기도 하고 제품품질을 의심하게 되어 매출액에 부정적인 영향을 미치게 된다.

다) 수량할인(quantity discounts)

수량할인은 고객이 많은 양을 일시에 구입하는 경우 현금할인을 해주는 것이다. 물론 제조업자는 재고소진을 통한 관리비 및 보관비용의 절감 등으로 자금상의 이득을 보며 이 중의 일부를 고객에게 나누어주는 것이다.

라) 계절할인(seasonal discounts)

계절할인은 제품판매에 계절성이 있는 경우 비수기에 제품을 구매하는 고객에게 할인혜택을 주는 것으로서 이를 통해 제조업자는 적정수준의 조업도를 유지시킬 수 있으며 자금흐름, 제품보관상에 혜택을 얻게 된다. 여행사에서 최종소비자들을 대상으로 성수기와 비성수기의 관광요금을 차별적으로 책정하는 것도 계절할인의 일종이다.

마) 보상판매(trade-in allowances)

보상판매는 소비자가 자사제품을 구매하면서 중고품을 가져오는 경우 판매가의 일부를 삭감해주는 것이다.

나. 중간상 대상 할인

제조업자는 자사제품의 원활한 판매를 위해 중간상에게 여러 가지 할인을 실시한다. 소비자 대상 가격할인 중에서 수량할인과 계절할인은 중간상에게도 적용된다. 그 밖에 중간상에 대한 할인은 현금할인, 거래할인, 그리고 촉진공제 등이 있다.

가) 현금할인(cash discounts)

제조업자와 중간상과의 거래는 대부분 현금구매가 아닌 어음 등을 이용한 외상거래에 의해 이루어지는데 거래물량이 많은 경우에는 제조업자에게 자금압박이 있게 된다. 이를 해결하기 위해 중간상이 제품을 현금으로 구매할 경우 또는 대금지급을 일찍 하는 경우, 제조업자는 판매대금의 일부를 현금 할인해주는 것이다. 즉, '30일 만기, 10일 이내 대금 지불 시 2% 할인'조건의 경우 30일 이내에 대금을 지불해야 하지만 중간상이 대금을 10일 이내로 앞당겨 지불하면 2%의 할인을 해주는 것이다.

나) 거래할인(trade discounts)

거래할인은 중간상이 제조업자가 수행해야 할 업무의 일부를 수행할 경우 이에 대한 보상으로 제조업자가 그 경비의 일부를 부담하는 것을 말하는 것이다. 예를 들어, 중간상이 보관, 거래기록 및 적극적 판매를 수행하는 경우이다.

다) 촉진공제(promotional allowances)

촉진공제는 중간상이 제조업자를 위해 지역광고를 하거나 판촉을 실시할 경우 이에 대한 보상으로 가격의 일부를 공제하는 것이다.

사례연구 Case Study

사례 1 수능 끝난 수험생 수험표로 할인 이벤트 챙기기 '영화관 놀이공원 등 혜택 풍성'

2018 대학수학능력시험이 23일 치러진 가운데 영화관과 놀이동산 등에서 수험생을 대상으로 다양한 할인혜택을 제공한다.

메가박스는 수험표 또는 학생증으로 수험생을 인증한 고객에게 영화관람 티켓을 6,000원에 제공한다. 팝콘과 음료, 핫도그, 영화 캐릭터 상품이 포함된 대박콤보는 8,000원에 제공된다.

롯데시네마는 수능이 끝난 후 첫 주말인 25, 26일 '수험생 ONEDAY PASS'이벤트를 진행한다. 수험생 본인이 수능 수험표를 지참하고 'ONEDAY PASS'(1만5,000원)를 구매하면 구매당일 영화와 싱글콤보가 무제한으로 제공한다.

CGV에서는 동반 1인까지 일반 2D 영화 6,000원 관람 및 매점 콤보 3,000원 할인 혜택을 누릴 수 있다.

KT 또한 내년 2월 28일까지 수험생을 대상으로 속도 제한 없는 데이터 완전 무제한과 요금 할인 25% 등 다양한 혜택을 제공한다. 수험생은 뮤직엠 지니팩과 올레TV 모바일 팩을 반값에 가입할 수 있다.

롯데 · 신세계 · 현대백화점은 수험표를 지참한 고객 대상 할인행사를 펼친다. 롯데백화점 수험표 할인행사는 수능이 치러지는 이날부터 26일까지 이어진다. 롯데백화점은 당초 16~19일 이지 · 영캐주얼 브랜드를 수능 수험표 지참 시 30% 할인해줄 계획이었다. 현대백화점과 신세계백화점도 수능 수험표를 지참한 수험생들에게 의류와 화장품 등을 할인판매하는 이벤트를 재개한다.

이디야 커피는 수험생 무료 음료 2만 잔 증정 이벤트를 23일 진행한다. 엔제리너스 커피도 수험표 지참 고객에게 바리스타 제조 음료를 50% 할인해주는 이벤트를 23일부터 시작한다.

TGI프라이데이스는 모든 메뉴를 최대 4개까지 40% 할인해주는 '수험생 응원 이벤트'를 23일부터 한 달간 진행한다. 도미노피자는 수능 당일 겨울 신제품 7치즈 앤 그릴드 비프 피자 · 킹프론 씨푸드 · 포테이토 등 베스트피자 3종에 대해 40% 할인혜택을 제공한다.

KFC는 23일 오전 10시부터 12월 7일까지 '치킨버켓 1+1 수능 그뤠잇 이벤트'를 진행한다. 행사기간 동안 전국 KFC 매장에서 오리지널 및 핫크리스피 치킨버켓(9조각)을 주문하고 매장 직원에게 수능 수험표를 제시하는 수험생들에게 버켓 1개를 무료로 증정한다.

에버랜드는 다음달 31일까지 수험생 대상 최대 64% 할인을 실시한다. 수험생은 에버랜드를 2만원대로 즐길 수 있다. 롯데월드도 수험표를 지참한 고객 본인은 1만5,000원, 동반 2인까지 2만 원에 자유이용권 이용이 가능하다.

출처 : 국제신문, 2017-11-24

사례 2 "1,000원도 무너졌다" … 이디야 → 빽다방 → 그 다음은?

장기 불황에 저가 커피전문점 끝없는 가격경쟁 …
'커피만' '갤러리 카페900' 등 900원 아메리카노 등장

대학생 윤지수 씨(21)는 최근 학교 앞에 새로 생긴 커피전문점을 자주 찾는다. 아메리카노 한 잔 가격이 900원. 유명 커피전문점 아메리카노 한 잔 값이면 친구들 3~4명에게 음료수를 '쏘는' 인심도 쓸 수 있다. 윤씨는 "커피를 좋아하는데 용돈이 부족해 주로 캔커피나 인스턴트커피를 마셨다"며 "소비자 입장에선 커피 맛은 살리고 가격 거품은 쏙 뺀 테이크아웃 커피전문점이 생겨 반갑다"고 말했다.

경기침체가 장기화하면서 '저가 커피전문점 3.0' 시대가 열렸다. '이디야'와 '빽다방'이 이끌던 국내 저가 커피전문점시장에 편의점이 가세하면서 최근 1,000원 이하 메뉴로 무장한 초저가 커피전문점 브랜드가 속속 등장하고 있다.

"1,000원도 무너졌다" … 저가 커피 3.0 시대

저가 커피전문점 1세대는 이디야다. 밥값 못지않게 비싼 커피전문점들 사이에서 2,000원대 아메리카노 가격을 유지하며 합리적인 커피전문점의 대명사로 자리매김했다.

주요 저가 커피전문점 현황

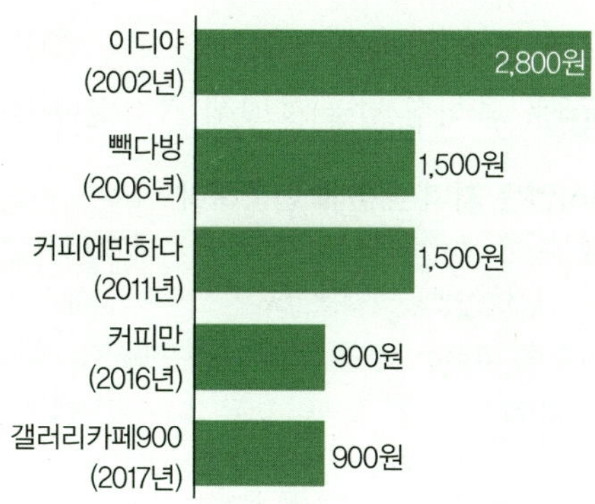

(*괄호 안은 론칭시점)

하지만 커피전문점시장에서 가격경쟁이 본격화한 것은 2015년 빽다방이 주목받으면서부터다. 빽다방은 2006년 브랜드 론칭을 했지만 '가성비'(가격 대비 성능)가 소비시장 키워드로 떠오르면서 2년 전부터 매장이 늘기 시작했다. 빽다방의 인기에 1,000원대 커피전문점이 우후죽순 들어섰고 저가 커피전문점시장이 급증했다.

최근엔 커피전문점가격 저항선인 1,000원이 붕괴된 모델까지 등장했다. 2,000원대 후반에서 1,000원대 중반으로 이어진 저가 커피전문점 계보가 1,000원대 미만까지 확장한 것이다.

커피 프랜차이즈 '커피만'은 아메리카노를 900원에 판매한다. 콜드브루, 카페라떼, 카페모카 등도 1,500~2,200원으로 다른 메뉴도 저렴한 편이다. 테이크아웃전문점으로 임대료와 인건비 부담을 낮추기 위해 무인주문 · 결제시스템을 도입한 점이 눈길을 끈다. '갤러리 카페900'은 특정시간(오전 7시~오후 6시)에 아메리카노를 900원에 판매한다. 아메리카노 외에 다른 커피와 차, 주스는 3,000~4,000원 수준이다.

"가격경쟁 한계 있다 … 수익률 꼼꼼히 따져봐야"

최근 등장한 저가 커피전문점은 대부분 대학가나 지방에 매장이 집중됐다. 제품 단가가 낮은 만큼 임대료가 낮은 지역, 싼 제품을 찾는 수요가 몰리는 상권을 공략하는 전략을 펴고 있다. 기존 저가 커피전문점보다 싼값에 커피를 판매하는 편의점과 경쟁하겠다는 계산도 깔려 있다는 분석이다.

가맹비 · 인테리어비 등 초기투자비용(매장 임대료 제외)이 1억 원 미만으로 예비창업자들의 창업 진입장벽이 낮다는 점, 소비자 선택의 폭을 넓혔다는 점 등은 저가 커피전문점의 순기능으로 꼽힌다.

하지만 커피전문점시장에서 가격경쟁만으로는 생존하는 데 한계가 있는 만큼 창업에는 신중을 기해야 한다고 전문가들은 지적한다. 전태유 세종대 경영전문대학원 교수는 "진입장벽이 낮은 저가 커피전문점은 누구나 창업할 수 있는 만큼 경쟁이 치열할 수밖에 없다"며 "창업은 쉽지만 운영 과정이나 장기간 기대수익을 유지하기는 결코 쉽지 않다"고 말했다. 전 교수는 이어 "프랜차이즈 본사와 계약하기 전 지역별 · 기간별 수익률 등을 꼼꼼히 따져본 뒤 투자하는 게 바람직하다"고 덧붙였다.

출처 : 머니투데이, 2017-03-28

사례 3 음식점 단골 유인책 가격인하보다 '+α'

"외식업은 저녁 매출에 집중하라"

통상 세 끼 식사 중 외식은 점심과 저녁에 이뤄진다. 하지만 점심은 시간 제약 때문에 매출이 제한적일 수밖에 없다. 고객들로서는 짧은 시간에 식사를 마쳐야 하기 때문에 상대적으로 가볍고 저렴한 메뉴를 고르는 게 일반적이다. 반면에 저녁식사는 비교적 시간 여유가 많다. 고객으로서는 간단한 식사보다는 술을 곁들인 여유 있는 식사를 선호한다. 예를 들어, 점심 때 고객 3명이 고기전문점을 찾았다고 하자. 1시간 정도인 점심시간 내에 식사를 마치기 위해 이들은 갈비탕이나 설렁탕 등을 주문할 가능성이 크다. 이들 메뉴의 가격이 5,000원대라면 3명의 고객에게서 기대할 수 있는 매출은 1만5,000원 남짓이다. 하지만 저녁이라면 사정은 달라진다. 고기 3, 4인분에 술 서너 병, 공깃밥이든 냉면이든 식사류를 포함해 테이블당 매출은 3만~4만 원이 훌쩍 넘는다. 테이블 회전율도 점심은 시간 제약 때문에 테이블당 1~1.5회에 불과하다. 하지만 저녁시간에는 테이블당 2~2.5회 회전이 가능하다. 따라서 외식업체 운영자는 점심보다는 저녁 매출에 치중해서 판매전략을 세울 필요가 있다. 점심때는 가급적 테이블 회전율을 높일 수 있도록 반찬 구성을 최대한 간소화하고 서비스는 빠른 '속도'에 중점을 둔다. 저녁 때는 접객, 서비스, 메뉴 구성 등 전반적인 업소의 분위기를 점심 때와 다르게 하고 고객에 대한 역량을 좀 더 집중할 필요가 있다.

우선 상품에 대한 평가에 가장 큰 영향을 미치는 '시각적' 요소를 개선하는 데 힘써야 한다. 메뉴는 단품보다는 정식이나 세트 메뉴가 좋다. 전체적으로 메뉴구성 자체를 점심과 저녁으로 이원화하는 게 도움이 된다. 점심에 '오늘의 메뉴'중심의 간단한 기획 메뉴로 구성했다면 저녁에는 푸짐함을 느낄 수 있는 전략 메뉴구성이 필요하다는 것이다. 간판이나 입구의 음식 조형물, 조명의 차별화 등은 고객의 시선을 유도하는 좋은 장치가 될 수 있다.

'공짜'전략도 적극 활용하자. 고객의 충성도는 맛, 가격, 분위기, 위치, 서비스 등에 좌우되는데 그 중 '공짜'서비스는 단골을 만드는 절대적 도구이자 경쟁력이다. 고객은 가격인하행사보다 '공짜'를 더 좋아한다. 무료 추가서비스는 수익성 면에서도 가격인하보다 훨씬 유리한 마케팅전략이다. 특히 요즘 같이 어려운 시기에는 더욱 큰 효과를 거둘 수 있다.

출처 : 동아일보, 2008-10-17

참 고 문 헌 Reference

01 김희철, 「창업경영론」, 도서출판 두남, 2004, pp.295~299.

02 권금택, 「전략적 고객관계관리」, 도서출판 대명, 2007, pp.184~188.

03 박명호 외 2인, 「마케팅」, 경문사, 2003, pp.407~416.

04 권금택, 「전략적 고객관계관리」, 도서출판 대명, 2007, pp.191~194.

05 권금택, 「전략적 고객관계관리」, 도서출판 대명, 2007, pp.134.

06 한정화, 「벤처창업과 경영전략」, 홍문사, 2003, p.256.

07 최재희 외 3인, 「창업성공마인드」, 중앙경제평론사, 2007, p.343.

08 박명호 외 2인, 「마케팅」, 경문사, 2003, pp.418~426.

Chapter 11

사업장(점포)관리

제1절 | 점포분석

제2절 | 진열의 의의와 원칙

제3절 | 상품분류

제4절 | 진열과 색채

제5절 | 진열과 조명

제6절 | 진열과 쇼윈도

제7절 | 진열과 POP광고

제1절 | 점포분석

1. 점포분석의 의의 및 결정내용

1) 점포분석의 의의

점포분석이란 "고객에게 제품과 서비스를 판매하는 데 필요한 물리적 공간과 설비에 대한 분석"을 말한다.

2) 점포분석의 결정내용

점포분석에서 결정할 내용과 결정된 그 내용에 따라 추정해야 할 정보는 ① 취급상품의 종류와 재고수준의 결정, ② 필요공간의 넓이, ③ 내부장식, ④ 외부장식, ⑤ 소요자금 추정 등이다.[01]

(1) 취급상품의 종류와 재고수준의 결정

사업타당성분석의 시장성분석에서 수행된 사업장(점포) 입지선정과 상권분석의 결과에 따라 표적고객의 특성을 규명하고, 그에 따른 취급상품의 종류와 수량을 추정한다.

취급상품의 재고수준은 자본금의 규모, 점포의 크기 등도 고려하여야 한다. 이 단계에서는 취급상품의 구입처(생산자 또는 도매상)와 구입방법, 대금결제방식 등도 조사한다.

(2) 필요공간의 넓이

창업비용이 넉넉하다고 해서 큰 점포를 선호하는 것보다 지역적인 특색과 소비자의 성향을 파악하여 그에 알맞은 점포형태를 구성하는 것이 성공할 수 있는 확률을 높이는 가장 현명한 방법이다.

도표 11-1 | 점포분석에서 추정해야 할 정보

점포분석에서 추정해야 할 정보	항목	내용
	취급상품의 종류 및 재고수준의 결정	취급상품의 구입처, 구입방법, 대금결제방식 등
	필요공간의 넓이	전문점은 가게가 커야 하고, 소규모 저가판매업은 작을수록 좋음
	내부장식	조명, 색상, 바닥, 벽, 집기와 장비, 분위기 창출 보조용품, 계산대, 내부진열, 화장실, 유리 · 거울, 테이블보 · 블라인드 등
	외부장식	간판, 입구, 진열창, 주차장 등
	소요자금	시설자금, 운전자금, 예비비

점포는 업종에 따라서 필요공간, 즉 점포의 크기는 커야 하는 것도 있고 작아야 하는 것도 있다. 우선 점포 크기가 점포 이미지와 매출 등에 어떤 영향을 미치는지를 살펴보기로 하자. 예를 들어, 분식점을 100m^2 정도의 넓은 곳에서 한다고 가정하자. 넓어서 좋기는 하지만 100m^2 크기라면 웬만큼 손님이 있지 않고는 말 그대로 분위기가 썰렁해지고 이런 이미지가 고정되면 당연히 손님들은 발길을 돌리게 될 것이다. 그러나 한식당은 오히려 넓을수록 좋다. 한식당경영을 33m^2 미만의 가게에서 한다면 한식당에서는 여러 음식을 해야 하는데 매우 복잡해 보이는 면이 있고 실제로는 그렇지 않다 하더라도 두세 팀만 있어도 매우 번잡한 느낌을 주어 손님의 발길을 붙들 수 없다. 그 밖에도 호프, 소주방, 커피전문점, 패스트푸드점, 기타 전문식당과 전문의류매장 같은 전문점일수록 어느 정도 점포가 커야 한다. 반대로 분식점, 액세서리점과 같은 소규모 저가판매업은 점포가 작을수록 오히려 좋은 이미지를 주게 된다.

(3) 내부장식

고객이 점포 내에 들어오면 불안해지거나 점포에 대한 불신의 감정이 생기지 않는 분위기 조성이 필요하다. 내부장식과 관련된 고려사항은 ① 조명, ② 색상, ③ 바닥, ④ 벽, ⑤ 집기와 장비, ⑥ 분위기 창출 보조용품, ⑦ 계산대, ⑧ 내부진열, ⑨ 화장실, ⑩ 유리 · 거울, ⑪ 테이블보 · 블라인드 등이다.

가. 조명

초보창업자가 간과하기 쉬운 인테리어 중 하나가 상품이 잘 보이도록 하고 진열된 상품을 강조하는 기능을 하는 조명이다. 간판이나 의자, 탁자, 바닥 등은 색을 조화시키기 위해 신경 쓰지만 조명에는 대부분 소홀하고 무신경하다. 심지어 출입구와 벽, 주방까지 일반사무실처럼 형광등으로 통일한 가게들이 많다. 간판색도 업종에 따라 어울리는 색이 있듯이 실내 인테리어에서 조명은 밝기를 어떻게 하고 색을 무엇으로 강조하느냐에 따라 전혀 다른 느낌을 줄 수 있다. 조명이나 컬러에 따라 똑같은 공간이라도 전혀 상반된 이미지를 연출할 수 있다. 하지만 무엇보다 고객이 동감할 수 있어야 하고, 지속적인 관심을 가질 수 있는 공간이 되어야 한다.

따라서 조명에 대한 투자를 아끼지 말아야 한다. 업종과 가게의 입지를 고려해 어떤 조명을 사용할지를 고민하고, 본격적인 인테리어 공사를 하기 전에 조명가게를 방문해 전문가의 조언을 경청하여야 한다.

가) 조명불빛

보편적으로 남성은 깔끔하고 여성스러운 실내분위기를 좋아하는 반면 여성은 주렁주렁 매달린 조명불빛을 좋아한다. 이 점에 착안해 같은 음식점이라 하더라도 남성이 주공략 업소라면 조명을 복잡하게 드러내기보다 깔끔하게 마무리하는 것이 좋고, 반대로 연인이나 여성을 공략하는 업소의 경우에는 조명을 식탁과 가까이 두어 은은하게 비추는 효과를 연출하는 것이 좋다.

나) 조명색

조명색은 남성에게는 차가운 한색, 여성은 따뜻한 난색을 사용한다. 또한 주류업종은 실내조명을 파란색과 같은 하나의 색으로 통일하고, 어린이와 부모를 함께 공략해야 하는 업종의 경우에는 노란색, 빨간색, 주황색과 같이 난색 톤으로 연출하는 것이 매출이나 이미지 면에서 효과적이다.

다) 조명밝기

옷가게는 피팅룸(fitting room)이나 거울을 부착한 주변을 밝게 처리한다. 음식장사는 출입구를 아주 밝게, 실내는 약간 밝게, 컬러는 음식이 최대한 돋보이게 하는 컬러를 선택한다. 단순히 상품만 파는 곳은 밝은 조명으로 하고, 업종의 성격이 만남과 휴식을 제공하는 곳이라면 조명의 밝기를 은은하게 만든다.

일반적으로 24시간 편의점, 의류점, 안경점, 화장품점 등은 환한 백색 형광등, 커피숍, 액세서리점, 보석상 등은 은은한 조명, 음식점, 서점, 문구점 등은 보통 밝기의 조명이 바람직하다.

점포에서 조명을 설치하는 목적은 다음과 같다.[02]

① 점포의 존재를 고객에게 인식시킨다.

② 상품을 소구한다.

③ 점포내부로 고객을 유도한다.

④ 상품에 대한 욕구를 끌어올린다.

즉, 사람은 밝은 장소에 모이는 습관이 있기 때문에 조명은 점포를 밝게 하여 고객의 눈이 점포로 향하도록 어필하고, 고객의 집객력을 촉진시킨다. 그리고 점포를 찾아온 고객의 관심을 상품으로 향하게 하고, 구매시점에 있어서 상품가치를 그대로 어필할 수 있다.

점포의 밝기는 업종이나 상품에 따라 차이가 있지만 일반적인 조명밝기의 기준은 [도표 11-2]와 같다.[03]

도표 11-2 | 점포의 밝기

평당 와트	밝기 기준
3.3제곱미터당 400와트	상당히 밝은 점포
3.3제곱미터당 300와트	보통 밝은 점포
3.3제곱미터당 200와트	약간 어두운 점포

나. 색상

색상은 조명과 함께 상점의 무드와 이미지를 창조하여 고객의 관심을 고조시킬 수 있다. 예를 들면, 여성 내의를 취급하는 곳이라면 수면하는 분위기를 만들기 위해 벽 색깔로 은은한 색이 어울리고, 청바지전문점이라면 젊은 사람들의 구미에 맞도록 밝고 강한 색이 좋을 것이다.

색깔은 상품의 진열과도 관계된다. 예를 들어, 진열창이나 카운터는 흰색이나 회색 같은 중성색으로 하여 상품으로의 관심이 이탈되지 않도록 하는 것이 좋다. 또 검정색은 보석과 같은 고급상품의 진열에 자주 이용되고, 순수함의 상징인 백색은 화장품과 관련하여 자주 쓰인다.

다. 바닥

바닥의 재질은 상품의 분위기 조성과 관계가 있다. 고급상품을 취급하는 곳이라면 카펫을 까는 것이 좋고 운동구점이나 구두점은 윤택한 나무 바닥이 좋다.

라. 벽

벽도 의도하는 바에 따라 재질과 색깔을 선택하여야 한다. 벽은 시멘트에 페인트를 바를 수도 있고 벽지를 바를 수도 있다. 벽지도 단순한 것에서부터 화려한 것까지 여러 종류가 있다.

마. 집기(fixture)와 장비(equipment)

집기란 상품의 판매, 진열, 저장, 보호 등에 이용되는 내구재를 말하고, 장비란 직 · 간접적으로 판매를 돕는 내구재를 말한다. 집기에는 진열장, 캐비닛, 상자, 선반, 카운터 그리고 테이블 등이다. 의자와 테이블은 내부 분위기의 통일화된 이미지에 부합되면서 약간은 주목을 받을 만한 색상과 디자인을 이용하는 것이 바람직하다. 또한 편안함을 주되 너무 안락한 의자는 피하고, 테이블은 바닥보다는 약간 강한 색상으로 그리고 산뜻한 느낌이 더해지는 디자인이 무난하다고 할 수 있다. 그리고 장비에는 금전등록기, 엘리베이터(또는 에스컬레이터), 점포 내 운반장비(바구니, 카트 등), 배달장비(자전거, 오토바이, 차량 등) 등이다.

바. 분위기 창출 보조용품

분위기란 소매 사업자가 특정시장을 목표로 조성한 물리적 환경, 구매 분위기 등에 따라 만들어지는 심리적 효과를 말하는데 분위기는 구매자의 감각반응에 대한 총체적인 효과의 결과이다.

소매업자가 소비자의 시각, 청각, 후각, 촉각, 미각에 호소할 때 이것을 총체적 감각판매라고 한다. 이와 같은 총체적 감각판매를 경쟁이 치열한 사회에서는 점포의 계획과 관리단계에서부터 중요하게 다루어야 한다.

가) 시각

소매업자는 고객이 점포 내의 여러 곳을 두루 보게 된다는 사실을 인식하고, 이 점을 이용하겠다는 자세를 가져야 한다.

나) 청각

청각을 이용하여 고객의 관심을 유도하는 대표적인 방법은 음악을 이용하는 것인데 음악은 상점에서 다루는 상품 및 고객의 취향에도 맞아야 한다. 음악 이외의 소리로도 고객의 주위를 끌 수 있다. 예를 들어, 장난감 가게라면 장난감이 소리를 내게 할 수도 있을 것이다.

다) 후각

좋은 냄새가 구매를 촉진시키는 경우는 많다. 예를 들면 도넛, 향수, 꽃 등이 있다. 또 자동차와 같은 제품도 전시관에 사람들이 좋아하는 향을 뿌려둔다고 한다.

라) 촉각

고객이 상품을 만지거나 집어 들면 물건을 거의 팔 수 있는 단계가 된 것이다. 그러므로 판매원은 고객이 물건과 접촉하도록 유도하여야 한다. 예를 들어, 자동차라면 한 번 시승해보도록 하고, 옷 또는 신발이라면 한번 입어보거나 신어보도록 유도한다.

마) 미각

식품은 고객이 맛을 볼 수 있도록 시식코너를 둔다. 무료시식 혹은 무료시음이 어려우면 소량판매방식이나 시용판매방식도 생각해볼 수 있다.

사. 계산대[04]

계산대는 고객들에게 너무 눈에 띄어 부담을 주지 않게 하고, 고객들이 매장 안에서 이동하는 동선에 불편을 주지 않도록 설치해야 한다.

아. 내부진열

내부진열은 단순히 상품을 나열해 놓는 것이 아니고 손님으로 하여금 진열된 상품을 보고 구매욕구를 일으키도록 하여야 한다.

자. 화장실

화장실은 매우 중요한 역할을 하므로 항상 매력적인 곳으로 만들고 가깝고 편리하게 만들어야 한다.

차. 유리 · 거울

유리는 최근 점포 인테리어에서 많이 쓰이고 있는 소재로서 출입문 쪽 전부를 유리로 덮은 창문도 있고, 벽면 전체를 유리로 하여 시원함과 함께 밖의 경치를 볼 수 있게 해서 큰 효과를 얻고 있다.

카. 테이블보 · 블라인드

최근 점포 전면이 유리로 된 경우가 많은데 이때 단순히 유리벽보다 아름다운 무늬를 가진 블라인드를 병행하여 사용한다면 독특한 내부분위기를 연출할 수 있다. 그리고 공중공간 디스플레이는 매장 안 중심 공중에 상품홍보물, 예쁜 마스코트 등을 적절히 설치하여 매장분위기에, 그리고 영업홍보에도 큰 효과를 얻을 수 있다.

(4) 외부장식

점포의 외부장식은 점포 밖에서 점포를 바라보았을 때에 보이는 부분이다. 경우에 따라서는 투명한 유리를 통하여 점포의 내부를 들여다 볼 수 있다. 점포의 외부장식은 외견적으로 점포를 알리는 수단이다. 따라서 상점의 외양을 잘 갖추는 것은 고객을 효과적으로 유인하기 위한 것이다. 상점의 외양은 고객들에게 상점에 개방성, 활기, 안정성, 일관성, 청결함 등이 있다는 인상을 줄 수 있어야 하고 목표고객에게 상점의 특별한 이미지를 전달해야 한다. 상점의 외부장식에서 고려해야 할 사항으로는 ① 간판, ② 입구, ③ 진열창, ④ 주차장 등이다.

가. 간판

간판은 고객으로 하여금 상점을 발견하고 확인하게 하는 기능뿐만 아니라 상점에 대한 이미지를 전달하는 기능을 한다. 간판은 이러한 기능이 만족되도록 건물의 크기와 부착위치, 간판의 크기, 취급하는 상품 등을 충분히 검토하여 작성되어야 한다. 간판 자체로만 생각하지 말고 건물의 모양과 컬러 등을 고려하여 간판의 바탕색, 문자, 모양 등을 결정하여야 한다. 간판은 잠재고객들이 상점과 접촉하게 되는 시발점이라는 것을 명심해야 한다. 간판은 오너, 즉 경영인의 경영자세가 표현되는 제일의 상징이다. 그래서 간판 디자인과 제작에는 전문가의 조언이 필요하다.

간판을 부착할 때 유의해야 할 사항은 다음과 같다.[05]

① 멀리서도 눈에 띌 수 있는 위치에 주간판을 부착한다.
② 주변 시설물에 의해 상호가 가려지지 않게 한다.
③ 간판이 내부를 보는 데 장애가 되지 않게 한다.
④ 행인의 머리가 부딪히지 않게 안전사고 예방에 힘쓴다.
⑤ 보조간판을 이용하여 안내의 역할을 한다.
⑥ 전문가의 도움을 받아 디자인하고 제작하여야 한다.

한편 업종별 간판색 창업전략은 제4절을 참조하기 바란다.

나. 입구

상점의 입구는 손님을 맞이하는 최초의 장소이므로 세심한 주의가 필요하다. 고객의 출입에 있어서 물리적 · 심리적으로 부담감이 없도록 출입이 쉬워야 한다. 출입구의 위치는 마주 보아 좌측이나 중앙에 두는 것이 이상적이다. 심리적으로 인간의 행동에는 좌측에서 우측으로 흐르는 성질이 있으며, 출입구의 수는 작은 상점에 여러 개를 만들 필요는 없지만 폭이 8m 이상인 경우에는 2개소 정도가 적당하다. 출입부분을 보도 면에서 자연스럽게 유도될 수 있도록 평탄하게 하면 출입구의 공간연출이 되고 손님을 끌어들이는 심리적인 효과가 있다. 또한 외관이 중요한 부분이기 때문에 디자인, 컬러마크 등의 표현을 기본으로 해서 개성을 나타낼 필요가 있다.

입구설계에 있어서 고려해야 할 사항은 다음과 같다.

① 출입구의 수

② 출입구의 위치와 방향

③ 출입구의 크기

④ 여닫는 방식(전후 미닫이, 좌우 미닫이, 회전문, 자동문)

⑤ 비상구

다. 진열창

진열창은 진열된 상품이 고객의 주의를 끌고 고객이 그 상품들에 관심을 가질 수 있도록 하여야 한다. 진열창은 그 상점의 대표상품 또는 고객을 유인하기 위한 전략상품을 진열하여 상점의 이미지를 전달하여야 한다. 고객을 유인하기 위해 세일품목, 희귀상품, 세일안내문, 계절상품, 신제품 등을 진열할 수 있다. 진열창의 내용은 계절, 명절 등 기회가 있을 때마다 바꾸어주는 것이 좋다. 진열창의 형태로는 점포 정면과 입구 관계에서 개방형, 투시형, 폐쇄형 또는 정면성, 측면성 등의 형태가 있다.

진열창은 자유표현공간으로 독립성을 갖기 때문에 발상, 표현의 독특함과 융통성이 있는 표현, 변화에 대응가능한 기능을 갖는 것이 바람직하다. 특히, 조명은 낮에는 4~6럭스, 밤에는 100~300럭스로 점포 앞쪽의 조명변화에 대응이 가능할 것과 천창, 풋라이트, 측광의 기능을 갖도록 한다.

라. 주차장

소규모 소매점은 주차장이 반드시 필요하지는 않지만 상점계획단계에서 반드시 고려해야 할 사항이다. 특히 도시외곽에 개설되는 상점은 더욱 그러하다. 독자적으로 주차장 확보가 어려운 상황이라면 공동사용방안도 검토해볼 만하다.

(5) 소요자금 추정

입지 및 상권분석단계와 점포계획단계에서 얻은 정보에 의거하여 시설자금, 운전자금, 그리고 예비비 등의 소요자금 추정이 가능하다.

2. 점포형태별 개방도

점포 전면의 개방 여부에 대하여 어느 정도 개방할 것인가 하는 의문이 많은데 점포 개방도에 따라 개방형, 반폐쇄형, 폐쇄형 세 가지로 구분할 수 있다. 각각의 점포콘셉트에 맞는 점포 개방도를 정해야 하는데[06] 개방의 정도는 인구의 수, 통로의 수 등과 관계가 있다. 식료품점, 주방잡화 등은 크게 개방하고, 의류 등은 작게 만든다. 보석점 등 고급점포는 한층 폐쇄형이다. 이와 같이 업종에 따라서 개방도가 관계가 있으며 업종과 관계가 있다는 것은 취급하는 상품과 관계가 있다는 것이다.[07]

1) 개방형에 적합한 점포

할인점이나 셀프서비스 판매형 점포에 적합한 개방도이다. 예를 들어, 할인점에서는 식품매장이 이 형태에 적합하다.

장점은 점포로의 내점이 용이하다는 것이다. 박스판매도 가능하기 때문에 생동감 넘치는 분위기를 연출할 수 있으며 통행객이 재미삼아 매장으로 들어오는 경우도 있다.

2) 반폐쇄형에 적합한 점포

전문점이지만 볼륨감을 어필하려는 점포에 적합한 형태이다. 예를 들어, 신발에서 양말까지 완전라인 구성의 구두점에 적합한 형태이다.

출입구는 문을 설치하지 않아 들어오기 쉽게 하고, 프런트의 유리 부분을 쇼윈도 형태로 만들면 전문점과 유사한 연출이 가능하다.

도표 11-3 | 점포개방도의 높고 낮음에 따른 효과와 조건

점포개방도	특징 및 효과	조건
높은 경우	• 입점 고객수가 증가된다. • 친근감이 강화된다. • 상품회전율이 높아진다. • 판매시간이 단축된다. • 짧은 시간에 많은 고객을 응대할 수 있다. • 개선비용이 비교적 적게 든다.	• 편의품 업종 • 통행객이 많은 장소에 입지 • 자주 구매하는 상품
낮은 경우	• 상품단가가 높아진다. • 점포 이미지가 높아진다. • 상품가치가 높아진다. • 고객의 점포 내 체류시간이 길어져 판매 건수가 증가한다.	• 선매품 구매고객이 많은 업종 • 고정고객화가 가능한 업종 • 동업 타점포에 비해 오리지널상품을 취급하고 있는 경우

도표 11-4 | 상품 구입을 위한 체류시간[08]

체류시간	상품종류
5~20초	담배, 라이터
5~30분	식품, 화장품, 잡화, 가정용품
30~60분	패션, 신변잡화, 문화용품

3) 폐쇄형에 적합한 점포

고급 부티크나 고급보석점 등 비교적 개수가 적은 업종으로서 점포내부를 차분한 분위기로 연출해야 하는 점포에 적합하다. 노면에 입지하는 점포는 자연조건이나 방범대책에 관한 것도 고려해야 하기 때문에 거의 폐쇄형으로 만들게 된다.

상품은 또한 고객이 구매하는 습관과 관계가 있다. 구매하는 습관으로 보아 점포의 체류시간이 정해진다. 점포에 체류시간이 짧은 상품을 취급할 경우에는 개방형이 좋다. 물론 겨울철에는 개방형 시설에도 폐쇄형을 사용할 수밖에 없다.

제2절 | 진열의 의의와 원칙

진열(display)은 손님이 쉽게 볼 수 있고 물건을 쉽게 파악할 수 있도록 하는 것이 기본이다. 그러기 위해서는 첫 번째, 상품의 종류와 품목, 색상, 가격, 이용자의 연령, 용도, 성별, 사이즈, 소재, 디자인 등으로 분류하여 전시하거나 혹은 관련상품을 한곳에 모아서 전시할 것, 두 번째, 진열공간의 구분이 확실치 않으면 손님이 혼란스러워 할 것이므로 한눈에 알아볼 수 있도록 공간을 나누어 전시할 것, 세 번째, 가능하면 손님이 스스로 물건을 만져볼 수 있도록 전시할 것 등을 기본으로 하되 보는 것만으로도 즐거움을 느낄 수 있는 포인트를 곳곳에 마련하면 새로운 변화를 느낄 수 있다.

1. 진열의 의의, 목적 및 형태

1) 진열의 의의

진열이란 "판매대의 설비 및 배치, 조명의 배려에 따라 상품을 배열하여 고객의 구매의욕을 자극시키기 위한 판매술로써 전시 또는 장식"을 의미한다.

2) 진열의 목적

상품의 진열은 점포의 이미지를 높이고 매력감을 향상시켜 매출을 늘리기 위해 필요한 판촉활동이다. 또한 진열은 직접 고객의 마음을 사로잡는 중요한 광고 메시지가 되기도 하며 신문, 잡지, 라디오, TV 등의 전국적 광고정책의 최종단계이기 때문에 점포에 있어서 특히 중요한 광고매체라 할 수 있다.

진열의 구체적인 목적은 다음과 같다.[09]

① 상품에 주목하고 고객의 마음을 사로잡는다.
② 상품의 특성이나 용도를 알리고, 고객의 쇼핑에 도움을 준다.
③ 관련상품을 고객에게 연상시킨다.
④ 고객을 점포 내 구석으로 원활하게 유도한다.
⑤ 점포나 매장의 분위기를 띄우고, 나아가 좋은 점포 이미지를 만든다.
⑥ 상품의 출입이나 재고의 관리를 능률적으로 한다.

3) 진열의 종류와 방법

진열의 종류에 따른 목적과 진열방법은 [도표 11-5]와 같다.[10]

도표 11-5 | 진열의 종류와 방법

종류	목적	진열방법
쇼윈도 진열	통행자를 끌어들여 점포 안으로 유도한다.	점포에서 취급하는 상품과 분위기를 알기 쉽게 전달하는 역할을 한다. 계절에 따른 연출과 조합, 용도에 대한 암시가 포인트이다.
쇼케이스 진열	고급품이나 쉽게 더러워지는 물건을 전시한다.	그저 상품을 늘어놓을 게 아니라, 상품의 특성에 맞는 연출방법을 생각할 것. 손으로 움직이거나 손으로 만져보아야 하는 물건은 넣지 말 것. 진열대 위에도 진열한다.
선반진열	상품이 풍부함을 나타낸다.	상품을 분류하고 사이사이를 구분해 놓는다. 중심상품은 대량으로 진열한다.
스탠드 진열	특별상품이나 소품 진열에 이용한다.	매장에 있는 스탠드를 이용한다. 특별판매상품은 화려하게 진열하는 것이 좋다. 계절에 맞지 않거나 난해한 물건의 판매에 활용할 수 있으며, 점포 내에 활력을 준다.
스테이지 진열	점포 안까지 들어온 손님을 더 안쪽까지 유도한다.	주로 대형매장에서 쓰인다. 쇼윈도진열과 마찬가지로 다양한 전시형태가 있다. 전시상품을 판매하기보다는 그 가게의 분위기나 성격을 표현하는 것이 좋다.

4) 진열의 유형

매장진열에는 기본적으로 보충진열, 전시진열, 그리고 악센트진열의 3가지 유형이 있다.[11]

(1) 보충진열

쇼윈도와 점포 내의 요소에 설치하는 시선집중 포인트를 중심으로 한 상품 이외의 점포 내 전체에 배치된 상품들의 스톡(stock)형태의 보충적인 진열을 말한다. 그 공간은 점포 내의 대부분을 차지하는 것이 일반적이다.

(2) 전시진열

중점상품을 쇼 디스플레이(show display)형태로 진열하는 양식으로 점포 앞의 쇼윈도와 점포 내의 요소에 설치된 시선집중 포인트 부분에 중점상품을 진열함으로써 점포의 그때그때 목표를 단적으로 보이고 알리는 안내 역할을 함과 동시에 그 상품을 단기간에 보다 많이 판매하고자 하는 목적을 가진 진열을 말한다.

(3) 악센트진열

보충진열과 전시진열의 중간형태로 점포 내의 작은 공간에 별도의 집중진열을 하는 방법이다. 벽면의 공간과 넓은 통로 또는 보충진열의 선반이나 진열장 등의 일부분을 이용해 부분적인 작은 공간에 전시적 방법으로 진열을 한다. 즉, 이 공간을 살려 보충진열 부분의 상품 중에서 대표적인 상품을 표제로 부각시키는 것으로 상품 그 자체에 의한 POP(point of purchasing)광고형태이다.

5) 상품의 종류에 따른 진열

상품의 종류에 따라 진열의 형태는 달라지며 같은 종류라도 판매방법, 시간대 또는 계절에 따라 다른 모습으로 적정한 방식을 선택한다.[12] 상품의 종류에 따른 진열에는 유도진열, 견본진열, 혼잡진열 그리고 섬진열 등으로 나눌 수 있다.

(1) 유도진열

자석처럼 고객의 시선을 유도하고 구매를 자극한다. 강조의 방식이 동원되는데 빛의 대비, 눈에 띄는 색채, 변화가 있거나 파격적인 디자인 등을 적용한다.

(2) 견본진열

대형, 고가 및 희귀에 해당하는 상품의 견본을 보여주는 방법이다. 대형 양판점에서 이용될 때에는 상품의 기능이나 특징을 설명하는 POP를 함께 사용하여 구매와 연결한다.

(3) 혼잡진열(tumble display)

바겐세일, 기획상품, 할인상품 등을 염가 또는 특별할인가격으로 판매할 때 이용된다. 풍성한 느낌과 낮은 가격대의 상품에 적용하기에 유리하고, 충동구매 욕구를 심어준다.

(4) 섬진열(island display)

매장과 매장 사이 또는 특정 위치에 섬과 같이 독립매장을 만들어 신상품의 소개와 특별가격대 상품의 판매장으로 이용한다. 한 개의 집기만을 사용하는 경우도 있으며, 일정기간 동안만 운영되기도 한다.

6) 단품진열과 양감진열[13]

(1) 단품진열

주로 고가의 상품에 이용되는 수법으로서 상품 하나하나의 특징, 사용법을 표현하기도 하고, 코디네이션에서 구매 욕구를 일으키도록 하는 진열방법이다.

(2) 양감진열

상품을 많이 합해서 진열하여 활기와 볼륨감과 편안함을 표현하는 방법이다.

주로 접근성이 높은 상품이나 볼륨감이 구매의 근거가 되는 상품으로서 식료품, 상용 의료품, 잡화, 서적, 의약품 등이 있다. 공간으로는 평평한 곳, 이동판매대, 곤돌라, 장식장의 위쪽, 벽면 선반에 진열하는 것이 가장 효과적이다.

2. 골든 스페이스[14]

상품을 벽면이나 진열장을 이용하여 진열하는 경우 고객이 가장 보기 쉽고, 손이 가기 쉬운 부분을 디스플레이의 유효범위라고 한다. 매장의 바닥 면에서 60~170cm를 유효진열범위라고 하고, 특히 그 범위 중에서 85cm에서 125cm까지를 골든 스페이스(Golden Space)라 하여 가장 효과적인 진열범위이다. 그러나 이것은 고객의 신장에 따라서 다소 차이가 있으며, 동일인이라도 디스플레이로부터 떨어지면 골든 스페이스는 상하 좌우가 넓어지는 것은 당연하다. 그리고 골든 라인은 10° 위에서부터 20° 아래까지의 30° 폭을 말한다.[15]

따라서 골든 스페이스(유효진열범위)는 눈에 잘 띄는 곳으로 취급하는 상품이나 매장의 넓이, 판매방법에 따라서 자유롭게 참고하여야 한다. 또한 쇼케이스나 진열대, 진열장 등의 높이는 어느 정도 결정되어 있으므로 다소 연구를 해야 할 것이다.

이렇게 보기 쉬운 위치에 팔고 싶은 상품을 진열하고, 패션상품과 같은 사치품은 주위의 스페이스를 넓히고 소도구 등을 사용하여 편안하게 진열하고, 쇼적인 연출을 한다. 반대로 필수품은 케이스마다 또는 진열장을 저장장소로 생각하여 상품을 처음부터 단정하게 정리하고 분류표시의 카드 등은 전면에 붙여 보기 쉽게 한다.

도표 11-6 | 가장 보기 쉽고 손이 닿을 수 있는 범위

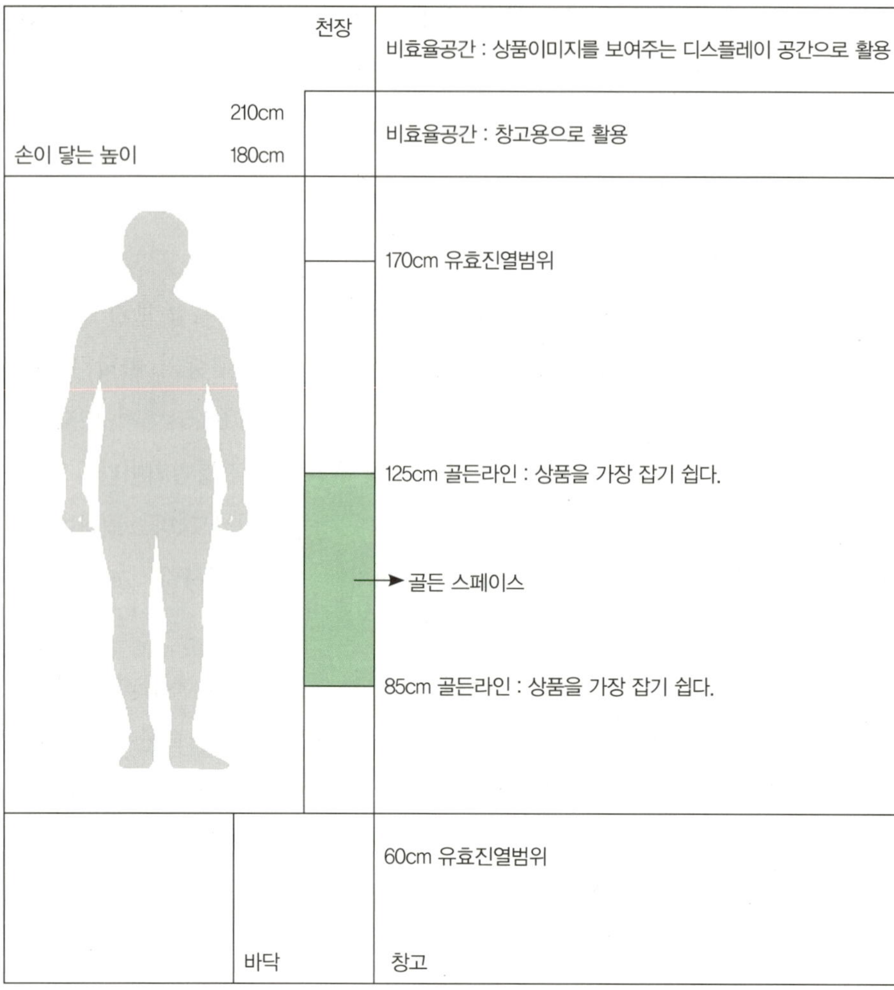

도표 11-7 | 진열위치(높이)에 따른 판매차이[16]

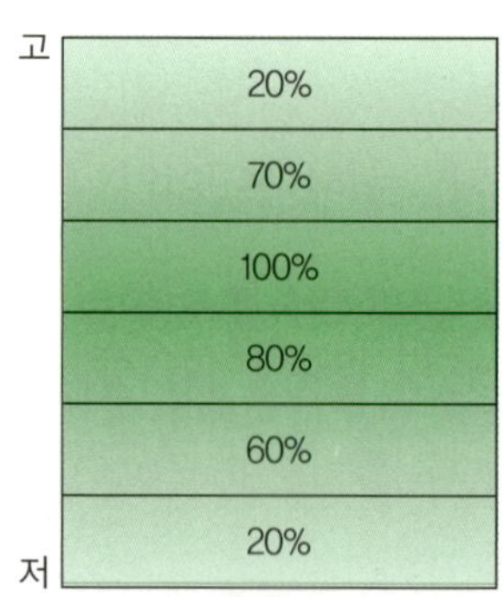

3. 진열의 원칙[17]

1) 진열은 보기 쉽게 한다

보기 쉬운 진열이란 모든 나열된 상품이 보이도록 한다는 것이 아니라 보기 나쁜 진열을 줄이고 판매하고 싶은 중점상품을 가장 눈에 쉽게 들어오게 진열하는 것이다.[18]

물리적인 보기 쉬움과 심리적인 보기 쉬움이라는 양면성을 고려해야 하는데 물리적인 보기 쉬움이란 보기 쉬운 높이로 선택하기 쉽고, 바르고, 풍부하게 그리고 배합해서 보는 것이다. 즉, 눈높이에서 가슴 부근의 높이까지가 가장 보기 쉬운 범위이고 일반적으로 이것을 황금공간이라고 한다. 다시 말해서 최고유효진열범위라고 해도 좋을 것이다. 심리적인 보기 쉬움이란 느낌이 좋게 상품가치를 높여서 변화를 주고, 즐겁고, 아름답게 보이는 것이다. 구체적으로는 밝기, 높이, 진열의 형태, 상품의 종류 등이 그 요소가 된다. 밝기에 대해서는 점내 전체를 일정 기준의 밝기로 유지하는 것이 아니라 점두 부분, 구석, 전시진열 주변을 다른 곳보다 밝게 하여 눈에 띄게 하는 것이 중요하다.

도표 11-8 | 공간 밝기 표준

공간	밝기
상품을 강력하게 소구하고 싶은 공간	300~400럭스
일반매장의 밝기	200~300럭스
물건 위탁소 등 전표를 기입하는 장소	250~300럭스
창고 · 보관소 등 비매장공간	100~200럭스

2) 선택이 용이하도록 한다

선택이 용이한 진열이란 어느 상품이 어디에 진열되어 있는지, 이것저것 점원에게 물어보지 않고도 고객이 찾고 고르기 쉽도록 진열하는 것이다. 선택이 용이하다는 것은 품목수가 많이 있다는 것만은 아니다. 예를 들면, 양복 한 벌을 선택할 경우에도 색, 형태, 소재, 가격 등을 자신의 욕구에 맞추어 일정한 기준에서 상품을 선택함으로써 상품의 폭을 좁힌 후 선택의 시간을 단축시킨다는 것이다. 그러기 위해서는 상품의 관련성을 고려한 후 분류진열을 행하는 것이 필요하다.

이와 같이 어떠한 목적을 가지고 상품을 명확하게 분류하여 진열하는 것은 고객에게는 상품 선택의 용이함과 편리함을 제공하고 경영자에게는 상품관리의 용이성을 제공한다.

3) 손에 닿기 쉽도록 한다

이것은 쉽게 만져볼 수 있다는 것이다. 즉, 발돋움하지 않고, 진열대 위에 올라서지 않고서도 무리하지 않고 용이하게 꺼낼 수 있다는 것이다. 그와 동시에 손에 닿고도 상품이 떨어지거나 손상되는 일이 없다는 것을 의미한다.

4) 진열은 풍부하게 느낄 수 있게 한다

상품이 품목별로 조금씩 있는 것보다 풍부하게 쌓여 있게 진열하며, 품목이 같은 것은 같은 곳에 진열한다.

4. 진열의 전제조건 및 상품의 진열방법

1) 진열의 전제조건

진열의 전제조건은 다음과 같다.[19]

① 점포가 눈에 잘 띈다(위치).

② 점포로 들어오기 쉽다(유인).

③ 점포 내에서 걸어 다니기 좋다(활동).

④ 상품을 둘러보기 쉽다(선택).

⑤ 상품을 사기 쉽다(구매).

⑥ 계산하기 편리하다(계산).

⑦ 출구로 나가기 쉽다.

도표 11-9 | 진열계획의 5가지 요소[20]

기획력	• 소구결정(기획력), 전체 스케줄, 연간 판매계획 계산(계, 월, 주간) 및 계획 일람표 작성, 유리한 상품선정, 테마 확립 검토와 순서를 세워 계획 추진
배치력	• 언제 무엇을 어떻게 소구할 것인가 결정 후 어떤 장소에 배치할 것인가 결정 • 시선집중을 위한 효과적인 설치, 골든라인의 활용, 개성적이고 인상적인 코너진열
상품력	• 압도적이며 집중적인 진열상품의 여러 속성을 연결시킨 관련적인 진열
연출력	• 팔고자 하는 상품(기획력)을 결정한 후 팔기 쉬운 장소(배치형)를 선택해서 진열하고 될 수 있는 한 단기간에 보다 많이 팔기 위한 상품구성이나 관련상품의 모방 등을 고려해 진열(중점진열-주목효과, 진열효과, 조명효과)
설득력	• 팔고자 하는 상품(기획력)을 팔기 좋은 장소(배치형)에서 팔기 위한 상품구성이나 상품조합(상품력)을 고려해서 변화 있는 진열방법(연출력)을 연구

2) 상품의 진열방법

상품의 진열방법을 다음과 같이 설명할 수 있다.[21]

① 작은 것은 앞에, 큰 것은 뒤에 진열한다.

② 신제품을 앞에, 구제품은 뒤에 진열한다.

③ 상호 연관 있는 상품끼리 같은 공간에 진열한다.

④ 무거운 것은 앞에, 가벼운 것은 뒤에 진열한다.

⑤ 밝은 것은 앞에, 어두운 것은 뒤에 진열한다.

⑥ 주요제품은 앞에, 보완제품은 뒤에 진열한다.

제3절 | 상품분류

1. 상품분류의 중요성

점포진열은 궁극적으로 상품의 구성과 배치의 문제로 집약되며 상품에 의해 상점의 공간이 구성된다. 이것은 고객의 입장에서 어떤 진열형식이 구매에 편리한가의 문제로서 취급 상품의 특성과 판매방침에 근거한다.

상품분류는 상품의 이미지를 명확히 하며 고르기 쉽고 사기 쉬운 진열을 통해 편리하고 신속한 구매를 추구하는 오늘날의 구매패턴에 부합되며, 상품분류가 올바로 된 매장은 진열의 반 이상이 되었다 할 정도로 중요성을 갖는다.

상품분류를 해야 하는 다른 의미는 한정된 매장면적의 적절한 활용이다. 매출이 적으면서 부피가 큰 상품이 넓은 매장을 차지하는 수가 종종 있다. 이것은 상대적으로 매출이 크며 부피가 작은 상품을 더욱 왜소해 보이게 하는 원인이 되기도 한다. 따라서 보다 세분된 상품분류는 매장을 합리적으로 배분하고, 단조로움을 없애주며 매출을 높여주는 요인이 된다.

2. 상품의 분류

1) 상품분류의 방법

상품을 진열할 때에는 어느 기준으로 상품을 분류하는가를 고려하여야 한다. 이 분류기준은 고객이 상품을 선택할 때 니즈가 있는가를 잘 연구하고 그것을 기본으로 한다.

실제로 구두를 구매하는 경우 색, 스타일, 사이즈, 가격 등의 니즈가 있다. 셔츠를 구매하는 경우에는 색, 무늬, 스타일, 소재, 가격, 사이즈 등의 니즈가 있다. 따라서 구두는 색과 스타일로 분류해서 사이즈별로 또는 가격별로 진열하는 것이 좋다. 그리고 셔츠는 색으로 분류하고 스타일별로 진열하고 2차적으로 소재와 가격으로 나누는 것이 좋다.[22]

2) 상품분류의 기준

상품은 소재, 용도, 대상, 사이즈 · 디자인, 디자이너 브랜드, 메이커, 색상, 가격, 구매요소, 가격중심, 판매중심, 그리고 진열중심 등 다양한 기준으로 분류할 수 있는데 자세히 살펴보면 다음과 같다.[23 24]

(1) 소재별 분류

소재별 분류란 그릇을 은기, 철기, 도기, 유리그릇 등으로 분류하는 것과 같이 제품을 소재별로 나누는 방법이다. 그러나 만약 소비자의 입장에서 재떨이를 산다면 어떤 디자인이 좋은가를 검토하는 단계에서 유리나 철, 도기 등의 소재를 검토하므로 소재는 선택요소의 하나로 지나치게 된다. 따라서 처음부터 소재로 분류되어 있으면 선택하는 경우에 불편하다. 이를 위하여 소재별 분류는 한때 감소했지만 활용가능한 부분이기도 하다.

(2) 용도별 분류

실제로 대형 상점의 상품진열방식이 용도별 분류이다. 그 대표적인 예가 가정용품 매장의 진열로 주방용품, 식탁용품, 세탁용품, 목욕탕 · 화장실용품 등이 용도별로 분류되고, 그 위에 주방용품은 세척, 자르는 것, 굽는 것, 찌는 것, 건조하는 것 등으로 세분하여 진열하고 있다.

이것은 사용자의 입장에서 대단히 편리한 구분이다. 그러나 만약 거울을 구매하려고 하는 경우에는 백화점의 매장을 많이 걷지 않으면 안 된다. 즉, 거울에는 탁상용, 벽걸이용 또는 화장 시 앉아서 보는 거울, 욕실에서 사용하는 거울, 세면거울, 침실에서 사용하는 거울 등이 있으며 이것들을 매장에 용도별로 나누어 진열하는 경우 상품을 모두 보는 것만도 쉽지 않다. 용도별 진열에도 이와 같은 단점이 있다.

(3) 대상별 분류

대상별 분류는 상품을 사용하는 대상에 따라 분류하는 방법으로 대형매장에서 채용하고 있는 분류로는 베이비코너, 유아코너, 하이틴코너, 유니폼코너 등이 있다. 또한 완구 등도 유아용, 유치원 아동용, 초등학교 저학년용 등으로 분류가 가능하다.

(4) 사이즈 · 디자인별 분류

사이즈가 있는 경우에는 사이즈별 분류에 다시 디자인별 분류가 가능하고 또는 디자인별 분류에 다시 사이즈별 분류가 가능하다.

신사용 양복은 디자인, 색상별 분류를 기본으로 진열하고, 진열행거에 색 테이프를 감아 사이즈, 체형을 표시한다면 매우 잘 보이게 된다. 또한 대형 사이즈의 신사복과 부인복을 정리 · 정돈하여 킹 사이즈 또는 퀸 사이즈로, 작은 사이즈는 스트로베리 사이즈로 명명하여 매장을 꾸민다. 국내외 유명한 디자이너의 상품을 전문가의 심사를 거쳐 '굿 디자인 코너'라고 명명한 장소에 모아서 진열하여, 매장 전체의 이미지 업 역할을 시키는 백화점도 있다.

(5) 디자이너 브랜드별 분류

크리스챤 디올, 입생로랑, 에르메스, 구찌, 폴로 등의 국내외의 유명한 디자이너별로 상품을 분류하는 방법이다.

(6) 메이커별 분류

메이커별로 상품을 분류하는 것을 말하는데 백화점에서는 식품회사별로 분류하는 곳도 있다. 또한 전문점을 만들어 매장을 나누는 경우도 있다.

(7) 색상별 분류

색의 조화에 따라서 의복이나 액세서리는 물론 가정용품을 시작으로 인테리어 상품에 이르기까지 폭넓게 행하여지고 있으며, 상품의 색채를 우수하게 진열하는 것이 중요하다.

(8) 가격별 분류

선물용 및 특가품상품의 진열에 효과가 있다. 그 이유는 선물용을 고를 때에는 가격이 우선이고, 특가품은 가격이 싸다는 것을 강조하고자 함이다. 대형 선물 코너나 특매장에는 전부 가격별로 진열하고 있다.

(9) 구매요소별 분류

매장의 형태나 규모와 관계없이 상품세분화는 가능하다. 상품진열을 전제로 세분하는 요소는 고객의 구매결정에 영향을 미치는 요소의 순위가 이상적인 상품분류의 관건이 된다. 구매결정에 영향을 미치는 요소들은 다음과 같다.

① 디자인 : 좋아하는 디자인인가?

② 컬러 : 좋아하는 컬러인가?

③ 규격 : 적절한 규격(크기, 높이, 두께, 넓이 등)인가?

④ 소재 : 원하는 소재인가?

⑤ 가격 : 적정한 가격인가?

⑥ 스타일 : 어울리는 스타일인가?

⑦ 격(grade) : 격은 어느 정도인가?

⑧ 기호(taste) : 상품에 대한 호감, 취미, 기호가 맞는가?

⑨ 상황(occasion) : 상황, 용도에 적합한가?

⑩ 마인드(mind) : 정신연령, 패션의식과 부합되는가?

⑪ 계절 : 춘 · 하 · 추 · 동 계절에 맞는가?

⑫ 생산지 : 어느 곳에서 생산되었는가?

⑬ 유행 : 현재 또는 미래의 유행인가?

⑭ 실루엣 : 원하는 선인가, 체형에 맞는가?

⑮ 브랜드 이미지 : 평소 좋아하는 브랜드인가?

(10) 가격중심 분류

가격중심 분류는 사업장(점포)경영 방향을 토대로 주변상권, 고객의 구매력, 경쟁점상황 등 시장수준에 의해 다음과 같이 구성된다.

도표 11-10 | 가격중심 분류

구분	구성비율(%)
prestige zone(최고급군)	5~10
better zone(고급군)	20~30
volume zone(중급군)	40~50
budget zone(저급군)	10~20

(11) 판매중심 분류

현재의 패션경향과 구매관습 및 고객의 선호 등을 감안하여 상품계획을 세워야 하며 매장의 규모 및 위치 등을 고려한다.

가. 주력상품

선매품으로서 계절상품이 이에 속한다. 상품량이 많으므로 면적을 차지하는 비율이 가장 크다. 따라서 구석진 곳 등 다소 불편한 곳은 가능한 한 주력상품이 배치가 되도록 하여 고객을 매장 깊숙이 끌어들인다. 매출액을 늘리기 위해서는 주력상품을 고객에게 부각시켜야 한다. 그러기 위해서는 무엇보다 주력상품의 점포 레이아웃이 중요하다.

주력상품을 고객에게 부각시키기 위한 대책으로는 다음을 들 수 있다.[25]

첫째, 주력상품을 통행객에게 잘 보이도록 진열하자.

주력상품이 점포 구석에 진열되어 있는 경우 점포 앞을 지나가는 통행객에게 전혀 눈에 띄지 않는 경우가 있다. 이렇게 되면 매일 점포 앞을 지나가는 고객이라도 지나치기 쉬우며, 심한 경우에는 이러한 상품의 존재조차 알지 못하는 경우도 있다.

도표 11-11 | 중점(주력)상품 진열기준

기획력	적극적 진열로 호소력을 높인다.
배치력	보기 쉽고, 손에 닿기 쉽고, 시선을 집중할 수 있는 곳에 배치한다.
상품력	상품구색과 넓은 공간으로 흥미와 욕구를 가지게 한다.
연출력	상품특성에 맞는 진열방법의 연출, 계절상품의 경우 계절감을 나타내기 위한 보조기구의 이용으로 실감나게 연출한다.
설득력	상품설명, 가격표시 등으로 충동구매를 유도한다.

둘째, 주력상품은 출입구에서부터 진열하자.

매장면적 300㎡가 넘는 대형점포에서는 고객의 동선을 원활하게 하기 위해 주통로를 설치해야 한다. 고객이 점포에 들어와 주통로를 걸어가기 시작하면서 가장 먼저 눈에 띄는 상품이 주력상품이 되도록 진열해야 한다.

셋째, 주력상품에 매장면적을 최대로 할당하자.

주력상품은 매출액이 가장 많기 때문에 매장면적도 가장 넓게 할당해야 된다. 예를 들어, 매출구성비의 35%를 차지하고 있다면 매장면적도 최소한 35% 정도로 할당해야 한다.

나. 보조상품

편의품으로서 상비상품이라고도 하며 주력상품과 조화가 되도록 배치한다.

다. 필수상품

일용품으로서 안정상품이라고도 한다. 출구 가까운 부분의 진열이 효과적이다.

라. 자극상품

특가품으로서 특이한 디자인 또는 신개발상품 등을 말하며 코너의 끝부분 또는 통로 중에 특별코너를 설치하여 고객의 눈을 끌어주도록 한다.

도표 11-12 | 합리적인 상품분류[26]

상품군	별칭	구매방법	진열장소	비고
주력상품	계절(감각)	선택구매 (선매품)	주통로 (관련진열)	센스, 배열로 승부, 매장의 성격 결정
보조상품	상비	목적구매 (편의품)	부통로 (분류진열)	출산이나 결혼 등의 경사상품
필수상품	안정	지명된 상품구매 (일용품)	대면 출입구 (적량진열)	보조상품과 비슷하나 일상생활의 편의품에 주력
자극상품	개발(유인)	충동적 구매 (특가품)	코너 (대량진열)	임시매장 설치로 고객흡수에 유익

(12) 진열중심 분류

가. 양감상품

양을 강조하여 파는 상품으로 패키지상품, 식료품 등이 이에 속하며 고객의 내왕빈도와 매장조건을 중심으로 계획한다.

나. 미감상품

아름다움을 강조하여 판매를 촉진하는 상품으로 의류 및 잡화상품이 이에 속하며 고객의 선호 및 유행을 중시한다.

다. 기능감상품

기능과 신뢰를 파는 상품으로 가정용품, 가전제품 등이 이에 속하며 기능을 연출하여 고객의 관심을 끌어준다.

제4절 | 진열과 색채

사람은 빛을 근본으로 색에 의해 물체의 형을 인식한다. 요컨대 '본다'라고 하는 것은 형태(shape)보다는 색이 보다 본질성을 갖는다고 할 수 있다. 인간이 사물을 인지하는 5감 중 시각이 차지하는 비율이 80% 이상으로 시각에 주는 색채의 영향력은 매우 크다.

점포에서 구매자의 소비를 유발시키기 위해 사용되는 판매방법 중 컬러를 활용하는 것이 가장 효과를 거둘 수 있다. 쇼윈도는 물론 점포 전체에 조화로운 색채의 구성은 상품의 가치를 높여주고 좋은 인상을 심어줌과 동시에 편리한 쇼핑을 도와준다.

매장의 상품은 각기 저마다의 색을 갖는다. 매장에 들어선 고객의 눈에 가장 먼저 들어오는 것이 색채이기 때문에 아무런 규칙 없이 마구 늘어놓으면 시각적인 점, 이미지의 혼란은 물론 상품을 고르는 데 불편을 주는 요인이 된다. 따라서 조화로운 색채와 일정방법에 따른 분류 · 정리는 고객에게 선택과 구매가 용이한 매장을 만들어줌과 동시에 매장 전체의 이미지 동일화를 가능하게 한다. 또한 소매점으로서는 매장을 어떻게 배색하고 상품의 색을 컨트롤하는가를 과제로 삼아야 한다.

1. 색의 연상감정

여러 가지 색들은 색상에 따라 각각 특유한 감정을 가지고 있으며 이것은 기후, 풍토, 국민성, 문화수준, 그리고 개인의 경험에 의해 차이가 있으나 대체로 다음과 같은 연상감정을 갖는다.

1) 질감에 따른 색의 느낌

눈에 보이는 색의 느낌은 재질감이나 마감방법(광택의 유무) 등에 따라 차이가 생긴다. 예를 들어, 같은 흰색이라도 나일론, 실크, 니트, 가죽 등 소재가 다르면 그 소재가 갖는 질감의 차이에 따라 색의 느낌은 다르다.

2) 심리적 느낌

색은 인간에게 심리적 영향을 주며 그 특성의 예로 색의 3속성을 비추어 보면 다음과 같다.

① 색상에 따라 : 진출색과 후퇴색, 흥분과 침착색

② 명도에 따라 : 무거운 색과 가벼운 색, 팽창색과 수축색

③ 채도에 따라 : 소박한 색과 화려한 색

3) 특정이미지 형성

색은 특정이미지를 형성시키는 효과가 있으므로 적절히 활용하면 이미지 연출에 도움을 줄 수 있다.

① 크리스마스 : 적색+녹색

② 발렌타인데이 : 적색

③ 부활절 : 황색+자색

2. 색채계획

상점에서의 색채는 색환경과 상품이 갖는 색으로 크게 구분할 수 있으며 계획성 있게 배색할 때 상점을 상쾌하고 능률적으로 만드는 것은 물론 상품의 가치를 높여 효율적인 판매가 가능하도록 한다.

1) 컬러 컨트롤

색채의 특성을 파악하여 효과적으로 운용하는 것을 컬러 컨트롤 또는 컬러 컨디셔닝이라고 한다.

컬러 컨트롤은 다음과 같은 구성효과를 갖는다.

① 색상, 명도, 채도와 조화원리를 적용한 컬러 이미지를 만들어 매장 특유의 인상으로 고객의 주의를 끌어 구매로 유도한다.

② 판매를 위한 상품연출과 진열의 효과를 높인다.

③ 매장의 주역은 상품이므로 매장의 배경색은 상품보다 채도와 명도가 낮은 색을 택하여 상품을 돋보이게 한다. 그러나 특정상품의 경우 배경색이 상품보다 강하게 사용될 수 있다.

④ 연출 시에는 기본색을 중심으로 보조색 및 강조색을 부분적으로 활용하며 전체적으로는 통일된 이미지를 만든다,

⑤ 판매원의 피로도를 줄이고 능률을 높인다. 주의할 점은 점내에서의 색채 사용은 조명효과를 고려해야 한다.

2) 테마 컨트롤

개개의 상품이 갖는 색이 각기 다르기 때문에 고객의 주의와 흥미를 끌기 위한 방법으로서 테마 컬러의 활용은 중요하다. 테마 컬러의 선택은 품목에 따른 상품정책에 의해 결정되어야 하며 그 주기는 오전, 오후, 매일, 격일, 며칠 또는 주단위로 바뀌어져야 한다. 그리고 연출부위와 상품은 테마 컬러를 위주로 쉬지 않고 바꾸어주어야 하며 이것이 바로 생기 있는 매장을 만드는 방법이다.

테마 컬러는 연출부위에 활용하여 고객에게 보다 강한 인상을 주어 시선을 끈다. 시즌의 콘셉트가 충분히 고려되어야 하며 색이 갖고 있는 고유의 감정과 특성을 충분히 이해한 후 결정한다.

3. 업종별 간판색 창업전략

간판은 사람의 이름과 같은 것으로 가장 짧은 시간에 제품이나 서비스를 손님의 머릿속에 새길 수 있는 수단이다. 따라서 아무 의미 없이 점포의 상호만 내다 걸어서는 안 된다.

간판은 점포를 대표한다. 게다가 이름은 그 자체로도 중요한 광고수단이 된다. 그래서 전체적인 조화를 염두에 두고 간판의 디자인과 색깔, 글씨체를 정해야 한다. 특히 간판의 크기는 가게 크기 등과 조화를 이루도록 해야 더욱 빛을 발할 수 있다.

색깔에 알맞은 업종별 간판색 창업전략을 살펴보면 다음과 같다.[27]

1) 파란색

주류업에 어울리는 컬러이다.

2) 빨간색

빨간색은 식욕과 공복감을 느끼게 하는 컬러로 음식장사에 어울리는 색상이다. 식욕과 공복감을 느끼게 하는 색채의 특징 때문에 '음식점 간판'하면 가장 먼저 빨간색을 떠올릴 정도이다. 패스트푸드 맥도날드와 롯데리아, KFC의 간판 역시 빨간색이다. 빨간색 간판에 대한 법적 규제를 피하기 위해 빨간색에 주황색, 파란색 등의 줄을 덧대는 것이 유행한 적도 있지만 대부분의 음식장사는 빨간색을 많이 사용하는 편이다.

3) 노란색

노란색은 시선을 집중시키는 컬러로 어린이와 관련된 사업에 잘 어울리는 색상이다. 아이들이 선호하는 색채의 특징 때문에 노란색 간판은 자연스럽게 키즈(kids) 대상 가게라는 것이 연상된다.

4) 분홍색

분홍색은 여성을 부각시키는 컬러이다. 일반적으로 분홍색은 여성들의 창업 업종에 자주 사용되며 그만큼 잘 어울린다. 분홍색 자체가 아름다움을 가장 잘 표현해주기 때문이다.

5) 초록색

초록색은 건강과 안정감을 느끼게 하는 컬러로 건강, 음식, 서비스관련 업종에 잘 어울리는 색상이다. 초록색은 건강함과 안정감을 주고 지친 심신을 풀어주는 효과가 있다. 이런 특징 때문에 초록색 간판을 보면 '고객의 건강을 챙겨주는' 세심한 사업적 마인드를 느낄 수 있다.

6) 검은색

검은색은 고급을 지향하는 컬러이다. 일반적으로 검은색은 신경의 피로를 덜어주고 동시에 흥분된 심리를 차분하게 풀어주는 효과가 뛰어나다.

7) 보라색

보라색은 중년여성을 공략하는 컬러로 빨간색과 파란색의 중간색이다. 간판의 대부분이 빨간색과 파란색이라는 점에 착안하면 틈새색깔을 공략하는 데 있어 보라색을 이용할 만하다.

8) 주황색

주황색은 이국적인 분위기를 연출하는 컬러이다.

9) 흰색

흰색은 작은 가게에 적합한 컬러로 청결함을 상징하는 색이다. 이런 특징 때문에 흰색은 일반적으로 음식과 관련된 사업에 잘 어울리는 편이다.

10) 회색

회색은 종교적이고 지적인 분위기를 연출할 때 사용하면 좋다.

11) 갈색

갈색은 익숙하고 편안한 컬러로 넓은 의미에서 나무의 색을 그대로 재현한 것이라 할 수 있다. 연관되는 나무의 이름을 따서 벚나무는 체리, 호두나무는 월넛, 단풍나무는 메이플, 참나무는 오크 등으로 구분되어 있다.

갈색의 매력은 대중적이며 친근한 색이라는 데 있다. 또한 컬러를 접하는 순간 심리적으로 다른 색보다 부담감이 적다. 그래서 긴장감을 풀고 원기를 회복하는 데 좋은 초콜릿은 포장지도 갈색이다. 특히 테이블이나 의자, 바닥, 벽면 등에 갈색을 사용한 음식점을 흔히 볼 수 있다.

제5절 | 진열과 조명

물체가 인간의 눈에 감지되는 것은 비춰지는 빛의 조건, 즉 직접광과 간접광의 차이와 비치는 방향에 따라 다르다. 직접광은 명암의 경계가 비교적 확실하고, 간접광은 부드러우며 비치는 방향을 변화시키면 같은 물체라 하더라도 그 표정이 달라진다.

더욱이 광원의 수나 색을 변화시키면 '보인다'는 대상의 가변성은 매우 다양해진다. 따라서 '보여준다'라는 가장 기본적인 의미를 갖는 진열에 있어서 조명은 매우 중요한 역할을 한다.

어느 곳을 막론하고 고객이 들어오기 편리하고, 보기 쉽고, 사고 싶어지는, 다시 말하면 쾌적하고 판매효율을 높일 수 있는 매장을 만들기를 원한다. 매장공간을 구성하는 요소는 많지만 그 중에서 조명은 인간이 정보를 받아들이는 능력 중 가장 큰 비중을 차지하는 시각에 의존하는 것으로서 진열구성에 있어서의 역할은 중요하다고 할 수 있다.

또한 상품을 사실적으로 보여주고 매력적으로 표현하는 것이 필요하기 때문에 광원과 기구를 적절히 활용하여야 한다. 단순한 밝기만이 아닌 상점과 취급상품의 내용을 표현할 수 있는 우수한 빛의 질을 수반해야 한다.

매장의 밝기는 주변의 영향을 받는다. 주변이 밝다면 상대적으로 어두워 보이므로 조도의 기준은 주변과의 대비관계를 고려하여야 한다. 그리고 향후 변화하는 조명의 취향에 대응할 수 있는 방안도 함께 계획하여야 한다.

1. 효과적인 조명

매장환경을 효과적으로 연출하여 분위기를 만들어내는 기능으로 가장 큰 역할을 하는 것이 조명이다.

진열에서의 조명은 빛에 따른 연출성을 강조하는 것으로 고객에게 상품의 존재와 가치를 정확히 표현하는 것이 중요하다. 이를 위해 기본조명과 상품조명을 이해하고, 이를 적절히 배분 · 활용함으로써 매장에 격이 맞는 분위기를 연출한다.

1) 기본조명

점내 전체 또는 일정부분에서 기본이 되는 밝기를 얻기 위한 조명으로 상품의 구별, 매장안내, 그리고 고객의 행동에 지장을 주지 않도록 하며 비교적 변화 없이 광범위하게 균일한 밝기를 유지한다.

기본조명은 상점의 내 · 외부적인 조건(내장, 집기류, 색채 등)을 고려해야 하며 가능하면 광원이 고객의 눈에 보이지 않는 것이 바람직하다.

2) 상품조명

대개 스폿(spot)조명으로서 판매 주력상품이나 보여주고자 하는 연출 부분을 중점적으로 밝게 하여 주목률을 높이고 가치를 높이는 조명방식으로 판매에 미치는 영향은 크다.

상품조명의 효과적인 사용방법으로 광원의 위치와 방향, 광원의 종류, 광량, 중점 조사위치, 글레어(glair) 방지 등이 고려되어야 한다.

(1) 광원의 위치와 방향

광원의 위치로부터 물체에 비쳐지는 빛의 방향에 따라 각기 다른 느낌을 부여할 수 있다. 상품에 따라 또는 연출목적에 따라 빛의 방향을 선택하여 효과를 높일 수 있으며 일반적으로 위에서부터 아래의 방향이 가장 많이 사용된다. 그러나 수직이 아닌 경사의 방향이 상품을 가장 자연스럽게 보여주는 조사방향이다.

① 위 : 자연스런 느낌

② 앞 : 평면적, 평범한 느낌

③ 아래 : 독창성, 개성, 괴기스런 느낌

④ 뒤 : 실루엣 강조, 환상적인 느낌

⑤ 옆 : 볼륨감, 입체적인 느낌

(2) 광원의 종류

의류의 경우에는 같은 소재라 하더라도 광원이 다르면 실제 눈에 보이는 느낌이 다르므로 주의해야 한다.

(3) 광량

상품은 입체적이므로 입체감 표현을 위해 좌우 또는 상하의 조도 차이를 주는 것이 효과적이다.

(4) 중점 조사위치

매장 전체의 경우에는 고객이 매장 내로 진행하면 자연스럽게 눈에 들어오는 부분에 판매 포인트를 만들어 중점적으로 비춰주는 것이 효과적이며, 상품 개개의 경우는 보여주고자 하는 디자인 또는 포인트 부분에 중점적으로 조사한다.

(5) 눈부심 방지

광원이 고객의 눈에 직접 들어오면 상품을 보기 어렵고 불쾌감을 주므로 방향과 위치에 대한 배려를 해서 눈부심을 방지하는 형태의 조명기구를 선정한다.

(6) 전반 조도의 균형

특정상품을 부각시키고자 아무리 밝게 비추어도 전체의 조도가 같으면 효과는 바랄 수 없다. 따라서 적당한 빛을, 적당한 장소에, 밝기의 변화를 주어서 점내 전체의 균형을 만든다.

① 매장 전체를 적정의 기본조도로 만들어주되 판매 포인트 부분(스테이지, 집기류와 벽면 상단의 연출 부분)을 부각시킨다.

② 점내 전체의 밝기는 벽면의 밝기에도 좌우되므로 점 내부 정면 쪽의 벽을 밝게 하여 벽면의 상품을 부각시킴은 물론 고객을 매장 안쪽까지 끌어들이는 효과를 만든다.

③ 통로부는 다소 밝기를 떨어뜨리고 동선을 이용한 자연스러운 유도를 꾀하여 상품을 밝게 함으로써 상품 쪽으로 시선을 유도한다.

④ 전체의 조도는 심리적으로 밝은 인상을 주는 것이 바람직하다.

2. 점포조명의 기능과 차별화

1) 점포조명의 기능

① 점포 앞을 지나가는 사람들에게 점포가 잘 보일 수 있도록 한다.

② 점두에 발을 멈출 수 있도록 한다.

③ 점내로 유도한다.

④ 상품이 보다 잘 보일 수 있도록 한다.

⑤ 구매의욕을 일으켜 구매하도록 한다.

2) 점포조명의 차별화

점내의 전반적인 조명과 점두의 윈도 및 구석 정면의 시선이 집중되는 포인트는 조명에 변화를 주어 차별화하여야 한다.

제6절 | 진열과 쇼윈도

1. 쇼윈도의 기능

쇼윈도는 상점과 고객을 이어주는 다리 역할로서 상품의 정보를 제공하며 매장의 신용을 심어주고, 고객으로 하여금 구매욕구를 느끼게 하여 판매로 유도한다. 그리고 거리환경을 장식하며, 현대사회의 정보매개체로서 그 시대의 유행, 경향, 관습, 미적인 감각 등을 표현하고 패션리더로서 새로운 문화예술을 창조하며, 한 나라의 문화수준을 가늠하는 척도가 되기도 한다.

2. 쇼윈도의 분류

1) 연출주제에 따른 분류

윈도를 갖는 매장은 경영전략, 영업정책이 윈도에 반영되어야 하며 업종, 업태, 규모 등의 차이에 따라 연출 방향은 다르다.

(1) 상품 연출을 위한 윈도

소형점, 전문점에서 많이 볼 수 있는 형태로서 취급하는 각종 상품의 다양함을 보여주고, 고객에게 구매욕구를 느끼게 하는 공간으로서 상점 전체에 대한 윈도의 면적비율은 비교적 크며 고객에게 상품비교와 선택을 돕기 위해 소재, 가격 등

상품정보를 알려줄 수 있는 POP를 함께 연출하면 더욱 효과적이다.

(2) 매장 이미지 연출을 위한 윈도

매장의 상징적 효과를 의도하는 것으로서 상품이 전혀 없는 것은 아니지만 상점의 이미지 표현이 주가 되는 디스플레이로서 백화점과 같은 대형점과 은행, 보험회사, 약국 등에서 볼 수 있는 형태이다.

(3) 혼합형

상품과 함께 상점의 이미지를 연출하는 형태로 시즌 테마에 맞는 상품과 연출 소재가 흥미롭게 표현된다.

2) 형태에 따른 분류

(1) 완전폐쇄형

윈도가 매장과 완전히 분리되어 독립적이고 자유로운 디스플레이를 연출할 수 있으며 매장의 개성을 표현하기에 효과적인 형태로 고급품점에 어울린다. 특별한 디스플레이보다는 화려하고 고급스러운 분위기를 내어 손님이 가게에 들어서는 것 자체로도 우월감을 느끼도록 해주어야 한다.

(2) 완전개방형

윈도가 매장과 연결되어 있는 형태로서 윈도를 통해 매장 내부가 보이므로 이 부분의 상품을 비롯하여 집기 등에 주의를 기울여야 한다. 슈퍼마켓 등 가격이 저렴하고 편의품을 주로 취급하는 업종에 적합하다. 언제든지 마음 편히 들어가고 나갈 수 있는 분위기를 풍기기 때문에 부담 없는 업종에 적합한 것이다.

(3) 반개방형

폐쇄형과 개방형의 중간형태이며 패널, 커튼, 집기 등으로 윈도의 내부를 부분적으로 차단시킨 형태로서 주로 고객이 쇼핑의 목적을 어느 정도 정해 놓은 업종에 적합하다. 의류점, 문구점, 완구점, 전자제품, 기타 일반음식점 등이 이에 속하는데 대개의 가게들 또한 반개방형을 사용하고 있다.

(4) 섬형

건물 자체와는 떨어져 있으면서 연출된 상품을 모든 방향에서 볼 수 있는 형태로 대형점 입구, 호텔 로비, 아케이드, 지하광장 등에서 볼 수 있다. 주로 소형상품의 연출에 활용되며 여러 방향에서 보이므로 연출 각도에 특히 주의하여야 한다.

(5) 소형 윈도

비교적 크기가 작고 눈높이 위치에 설치되는데 주로 소형 고급품에 사용된다. 고급전문점이나 대형점의 건물외부 측면의 통로 부분 등에 여러 개가 설치되기도 하여 반복효과로 시선을 유도할 수 있다.

제7절 | 진열과 POP광고

1. POP광고의 의의, 기능 및 역할

1) 의의

POP(point of purchasing)광고란 사는 쪽에서 보면 구매시점광고, 파는 쪽에서 보면 판매시점광고라고 한다. POP광고는 고객의 쇼핑을 위한 상품의 정보를 점두, 점내에 게시하는 표시물로 소비자와 상품을 연결하는 커뮤니케이션이다. POP광고는 신제품 발매를 알리거나, 시즌의 분위기를 연출하거나, 가격, 용도, 소재, 규격, 사용법, 관리법 등을 알려주어 판매원을 대신함으로써 상품판매를 증대시키는 요소이다. 즉, POP광고란 마케팅 목표달성을 위한 판매촉진 전략 중의 하나로 그 전략을 시각화, 정보화하여 고객의 욕구를 자극하는 것이다.

2) 기능 및 역할

POP의 기능은 행사 또는 판매정보를 제공하여 분위기를 연출함으로써 구매동기를 만드는 기능과 상품정보의 정확한 표현으로 상품에 대한 확신을 심어주며 구매로 유도하는 판매지원기능이 있다. 결과적으로 판매하고자 하는 상품을 일정기간 내에 목표량을 판매하여 매출을 증대시키는 것이 가장 큰 역할이고 그 밖에 다음과 같은 역할을 한다.[28]

① POP는 가격을 알린다.

② POP는 가격할인을 알린다.

③ POP는 제품을 설명해준다.

④ POP는 매장의 이미지를 좋게 해준다.

3) POP광고의 목적

POP광고는 계절성과 연출성이 생명이다. 따라서 시간이 경과한 POP광고는 과감하게 철거해야 한다. 무엇을 위해 부착하는가를 다시 한 번 생각해 본 후 목적에 부합하지 않으면 즉시 철거해야 한다.

POP광고의 목적은 다음과 같다.[29]

① 정보제공 : 컨설테이션(consultation), 즉 어드바이스나 상품정보의 제공이다.

② 주의환기 : 강조하는 상품을 지나치지 않도록 주의를 환기시키는 내용이다.

③ 상품위치 확인 : 상품의 소재를 정확하게 알려주는 기능이다.

④ 상품설명 : 상품을 납득시키려는 설명이다.

⑤ 가격표시 : 가격이 경제적임을 알린다. 보통 가격 POP광고가 가장 많이 쓰인다.

2. POP광고의 종류

POP는 공간을 기준으로 천장에서 늘어뜨리는 형태와 벽면부착의 형태, 그리고 바닥에 지지하여 눈에서 가슴의 높이 사이에 설치되는 종류가 있다. 그 종류는 board POP, sheet POP, stand POP, attention POP, 배너(banner), 유도사인, 현수막, 포스트, 안내사인, 쇼 카드(show card), 메시지 카드(message card), 메시지 스탠드(message stand) 등이 있다.

3. POP 사용의 유의점

① 주제 : 신상품의 정보인가, 분위기 연출인가, 가격인가의 주제를 명확히 한다.

② 크기 : 너무 크면 상품 또는 매장의 부분이 가려지고, 작으면 가독성(可讀性)이 떨어지므로 적당한 크기를 선정하여야 한다.

③ 수량 : 너무 많으면 어수선한 분위기가 된다. 그리고 너무 적으면 상품에 묻혀 전혀 보이지 않는다.

④ 기간 : 정해진 기간만 사용한다. 기간이 끝나면 즉시 제거, 철수한다.

⑤ 디자인 : 구도, 글자체, 색채, 재료 등 전체를 디자인한다.

⑥ 청결 : 깨끗하지 못하거나 파손된 POP는 상품의 가치 표현에 역효과를 초래하므로 주의한다.

⑦ 위치 : 상품이 놓이는 곳과 품목에 따라 POP의 위치는 다르다. 해당 상품을 설명하기 가장 좋은 곳을 찾는다.

⑧ 광고와의 연결 : 가능한 한 대중광고의 내용과 연결시켜 인지도를 높이도록 한다.

4. POP광고의 종류와 주의할 점

도표 11-13 | POP광고의 종류와 제작 시 주의할 점[30]

종류	목적	제작 시 주의할 점
가격표를 이용한 POP	• 조금 떨어진 곳에서도 가격을 볼 수 있도록 한다. • 첨부할 문장은 되도록 간결하게 한다.	• 가격은 1~2m 정도의 거리에서도 보일 정도의 크기로 정확히 쓰도록 한다.
카드를 이용한 POP	• 충동구매를 촉진한다. 특히 관련 상품과 특별상품을 강조하여 구매를 촉진시킨다.	• 목적에 따라 간결한 카피를 쓴다. • 문자의 수는 15자, 3행 정도로 한다.
매장안내	• 매장에 대한 소개와 위치를 표시한다.	• 천장 가까이에 설치한다. • 화살표를 넣는 것이 보다 정확하게 느껴진다.
상품설명	• 사이즈와 호칭, 재질, 구조,용도, 사용법 등 상품지식을 알린다.	• 도표를 이용하여 알기 쉽게 설명한다. • 용도별 상품의 사용법 등을 첨부한다.
서비스 표시	• 서비스의 방침이나 이슈 등을 나타낸다.	• 표어나 경어체로 간소하게 표현한다.

도표 11-14 | POP광고의 종류와 기대효과[31]

종류	목적	기대효과
정보 POP광고	어드바이스, 정보제공	• 점포의 경영태도를 알림 • 정보제공
주의환기 POP광고	주의환기	• 판매상담을 시작
상품명 POP광고	상품의 소재 알림	• 상품구입에 안심감을 줌
상품설명 POP광고	상품을 납득시킴	• 상품을 인식시킴
가격 POP광고	가격의 경제성을 알림	• 구입예정가격과의 비교 • 충동구매 유도

5. 효과적인 POP광고의 조건

POP광고는 신속하게 고객을 설득해서 상품을 구매하게 하는 목적으로 제작되기 때문에 그 효과를 높이기 위해서는 첫째, 눈에 잘 띄도록 해야 하고, 둘째, 쉽게 볼 수 있게 하며 마지막으로 이해하기 쉬워야 한다.

사례연구 Case Study

사례 1 대형마트 식품매장 진열의 법칙

입구엔 과일코너, 기저귀 옆엔 맥주

쇼핑카트를 끌고 대형마트 식품매장에 들어선다. 입구를 지나치자마자 나타나는 과일코너. 대형마트 입구에는 왜 과일코너부터 있는 걸까? 답은 이렇다. 매장을 찾은 소비자가 더 많은 상품을 구입하고 싶은 마음이 들게 하기 위해서다. 과일은 계절의 변화를 느낄 수 있는 대표적인 제품이다. 매장에 들어서자마자 형형색색의 과일이 눈에 띄면 소비자들은 구매욕을 느낄 수밖에 없다. 무심코 찾는 대형마트에도 이처럼 치밀하게 계획된 마케팅전략이 곳곳에 숨어 있다.

지난달 말 문을 연 이마트 하남점에는 계산대 옆 진열대 크기가 다른 점포보다 1.5배 크다. 걸려 있는 제품들도 건전지, 껌, 초콜릿 등의 품목 대신 참외, 사과 등 제철 과일을 1, 2개씩 담은 소포장 제품, 200g짜리 1인용 혼합잡곡 제품 등이 진열돼 있다.

가족단위 쇼핑객에 비해 상대적으로 쇼핑 동선이 짧은 싱글족(族)들을 겨냥했다는 게 이마트 측의 설명이다.

경영학에서는 장기간에 걸쳐 고객의 구매습관과 동선을 분석해 맞춤형 점포로 운영효율을 극대화하는 것을 '데이터 마이닝(Data Mining)'이라고 한다. 데이터 마이닝의 사례로 언급되는 단골메뉴는 월마트의 '맥주와 기저귀'사례이다. 퇴근길에 아내의 부탁으로 기저귀를 사러 마트에 들렀다가 함께 맥주를 구입하는 남자가 많다는 것에 착안해 월마트가 두 제품을 함께 진열하자 매출이 늘었다는 것이다.

국내 유통업체들도 고객의 편의를 고려해 연관 제품을 한자리에 진열하는 추세다.

이마트 도농점은 우유와 시리얼을 함께 구매하는 고객이 많다는 점에 착안해 아예 우유 판매대 한가운데에 시리얼 판매대를 설치했다. 매출은 400% 늘었다.

돼지고기 매장 옆에 휴대용 가스레인지나 쌈장, 돗자리 등을 팔고 베이커리 매장 옆에 파티용품을 파는 것도 연관진열의 한 예다.

이마트 방○○ 팀장은 "2, 3년 전만 해도 연관진열 품목수가 3, 4개였지만 최근에는 30여 개로 늘었다"며 "신규 점포는 매장 설계 때부터 연관진열을 고려한다"고 말했다.

같은 대형마트지만 매장진열도 지역별로 차이가 있다. 롯데마트는 전체 라면 매출에서는 신라면이 1위지만 지역별 매출 선호도에 따라 서울 등 수도권과 충청권에서는 신라면을, 영남권에는 안성탕면을, 호남권에서는 삼양라면을 가장 넓게 진열한다.

홈플러스는 기후에 민감한 소비자의 취향을 감안해 매주 매장진열을 바꾼다. 이번 주부터는 면류 판매대에 진열된 스파게티 제품을 줄이고 냉면을 늘렸다. 같은 가공우유라도 소비자가 선호하는 순서대로 왼쪽에서 오른쪽으로 바나나, 딸기, 초코, 커피맛 순으로 배치한다.

출처 : 동아일보, 2008-06-14

참고문헌

Reference

01 송석명 · 윤관호, 「성공창업실무」, 경영과 회계, 2003, pp.183~193.

02 박철주, 「유통기업의 경영컨설팅」, 무역경영사, 2005, p.362.

03 박철주, 「유통기업의 경영컨설팅」, 무역경영사, 2005, p.364.

04 임재석 · 엄명철, 「프랜차이즈 창업실무」, 무역경영사, 2004, pp.284~285.

05 조보상, 「소자본창업실무」, 무역경영사, 2005, p.260.

06 박철주, 「유통기업의 경영컨설팅」, 무역경영사, 2005, p.357~358.

07 방종태, 「소자본 창업으로 한가족 거뜬히 살아가는 방법」, 태일출판사, 1998, p.284.

08 방종태, 「소자본 창업으로 한가족 거뜬히 살아가는 방법」, 태일출판사, 1998, p.285.

09 박철주, 「유통기업의 경영컨설팅」, 무역경영사, 2005, p.210.

10 정윤아 역, 「창업사전」, 도서출판 중명, 1999, p.187.

11 박건실, 「경영의 이해와 창업」, 한올출판사, 2004, pp.305~308.

12 심낙훈 · 이경돈 · 민병근, 「디스플레이」, 기문사, 1999, pp.54~55.

13 김용규 · 이우권, 「점포디자인의 실제(상)」, 도서출판 효성, 1998, p.38.

14 방종태, 「소자본창업으로 한가족 거뜬히 살아가는 방법」, 태일출판사, 1998, pp.372~373.

15 채수명, 「돈 버는 SOHO 창업 성공술」, 씨엔씨미디어, 1998, p.106.

16 김이태 · Chong S. K. Lee, 「고객관계관리」, 도서출판 대경, 2006, p.9.

17 김영문, 「창업학」, 법문사, 2007, pp.353~354.

18 임재석 · 엄명철, 「프랜차이즈 창업실무」, 무역경영사, 2004, pp.286~287.

19 채수명, 「돈 버는 SOHO 창업 성공술」, 씨엔씨미디어, 1998, pp.104~105.

20 채수명, 「돈 버는 SOHO 창업 성공술」, 씨엔씨미디어, 1998, p.105.

21 임재석 · 엄명철, 「프랜차이즈 창업실무」, 무역경영사, 2004, pp.286~287.

22 방종태, 「소자본창업으로 한가족 거뜬히 살아가는 방법」, 태일출판사, 1998, pp.369~372.

23 방종태, 「소자본창업으로 한가족 거뜬히 살아가는 방법」, 태일출판사, 1998, pp.369~372.

24 심낙훈 · 이경돈 · 민병근, 「디스플레이」, 기문사, 1999, p.59.

25 박철주, 「유통기업의 경영컨설팅」, 무역경영사, 2005, p.104.

26 채수명, 「돈 버는 SOHO 창업 성공술」, 씨엔씨미디어, 1998, p.105.

27 심상훈, 「컬러창업」, 도서출판 해바라기, 2004, pp.12~44.

28 김이태 · Chong S. K. Lee, 「고객관계관리」, 도서출판 대경, 2006, p.9.

29 방종태, 「소자본창업으로 한가족 거뜬히 살아가는 방법」, 태일출판사, 1998, p.351.

30 정윤아 역, 「창업사전」, 도서출판 중명, 1999, p.188.

31 방종태, 「소자본창업으로 한가족 거뜬히 살아가는 방법」, 태일출판사, 1998, p.351.

Chapter 12

고객응대관리

제1절 | 고객응대의 기법

제1절 | 고객응대의 기법

1. 고객응대의 의의 및 기본원칙

고객응대란 "사업장(점포)을 찾아오는 고객을 접대하는 행위"를 말한다. 고객응대는 사람이 아니면 절대로 실현할 수 없는 서비스로서, 인간적 서비스의 품질 향상요인들을 동시에 만족시킬 수 있어야 한다. 인간적 서비스는 직원의 3S, 즉 성의(sincerity), 스피드(speed), 스마일(smile)이 없으면 안 된다.

고객응대는 ① 균일성 및 공평성의 원칙, ② 신속성의 원칙, ③ 고객중심의 원칙에 입각하여 응대하여야 한다.[01]

1) 균일성 및 공평성의 원칙

모든 고객은 동일하고 공평하게 접대하여야만 한다. 사람에 따라 차별대우를 한다든지 사원의 기분과 상황에 따라 고객응대의 정도가 달라져서는 안 된다. 즉, 고객의 상황에 따라 응대방법이 달라질 수 있으나 접객요원의 상황에 따라 응대방법이 달라져서는 안 되며 고객을 맞이하는 기본마음은 방법의 차이만 존재할 뿐 항상 존경스럽게 응대하여야 할 것이다.

예를 들면, 양복을 말끔히 차려입은 비즈니스 풍의 고객에게는 부드러운 미소로 대하면서 학생 혹은 젊은 고객에게는 인사도 하지 않는 등 복장, 인상, 직업 등의 외모에 따라 서비스를 바꾼다면 그것을 지켜보고 있는 고객은 불쾌할 것이다. 또한 상대방이 어린아이라 하여 적당한 응대를 하면서 윗사람에게는 정중한 태도로 응대하는 점원에게는 신뢰감을 갖지 않을 것이다.

2) 신속성의 원칙

패스트푸드점은 빠른 서비스가 최대의 세일즈 포인트이지만 일반점포 역시 고객을 기다리게 하는 것은 서비스정신에 위배된다. 대형 슈퍼마켓 등에서는 계산대에서 계산하려는 고객들이 장사진을 이루는 것을 볼 수 있다. 고객은 조금이라도 빠른 서비스를 선호하지만 대다수 점포가 마치 당연한 것처럼 고객을 기다리게 한다. 그러나 고객에 대해 좀 더 신속하고 철저히 서비스를 하는 점포가 있다면 그 점포는 이미 차별화된 고객서비스로 인식될 것이다.

3) 고객중심의 원칙

고객이 원하지 않는 서비스라면 아무리 격조 높은 서비스를 제공한다 할지라도 결코 상품판매로 연결되지 않는다. 따라서 고객이 무엇을, 어떻게 요구하고 있는지의 심리상태와 구매동기 등을 세심하게 파악하는 것이 중요하다. 상황별 고객중심 응대요령을 살펴보면 다음과 같다.

① 상품을 자신이 직접 사용하기 위해서 구입하는가? 아니면 선물용으로 구입하는가?

② 보편적인 가격대의 상품을 원하는가? 아니면 좀 더 특별한 고가격 품질을 원하는가?

③ 구입하고자 하는 상품이 사전에 결정되어 있는가? 아니면 적당한 상품을 찾고 있는가?

④ 지금 당장 상품을 구입할 예정인가? 아니면 다음 기회에 구입할 예정으로 단지 상품을 둘러볼 뿐인가?

위와 같은 고객의 심리나 행동을 반드시 정확히 파악하여 상품구입을 유도해야 한다. 고객서비스의 최종목표는 고객에 대한 상품판매이기 때문이다.

2. 고객응대에서 올바른 호칭 사용법[02]

① 가능하면 한 번 들른 고객이라도 명함을 잘 받아두었다가 차후에 다시 방문했을 때 그 직위와 이름을 같이 부르면 좋다.

예 "김○○ 부장님, 오셨습니까?", "박○○ 상무님, 어서 오십시오."

② 직위를 사용할 때에는 직위 다음에 반드시 '님'이라는 존칭을 붙여야 한다.

예 "박차장님", "오사장님", "이과장님"

③ 고객의 확실한 성이나 이름을 모르는 경우, 성을 부르지 않더라도 직위 다음에 '님'이라는 존칭을 붙인다. 그러면 고객은 아마 "어떻게 나의 보잘 것 없는 직위를 알고 있단 말인가?" 하고 의아해 하면서도 속으로는 은근히 좋아할 것이다.

예 "부장님, 안녕하세요?"

④ 고객에게 자신을 소개하는 경우에는 '저' 또는 성에 직위나 직명을 사용하면 무난하다.

예 "박사장입니다.", "제가 직접 서비스해 드리겠습니다."

⑤ 흔히 처음부터 고객에게 무턱대고 '선생님'이라고 부르곤 하는데 이는 그다지 적당한 용어가 아니므로 가급적 사용하지 않는 것이 좋다.

3. 고객에게 접근 시의 행동[03]

1) 접근의 타이밍

① 오랫동안 한 상품을 계속해서 본다.

② 상품에서 얼굴을 들었을 때이다.

③ 상품에 손을 대었을 때이다.

④ 뭔가를 찾고 있을 때이다.

⑤ 고객과 눈이 마주쳤을 때이다.

⑥ 몇 가지의 상품을 비교하고 있을 때이다.

2) 접근할 때의 태도

① 밝고 맑은 표정과 목소리의 예의바른 말씨로 공손하며 친절하게 고객을 맞이한다.

② 매장을 방문하는 모든 사람은 누구나 고객으로서 정중히 응대하여야 한다.

이와 같이 한다면 만약 구매의도가 없는 방문고객도 차후에는 꼭 제품을 구매할 것이다.

③ 고객이 호출할 때는 하던 일을 멈추고 신속한 대답과 동작으로 고객 곁에 다가가도록 한다. 그리고 상품을 관찰하고 있는 고객에게 끈질기게 달라붙어 고객을 괴롭히는 일이 없도록 한다. 또한 기다리는 고객에게 무시하는 듯한 태도는 바람직하지 않다.

3) 접객 중 다른 고객이 불렀을 때의 응대

① 가까운 곳에 한가한 동료가 있을 때 : 우선 고객에게 "네, 잠시만 기다리세요" 또는 "어서 오세요, 지금 곧 가겠습니다"라고 대답한 후 한가한 동료에게 "○○씨, 저기 계신 고객 좀 부탁드려요" 하고 도움을 청한다. 그리고 바로 응대 중이던 고객에게 "실례했습니다"라는 사과의 말을 한다.

② 다른 동료도 고객을 응대 중일 때 : "잠시만 기다려 주시겠어요? 지금 먼저 오신 고객의 일을 마치고 바로 처리해 드리겠습니다"라고 말씀드리고 먼저 오신 고객의 응대를 빠른 시간 내에 끝내고 "기다리시게 해서 죄송합니다" 하고 인사를 드린 후 접근한다.

4) 동반고객에 대한 응대

① 한 사람의 판매원이 한 사람의 고객을 접하는 데 차별대우를 하지 않고 공평하게 한다.

② 동반고객에게도 동일하게 응대하여 동반고객으로부터 반응을 얻는 것도 잊지 않도록 한다.

③ 어린이를 동반했을 경우에는 어린이를 즐겁게 하는 데도 신경을 쓴다.

4. 소비자 구매심리과정에 따른 응대방법

소비자의 구매심리단계 중 연상단계와 욕망단계에서의 응대방법은 다음과 같다. 구매심리단계는 제13장에서 자세히 살펴보기로 한다.

1) 연상단계에서의 고객응대방법

소비자의 구매심리과정에서 연상단계란 상품을 이리저리 보거나 만지면서 그 상품을 사용했을 때의 자신의 모습 혹은 선물을 받을 사람의 모습을 연상하는 경우이다. 이 연상단계는 고객의 구매로 인도하는 중요한 단계이다. 고객의 연상을 보다 높이는 것이 판매에 대한 성공의 비결인데 쇼 윈도우도 고객의 연상을 높이기 위한 수단이다.[04] 연상단계에서의 고객응대방법에는 ① 욕망을 자극하는 제시방법, ② 고객에게 문의하는 방법, ③ 고객의 기호를 알아차리는 방법, ④ 고객의 예산을 예측하는 방법 등이 있다.

(1) 욕망을 자극하는 제시방법

① 상품은 모두 고객을 위한 것이므로 조심스럽게 취급한다.

② 상품의 특징을 살려서 고객이 실제로 만져보게 하거나 사용할 수 있는 상태로 상품을 보인다.

③ 제시하는 수량은 특별히 지정한 것이 없을 경우 가격, 사이즈, 색, 소재 등을 고려하여 3~4점의 상품을 보여드린 후 선택을 할 수 있도록 해야 한다.

④ 상품에 가치를 붙여 제시하기 위해 고객의 여러 가지 감각에 호소한다.

(2) 고객에게 문의하는 방법

① 꼬치꼬치 캐묻거나 연달아 질문하는 것은 피하도록 한다.

② 상품을 손에 들면서 자연스럽게 문의한다.

③ 상품에 따라 문의하는 순서는 다르다.

예 구두 : 사이즈→색→디자인→품질→가격의 순으로 문의한다.
옷 : 디자인→색상→품질→가격 등의 순이다.

(3) 고객의 기호를 알아차리는 방법

① 시선이 제일 많이 가는 것

② 손이 많이 가는 것

③ 손에 들고 있는 것

④ 비교의 중심이 되는 것

(4) 고객의 예산을 예측하는 방법

① 처음부터 문의하면 실례가 된다. 본인이 사용할 것인가? 선물할 것인가?를 문의함으로써 예산을 예측할 수 있다. 선물의 경우는 보편적으로 예산이 많다고 판단한다.

② 고객이 처음으로 발길이 멈춰진 곳의 상품

③ 제시를 요구한 것

2) 욕망단계에서의 고객응대방법[05]

소비자의 구매심리과정에서 연상이 일어나면 그 다음에는 그 상품에 대해 욕심이 난다. 소비자의 구매심리는 고객이 욕심이 난다고 해서 당장 구매하지 않는 것처럼 소비자의 구매결정과정은 단순하지 않다. 그 상품에 대한 욕심은 높아지지만 과연 이 상품이 자신에게 잘 맞는지에 대한 의문을 갖기 시작함과 동시에 더 나은 상품이 없을까 하는 기대를 갖는다. 이 의문이 소비자의 마음에 영향을 주어 구매 전에 상품을 비교 · 검토하게 된다.

(1) 설명할 때의 태도

① 말을 잘하는 사람은 남의 말도 잘 듣는다. 따라서 설명은 4, 듣는 것은 6 정도의 비율로 한다.

② 매력 있는 말씨로 너무 사무적이지 않도록 한다.

③ 고객의 연령 · 지식 · 능력에 따라 알기 쉽게 한다.

(2) 설명하는 방법

① 상품지식을 활용해서 설명한다.

② 상품에는 각각의 특징이 있다. 특히 고객이 망설이고 있을 때 selling point(상품의 특징)를 강조해서 말하면 효과가 있다.

③ 고객의 기분을 상하게 하는 말은 판매에 있어 마이너스이다. 따라서 듣기 좋은 표현을 사용하여 고객의 기분을 상하지 않도록 한다. 예를 들면, 신체와 관련하여 몸집이 뚱뚱한, 작은 등의 표현은 삼가고 체격이 좋으신, 아담하신 등으로 표현한다.

④ 가능한 한 장점은 나중, 단점은 처음에 말한다. 예를 들면, "이 과자는 맛있지만 딱딱합니다"라는 것과 "이 과자는 딱딱하지만 맛있습니다"라고 할 때 이 말을 받아들이는 고객의 태도가 달라진다.

5. 고객별 응대요령

같은 표현이라도 표현방법, 억양, 몸짓에 따라서 고객이 받아들이는 감성이 다른 법이다. 고객에 따라 그 심리상태를 파악하여 그 특성을 살려 상황에 따라 재치 있게 인사를 하거나 잘 응대를 하면 좋은 효과를 얻을 수 있다.

고객별 응대요령을 살펴보면 다음과 같다.[06]

1) 어린이동반 고객

어린이를 동반한 고객의 경우에는 동반한 어린이에게 각별한 관심을 보여줌으로서 부모에게 호감을 준다.

예 "아가, 안녕!"

2) 가족동반 고객

즐거운 쇼핑, 유쾌한 쇼핑이 되도록 다정한 고객맞이 응대가 필요하다.

예 "반갑습니다. 잘 오셨습니다."

3) 청소년 고객

경쾌하고 명랑한 접객태도가 요구된다.

예 "안녕하세요?" 또는 "어서 오십시오."

4) 청 · 장년 고객

가급적 정중한 태도로 고객을 맞이하여 응대하는 것이 바람직하다.

예 "반갑습니다." 또는 "안녕하세요?"

5) 노인층 고객

공손함과 겸손의 태도로 고객을 맞이하며 응대해야 한다.

예 "안녕하세요? 무엇을 도와드릴까요?"

6. 상황별 응대요령[07]

1) 아기를 유모차에 태워 온 고객

① 아기에게 관심과 호의를 갖는다.

② 아기에게 접근하여 적절한 찬사를 보낸다.

③ 부모나 보호자에게 아기를 칭찬한다.

④ 쇼핑에 지장을 주지 않도록 아기를 돌봐준다.

⑤ 쇼핑을 마치고 돌아갈 때 아기에게 다시 한 번 관심을 표시한다.

2) 어린이동반 고객

① 어린이에게 관심을 표시한다.

② 어린이를 세심하게 관찰한다.

③ 어린이의 실수를 관대하게 처리한다.

④ 어린이로 인한 보호자의 고충을 도와주거나 이해한다.

⑤ 어린이의 생리적인 고충에 협력하거나 임기응변의 조치로 해결한다.

3) 고객의 실수

① 고객실수로 상품이 더러워졌거나 파손되었을 경우에는 냉정을 잃지 않는다.

② 실수를 말하지 않는다.

③ 손해의 크고 작음을 헤아린다.

④ 상사와 상의한다.

⑤ 고객이 마음 상하지 않는 방향으로 신속하게 매듭짓는다.

⑥ “걱정하지 마십시오”, “괜찮습니다”, “죄송합니다”라는 적절한 표현으로 친절성을 잊지 않는다.

4) 어린이의 실수

① 실수를 관대하게 대한다.

② 부모의 마음에 상처를 주지 않는다.

③ 노여움을 표시하지 않는다.

④ 실수로 인하여 손해가 발생했을 때에는 판매사원의 재량권으로 처리하되 처리가 곤란할 경우에는 상사와 의논한다.

⑤ 끝까지 친절성을 잃지 않도록 한다.

7. 고객특성별 응대요령

1) 자존심이 강한 고객[08]

고객 중에는 유별나게 말이 많고 아는 체를 하는 사람이 있다. 이런 고객은 응대하기가 힘들고 조금이라도 자존심을 건드리는 언어나 표현을 보이면 즉석에서 좋지 않은 결과가 나온다. 어쨌든 고객은 고객으로서 만족할 수 있고 자존심을 살려줄 수 있도록 다음과 같이 응대하여야 한다.

① 상대방보다 먼저 말을 걸지 마라.

② 상대방의 말이 끝나면 일단 내용에 대해서 인정하라.

예 네, 선생님의 의견에 동의합니다.

③ 가능한 모든 존칭은 다 사용하라.

예 ○○사장님, ○○선생님, 부장님 기타 등등

④ 즉석에서 칭찬이 가능한 소재를 무엇이든지 끄집어내라.

예 넥타이가 멋있군요.

예 이전에도 어느 유명하신 분이 선생님과 똑같은 말씀을 하신 것으로 기억합니다.

⑤ 최대한 자신의 장점보다는 단점을 언급하라.

예 저 자신이 조금 성격이 급해서 …

⑥ 면전에서 자존심을 건드려도 그 순간만큼은 참는 것이 좋다.

예 고객 : 당신 도대체 정신이 있는 사람이오?

판매원 : 대단히 죄송합니다. 즉각 조치해드리겠습니다.

2) 의심이 많은 고객

고객 중에는 의심이 많은 고객이 의외로 많다. 몇 번이고 확인하고 조금이라도 의심나는 부분이 있으면 즉석에서 취소를 하는 아주 까다로운 고객이 있다. 대개 이런 유형의 고객은 이전에 사기를 당했거나 속임수를 당한 고객이라고 할 수 있다. 실제 근거에 의한 데이터를 제시해도 전혀 믿으려 하지 않기 때문에 다음과 같이 응대해야 한다. 우선 실제 데이터를 제시해도 믿지 않는 경우에는 다른 방법이 없다. 일단 고객에게 이전에 어떤 사유로 사기를 당했는지 알아보고 정확하게 처방을 내려주어야 한다. 또 한 가지 방법은 공인기관의 증명서나 보장을 확실하게 해줄 수 있는 권위 있는 기관의 물적 증거를 제시하는 것이다.

도표 12-1 | 고객유형별 고객특성 및 대응방법[09]

고객유형	고객특성	판매사원의 대응방법
수다스러운 사람	욕구불만으로 남에게 동조를 얻고 싶어 한다.	가능한 한 따뜻하게 수용한다.
유창하게 말하는 사람	능력은 있으나 때로 자신을 과시하는 타입이다.	반론은 좋지 않고 질문식 설득 화법으로 대응한다.
무엇이든 반대하는 사람	콤플렉스나 자존심이 특히 강하다.	질문으로 대응하되 자존심을 건드리지 않는다.
금방 말허리를 자르는 사람	이기적인 성격의 소유자이다.	대화시간을 충분히 갖고 판매사원의 생각을 납득시킨다.
강력한 어조로 말하는 사람	사교적이지 못한 사람이다. 판단력, 비판력이 직관적이다.	여유를 가지고 정신적 우위에서 들어주는 것이 좋다.
같은 말을 장시간 되풀이하는 사람	자아가 강하고 끈질긴 성격의 소유자이다.	문제를 압축하고 요점을 정리하여 상대방의 말에 지나치게 동조하지 않는다.
이야기를 그대로 받아주는 사람	주체성이 결여된 자기방어형이다.	상대의 기분을 이해하면서 이야기를 보조해준다.
말을 더듬는 사람	내향적이거나 행동력이 강하다.	상대의 기분을 이해하면서 이야기를 보조해준다.
비유를 잘하는 사람	머리가 좋은 타입이다.	논리적인 화법으로 설득한다.
이야기의 맞장구를 잘 치는 사람	사교적인 타입이다.	상대방의 기분에 사로잡혀 말을 많이 하는 것을 삼간다.
주저하면서 이야기하는 사람	상대를 경계하거나 콤플렉스 소유자이다.	상대가 부담 없이 말할 수 있는 분위기를 조성해 나간다.
과장되게 말을 잘하는 사람	콤플렉스를 감추고 있는 사람이다.	상대방의 진의를 파악하고 말보다 객관적인 자료로 대응한다.
이치를 따지기 좋아하는 사람	완고하면서 남다른 성격의 소유자이다.	이론적으로 맞서지 말고 상대의 의견을 존중한다.
생각에 생각을 거듭하는 사람	신중하나 판단력이 부족한 사람이다.	이쪽에서 딱 잘라 결론을 내주는 화법이 좋다.
빈정거리기 좋아하는 사람	열등감, 허영심이 강한 사람이다.	자존심을 존중해주면서 대응한다.
제스처가 풍부한 사람	감수성이 풍부하고 말하기 좋아하는 타입이다.	신중하게 말하고 상대의 말을 가로채지 않도록 한다.

마음을 열지 않는 사람	모르는 사람을 경계하고 콤플렉스 소유자이다.	판매사원이 먼저 진지하게 마음의 문을 열고 접근한다.
익살을 잘 떠는 사람	생활을 즐기는 타입이다.	지나치게 수다를 떨어도 가능하면 받아준다.
스스로 비하하는 사람	실은 속으로 칭찬받기를 희망하는 사람이다.	상대의 장점이나 칭찬사항을 찾아내 좋게 이야기한다.
자랑을 잘하는 사람	콤플렉스의 반사적 표현이다.	칭찬이나 인정을 해준다.
생각난 대로 즉석에서 말하는 사람	자아의식이 강하고 상대방에 대한 배려가 없는 사람이다.	인내력과 포용력을 가지고 응대한다.
낙천적인 사람	판단력, 실행력이 뛰어난 적극적인 성격의 소유자이다.	감정 설득화법으로 응대한다.
확신 없이 횡설수설하는 사람	주의력이 산만하고 사고력이 결여된 사람이다.	판매사원이 주도권을 쥐고 이야기해 나간다.
곧 바로 타협하려는 사람	충분한 경계가 필요한 사람이다.	이야기는 진행시키되 상대방의 상태를 예의 주시해야 한다.

8. 고객의 불만발생 시 행동원칙

고객만족은 반복거래와 긍정적인 구전효과(口傳效果)를 통해 단골고객이 될 뿐만 아니라 새로운 고객을 창출하는 역할을 한다. 그러므로 만족한 고객을 통해서는 매출증대를 가져올 수 있으나 고객불만족은 거래중단으로 이어지게 된다.

고객불만이 발생하였을 때 행동원칙을 정리해보면 다음과 같다.[10]

① 고객의 입장에서 생각하라.

② 고객의 불만을 객관적으로 파악하기 위하여 냉정해지도록 노력하라.

③ 잘못은 즉시 인정하라.

④ 신속히 처리하라.

⑤ 결과는 반드시 통보하라.

⑥ 고객의 불만은 매장 이외의 장소에서도 접수하라.

9. 고객응대에서의 올바른 인사[11]

인사란 "사람이 마땅히 해야 할 일을 다 하고 하늘의 명을 기다린다(盡人事待天命, 논어)"는 뜻에서 유래된 것으로 사람이 마땅히 해야 할 도리를 말한다. 이러한 도리가 밖으로는 예절로 나타나는데, '몸짓으로 예(禮)를 표하는 것'이 인사라고 할 수 있다. 즉, 인사는 '예절의 기본이며 인간관계의 시작'이다. 이와 같이 인사는 우리가 실제로 늘 사용해오고 있는 것이며 또한 사람이 태어나서 죽을 때까지 평생을 배우고 실천해야 하는 것이다.

인사를 통해 개인에게는 존중과 배려를, 상사에게는 존경심을, 동료 간에는 우애를, 고객에게는 신뢰를 표현하게 된다. 또한 조직은 이러한 인사를 통해 늘 밝고 친근한 분위기가 유지되는 것이다. 즉, 인사는 사람과 사람의 마음을 열어주는 열쇠이며, 자신의 인격을 표현하는 최초의 행동이고, 서비스의 기본이자 척도가 되는 것이다.

10. 고객응대에서의 올바른 말씨

1) 대화의 의미와 기본자세

(1) 대화의 의미와 중요성

매출에 직접적으로 영향을 주는 점포에서 고객과의 대화예절은 아무리 강조해도 지나치지 않을 것이다. 즉, 고객과의 좋은 관계를 유지하고 판매가 일어나기 위해서는 원활한 의사소통이 전제되어야 한다. 의사소통의 기본은 대화이다. 대화가 없으면 의사소통은 이루어질 수 없다. 그런데 대화란 생각보다 쉽지 않다. 대화를 할 때는 고객에 따라 호칭과 말씨가 달라져야 하고, 나타내려는 의사에 따라 말 쓰임이 달라져야 하기 때문이다.

고객과의 대화에서 우선 갖추어야 할 것은 고운 말과 바른 말씨이다. 그러나 대화를 훌륭히 한다는 것은 정확하고 아름다운 말씨로 물 흐르듯 이야기하는 것만을 가리키지 않는다. 대화를 할 때에는 고객의 입장에서 생각하는 자세가 선행되어야 한다. 처지를 바꾸어 생각한다는 '역지사지(易地思之)'라는 말이 곧 고객과 대화를 할 때 갖추어야 할 마음가짐이라고 할 수 있다.

(2) 대화의 기본자세

다음은 대화할 때 갖추어야 할 기본자세인데, 다른 무엇보다도 자연스러운 대화로 발전하도록 하는 것이 중요하다.

① 이야기의 처음과 끝이 논리정연해야 한다. 줄거리 없이 이것저것 이야기를 꺼내다 보면 고객을 혼란과 곤혹에 빠뜨리고 결국에는 의사가 제대로 전달되지 않게 된다.

② 처음부터 끝까지 분명한 목소리로 말해야 한다. 말끝을 흐리거나 우물쭈물하면 의사가 정확히 전달되지 않을 뿐더러 고객으로부터 신뢰를 얻지 못할 수도 있다.

③ 말의 속도를 적절히 유지한다. 한꺼번에 많은 말을 하려고 하면 안 된다. 급히 서둔다고 많은 내용을 전달하는 것은 아니다. 고객이 알아듣도록 차분하게 말해야 한다. 그렇다고 너무 느리게 말하면 고객이 짜증을 낼 수도 있으므로 늘 말의 속도에 유의해야 한다.

④ 대화란 고객이 누구이든 고객을 이해하고 다가서려는 자세가 전제되는 만큼 고객의 의견을 존중하고 수용하려는 자세를 보여주어야 한다. 고객의 말이 마음에 들지 않거나 받아들일 수 없는 것이라 할지라도 딴청을 하고 비아냥거리는 등 성실하지 못한 자세를 보여서는 안 된다.

⑤ 고객이 말하는 내용을 충분히 이해하지 못한 경우에는 정중히 다시 물어서 확인해야 한다. 대화의 내용을 분명히 알아두어야 할 필요뿐만 아니라 나중에 오해의 소지가 없도록 해야 한다.

2) 올바른 대화의 요령과 방법

(1) 적절한 화법

누구나 자신의 말이 상대방에게 정확히 전달되지 않거나, 그런 뜻으로 말한 것이 아니었는데 상대방으로부터 오해를 받은 경험이 있기 마련이다. 반대로 상대방의 이야기를 잘못 알아듣거나 속단을 하여 실수하는 일도 있다. 자신이 알고 있는 내용이라고 해서 설명을 생략해버리면 상대방에게 의사가 제대로 전달되지 않으며, 반대로 사정을 잘 알고 있는 사람에게 장황하게 일일이 설명하면 상대방을 지루하게 만든다.

그러므로 먼저 고객에게 무엇을 어떻게 이야기할 것인가를 생각하여 적합한 화법을 골라 써야 한다. 목소리가 너무 높아 듣기 거북하다거나 발음이 불명확하다는 이유만으로도 고객에게 나쁜 인상을 주게 되므로 자신의 이야기를 고객이 귀담아 들어주길 바란다면 이러한 점에도 세심히 신경을 써야 한다.

(2) T.P.O.에 의한 화법

같은 사람에게 이야기 하더라도 때(time), 장소(place), 경우(occasion)에 따라 화법을 바꿀 필요가 있다. 상사나 선배에게 간단한 전언을 전하는 경우라도 고객이 있는 경우에는 간결하면서도 격식을 갖춘 어조로 이야기하지 않으면 안 된다. 고객의 입장을 생각하지 않고 평소 직원끼리 하는 방식으로 대화하는 것은 바람직하지 않다.

(3) 올바른 화법

가. 언어 사용의 3원칙

① 밝게 : 명랑한 목소리, 즐거운 기분, 유머감각을 가지고 말한다.

② 상냥하게 : 상대방 입장을 고려하여 공손하게 말한다.

③ 아름답게 : 속어, 유행어를 사용하지 않는다.

나. 좋은 대화의 포인트

① 쿠션(cushion)표현 : 쿠션표현이란 부드럽게 만드는 말이라는 뜻으로 고객의 뜻과 다른 경우에 덧붙인다. 예를 들면, "실례합니다만", "공교롭게도", "죄송합니다만" 등의 표현이 있다. 어떤 경우에든지 "없습니다", "모릅니다", "안 됩니다"라는 표현은 고객에게 좋은 이미지를 남길 수 없다.

② 긍정문으로 : 긍정적인 언어를 사용하는 것이 좋은 대화의 또 하나의 포인트이다. 예를 들면, "할 수 없습니다"라는 표현 대신에 "죄송합니다만, 하기 어렵습니다"라는 표현을 사용한다.

③ 1.2.3법칙 : 한 번 말하고, 두 번 이상 들어주고, 세 번 이상 맞장구친다.

다. 가장 많이 사용하는 응대용어(접객용어)

① 어서 오십시오.

② 안녕하십니까?

③ 무엇을 도와드릴까요?

④ 감사합니다.

⑤ 죄송합니다.

⑥ 잠시만 기다려 주십시오.

⑦ 안녕히 가십시오.

⑧ 즐거운 하루 되십시오.

3) 대화할 때 주의할 점

(1) 습관적인 말의 사용을 피한다

습관적으로 말을 반복하여 사용하는 것만큼 듣기 거북하고 지루한 것은 없다. 이러한 말버릇은 다른 사람으로부터 지적받지 않는 한 본인은 눈치 채지 못하는 경우가 많다. 짧은 대화를 하는 가운데 "음~, 에~, 저~, 또~, 네네~, 결국~, 역시~, 어쨌든~, 아무쪼록~, 그래서~, 그러므로~, 그러니까~, 그래도~"와 같은 단어가 몇 번씩이나 반복되어 나오면 듣는 사람에게는 대화 자체가 고역이 될 수 있다.

또 이럴 경우 이야기 내용을 간결하게 전달하는 데 방해가 된다. 이처럼 자신도 의식하지 못하는 사이에 튀어나오는 말버릇이 있다면 자신의 말을 녹음해 체크하는 방법을 써서라도 의식적으로 고치도록 한다.

(2) 상대방이 이해하기 쉬운 말로 한다

전문용어, 업계용어, 생략어 등을 사용하여 대화할 때에는 서로가 그 의미를 잘 알고 있다는 것이 전제되어야 한다. 고객과 이야기할 때에는 특히 이 점을 조심해야 한다. 사내에서 통용되고 있다고 해서 누구나 알고 있는 것은 아니기 때문이다.

외래어는 아주 일반화되어 있는 것 이외에는 가급적이면 쓰지 않도록 한다. 외래어를 남발하거나 적절하지 않은 외래어의 사용은 오히려 그 사람의 이미지를 손상시킬 뿐 아니라 대화를 원활하게 하는 데 방해가 될 수 있다. 이야기는 상대방이 알아듣기 쉽게 전하는 것이 원칙이며 어려운 용어는 신중히 사용해야 한다.

(3) 불유쾌한 화제는 피한다

자기 자랑이나 남에 대한 험담, 뜬소문이나 지어낸 이야기 따위의 유쾌하지 못한 내용을 화제로 삼지 않는다. 경박한 사람으로 인식될 뿐 아니라 인격을 의심받는 요인이 될 수 있다. 속마음을 어느 정도 털어 놓을 정도의 사이가 되면 부지불식간에 이런 종류의 화제를 말하기 쉬우므로 특히 주의해야 한다.

(4) 대화할 때 주위를 두리번거리지 않는다

대화할 때 주위를 두리번거리며 시선을 분산시키면 침착하지 못한 사람이라고 생각되기 쉬우므로 피해야 할 태도이다. 또 시계를 자주 들여다보면 대화 자체에 관심이 없다는 것을 노골적으로 나타내는 것이므로 무심결에라도 시계를 들여다보는 행위는 해서는 안 된다.

(5) 상대방을 뚫어지게 쳐다보지 않는다

일반적으로 대화를 할 때에는 상대방의 눈을 바라보며 이야기하라고 하지만, 우리 문화에서는 아직까지 어울리지 않는 태도이다. 고객에게 도전적으로 보이며 건방진 인상을 주기 때문이다. 시선은 주로 고객의 눈과 얼굴에 두고 가끔 가슴 쪽으로 이동하는 것이 좋다.

(6) 상대방이 꺼리는 화제에 집중하지 않는다

사람은 감정을 가진 동물이기 때문에 순간적인 기분에 휩쓸리기 쉽다. 평소에는 대수롭지 않은 언동도 경우에 따라서는 크게 문제가 되는 일이 왕왕 있다. 대화를 나누다 고객이 꺼리거나 싫어하는 기미가 보이면 즉시 다른 화제로 바꾸는 것도 대화를 자연스럽게 이끌어가는 요령이다.

(7) 과장된 몸짓으로 열을 올리지 않는다

대화의 내용에 필요 없는 동작은 하지 않는다. 자주 눈에 띄는 행동은 공연히 머리로 손이 가거나 다리를 떠는 경우이다. 이러한 동작이 버릇이 되어 있는 사람은 상대방에게 불쾌감을 주므로 될 수 있으면 빨리 고치도록 한다. 또 지나치게 과장된 몸짓은 도리어 대화에 지장을 준다.

(8) 겸양어와 존칭어를 사용한다

대화할 때 고객에게 주의해서 사용해야 할 표현은 [도표 12-2]와 같다.

도표 12-2 | 보통 하는 말과 겸양어, 존칭어

보통 하는 말	겸양어, 존칭어
• 우리 회사	• 저희 회사, 저희들 회사
• 당신네 회사	• 여러분 회사
• 나	• 저
• 데리고 온 사람	• 같이 오신 분
• "나는 OOO입니다."	• "저는 OOO입니다."
• "누구세요?"	• "누구십니까?"

• "늘 고마워요."	• "신세지고 있습니다. 늘 감사합니다."
• "무슨 일인가요?"	• "어떤 용건이십니까?"
• "잠깐 기다리세요."	• "잠시만 기다려주십시오."
• "부탁해요."	• "부탁드립니다."
• "그래요."	• "그렇습니다."
• "몰라요."	• "모릅니다."
• "미안해요."	• "불가능합니다."
• "외출했어요."	• "외출 중입니다."
• "또 와 줄래요?"	• "다시 한 번 오실 수 있습니까?"
• "전화주세요."	• "전화 부탁드립니다."
• "돌아오면 말해 둘게요."	• "돌아오면 전해드리겠습니다."
• "곧 올 거예요."	• "곧 오실 겁니다."
• "드세요."	• "드십시오."

(9) 고객이 듣고 싶어 하는 8가지 말과 마음

① "어서 오십시오"의 환영하는 마음

② "안녕하십니까?"의 밝은 마음

③ "예"의 상냥한 마음

④ "수고하셨습니다"라는 위로하는 마음

⑤ "미안합니다"라는 겸손한 마음

⑥ "덕택입니다"라는 겸허한 마음

⑦ "하겠습니."의 봉사하는 마음

⑧ "고맙습니다"의 감사의 마음

11. 고객응대에서의 올바른 전화응대법

1) 전화응대의 요령

전화응대는 서로의 모습을 볼 수 없는 상황에서 음성으로 나의 모든 것이 전달되고 간접적으로 고객을 만나는 방법이다. 따라서 올바른 음성과 말씨로 자신의 이미지를 표현하는 것이 중요하다.

(1) 전화 받는 방법

도표 12-3 | 전화 받는 방법

벨이 울리면 3회 이내에 받는다.	상대방의 사정을 생각한다.
자신을 밝힌다.	"예" "안녕하십니까?" "○○회사 ☆☆부 ◇◇◇입니다." "감사합니다." "늦게 받아 죄송합니다."
상대방을 확인한다.	"○○회사 ☆☆부 ◇◇◇입니다."
인사	"안녕하셨습니까?"
용건을 듣는다.	메모를 한다. 복창
전화연결	전화를 바꿔줄 상대방의 이름을 확인한 후 "잠깐 기다려주십시오. 곧 연결해 드리겠습니다." 받은 사람도 "기다리게 해서 죄송합니다. ◇◇◇입니다." "◇◇◇가(이) 전화 바꿨습니다."
인사말을 하고 조용히 끊는다.	"실례했습니다." "안녕히 계십시오." "감사합니다."
사후처리	상대방이 끊고 나서 조용히 놓는다.

(2) 전화 거는 방법

도표 12-4 | 전화 거는 방법

T. P.O.를 생각한다.	상대방의 사정을 생각한다.
전화 걸 준비	상대방의 전화번호, 소속, 이름을 확인한다. 용건, 말할 순서를 메모(5W2H) 필요한 서류 준비
다이얼은 정확하게	
자기 이름을 말하고 상대를 확인한다.	"○○회사 ☆☆부 ◇◇◇입니다. ♤♤부 ◎◎◎ 씨를 부탁합니다."
인사	"안녕하셨습니까?"
용건, 요령 있게	"○○건 입니다만 지금 괜찮으시겠습니까?" (5W2H로 정리해서 말한다.)
확인	결론, 약속사항을 확인한다.
정중하게 인사 후 조용히 끊는다.	"감사합니다. 안녕히 계십시오."

[도표 12-4]에서 5W2H는 What?, Who?, When?, Where?, Why?, How?, How much?이다.

(3) 전화응대의 기본화법

도표 12-5 | 전화응대의 기본화법

상황	화법
• 전화를 받았을 때 • 기다리게 할 때 • 기다리고 난 후 • 물어볼 때 • 용무처리가 되었을 때 • 용무처리가 안 되었을 때 • 부탁이나 의뢰할 때 • 다시 물어볼 때 • 담당자를 연결시켜 줄 때 • 찾는 사람이 없을 때 • 다른 사람과 상의해야 할 때 • 마침 인사	• "감사합니다. ○○회사 ◇◇◇입니다." • "죄송합니다만 잠시 기다려 주시겠습니까?" • "오래 기다리게 해서 죄송합니다." • "죄송합니다만 ○○입니까?" • "예, 알겠습니다." • "죄송합니다만, ~" • "죄송합니다만, ~해 주시겠습니까?" • "한 번 더 말씀해 주시겠습니까?" • "담당자를 바꿔드리겠습니다." • "지금 자리에 안 계신데 괜찮으시다면 ~", "제가 전해 드리겠습니다." • "잠시 기다려주시면 알아보겠습니다." • "잘 알겠습니다. 감사합니다. 안녕히 계십시오."

(4) 전화응대 시 하지 말아야 할 사항[12]

① 전화벨이 3번 울릴 때까지 받지 않았다가 3번 이상 울려 받은 다음 "누구세요?" 하면서 상대방을 당황하게 하지 마라.

② 전화를 받은 다음 아무 말 없이 잠시 조용하게 있지 마라.

③ 상대방이 끊기 전에 먼저 수화기를 내려놓지 마라.

④ 껌을 씹으면서 상대방에게 불쾌감을 주지 마라.

⑤ 의자에 걸터앉아서 손과 발을 춤추듯 받지 마라.

⑥ 콧구멍을 후비거나 다리를 긁으면서 전화를 받지 마라.

⑦ 상대방이 한 마디 하면 열 마디 하지 마라.

⑧ 하찮은 일에 전화를 오래 끌지 마라.

12. 음식점 접객 매뉴얼 지침

1) 고객을 자리에 안내할 때

① 고객의 인원수를 확인한다.

② 인원을 확인한 후 안내는 손을 가볍게 내민다. 안내할 때에는 고객의 2~3보 앞에서 걷는 것이 좋다.

③ 미소를 지으면서 적당한 테이블로 안내한다. 자연스럽게 응대하기 위해서는 좌석배치상황을 항상 염두에 두고 있어야 한다.

2) 고객유형별 안내방법

고객을 안내할 경우에는 고객유형에 알맞도록 안내해야 한다.

① 노인, 뚱뚱한 사람, 몸이 불편한 사람은 입구 근처의 식탁에 안내한다.

② 어린이동반 고객은 다른 고객에 방해되지 않도록 구석에 있는 식탁에 안내한다.

③ 젊은 연인들은 벽 쪽의 2인석 식탁으로 안내한다.

④ 동석이 불가피할 경우 양편의 고객에게 양해를 구한 후 합석시킨다.

3) 메뉴접수방법

① 고객이 자리에 합석하면 물과 함께 메뉴판을 제공한다.

② 주문을 받을 때에는 전달받았다는 뜻으로 "네, 알겠습니다"라고 대답을 한다.

③ 주문량이 많을 경우에는 정확성을 기하기 위해서 주문사항을 확인한다.

④ 메뉴에 따른 요리의 특성을 잘 숙지해야 한다.

4) 요리의 제공

① 고객은 요리가 나오기까지 기다리게 되기 때문에 "기다리게 해서 죄송합니

다"라는 말을 꼭 하는 것이 좋다.

② 요리에 직접 손이 닿지 않도록 조심해야 하며, 그릇을 놓을 때에도 잡음이 없도록 살며시 놓는다.

③ 제공된 요리의 확인을 잊지 않는다.

④ 계속 관심을 갖고 있음을 나타낸다.

5) 빈 그릇을 치울 때

빈 그릇을 치울 때에는 적절한 시기를 찾지 않으면 재촉하는 인상을 줄 수 있다. 그리고 너무 늦게 치워도 지저분하고 불쾌한 느낌을 줄 수 있으므로 적절한 시기를 찾아야 한다.

① 빈 그릇을 치우기에 적당한 시기

- 나이프와 포크 또는 수저가 접시 위에 놓여 있다.
- 냅킨이 뭉쳐져 있다.

② 테이블에 앉아 있는 고객에게 접근할 때는 항상 사과의 표현을 해야 한다.

③ 빈 그릇은 항상 쟁반 위에서 정리한다.

④ 배웅은 접객의 마무리이다. 항상 밝게 인사한다.

6) 유형별 응대요령

① 고객의 실수로 문제가 발생한 경우

신속한 대응은 물론 먼저 다치지 않았는지의 여부를 확인한 후 고객의 무안함과 당황함을 없애주도록 부드럽게 대응해야 한다.

② 일반적으로 고객이 부를 경우

- 불만이 있을 때
- 추가 주문을 하고 싶을 때
- 물을 마시고 싶을 때

※ 물을 가까이 두거나 볼펜을 갖고 다니도록 해서 빈틈없고 신속히 응대한다.

7) 접객요령 포인트

① 요리, 시설, 서비스 제공에 심혈을 기울인다.

② 필수적인 메뉴접수방법을 숙지한다.

③ 요리는 서비스가 되기 전에 항상 점검하고 실수가 없도록 능숙하게 제공한다.

④ 그릇을 치울 때에는 항상 주의사항을 염두에 두고 행동한다.

⑤ 고객의 마음을 미리 파악하여 항상 부르기 전에 응대한다.

⑥ 고객의 대화에 방해가 되지 않도록 행동한다.

⑦ 고객의 실수에도 부드럽고 의연하게 대처한다.

⑧ 고객을 만족시키기 전에 자신이 만족하고 있는지 먼저 살펴보고, 다음 종업원이 만족하고 있는지를 살펴본 후 고객만족을 생각한다.

8) 고객접객 시 4대 금기사항

① 고객이 부끄러움을 갖지 않도록 한다.

② 지시, 명령 및 부정형을 사용하지 않는다.

③ 말다툼을 하지 않는다.

④ 고객의 결점을 지적하지 않는다.

9) 제품포장 시 주의사항

① 제품별 포장을 한다.

② 한 봉투에 여러 개를 넣지 않는다.

③ 차가운 것과 뜨거운 것을 따로 구분하여 포장한다.

④ 반드시 고객에게 확인시킨 후 포장한다.

⑤ 봉투는 포장 시 끝을 두 번 접어 모서리를 꺾는다.

10) 서제스트 세일(suggest sales)

고객이 생각하지 못했던 구매욕구를 불러일으키는 행위로 '권유판매'를 뜻한다. 예를 들어, 우리가 패스트푸드점에 가서 햄버거 주문을 할 때면 판매원이 항상 "손님, 음료수는 필요하지 않으십니까?"라고 묻는 것이 서제스트 세일이다. 또는 양복점에 가서 양복을 구입할 때에 판매원이 와이셔츠 또는 넥타이를 같이 권유하는 경우이다. 서제스트 세일은 다음과 같은 경우에 유용하다.

① 주문을 망설일 때

② 주문한 제품이 없어 오래 기다려야 할 경우(비슷한 종류와 가격으로)

③ 세트 메뉴 및 캠페인 메뉴 중 한 가지만을 원할 때

그러나 다음과 같은 주의사항에 유의해야 한다.

① 강매하는 인상을 주지 않는 미소

② 규정대로의 제품

③ 정확한 상품지식

④ 판매 재고 확인

⑤ 고객계층과 시간대에 맞는 권유

11) 말을 거는 타이밍과 구매신호[13]

손님을 맞이하고 상품을 판매하는 첫 번째 포인트는 손님에게 다가가서 말을 거는 타이밍이다. 손님이 한 가지 상품을 유심히 살펴보고 있을 때, 상품에 손을 댔을 때, 점원을 찾고 있을 때, 손님과 눈이 마주친 때 등이 바로 그런 타이밍이다. 두 번째 포인트는 설명 도중에 손님의 말이나 태도에 나타나는 구매신호(구입을 결심한 것을 나타냄)를 정확하게 캐치하여 판매로 연결시키는 일이다. 그것은 직접 점포를 운영하면서 몸에 익히는 수밖에 없다.

사례연구 Case Study

사례 1 "이쪽이십니다", "구매 가능하세요." … 서비스직 이상한 말, 왜 안 고쳐질까?

서비스직 '바이러스 언어'
기괴한 표현이 전염성 강해
금세 퍼져나가고 습관처럼 받아들여

경기도 성남에서 치과를 운영하는 박성원(45) 원장은 지난달 초 병원 직원들에게 인쇄물을 하나씩 나눠줬다. 그 내용 중 일부는 이랬다. "손님이 '내일 아침 10시에 진료받을 수 있느냐'고 물으면? '네 가능하신 부분이세요(×)' '네, 됩니다(○)'" 박 원장은 "그놈의 '가능하신 부분' 때문에 머리가 아플 지경이었다"면서 "아무리 지적해도 바뀌질 않아서 아예 ○와 ×표시까지 해서 나눠줬다"고 했다.

서울 도곡동에서 중식당을 운영하는 김형수(38) 씨도 비슷한 얘기를 했다. 직원들이 걸핏하면 손님에게 "○○일에는 예약이 어려우십니다"라고 대답하는 걸 들으면서 속이 터진다는 것이다. "아니, 예약을 한국말로 할 텐데 대체 뭐가 어렵다는 겁니까? 그냥 예약이 된다 안 된다, 속 시원하게 대답해야 한다고 여러 번 말했지만 잘 안 바뀌더군요."

유통 · 서비스업계가 "쉽고 올바른 우리말을 쓰자"고 캠페인을 앞다퉈 벌였던 게 벌써 5~6년 전 일이다. 2010년 한 항공사 회장이 임원 전체 회의에서 "'이쪽이십니다.' 같은 잘못된 사물 존칭 좀 그만 쓰라"고 이야기하면서 화제를 모았고, 이후 롯데 · 현대 · 신세계 등 백화점과 카페베네 같은 커피전문점, 경희대병원 같은 일부 병원에서 올바른 높임말을 팻말로 제작해 상담 창구나 매장 곳곳에 붙여놓은 적도 있다. 비슷한 시기에 현대카드를 비롯한 몇몇 카드 · 보험사도 ARS 직원들이 쓰는 말을 쉽고 정확한 말로 손보기도 했다.

그럼에도 기괴한 서비스 언어는 여전히 곳곳에 넘쳐난다. 최근 「넌 지금 그걸 말이라고 하세요.」라는 책을 쓴 아나운서 윤영미 씨는 "어려우신 부분이세요." "주문 도와드리겠습니다." "구매 가능하세요." 같은 말을 두고 "서비스업계 3대 바이러스 언어"라고 했다. "손님을 고객님으로 부르는 것과 비슷하죠. 손님도 고객도 모두 이미 높임말인데, 다들 여전히 고객님이라고 잘못 높여 부르잖아요. 안타깝게도 이런 잘못된 말은 전염성도 강해요. 금세 퍼지고 다들 습관처럼 받아들이죠."

서비스업계에서 흔히들 강조하는 소위 '쿠션언어'도 이상한 표현을 부르는 또 다른 요인으로 꼽힌다. 백화점 · 유통업체 직원에게 고객응대하는 법을 가르치는 서비스교육센터 강사 정수영 씨는 "손님이 뭘 물었는데 곧바로 "모른다." "안 된다"고 대답하면 항의를 듣기 마련이다. 그래서 '외람되지만' '죄송합니다만' '안타깝게도' 같은 말을 넣어가며 부드럽고 완곡하게 말해야 한다고 가르친다. 업계에선 그걸 쿠션언어라고 부른다"고 했다. 문제는 "쿠션언어를 쓰라"는 지침이 종종 지나치게 강조되다 보니 "안타깝게도 품절되어 구매가 힘드십니다" 같은 어색한 말까지 나오게 됐다는 것이다.

정씨는 "'지금은 물건이 없습니다' 같은 표현이 더 낫다고 아무리 얘기해줘도 현장에서 일하는 직원들은 이런 확실하고 단정적인 표현을 여전히 부담스러워하더라"고 했다. 올바른 높임법으로 대답해도 "존칭을 왜 안 쓰느냐"고 항의하는 사람들도 여전히 있다. C 커피전문점 세종로 점장으로 일하는 김선(31) 씨는 "'커피 나왔습니다'고 하면 '왜 반말하느냐'고 대뜸 화내는 사람들이 요즘도 가끔 있다. 그럴 때면 그냥 '커피 나오셨습니다'라고 말해야 하나 싶다"고 했다.

기업 차원 캠페인이나 교육만으로는 한계가 많다는 지적도 계속 나온다. 서울 시내 한 면세점에서 고객서비스(CS) 교육을 하고 있는 이모 씨는 "유통업계 특성상 직원들이 계속 바뀌다 보니 올바른 어법을 아무리 가르쳐도 새로 들어온 직원들은 틀린 말을 쓴다. 밑 빠진 독에 물 붓는 기분"이라고 말했다.

출처 : Chosun.com, 2017-08-26

사례 2 [망하지 않는 법] 무료 안주 '되'로 주면 …

점포는 살아 있는 유기체다. 고객의 구매충동지수는 시간과 계절, 날씨, 트렌드 등 외부환경과 매장구성, 상품 배열, 종업원 등 내부환경에 따라 수시로 변한다.

최근의 영업환경을 '대책 없는 공황(恐慌)'이라고 표현하는 업주가 많다. 조류인플루엔자(AI), 미국산 쇠고기 파동, 고유가, 인건비 상승, 원부재료비 상승, 공공요금 급등, 인력난 등 어느 것 하나 긍정적인 요소가 없다.

이런 불경기의 마케팅전략으로는 '관계'와 '권유'를 활용한 마케팅이 효과적이다.

"새로운 고객을 발굴하기보다 매장에 있는 고객에게 집중하라"는 말이 있다. 불경기 때는 새 고객을 목표로 하는 사은 및 판촉행사보다 단골고객을 타깃으로 한 서비스 개선전략이 효과적이라는 얘기다.

단골에게 집중하는 판매전략이 소비의 회전주기를 앞당기고, 판매 효율성도 높일 수 있다. 이른바 고객과의 관계에 집중하는 '관계 마케팅'이다.

흔히 고객은 목적성, 준목적성, 비목적성 구매고객으로 나뉜다. 전체 소비자 중 목적성 구매고객(정확한 구매 품목을 정하고 소비)은 15% 정도에 불과하고, 준목적성 구매고객(구매 품목군만 결정)은 35%, 비목적성 구매고객(즉흥 구매자)은 50%나 된다.

특히 외식업에서는 목적성 구매고객의 비율이 더 낮다. 따라서 메뉴의 내용과 맛에 대한 설명과 함께 '아주, 특별한, 신선한, 특선메뉴, 오늘의 추천 메뉴' 등의 수식어를 사용해 메뉴를 결정하지 않은 고객들의 심리를 자극할 수 있다.

이와 같은 '권유 마케팅'으로 당초 5,000원짜리 메뉴를 주문하려던 고객에게 6,000원짜리 메뉴 주문을 받아내는 것은 어렵지 않다. 세심한 설명과 권유로 1인당 구매액을 20% 정도 올릴 수 있다.

'덤'전략도 효과적이다. 주류전문점의 경우 테이블당 단가를 분석하면 평균 3명의 고객이 1시간 23분 동안 2만9,300원 정도의 매출을 올린다.

따라서 평균 고객 단가를 높이는 방법으로, 테이블 단가 3만5,000원 이상 고객에게 안주 무료서비스 이벤트를 하는 것은 어떨까? 서비스를 받으면 대부분 추가 주문으로 이어진다. 매출 증가와 고객 감동이 동시에 실현되는 셈이다.

고객은 늘 진화하고 이동한다. 하지만 구매를 결정하는 요소는 구매심리를 자극하고 소비금액 대비 만족을 충족시키는 방법, 다시 말해 마케팅의 힘임을 명심해야 한다.

출처 : 동아일보, 2008-06-05

참고문헌 Reference

01 김이태 · Chong S. K. Lee, 「고객관계관리」, 도서출판 대경, 2006, pp.64~65.

02 김근종, 「음식장사 신장개업 성공대작전」, 한국언론자료간행회, 1999, pp.165~166.

03 김이태 · Chong S. K. Lee, 「고객관계관리」, 도서출판 대경, 2006, pp.26~29.

04 김이태 · Chong S. K. Lee, 「고객관계관리」, 도서출판 대경, 2006, p.77.

05 김이태 · Chong S. K. Lee, 「고객관계관리」, 도서출판 대경, 2006, pp.78~79.

06 김근종, 「성공하는 사람은 매너가 다르다」, 한올출판사, 1999, pp.75~76.

07 김이태 · Chong S. K. Lee, 「고객관계관리」, 도서출판 대경, 2006, pp.79~80.

08 김형길 · 정구도, 「창업과 경영」, 두남, 2005, p.169.

09 (사)한국프랜차이즈협회, 「프랜차이즈 인적관리」, 2004, pp.314~318.

10 김근종, 「성공하는 사람은 매너가 다르다」, 한올출판사, 1999, p.35.

11 정윤아 역, 「창업사전」, 도서출판 중명, 1999, p.190.

12 정윤아 역, 「창업사전」, 도서출판 중명, 1999, p.190.

13 김이태 · Chong S. K. Lee, 「고객관계관리」, 도서출판 대경, 2006, pp.97~101.

Chapter 13

판매관리

제1절 | 판매의 기본동작과 구매심리단계

1. 판매의 기본동작

어떠한 상품의 판매에 있어서도 고객이 구매하기 전부터 구매할 때까지의 판매원의 접객순서에는 공통된 것이 있는데 이것을 '판매의 기본동작'이라고 하고 다음과 같이 9단계로 구분할 수 있다.

도표 13-1 | 판매의 기본동작

2. 고객의 구매심리단계

고객이 상품을 보고나서 구입할 때까지 판매원의 역할은 매우 중요하며, 그때그때 주의해야 할 점과 판매원의 역할을 고객의 구매심리단계를 나타낸 AIDA 모델과 연계하여 살펴보기로 한다.

도표 13-2 | 고객의 구매심리단계

제1단계	주의(attention)
제2단계	흥미(interest)
제3단계	연상(association)
제4단계	욕망(desire)
제5단계	기억(memory)
제6단계	비교 및 선택(comparison & choice)
제7단계	확신(conviction)
제8단계	구매(action)
제9단계	만족(satisfaction)

1) 제1단계 : 주의(attention)단계

주의단계는 구매심리단계에서 가장 중요한 단계이다. 주로 제품을 구입하고자 하는 고객 본인의 관심과 관계없이 진열을 잘하거나 특별한 디스플레이를 한 경우 눈에 띄어 주의를 갖는 단계이다. 따라서 고객의 구매의욕 유발을 위해 매장을 아름답게 꾸미고, 제품을 진열해야 한다. 고객의 주의를 끌기 위해서는 매장 내 머천다이징이 중요한데 청결하고 눈에 잘 띄는 진열, POP, 판촉물, 포스터 등의 효율적인 부착이나 배열을 필요로 한다. 이렇게 함으로써 고객은 주의를 기울이게 되고, 점포로 입장하거나 차후에 재방문할 것을 기약하게 된다.

이 단계에서의 판매원은 고객이 언제 오더라도 바로 응대할 수 있도록 준비를 갖추고 대기하고 있는 상태로서 밝은 표정과 예의바른 자세가 요구된다. 그리고 고객에게 시선을 주고, 필요한 때에는 고객에게로 이동을 한다. 이 대기상태를 판매원의 동작이나 태도 중에서 가볍게 볼 수도 있겠지만 대기상태가 고객에게 주는 영향은 매우 크다고 할 수 있다.

종업원의 대기자세에 대해 살펴보기로 한다.

(1) 바른 대기자세

① 양손은 앞으로 모으고 자연스런 자세로 쇼케이스로부터 약 10~20cm 떨어져서 담당하고 있는 곳을 한눈에 볼 수 있는 위치에 있는 것이 좋다.

② 고객의 움직임에 주의해서 언제라도 접근할 수 있도록 항상 주의하고 있어야 한다.

③ 고객을 감시하는 듯한 인상을 주지 말고 편안한 마음으로 상품을 관람할 수 있는 분위기를 만들어야 한다.

④ open case나 open display의 경우에는 특히 신경을 써서 고객에게 자신의 뒷면을 보이지 않도록 하여야 할 것이다.

(2) 좋지 않은 대기자세

① 종업원이 고객을 접하는데 피곤한 표정을 짓는 경우

② 피곤한 표정으로 앉아 있는 경우

③ 고객의 입장과 무관하게 동료와 수다를 떨며 통로에서 큰 소리로 이야기하는 경우

④ 화장을 하거나 책을 읽는 등 고객을 방치하듯 관심이 없는 태도

⑤ 고객의 옷차림, 인상 등을 쭉 훑어보고 팔짱을 끼고 허리에 손을 얹는 등 고객에게 실례가 되는 행동을 취하는 것이다.

2) 제2단계 : 흥미(interest)를 갖는 단계

고객이 제품에 대해 관심 혹은 흥미를 갖게 되면 고객은 이때 상품에 대한 추가적인 정보를 원하는 것이다. 흥미를 갖는 이 단계는 판매원이 고객에게 접근하여 제품설명을 해주는 단계인데 성공하면 판매의 70%를 달성한 것이나 다름없다고 할 수 있다. 노련한 판매원의 우수성은 이때 나타난다. 먼저, "고객이 무엇을 원하고 있는가?"를 파악해야 한다. 그렇다고 고객에게 성급하게 접근해서는 안 되며 고객이 어떤 상품에 주목을 하게 될 때 비로소 접근을 하도록 한다. 또한 필요시 신속한 제품제시를 위해서는 제품진열의 중요성이 부각된다.

이 단계에서 판매원은 고객 가까이 접근해 웃는 얼굴로 성심껏 "어서 오세요", "무엇을 도와드릴까요?", "찾으시는 물건이 있으세요?"라고 밝은 인사를 해서 친밀감을 준다. 그리고 만약 고객이 쇼핑 중에 동종의 다른 물건을 찾을 경우에는 신속하게 제시해주어야 한다. 이때 제품제시는 가급적 3초 이내가 좋다.

3) 제3단계 : 연상(association)단계

연상단계는 고객이 흥미를 갖는 단계의 연장으로서 고객은 제품과 관련하여 내가 입으면 어떨까?, 불편하지는 않을까?, 너무 유행에 튀는 것은 아닐까? 등의 여러 가지 생각을 하게 된다. 즉, 상품을 뒤적이면서 본인이 사용했을 때나 착용했을 때를 연상해보는 단계이다.

이 단계에서의 판매원의 대응은 구매결정에 많은 영향을 미친다. 일단 판매원은 고객이 상품을 마음껏 선택할 수 있도록 도와주고, 고객이 경계심을 갖지 않도록 공손한 인사와 함께 접근을 하여 상품을 제시한다. 또는 제품의 용도나 사용되는 상황을 설명하고 머릿속에 장면을 상기시켜준다. 그러나 상품을 제시한다고 해서 그냥 보이기만 하면 안 되고 고객의 욕망을 파악하여 구매로 연결시키는 능숙한 제시가 필요하다. 그리고 고객이 어떤 상품을 선택할 정도로 매혹되었다면 이미 판매는 성사된 것이라고 볼 수 있다.

4) 제4단계 : 욕망(desire)단계

욕망단계는 고객이 여러 가지 생각들을 연상한 후 자신의 니즈(needs)와 일치할 경우에는 그 상품을 원하게 된다. 그리고 자금사정을 고려하여 가격표를 주시하거나 질문을 하게 된다. 또한 욕구충족을 위한 설명을 요구하기도 한다.

이 단계에서의 판매원은 제품의 가격 · 디자인 · 기능을 비교 · 검토해서 장점 등을 설명하고, 고객이 구매하고 싶은 욕망을 느끼도록 자극을 주어 구매결정으로 이끌어 나가야 한다. 또한 시험사용의 기회를 제공해주어 더욱 제품에 대한 친밀감과 확신을 갖도록 한다. 이때 상품설명이란 고객이 물어보고 싶어 하는 것을 신속히 파악하여 정확히 설명을 하는 것으로 같은 상품이라도 고객에 따라 설명 방법은 달라진다.

5) 제5단계 : 기억(memory)단계

기억단계에서의 고객은 제품에 대하여 욕망을 느끼면서도 또 다른 제품에 대한 기억을 해내 "이전에 눈여겨 보아둔 제품은 없을까?", "TV광고에서 보았던 옷은 무엇이었을까?" 등을 생각한다.

이 단계에서의 판매원은 동종 경쟁상품과 그것에 관련된 정보 등을 알고 있어야 적절하게 대응할 수가 있다. 고객에게 제품의 필요성을 확인시켜준다.

6) 제6단계 : 비교 및 선택(comparison & choice)단계

비교 및 선택단계의 고객은 "이 제품이 괜찮기는 한데 좀 더 좋은 것이 없을까?", "가격이 더 저렴한 것은 없을까?", "다른 매장은 어떨까?" 등의 형태로 비교 · 검토하게 된다.

이 단계에서의 판매원은 제품설명으로 고객을 설득하는 단계이다. 타제품과 비교하여 설명을 하되 경쟁제품을 헐뜯지 말고 차이점을 명확히 제시한다. 고객의 니즈에 잘 맞춰 제품의 특 · 장점을 강조하면서 설명한다.

7) 제7단계 : 확신(conviction)단계

확신단계에서의 고객은 마음속으로는 이미 결정을 하고서도 다시 움직이면서 다른 물건을 만져보거나 질문을 하는 단계, 즉 비교 · 검토과정을 거쳐 "그래, 이거면 좋겠다"라는 결심을 하게 되는 과정이다. 즉, 고객은 이미 이 제품이 자신에게 제일 적합하다고 확신하는 단계이다.

이 단계에서의 판매원은 이때를 놓치지 않고 고객의 심리상태를 파악하여 구매단계로 이끄는 것이 포인트이다. 판매원은 제품의 장점, A/S 등을 강조하여 제품결정을 촉구하고 칭찬화법을 활용하여 고객 스스로 선택을 결정했다고 생각하게 한다. 또한 강력한 암시로 판매원과 제품에 반하게 되면 다음 단계인 구매로 연결시킨다.

8) 제8단계 : 구매(action)단계

구매단계는 고객이 드디어 "이것으로 구매하겠어요"라고 말하는 단계이다. 이 단계에서의 판매원은 고객에게 감사하는 마음으로 "얼마 받았습니다." 가격을 확인하고 "얼마입니다", "얼마 받았습니다"라고 말한다. 그 후 구매 물건의 포장 혹은 배달을 문의하여 처리한다. 이때 고객이 구매결정한 제품에 대해서는 더욱 신중하게 취급해야 한다. 왜냐하면 고객이 구매결정과 동시에 그 제품은 자신의 물건이라고 느끼기 때문이다. 이때부터 대금수령, 입금 및 거스름돈과 영수증의 지급, 포장, 제품인계 등을 고객의 입장이 되어 신속 · 정확하게 처리하여야 한다. 이때까지 고객은 자신이 선택한 구매결정에 대해서 아직 불안해하고 있으므로 판매원의 어설픈 행동은 고객의 불안한 심리를 부추겨 구매의 마음을 되돌릴 수가 있기 때문이다.

유능한 판매원이라면 서제스트 세일(suggest sale)을 유도함으로써 고객이 잊었던 것을 구매하게 할 수도 있고 또 매출도 향상시킬 수 있다. 서제스트 세일의 방식으로는 구매상품에 관련된 상품소개 및 신제품, 특매품 등의 특별행사내용을 소개해주는 것이다. 이때 주의해야 할 것은 고객이 필요 없다고 하는 것을 무리하게 권하는 태도는 반드시 피해야 한다.

고객에게서 돈을 받거나 거스름돈을 내어줄 때에 금액을 소리 내어 확인하는 것은 매우 중요하다. 대금수수 시 착오가 생기면 곤란한 것은 종업원이고, 고객에게는 불편감, 불쾌감을 주기 때문이다. 따라서 반드시 복창하는 습관을 가져 착오가 발생하는 것을 미연에 방지하도록 해야 한다.

한편, 고객이 구매한 제품이 불량일 경우 점포의 신용을 떨어뜨리므로 대금수수가 끝나면 고객이 구입한 상품을 다시 한 번 점검해서 상품의 더러운 곳, 손상된 곳의 유무, 세트상품에서는 빠진 것이 없는지 그리고 봉제상태는 좋은지 등을 확인하고 고객이 원하는 대로 처리해준다.

포장은 판매에 있어서 최후의 마무리이면서 상품을 보호하는 역할을 하므로 확실하고 튼튼하게, 또한 점포선전에 도움이 되므로 아름답게, 그리고 고객을 오랫동안 기다리지 않도록 신속하게 한다. 포장이 완료된 상품을 고객에게 전해줄 때는 고객이 받기 쉽게 두 손으로 전해준다. 이때 다시 한번 "감사합니다", "잊지 말아 주세요"라고 말하며 고객이 구매한 상품을 손에 들었을 때 만족감을 느낄 수 있도록 노력한다.

많은 물건을 구매했을 때는 물건을 들어다주며, 또한 매장이 한가할 경우에는 매장 앞까지 가서 "감사합니다", "다음에 또 들러주세요" 또는 "안녕히 가세요", "또 오세요" 등의 인사를 감사의 마음을 담아서 밝은 표정으로 한다. 이때 두고 가는 물건이 없는지 챙겨주는 것도 중요하다.

9) 제9단계 : 만족(satisfaction)단계

마지막 단계인 만족단계에서의 고객은 구매하기를 잘했다는 생각을 갖는다. 따라서 고객은 구매 후에 만족감과 안도감을 느끼며 자신의 구매행위를 정당화하려고 한다.

이때 판매원은 고객의 희망대로 잘 구매하였고 안목이 높다는 것을 암시해준다. 왜냐하면 구매 후라 해도 만족에 변화가 일어나면 구매를 취소하는 경우도 발생하기 때문이다.

이와 같이 고객의 구매 심리단계별로 판매원이 대응해야 할 마음가짐이나 대응행동을 이해하는 것은 그리 어렵지 않다. 그러나 현장에서 활용이 잘 안 되는 이유는 소비자의 심리변화가 눈에 잘 띄지 않거나 2~3개의 단계가 동시에 진행되며 짧은 시간 안에 변화해서 눈치채기가 어렵기 때문이다.

따라서 판매원은 고객을 유심히 관찰하고 판매기술을 부지런히 몸에 익혀 고객을 보는 안목을 키워나가야 한다.

3. 고객의 구매행동 특성

고객은 니즈 혹은 욕구충족을 위한 제품구매에서 구매행동 특성을 갖고 있는데, 이것을 마케팅에 활용하면 높은 성과는 물론 고객충성도 증대에 큰 영향을 미칠 것이다.

고객의 구매행동 특성에 대해 구체적으로 살펴보면 다음과 같다.[01]

1) 반복 · 애용의 법칙

고객은 자신이 선호하는 제품이나 서비스에 대해 만족하게 되면 반복 · 애용하는 습성이 있으며, 보다 우호적인 가치인식을 통해 자신도 모르게 충성도를 향상시키는 경우가 많다. 고객만족은 "고객의 욕구와 기대에 부응하여 그 결과로서 상품과 서비스의 재구매가 이루어지고 고객의 신뢰감이 연속되는 상태" 또는 "선택된 대안이 구매 전 신념과 일치한다는 평가"를 의미한다.[02]

2) 교환 · 폐기 · 처분의 원칙

고객은 안전, 이미지관리, 새로운 것에 대한 기대감, 기대가치의 향상 등 여러 가지 이유로 인해 이전의 것을 교환 · 폐기 또는 처분하려는 습성이 있다.

3) 비교 · 평가의 원칙

고객은 때로는 충동구매를 하기는 하지만 일반적으로 구매이전에 제품의 특성,

가치, 성능, 디자인, 구입 후의 가치 등에 대하여 실제적인 이익 등을 고려하는 경우가 많다.

4) 구전에 의한 구매의욕 상승효과

과거에 특정제품을 즐겨 사용하던 고객이 추천 또는 우호적인 구전(口傳)을 발휘한다면 고객관계관리는 매우 높게 상승한다. 즉, 다른 사람들의 칭찬과 인정, 옹호는 구매행동에 결정적인 영향을 미친다.

5) 광고와 고객행동과의 관계

광고가 고객의 구매행동이나 반응에 어떻게 관련되는지를 알면 특정제품이나 서비스에 대한 광고를 제작하여 활용하고자 할 때, 고려해야 하는 요인들이 무엇인지를 알 수 있다.

예를 들어, 신제품인지, 고가품인지, 기호품인지, 희귀제품인지 등의 제품 특성과 주로 사용하는 고객이 여성인지, 20대인지, 직장인인지 아니면 특정지역에 거주하는 고객인지 등의 고객 특성과 함께 경쟁제품 간의 차이를 알고 있는지, 구매하기는 편리한지 등의 시장상황을 함께 고려할 수 있다.

6) 고객행동의 미래 예측분석

고객이 여러 제품이나 서비스 중에서 특정제품의 선정과 관련되는 일련의 변수를 파악할 수 있다면, 인간의 행동을 이해하게 되고 나아가 행동을 예측할 수 있다.

제2절 | 판매와 마케팅

1. 판매의 개념 및 마케팅

1) 판매(selling)의 개념

판매란 시장에서의 경쟁이 증가하면서 시장상황이 수요가 공급보다 많은 판매자시장에서 공급이 수요를 초과하는 구매자시장으로 바뀌면서 생겨났다. 기업은 영업활동이나 촉진활동을 하지 않는다면 소비자는 기업의 제품을 구매하지 않을 것이라는 사고하에서 영업 혹은 촉진활동을 수행하고 있다. 그러나 소비자들의 기호나 욕구충족을 위한 제품생산이 아니라 기업이 생산한 제품을 소비자에게 판매만을 목표로 한 생산판매는 일시적 이익창출을 만들어낼 수 있다. 그러나 장기적으로는 기업에 긍정적인 영향을 미치지 못하는 결과를 야기할 수 있다. 즉, 고객만족을 통한 매출액 증대와 이익창출만이 기업의 경영성과에 기여할 것이다.

2) 마케팅의 개념

미국 마케팅학회(AMA)는 마케팅이란 "고객, 클라이언트, 파트너, 그리고 사회 전반에 걸쳐 가치를 갖는 제공물을 창출하고, 커뮤니케이션하고, 전달하고, 교환하는 행위, 제도 그리고 프로세스이다"라고 정의하고 있다. 이 정의는 첫째, 마케팅은 개인 및 조직의 목표인 니즈(needs)와 욕구를 만족시켜야 한다. 둘째, 마케팅은 가치의 교환활동이다. 셋째, 마케팅의 대상은 어느 특정한 것이 아니라 포괄적 대상을 갖는다. 넷째, 마케팅은 4p's(제품, 가격, 촉진, 유통)의 수단을 이용한다. 다섯째, 마케팅은 관계적 교환관계이며 일련의 과정을 통해 이루어진다.[03]

2. 판매와 마케팅의 차이[04]

판매와 마케팅은 [도표 13-3]과 같이 엄연히 구분된다. 창업에서 판매와 마케팅의 개념을 명확히 하여 성공적인 창업으로 나아가야 할 것이다.

도표 13-3 | 판매와 마케팅의 차이

구분	판매개념	마케팅개념
기업의 목적	판매량 증대를 통한 이윤창출	고객만족 증대를 통한 이윤창출
목표고객	불특정 다수의 모든 고객	구체적인 목표고객
기업의 수단	판매와 촉진	통합 마케팅과 기업 간 공생체제 구축
기업의 초점	기존제품의 판매	고객욕구 기반의 제품 판매
출발점	공장	시장

제3절 | 판매저항 처리

1. 판매저항의 의의 및 유형

1) 판매저항의 의의

판매활동은 고객으로부터 거절, 저항 또는 망설임을 당했을 때부터 시작된다. 판매저항이란 재품구매에 있어서 고객의 망설임, 거절행위, 저항심, 갈등, 불안감 등을 판매저항이라고 한다. 고객이 제품 구매를 위해 평가 · 검토하는 구매 의사결정과정에서 갖게 되는 불안, 갈등의 표출로서 판매원을 향한 반대심리이다. 판매저항을 가지고 있다는 것은 고객이 제품에 관하여 흥미와 관심이 있다는 표시이고 그것은 곧 구매의사를 가지고 있다는 것을 의미한다.

따라서 판매활동이란 "고객의 불안, 갈등, 저항 등을 유효 적절히 대응하고 관리하는 과정"이다. 판매저항을 하나하나 제거해 가면서 고객의 구매를 지원해 나가는 과정으로서 이를 판매저항의 처리라고 한다.[05]

2) 판매저항의 유형

(1) 판매저항의 유형

① 변명의 형태를 지닌 저항 : 고객에게는 특별한 필요성이 없으므로 판매원과 진지하게 대응할 생각이 없는 상태에서 나오는 저항이며 변명이다. 판매원의 진지한 노력에 의해 충분히 제거될 수 있는 판매저항이다.

② 구실의 형태를 지닌 저항 : 고객이 자신의 주장을 고집하려고 여러 가지 말을 해오지만 참다운 의미를 잘 알 수 없는 형태이다. 그러나 구실은 진짜 이유와 연결되어 있으므로 판매원은 적극적인 경청법을 활용하여 고객의 참다운 이유를 알아내고 저항을 제거하여야 한다.

③ 무언의 형태를 지닌 저항 : 가장 까다로운 판매저항의 형태이다. 고객이 막연한 이유를 말한다던가 말없이 그대로 있는 경우이다. 이런 경우는 질문법을 활용하여 대답을 유도하여야 한다.

④ 질문의 형태를 지닌 저항 : 가장 근거 있는 진정한 판매저항이다. 판매원은 고객이 제기하는 문제점에 대하여 자신 있게 답을 밝히고 고객 입장에서 문제해결에 앞장서야 한다.

(2) 성격유형별 판매저항

성격유형에 따른 판매저항은 [도표 13-4]와 같이 분류가능한데 판매원은 판매저항을 사전에 예측할 수 있어야 한다. 그리고 판매저항별 대응기법을 숙지하여 자연스럽게 대응할 수 있도록 노력해야 한다.

∷ 도표 13-4 | 판매저항의 종류

판매저항의 종류	구체적인 사례
불결단에 의한 저항	• "생각해 봅시다." • "설명 잘 들었습니다."
이해부족에 의한 저항	• "사용한다고 해도 특별한 것은 없어 보이는데 …" • "이 상품 말고도 같은 것이 있지 않습니까?"
혐오감에 의한 저항	• 싫다(판매원, 회사, 상품에 대해). • 어쩐지 마음에 들지 않는다.
가격에 대한 저항	• "10% 싸게 산다면 생각해봅시다." • "다른 곳보다 비싼데 …"
시간에 의한 저항	• "지금은 바쁘고 다음에 …" • "빨리 다른 곳에 좀 가보아야 하기 때문에 …"
불안에 의한 저항	• "다른 것도 알아보고 삽시다." • "실제로 사용하려면 불편하겠는데?"
불필요에 의한 저항	• "얼마 전에 구입했기 때문에 집에 남아 있어요." • "다른 곳에서 구입을 해서 쓰고 있어요."
불가능에 의한 저항	• "좋다는 것은 알지만 돈이 부족해서요." • "요즈음 같은 불경기에 …"

2. 판매저항의 처리방법

효과적인 판매저항 처리를 위해서는 판매저항의 내용을 정확히 이해하고 상황에 맞는 처리방법과 기본적인 자세를 익혀 두는 것이 좋다. 그렇지 않을 경우 판매원은 판매저항에 부딪히면 당황하거나 포기하게 된다. 판매저항의 처리방법에 대해 살펴보면 다음과 같다.[06]

1) 판매저항 처리방법의 기본

① 판매저항의 처리는 판매원으로서 본연의 임무이다. 고객이 말하는 사실에 귀를 기울이고 진지하게 상대방의 저항과 반대에 응답해야 한다.

② 진지한 반론은 오히려 제안과정의 일부라고 말할 수 있다. 반론에는 마음속

으로부터 환영하여 적극 경청할 만큼의 진지함이 있어야 한다.

③ 고객의 반대의견의 근거나 진의를 가능한 한 빨리 파악하도록 해야 한다.

④ 반론은 고객의 입장에 서서 듣고 고객이 생각하고 있는 방향에 따라 생각해 주며 시종 성실히 처리해 나가야 한다.

⑤ 고객의 저항에 대하여 논쟁을 해서는 안 된다. 논쟁으로 판매상담을 성공시킨다는 것은 불가능에 가깝다.

⑥ 고객의 반론을 과소평가하는 것, 경시하는 것, 무시하는 것은 판매를 포기하는 것이다. 그렇다고 고객의 반론을 불필요하게 확대 해석하여 미리 겁을 먹고 판매를 포기하는 것도 어리석은 것이다.

⑦ 진지한 저항은 즉시 해명해야 한다. 신속한 해명 없이 판매를 기대할 수 없다.

⑧ 반론에 대해 임의로 해석하거나 추측하는 것은 피해야 한다. 또한 지나치게 말을 많이 하지 않도록 주의해야 한다.

⑨ 성공적인 저항 처리를 위해서는 충분한 전문지식을 바탕으로 관련된 정보를 풍부하게 갖고 있어야 하기 때문에 판매원은 항상 공부하는 자세가 요구된다.

⑩ 판매저항은 대체로 사전에 예측가능한 것들이다. 그러므로 사전에 대응방법을 준비해 두어야 한다. 이것이 바로 생각하는 영업이고 생각하는 영업은 면담 중에 항상 주도권을 잡을 수 있게 해준다.

2) 가격에 대한 저항 처리

판매활동 중에 가장 많이 부딪히는 저항은 가격에 대한 저항이다. 회사의 판매원들은 "우리 회사의 제품은 가격이 지나치게 높다"는 말을 많이 한다. 그러나 판매원은 단순한 물품전달자나 제품의 가격만을 판매하는 사람이 아니라 제품의 이익, 가치, 효용을 판매하는 전문가이다. 따라서 가격의 저항을 이겨내는 방법을 연구하고 충분히 연습을 해두어야 한다.

(1) 가격저항의 원인

가격저항은 판매원이 고객에게 제품의 필요성을 충분히 인식시키지 못했을 때 그리고 동일한 제품을 다른 곳에서 더 싸게 구입할 수 있을 것이라고 생각하고 있을 때 나타난다.

(2) 가격저항 처리방법

① 사전 마음의 준비 : 고객은 언제나 가격이 너무 비싸다며 저항하는 것으로 보고 대처해야 한다. 이에 대한 저항처리는 제품의 이점에 비해 가격이 적정하다거나 싸게 생각하도록 유도하는 노력을 기울여야 한다.

② 가격에 대한 신뢰성 : 판매원이 가격에 대한 신뢰성을 갖지 못하면 판매저항을 극복할 수가 없다. 판매원이 가격에 대하여 조금이라도 흔들리면 가격저항의 처리는 실패로 돌아간다. 따라서 판매원은 제품의 가치분석을 충분히 검토하고 또한 관계자의 의견을 들어 제품에 대한 매력과 확신은 물론 가격에 대한 확실한 신뢰감을 갖고 있어야 한다.

③ 가격보증 데이터의 준비 : 가격이 적정하다는 사실을 입증할 수 있도록 준비해 두는 것도 좋다. 필요시 자료에 의한 가치의 증명은 상당한 설득력을 갖는다.

④ 가격제시의 타이밍 : 보통 가격을 거론하는 것은 제품에 관한 이야기가 끝나가는 시점이다. 가격은 고객이 제품의 이익이나 가치 등을 납득한 후에 제시하는 것이 효과적이다.

⑤ 제품 효용으로서의 가격 : 제품이 고객의 필요성을 충족시킨다는 사실을 알려 고객과 판매자가 이익을 공유한다는 인식을 갖도록 한다.

⑥ 가격만을 생각하는 고객응대 : 제품설명 중에 암시적으로 선수를 쳐서 "이 제품은 결과적으로 싸게 구입하시는 것입니다"라든가 또는 제품의 경제성을 고객의 실정에 맞도록 구체적으로 설명해준다.

⑦ 고객이 최초의 말로 가격을 거론할 경우 : 고객이 접근단계에서부터 가격을 이야기하고 나오면 다른 질문을 하는 식으로 화제를 바꿔 나가면 좋다.

(3) 가격을 깎는 경우의 응대방법

가격을 깎는 고객을 무시한다든지 품위가 낮다고 생각하고 상대조차 하지 않으려고 하는 것은 판매원의 잘못이다. 최근에는 유통업의 현대화로 가격을 흥정하는 경우가 거의 없어졌으나 고객 중에는 커뮤니케이션을 즐기는 방법의 하나로 가격을 깎아서 상품을 사는 경우가 있다.

첫째, 가격을 깎는 고객은 제품을 구매하려는 고객이다.

제품을 구매할 의향이 없으면 가격을 깎지 않는다. 그런데 대체로 판매원은 "싸게 팔면 사지 않을 고객"이라고 단정을 내리고 고객응대를 소홀히 하게 된다. 이것은 판매원의 실수이다. 가격을 깎아주지 않더라도 그 제품의 매력이나 장점을 충분히 어드바이스함으로써 제품의 가치를 높이려는 노력이 바람직하다.

둘째, "깎아 달라"는 것은 판매원의 서비스부족이라고 생각한다.

상품의 가치란 상품 자체의 원가만으로 결정되는 것이 아니라 매장 분위기, 판매원의 서비스 등이 부가되어 높아지는 것이다. 예를 들어, 동일한 커피이지만 호텔커피숍의 커피가격과 일반커피숍의 커피가격이 차이가 나는 경우를 생각해보라. 고객이 깎아 달라고 하는 것은 판매원의 서비스라는 부가가치를 느끼지 못하는 고객의 이야기라고 볼 수 있다.

셋째, "깎아 달라"의 본질을 파악한다.

가격할인을 요구하는 고객에게 "만일 그 제품이 비싸다면 소재가 약간 다른 이 제품은 어떻습니까?"라고 권하는 판매원이 있다. 틀린 말은 아니지만 잘못된 대응이다. 등급이 낮은 제품을 원하면 가격을 깎아 달라고 하지 않고 "좀 더 싼 것 없습니까?"라고 할 것이다. 이때에는 "역시 고객께서는 안목이 있으시군요? 분명히 가격은 약간 비싸지만 품질이 뛰어나고 수명도 길어 약간의 무리를 해서라도 사시는 것이 결과적으로 이익이라고 생각합니다"라고 권하는 것이 효과적이다.

제4절 | 촉진

1. 촉진의 의의, 목적 및 믹스

1) 촉진의 의의

촉진(promotion)활동이란 “각종 다양한 커뮤니케이션방법을 동원하여 구매자를 설득하는 과정의 제반형태”이다.[07]

2) 촉진의 목적

촉진활동의 목적은 다음과 같다.

첫째, 정보제공을 목적으로 한다. 특히 제품수명주기의 도입기에서 자사제품을 잠재고객에게 알리기 위해 촉진활동을 매우 활발하게 전개하는데 이는 신제품에 대한 본원적 수요증대를 이룩하기 위해서이다.

둘째, 촉진활동은 소비자의 태도나 행동을 수정하거나 현재의 태도나 행동을 강화하기 위해 행해지기도 한다. 예를 들면, ‘기아차’가 아니라 ‘현대차’를 구매하도록 설득한다든가 이미 ‘삼성TV’를 사용하는 사람에게 계속해서 ‘삼성TV’를 사용하도록 설득하는 방법이다. 설득은 기업이 구매를 자극하기 위해 설계되며 이는 대개 제품수명주기상 성장기에 들어갈 때의 촉진방법이다.

셋째, 촉진활동으로서의 회상은 자사제품을 소비자에게 포지셔닝시키기 위하여 설계되는데 제품수명주기상 성숙기의 촉진방법이다. 회상적 촉진은 소비자들이 제품 효익(benefits)에 대해 이미 알고 있다는 가정하에 기억을 되살리는 촉진형태이다.

2. 촉진믹스

창업에 있어서 좋은 아이템, 적정가격, 유통망이 잘 갖춰진 제품이나 서비스라 할지라도 효과적인 촉진활동이 뒷받침되지 않으면 성공창업으로 갈 수 없다. 촉진활동은 잠재고객의 의견에 영향을 미치고 그들의 반응을 이끌어내기 위하여 정보를 제공하고, 설득하며, 상기시키는 커뮤니케이션이다.

촉진전략은 촉진수단을 적정하게 활용하기 위한 계획을 말하는데 촉진전략은 표적시장에 도달하기 위해서 주로 광고, 공중관계, 인적판매, 판매촉진 등의 4가지 수단을 이용한다. 이러한 수단들의 결합을 촉진믹스라고 하는데 촉진믹스에 대해 살펴보기로 한다.

1) 광고

(1) 광고의 의의, 특성 및 기능

가. 광고의 의의

1948년 미국마케팅학회(AMA)의 정의위원회는 "광고란 확인된 광고주에 의하여 아이디어, 제품 및 서비스의 비인적 제시 및 촉진을 유상형식으로 하는 것이다"라고 정의하였다.

나. 광고의 특성

광고는 잠재소비자들과 제품의 효익에 대한 커뮤니케이션을 가지는 마케팅활동 중의 하나이다. 광고는 궁극적으로 상품의 교환과정을 전개함으로써 더 많은 판매량과 더 강한 경쟁적 지위를 성취하는 임무를 맡고 있다. 광고는 다양한 형태와 용도가 있기 때문에 그 특성에 관한 일반화가 어렵지만 일반적으로 다음과 같은 특징을 지니고 있다.[08]

① 대중적 제안 : 광고는 고도로 대중성을 띠는 커뮤니케이션형태이므로 당해 제품에 합법성을 부여하고 표준적인 제품임을 알려 준다. 많은 사람들이 동

일한 메시지를 여러 번에 걸쳐 접하게 되므로, 그 제품을 구입하는 것이 널리 인정을 받고 이해될 수 있다는 느낌을 갖게 한다.

② 침투성 : 광고는 동일한 메시지를 여러 번 되풀이할 수 있는 침투성이 높은 촉진매체이다. 또한 소비자들 입장에서도 여러 경쟁사들의 메시지를 수용하고 비교해볼 수 있게 한다. 대규모 광고를 하는 기업의 경우에는 기업의 규모, 대중성 및 성공에 대한 긍정적인 측면을 보여줄 수 있다.

③ 높은 표현력 : 광고는 인쇄물, 소리, 색상 등을 예술적으로 활용하여 기업과 제품들을 극화할 수가 있기 때문에 매우 높은 표현력을 가지고 있다.

④ 비인적 판매 : 광고는 기업의 판매원과 같은 추진력이 없으며, 청중들이 주의를 기울이거나 반응해야 할 의무감을 느끼지 않는다.

다. 광고의 기능

① 소비자와의 의사소통 : 경제규모가 커지고 구조가 복잡해짐에 따라 소비자들은 다양한 상품, 서비스에 관한 정보를 손쉽게 획득할 수 있기를 바란다.

② 설득 : 광고는 소비자들에게 단순히 제품에 관한 정보를 제공하는 것뿐만 아니라 소비자들로 하여금 제품이나 서비스를 구입하도록 자극, 설득하는 역할을 수행하게 된다.

③ 경제발전에 공헌 : 광고는 기업이 신제품 소개나 새로운 고객 확보를 하는 측면에서 시장의 범위를 확대시켜주고 결과적으로 경제발전에 공헌하게 된다. 또한 공익광고는 사회적으로 바람직한 행동이나 이념을 사회구성원들이 받아들이도록 설득함으로써 사회복지에 기여한다.

④ 변화의 촉매제 : 광고에 합리성이 깃들어 있을 경우 광고에 노출된 소비자들의 인식에 변화를 주게 되고, 소비자들의 생활수준에 변화를 가져오게 된다. 특히, 개발도상국의 경우 광고가 사회변화의 촉매제 역할을 하게 된다.

(2) 광고의 종류

광고는 기능별, 지역별, 대상별, 소구내용별, 소구유형별, 수요별, 커뮤니케이

션 스펙트라별, 인상 · 설득별, 광고매체별, 제품수명주기별 광고로 구분할 수 있다.[09]

도표 13-5 | 광고분류별 광고

분류	광고
기능별 분류	장기직접행동광고, 단기직접행동광고, 간접행동광고
지역별 분류	전국광고, 블록광고, 소매광고
대상별 분류	소비자광고, 산업광고, 유통광고, 전문광고, 농업광고
소구내용별 분류	상품광고, 기업광고
소구유형별 분류	감정광고, 이유광고
수요별 분류	기본적 수요광고, 선택적 수요광고
커뮤니케이션 스펙트라별 분류	지명광고, 이해광고, 확신광고, 행동광고
인상 · 설득별 분류	인상광고, 설득광고
광고매체별 분류	인쇄광고, 방송광고, 옥외광고, 교통광고, 영화광고, 직접우송광고(DM), 신문전단광고, 전단광고, POP광고, 특수광고, 기타광고
제품수명주기별 분류	도입직전기광고, 도입기광고, 성장기광고, 성숙기광고, 쇠퇴광고

도표 13-6 | 광고매체별 장 · 단점

수단	장점	단점
TV	• 시청대상이 넓다. • 반복이 가능하다. • 지역별 선정이 가능하다.	• 비용이 많이 든다. • 주고객층을 정확히 맞출 수 없다.
라디오	• 청취자의 선정이 가능하다. • 가격이 싼 편이다. • 최신의 정보가 가능하다.	• 전달사항이 순간적이다. • TV에 비해 다수에게 전달이 불가능하다.
지역신문	• 비용이 저렴하다. • 반복광고가 가능하다.	• 광고의 수명주기가 짧다.
잡지	• 주고객층 선정이 용이하다. • 신문보다 광고수명이 길다.	• 특정지역만의 광고가 어렵다.

전단지	• 광고비용이 저렴하다. • 특정지역광고가 가능하다. • 자세한 설명이 가능하다.	• 광고수명이 짧다.
야외광고판/벽보	• 간단한 광고의 경우 광고 전달이 빠르다.	• 광고내용 전달에 한계가 있다. • 지역환경을 해친다.

(3) 소자본 창업에서 이용가능한 효과적인 광고

만약 소자본을 투자하여 창업할 경우 창업에서는 영업범위가 좁고 자금도 부족하기 때문에 '저비용 고효율'의 홍보계획을 세워 판매촉진전략을 진행해야 한다. 소자본 창업자들이 활용할 수 있는 홍보전략을 제시하면 다음과 같다.

가. 저렴한 홍보전단지 활용

소자본 업종의 경우 홍보는 벽보 등의 옥외광고 또는 전단지를 활용하는 것이 좋다. 지역적 제약성 및 대상 고객의 한정성으로 인해 많은 예산을 투자하여 TV 혹은 라디오를 이용할 필요는 없다.

나. 장기적 효과를 노릴 수 있는 이벤트 개최

이벤트는 소자본 점포운영에 있어서 효과가 오래 지속되는 판매촉진수단의 하나이다. 따라서 창업초기에는 전문도우미를 동원하는 이벤트 행사도 효과적이다.

다. 단골고객 확보에 효과적인 포인트 마케팅 실시

단골고객에게 이용금액, 이용횟수 등의 실적에 따라 보상을 해주는 포인트마케팅을 실시한다.

라. 즉각적인 구매욕구를 자극하는 POP광고

POP광고는 점두나 계산대 등에 전시, 즉각적인 구매욕구를 자극해 상품구매로 연결시키려는 판매촉진수단이다. 쉽게 말해 점포 안에서 활용하는 매장광고물이다. 주로 슈퍼마켓 등에서 가격이 저렴한 신상품을 판매하는 데 이용됐지만 최근에는 음식점에서도 새롭게 개발된 메뉴나 기획상품 판매를 위해 냅킨꽂이나 메뉴판 등을 이용, 주문이 이뤄지는 테이블 위에서 구매시점광고를 적극 활용하고 있다.

마. 인터넷 홍보

인터넷 이용률이 높아지면서 인터넷이 새로운 홍보수단으로 각광을 받고 있다. 인터넷을 이용한 정보획득이 용이함에 따라 사업의 종류에 따라서는 인터넷을 이용한 마케팅전략이 요구되기도 한다. 인터넷이나 홈페이지를 이용해 상품이나 사업을 소개하는 경우 저비용으로 많은 사람들에게 전국적인 홍보가 가능하기 때문에 효과적일 수 있다.

바. 전화번호부를 이용

고객들은 자신이 원하는 상점에 대한 정보를 전화번호부를 이용하여 획득한다. 따라서 전화번호부를 이용한 광고도 저렴한 가격으로 유용한 광고수단이 될 수 있다. 전화이용 홍보는 수신자 부담인 080서비스나 전국단일번호서비스인 1588, 또는 기억하기 쉬운 전화번호 확보 등으로 효과를 볼 수 있다. 그리고 자주 찾아오는 고객들에게 가벼운 이벤트를 마련해 문자메시지를 보내면 예상 외로 높은 효과를 볼 수 있다.

한편, 소자본 창업에서 효과적으로 사용가능한 광고전단 배포와 작성에 대해 자세히 살펴보기로 한다.

가. 광고전단을 배포하는 방법

광고전단을 배포하는 방법에는 신문 사이에 끼워 넣는 방법, 거리에서 전단을 나누어주는 방법, 직접 가정으로 방문하여 배포하는 방법 등이 있는데 여러 가지 방법 중에서 어떤 것을 선택할 것인지, 모든 방법을 병행해 갈 것인지는 업종이나 상권을 고려하여 결정하여야 한다. 주변에 있는 직장이나 단체에 광고전단이나 인사말 또는 메뉴 등을 가지고 직접 찾아가는 것도 효과적이다.

나. 광고전단을 만드는 방법

광고전단을 만드는 순서와 원고제작에 대한 내용은 [도표 13-7]과 [도표 13-8]과 같다.

광고전단을 가게에 가지고 온 손님에게 작은 기념품이나 쿠폰을 선물하면 광고 효과는 더욱 커질 것이다. 음식점에서는 할인권을 미리 인쇄해두는 것도 한 가지 방법이다.

도표 13-7 | 광고전단 작성의 순서[10]

순서	내용
1. 준비	• 매일 신문에 끼워져 있는 전단을 모은다. • 한 달 정도 충분한 자료를 모은다.
2. 방법결정	• 잘 만들어진 전단을 비교 · 검토하고, 응용하여 한 가지 정도의 샘플을 만든다. • 어떤 방법으로 전단을 배포할 것인가를 결정하고 필요한 분량에 대한 견적을 낸다.
3. 인쇄소	• 가까운 인쇄소에 가서 샘플을 보여주고 가격을 결정한다. • 원고를 건네준 후 전단이 완성될 때까지 며칠 정도가 걸리는지 확인하고, 인쇄소에서 납품받을 날짜와 배포일을 정한다(배포일로부터 3일 정도 여유를 두고 납품일을 정하는 것이 좋다.).
4. 원고제작	• 원고를 제작하여 인쇄소에 전해준다.
5. 교정	• 대량으로 인쇄하기 전에 인쇄된 샘플을 보고 고쳐야 할 곳은 없는지 확인한다.
6. 납품	• 전단이 완성된다.

도표 13-8 | 광고전단 작성의 방법[11]

순서	방법
1. 준비	• 서점에 가서 원하는 이미지에 맞는 컷이나 문자 등이 실려 있는 인쇄물을 찾아본다(페이지를 복사하거나 구입한다.).
2. 작성	• 샘플을 기본안으로 개업안내 원고를 작성해본다. • 컷이나 문자는 되도록 구입한 서적을 이용하고, 직접 쓴 문자도 적절히 이용한다. • 그 외의 문자는 식자집에 맡기거나 인쇄소에 의뢰한다.
3. 광고문안의 조건	• 문자는 크고 읽기 쉽게 만든다. • '파격할인'이나 '특별요금', '사은품 증정' 등 고객에게 이익이 되는 정보는 구체적으로 적는다. • 사진이나 컷을 효과적으로 활용한다. • 레이아웃은 샘플을 참고로 자유롭게 구상한다.

2) 공중관계

공중관계(public relation)란 기업이 소비자가 속해 있는 지역사회나 단체 등과 호의적인 관계를 형성하기 위해 벌이는 여러 가지 활동을 말한다. 다시 말해서 기업이 소비자, 지역주민, 주주, 종업원, 유통업자, 언론, 관계기관 등과 같은 공중과 우호적인 관계를 증진시키고 개발함으로써 기업이미지를 향상시켜 자사제품을 촉진하는 촉진수단의 한 형태를 말한다.[12] PR의 일부로 홍보를 들 수 있는데 홍보란 "기업이 고객 또는 잠재고객에게 노출되는 모든 매체를 통하여 대가를 지불하지 않고 기업활동, 제품 및 서비스에 대하여 상업적으로 의미 있는 기사나 뉴스를 게재 · 방송하도록 함으로써 커뮤니케이션효과를 달성하고자 하는 활동"을 말한다.

3) 인적판매

인적판매(personal selling)는 기업에 따라 촉진관리에서 주도적인 기능을 수행할 수도 있고 단지 보조적인 기능만을 수행할 수도 있다.

인적판매란 "잠재적 구매자인 고객과 판매원과의 직접적인 대면을 통하여 제품을 제시하는 것"을 말하는데 '판매원판매'라고도 말한다. 즉, 판매원이 직접 고객을 찾아가 기업이 판매하고 있는 제품(서비스) 구매를 설득하는 판촉활동을 말한다.[13] 그러므로 인적판매는 고객과 직접 대면하면서 고객들의 표정을 관찰하고 제품이나 서비스의 효용을 설명하면서 궁극적으로는 제품이나 서비스를 구입하도록 하는 활동이다. 인적판매는 광고, 판매촉진, 홍보와 더불어 촉진도구의 중요한 요소일 뿐만 아니라 모든 기업들이 활용가능한 가장 효과적인 커뮤니케이션 방법이기도 하다.

이러한 인적판매는 혁신적인 신제품의 시장도입에 아주 유익한 촉진수단이다. 혁신적인 신제품의 경우 일반소비자들이 자신들에게 익숙한 제품의 사용을 고집하고 신제품으로의 변경을 주저하고 꺼리기 때문에, 즉 특정제품에 대한 충성도가 높기 때문에 이들에게 구매변경에 따른 이점과 시범을 보이는 판매원이 절대적으로 필요하다. 또한 제품이 다양화되고 복잡해짐으로써 소비자들이 판매원으로부터 제품사용법이나 기능에 대한 교육을 받지 않으면 안 되는 경우도 발생하는 등 날로 인적판매의 중요성이 증가하고 있다.

인적판매는 판매원이 고객의 필요와 조정반응에 맞추어서 커뮤니케이션을 달리 할 수 있는 융통성이 있는 것이 특징이다. 그렇지만 판매원을 개발 · 관리하는데 많은 비용이 들고, 특정직무에 적합한 판매원을 발굴하는 것이 쉬운 일이 아니라는 점이 문제이다.

한편, 인적판매는 크게 준비, 설득, 거래의 세 단계로 구분되는[14] 과정을 거치고 그에 따른 판매원의 행동은 [도표 13-9]와 같다. 이 첫 번째 준비단계는 고객예측(잠재고객의 확인단계, 사전접근, 정보수집단계) 등의 활동이다. 두 번째의 설득단계는 판매원이 잠재고객의 욕구를 충족시켜줄 수 있는 방법을 제시하는 접근, 제품소개(제시 및 설명), 고객의견에 대한 반응(반대의견 처리), 구매권유 등을 행하는 단계이다. 마지막의 거래단계는 판매를 종결시키고 판매 후 서비스를 제공하는 단계이다. 이러한 단계는 연속적인 과정으로서 기업의 전체적인 마케팅 전략에 맞추어 실행되어야 한다.

도표 13-9 | 인적판매의 과정과 판매원의 행동

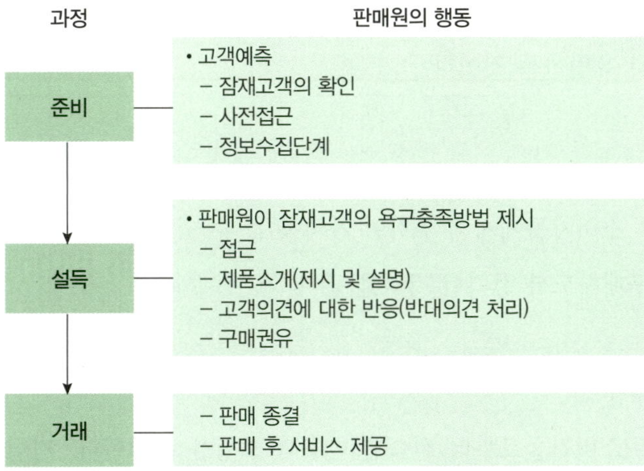

4) 판매촉진

(1) 판매촉진의 의의

판매촉진(sales promotion)이란 "기업이 자사의 제품이나 서비스의 판매를 늘리기 위하여 중간상이나 최종소비자를 대상으로 단기적으로 벌이는 마케팅활동"을 의미한다.[15] 판매촉진은 다음의 세 가지 중요한 점을 포함하고 있다. 첫째, 판매촉진은 판매과정에 박차를 가하기 위해 준비된 수단이다. 둘째, 판매촉진은 소비자들이 구입하고, 상점을 방문하고, 자료를 요구하는 등의 행동을 하게 하기 위한 직접적인 촉진책을 포함하고 있다. 셋째, 판매촉진은 마케팅 경로의 어느 곳에서든 이용될 수 있다.[16]

판매촉진의 수단에는 경품(contests), 쿠폰(coupon), 견본(sample), 판촉물 광고, 무료시용(free trial), 소액할인 등이 있다.[17]

(2) 판매촉진의 특성

판매촉진은 다음과 같은 특성이 있다.[18]

가. 커뮤니케이션

판매촉진은 소비자의 주의를 끌고 정보를 제공함으로써 소비자들이 당해 제품을 구입하도록 유인하는 것이다.

나. 인센티브

판매촉진은 소비자들에게 부수적인 가치를 줄 수 있는 유인물이나 기증물을 제공함으로써 구매하도록 강력한 자극을 준다.

다. 권유 및 유인

판매촉진은 소비자들로부터 신속한 반응과 보상을 유발한다. 기업들은 소비자들로부터 강력하고 신속한 반응을 조장하기 위해서 판매촉진수단을 활용하며, 제품 및 부대서비스를 극대화하거나 부진한 제품의 판매를 증대시키기 위한 수단으로도 사용된다. 그러나 판매촉진의 효과는 단기적인 것이므로 장기적인 상표선호도를 형성하는 데에는 그다지 효과적이지 못하다.

(3) 판매촉진의 유형

판매촉진의 유형은 [도표 13-10]과 같이 판매원, 재판매업자, 소비자에 대한 판매촉진으로 나누어진다.[19] 판매촉진의 내용은 [도표 13-11]과 같다.

도표 13-10 | 판매촉진의 유형

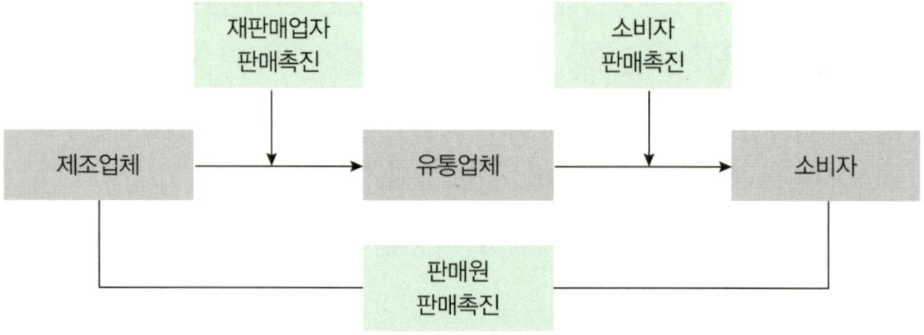

도표 13-11 | 판매촉진의 내용

소비자 판매촉진	재판매업자 판매촉진	판매원 판매촉진
1. 제품 구매설득	• 판매원 훈련	• 판매원 회의
• 프리미엄	• 판매점 회의	• 판매원 교본
• 경연	• 경영지도	• 판매자료
• 쿠폰	• 판매점 경연	• 제품모형
• 일시적인 가격인하	• 각종 초대회	• 판매용구
2. 신제품 도입 촉진	• 사보(私報)	• 판매 경연
• 견본제공	• 박람회 및 전시회	• 사내보
• 쿠폰제공	• 카탈로그	• 판매원 회보
• 대금반환제의	• 구매시점 촉진물	
3. 기존제품 매출액 증대	• 경로조성금	
• 소비자가격 혜택	• 리베이트	
• 프리미엄	• 거래점 프리미엄	
• 소비자 경연	• 거래점 가격혜택	

가. 판매원에 대한 판매촉진

마케터는 판매원이 소비자에게 판매노력을 충분히 투입할 수 있도록 동기부여를 하고 지원하기 위하여 자신의 판매원에게 적절한 자극을 주어야 한다. 이러한 목표달성을 위해 사용가능한 판매촉진방법은 매우 다양하며, 적합한 방법은 여건에 따라 결정되어야 한다. 판매원에 대한 판매촉진에는 판매원 회의(sales meeting), 판매원 교본(sales manual), 판매자료(sales portfolio), 제품모형(product model), 판매용구(sales tools), 판매 경연(sales contests), 사내보(house organ) 그리고 판매원 회보(bulletin) 등의 방법이 있다.

나. 재판매업자에 대한 판매촉진

생산자는 자신의 직접적인 통제하에 있지 않은 재판매업자를 통하여 마케팅활동이 효과적으로 이루어지도록 노력해야 하는데, 재판매업자들은 자신의 매출액과 수익을 증대시킬 수 있도록 생산업자로부터 지원을 받을 때 매출액의 증대, 생산자에 대한 충성, 보다 큰 협동을 통하여 생산자에게 보답한다. 재판매업자에 대한 판매촉진에는 판매원 훈련(salespeople training), 판매점 회의(dealer meeting), 경영지도, 판매점 경연(dealer contest), 각종 초대회, 사보(私報), 박람회 및 전시회, 카탈로그, 구매시점 촉진물, 경로조성금(PM : Path Money), 리베이트(rebate), 거래점 프리미엄(dealer premium), 그리고 거래점 가격혜택(trade deals) 등이 있다.

다. 소비자에 대한 판매촉진

소비자에 대한 판매촉진방법에는 소비자로 하여금 즉각 제품을 구매하도록 설득하기 위한 프리미엄, 경연, 쿠폰 또는 일시적인 가격인하 등이 있다. 신제품의 도입을 촉진하기 위해서는 견본제공, 쿠폰제공, 대금반환제의가 많이 이용되며, 기존제품의 매출액을 증대시키기 위해서는 소비자가격 혜택, 프리미엄, 소비자 경연 등이 이용된다.

제5절 | DM광고

현대의 소비자는 사생활 노출, 개인정보보호 등에 많은 관심과 우려를 가지고 있는 것이 현실이다. 따라서 소비자 자신의 신상과 관련된 정보를 노출하거나 제공하지 않으려고 하는 경향이 매우 강하다. 그러나 유능한 창업자 혹은 판매원은 능력을 발휘하여 이러한 정보를 획득한다면 DM광고가 매우 유익한 판매전략이 될 수 있다. DM광고에 대해 자세히 살펴보기로 한다.

1. DM광고의 의의 및 목적

1) DM광고의 의의

상품광고의 홍수 속에서 어떤 상품이 불특정 다수의 소비자에게 만족감을 주며 소비자의 마음을 빼앗고 단골화하는 데는 부족한 점이 많다. 소비자의 욕구가 다양하고 문제 또한 각양각색이기 때문이다. 물론, 개업초기라든가 광범위한 지역의 소비자들에게, 그것도 동시에 알리고자 하는 목적이라면 광고가 유리할 것이다.

DM은 direct mail의 약자로서 특정한 고객에게 직접 우편으로 발송하는 광고이다. 최근에는 대상자의 명단작성이 전산화되면서 발송 자체가 매우 쉬워져서 DM의 홍수 속에 살고 있는 느낌이 든다. 그렇지만 소규모 점포에서는 전산화된 DM보다는 방문한 고객에게 일일이 대화하듯이 직접 써서 발송하는 것이 더욱 효과적일 수 있다.[20]

2) DM광고계획

DM은 엽서의 크기에서부터 호화로운 카탈로그에 이르기까지 매우 다양한 것이 특징이다. DM을 제작할 경우에는 판매상품, 발송대상, 목적 그리고 발송일 등을 점검하여야 한다.

2. DM의 필요성

음식점 장사에 있어서 DM 발송이 필요한 이유를 살펴보면 다음과 같다.[21]

1) DM 발송은 고객, 음식점 사장 모두에게 부담이 없다

음식점을 개업하거나 새로운 메뉴를 개발하면 지역주민에게 알리는 것이 급선무인데 사장이나 종업원이 직접 돌아다니면서 일일이 가정방문을 하는 형태로 광고를 하게 되면 자칫 지역주민에게 부담감을 줄 수 있을 뿐만 아니라 오히려 반감을 불러일으킬 수가 있다. 물론 오랫동안 알고 지내온 사람이라면 직접 찾아가는 것에 대해서도 별 반감을 갖지 않겠지만, 불특정 다수의 사람들에게 음식점 광고를 낼 때에는 DM을 발송하는 편이 낫다.

2) DM을 발송하게 되면 보이지 않는 고객을 찾을 수 있다

음식장사를 하면서 개인적으로 친분을 맺게 된 고객에게는 자식들 이야기, 요즘 세상 돌아가는 이야기들을 허심탄회하게 주고받을 수 있지만 그렇지 않은 고객에게는 이런 이야기를 꺼낼 엄두조차 낼 수가 없다. 그러다 보니 처음 온 고객과 어느 정도의 친분을 맺기까지는 오랜 시간이 걸린다. 그러나 DM을 활용하면 좀 더 빨리 고객과 친해질 수 있다. 예컨대, DM에 사람들의 실생활에 도움이 될 만한 에티켓이나 건강관련 지식 등을 담아서 보낸다면 사람들은 DM을 만들어 발송한 그 음식점과 음식점 사장 모두에게 고마움과 호감을 느끼게 될 것이고, 나중에 직접 그 음식점에 갔을 때에도 왠지 옛날부터 알고 있는 곳에 온 듯한 친숙함을 느끼게 될 것이다.

3) DM은 음식점 사장의 서비스 노력을 보여줄 수 있는 도구이다

"저희는 눈이 오나 비가 오나 오직 한 가지 마음, 즉 고객에게 최고의 서비스를 제공한다는 신념 하나만으로 음식장사를 하고 있습니다"라는 내용의 짤막한 DM은 그 지역사람들에게 신선한 화젯거리가 될 수 있다. 1년 365일 감사하다는 표시 없이 그저 우리 음식이 맛있으니까 손님들이 오겠거니 하는 마음으로 장사한다면 그 음식점은 고객들에게 꾸준한 인기를 얻기가 어렵다. 물론 단골고객을 확보하는 것은 더 어렵다. 그러나 지속적인 DM 발송을 통해서 음식점 사장이 얼마나 고객서비스에 만전을 기하고 있고, 메뉴개발에 부단한 노력을 쏟고 있는지를 홍보할 수 있다.

4) DM은 저가 메뉴를 취급하는 음식점일수록 더 큰 효과를 얻을 수 있다

음식점에서 파는 음식가격이 보통 몇천 원에 불과한데 무슨 DM까지 보내면서 우편비용을 낭비하느냐고 반문하는 사람도 있을 것이다. 그러나 사실 음식점에서 취급하는 음식들의 단가가 낮을수록 다른 광고매체보다 DM을 이용하는 것이 효과적이다. 그러나 그렇다고 해서 "우리 음식점은 취급하는 단가가 높으니까 굳이 DM을 보낼 필요는 없겠지" 하고 생각해서도 안 된다. 취급하는 메뉴의 가격이 높은 경우에는 가격이 비싼 만큼 그 음식점이 더 좋은 이유를 고객에게 납득시키면 되기 때문이다. 이는 음식가격이 다른 음식점보다 상대적으로 낮은 경우에도 마찬가지이다. 똑같은 음식을 이해하기 어려울 정도로 저렴하게 제공하는 경우에도 그 이유를 DM을 통해 잘 설명해준다면 지역 사람들도 그 음식점에 대해 남다른 신뢰를 갖게 될 것이다.

5) DM은 각종 이벤트 행사를 알릴 수가 있다

학교에는 개교기념일이 있으며 건물에도 준공식과 기공식 날이 있다. 마찬가지로 음식장사도 처음 시작하게 되면 개업식을 열고, 매년 개업 몇 주년 기념이라는 명목으로 특별 이벤트도 열 수 있다. 바로 이런 행사를 할 경우 DM은 좋은 홍보 매체로 활용될 수 있다.

3. DM광고의 사례

1) 신도시에 입주한 아파트 주민들에게 홍보할 때의 DM

산 좋고, 물 좋고, 공기 좋은 이 곳 ○○아파트에 입주하신 것을 진심으로 환영합니다.
이 지역은 오래 전부터 예향의 도시로 알려져 왔으며, 나라에 큰 공을 세운 분들이 많이 배출된 것으로도 유명합니다. 특히 조선시대 ○○○님은 역사 교과서에 실릴 정도로 매우 유명하신 분입니다.
이런 예향의 도시 ○○아파트 지역에 저희 〈◇◇◇전문점〉이 개업하게 된 것에 대해 저희는 큰 자부심을 갖습니다.
저희 〈◇◇◇전문점〉에서는 이 지역에서 이미 오래전부터 사람들의 인기를 얻고 있는 음식인 ◇◇◇를 새로 입주하신 아파트 지역 주민들에게 최고의 맛과 저렴한 가격으로 모시고자 합니다.
지나시는 길에 〈◇◇◇전문점〉에 꼭 들러 주신다면 이곳 지역에 대해서 제가 아는 범위 내에서 소상히 소개해 드리겠습니다.
새로운 보금자리를 얻어 이 아파트에 입주하신 것을 진심으로 축하드리며, 아무쪼록 저희 〈◇◇◇전문점〉을 많이 애용해 주시기를 바랍니다.
이만 줄이겠습니다.

〈◇◇◇전문점〉 대표 ○○○ 올림
20○○년 ○월 ○일
Tel. ○○○-○○○○

2) 개업 안내 DM

○○○님께 알려드립니다!

◇◇◇전문점을 개업합니다.
평소 아껴주시고 물심양면으로 도와주신 데 대하여 깊이 감사드리며 바쁘신 중에도 잊지 않으시고 찾아와 격려해주시면 저희 음식점의 영광으로 알겠습니다.

- 개업일
  20○○년 ○월 ○일 늦은 토요일 오후 2시
- 장소
  ○○구 ○○동 ○○건물 맞은편
  ◇◇◇전문점 (Tel. ○○○-○○○○)
- 주차안내
  차를 가지고 오실 경우에는 ○○건물 지하주차장을 이용하십시오.
  주차권를 받아 가시면 무료입니다.

3) 특별행사 안내 DM

○○○님

안녕하세요?
저는 이번에 ◇◇◇라는 간판을 내걸고 ××아파트 입구 사거리에 ○월 ○일 늦은 토요일 오후 2시에 개업을 하게 된 △△△입니다.
직접 찾아뵙고 인사드리는 것이 도리인 줄 아오나 지면을 통해 인사를 올립니다.
저는 '순대'라는 메뉴를 좀 더 맛있고 저렴하게, 그리고 누구나 부담없이 즐길 수 있도록 하기 위해 꾸준히 노력해왔으며, 아울러 가족들이 편안한 휴식을 취하고 대화를 나누며 즐거운 분위기에서 순대를 드실 수 있도록 조그마한 공간도 별도로 마련해 놓고 있습니다.
이번에 저희 음식점에서는 개업에 즈음하여, 개업 후 일주일간은 절반가격으로 고객을 모시고 있으며, 추첨을 통한 선물잔치를 열어 당첨된 고객께는 푸짐한 상품도 준비해 놓고 있습니다.
그러므로 기쁜 마음으로 찾아주시면 늘 성심성의껏 최선을 다해 모시겠습니다.
앞으로 고객 여러분을 왕으로 모시는 ◇◇◇이 되고자 더욱 열심히 노력하겠습니다.

20○○년 ○월 ○일
◇◇◇ 대표 △△△ 올림
Tel. ○○○-○○○○

제6절 | 판매원관리

대부분의 창업자는 판매원을 중요도가 낮은 사람이라고 무의식적으로 생각하고 있다. 따라서 급료가 낮고, 훈련이나 능력개발의 대상이 되는 경우가 드물며, 승진하고 성장할 가능성은 가장 낮은 반면에 이직률은 높다. 판매원이 불친절하고, 신뢰감이 없고, 비협조적이며 고객의 욕구파악과 충족에 관심을 두지 않는 판매원이 근무하는 영업점이 있다고 가정해보자. 그러한 영업점에 대해 고객은 나쁜 인상을 갖게 되어 불평이 많아지고, 결국에는 경쟁영업점으로 옮겨 가게 될 것이다. 반면에, 판매원의 훌륭한 태도와 행동은 고객이 지각하는 서비스품질을 향상시키며, 이는 다시 고객만족도와 점포충성도를 높인다. 왜냐하면 판매원은 제품 및 서비스 배달과정에서 품질을 결정하는 가장 중요한 요인이기 때문이다. 따라서 고객만족도의 향상, 훌륭한 서비스품질의 창출 및 제공을 위해서는 판매원의 선발 · 교육훈련 · 동기부여 · 유지에 신중해야 한다. 판매원은 다양한 역할을 수행하면서 사업의 전반적인 성공에 공헌한다.[22]

1. 판매원의 역할

1) 매출수익창출

판매원은 매장에서 구매 · 판매 · 진열 · 촉진 · 서비스 그리고 기타의 사업분야의 모든 과정을 지원한다. 경영자와 함께 판매원은 수익창출에 의한 이익에 공헌할 책임을 지닌 중요한 지위에 있는 사람이다.

2) 고객기대에의 부합

성공적인 마케팅의 핵심사항은 고객욕구를 이해하며, 영업점의 제품 및 서비스를 고객욕구에 부합시키는 데에 있다. 판매원은 영업점과 고객을 가장 직접적으로 연결해주는 관계의 중심부에 있기 때문에 영업점의 성공 여부에 가장 강력하게 영향을 미칠 수 있다. 최근 고객우위의 경영환경은 소비자들로 하여금 판매원에 대해 더욱 큰 영향력을 행사하도록 하고 있다. 소비자들은 솔직하고 정직한 커뮤니케이션을 기대하며 판매원이 전문적 지식과 기술에 따라 행동하기를 기대한다.

3) 시장정보의 제공

판매는 구매자와 판매원 간의 상호작용을 통해 이루어지기 때문에 고객으로부터 적절한 정보를 취할 수 있어야 한다. 시장정보는 경쟁점포와 현재 그리고 잠재적 고객분석 및 시장분석에 관련된 정보로써 판매예측과 소매 마케팅믹스 전개에 유용하게 활용된다.

4) 판매활동

판매원은 고객과 상호작용을 하여 직접적이든 간접적이든 간에 제품 및 서비스를 사용하는 개인 또는 조직에 판매한다.

2. 판매원의 직무

판매원은 영업점에 대해 다음과 같은 직무를 수행한다.

① 소비자와의 거래에서 영업점을 대표한다.

② 제품과 서비스를 판매한다.

③ 비용을 통제한다.

- 생산성의 증대
- 관리비와 에너지비용의 감소
- 재고손실의 감소

④ 상품관리를 한다.

- 상품진열과 유지

- 신상품 도입 제안
- 상품매입
- 이벤트 기획 및 관리
- 판매감소 상품체크 등

⑤ 고객서비스를 제공하며 의사결정을 지원한다.

⑥ 신규고객과 시장을 확인한다.

3. 판매원의 자질과 훈련

상품의 제공자인 판매원은 거래에서 중심적 역할을 한다. 상품 제공자와 고객 간의 상호작용이 상품의 구매에 영향을 미치기 때문에 상품의 성공적인 판매를 할 수 있는 자질과 능력을 갖춘 인력, 즉 판매원의 선발과 훈련 그리고 적절한 보상은 기업에서 매우 중요한 문제이다.[23]

1) 판매원의 자질

상품의 성공적인 판매를 이루기 위해서는 판매원으로서의 자질과 능력이 있는 사람을 선발하여 지속적이고 집중적인 훈련을 하는 것이 필요하다. 유능한 판매원 선발에는 개성과 판매재능의 테스트가 일반적으로 이용된다.

(1) 판매원의 특성

판매원이 지녀야 할 특성은 다음과 같다.

① 감정이입의 특성 : 감정이입은 다른 사람이 느끼는 것을 거의 자동적으로 즉시 감지하는 능력을 말한다.

② 자아동인의 특성 : 자아동인이란 성공에 대한 강력한 욕구와 욕망으로 실패와 거절에 의해 좌절하기보다는 박차고 나가는 능력을 말한다.

③ 판매가 사회적인 상호작용으로 이루어짐을 알아야 한다.

판매는 구매자와 판매자가 각각의 경제적 · 사회적 그리고 개성특성에 의존하는 만큼 양당사자의 입장에서 판매과정을 이해하는 안목이 필요하다.

④ 고객으로 하여금 자신과 동일한 개성이나 감정을 공유하고 있음을 느끼게 함은 물론 신뢰를 가질 수 있도록 하여야 한다.

2) 판매원의 훈련

판매원이 마케팅 담당자로서의 역할을 성공적으로 수행하는 데에 필요한 훈련 또한 중요하다. 판매원의 훈련에서는 고객에게 접근하는 방법, 판매제시, 구매로 이끄는 방법, 그리고 고객반대를 처리하는 방법 등을 배우게 된다. 이에 대한 자세한 내용은 제12장 고객응대관리에서 살펴보았다.

3) 판매원에 대한 적절한 보상

판매원이 판매원의 자질을 구비하였고 훈련을 잘 받았다고 하더라도 이들에 대한 보상이 제대로 이루어지지 못하면 미래의 더 나은 판매성과를 기대할 수 없다. 판매원의 보상은 유능한 판매원을 유인하고 판매를 자극하는 중요한 요인이다. 매력적인 보상계획의 개발을 위해 보상수준과 방법을 결정하여야 한다. 판매원에 대한 보상은 시장의 일반적인 수준에 따라 결정되어야 한다.

4. 피해야 할 종업원

창업자가 고용을 피해야 할 종업원은 다음과 같다.[24]

1) 고객의 주문에 무관심한 종업원

고객이 방금 주문을 했는데도 그 내용을 깜빡 잊어버리고는 고객에게 "죄송하지만, 뭘 주문하셨죠?"라고 당돌하게 되묻는 종업원을 말한다.

2) 수다 떠는 종업원

고객보다 더 큰 소리로 전화기를 붙잡고 수다만 떨고 있는 종업원을 말한다.

3) 복장이 지저분한 종업원

대충 보아도 오랜 기간 동안 세탁을 하지 않은 듯한 지저분한 복장으로, 그러면서도 매니큐어는 새빨간 색깔을 곱게 칠한 종업원을 말한다.

4) 머리가 나쁜 종업원

스테이크를 주문하는 고객이 "스테이크는 어느 부위가 맛있지요?" 하고 묻는데, 퉁명스럽게 "글쎄요, 스테이크는 어디나 다 맛있지 않나요?"라고 대답하는 종업원을 말한다.

5) 음식점 매출에 관심이 없는 종업원

종업원의 말 한 마디가 엄청난 매출을 올릴 수 있다는 사실을 망각한 채 그저 시간만 때우고 봉급만 받으면 그만이라고 생각하는 종업원을 말한다. 이러한 종업원은 고객이 "이 음식 말고 더 맛있는 음식은 없을까요?" 하고 물으면 반드시 "저희 음식점에선 그것밖에 안 팔아요"라고 대답하기 때문이다.

6) 시간에 무관심한 종업원

고객이 주문한 음식을 기다리는 도중에 "왜 이렇게 음식이 나오지 않느냐?"고 푸념하면 "금방 나오니까 조금만 기다리세요"라고 대답한 후 그 음식이 나오거나 말거나 고객의 주문에 신경도 쓰지 않는 종업원을 말한다.

7) 앉아있기만 하는 종업원

고객이 있는 곳이라면 발 벗고 뛸 각오를 해야 함에도 불구하고 그저 시간만 있으면 의자나 방에 앉아서 쉬고 싶어 하는 종업원이 있을 수 있다. 특히 계산대에 앉아있는 계산대 종업원들은 마치 앉아서 계산을 받는 것이 당연한 것처럼 행동할 때가 있는데 그건 대단히 잘못된 생각이다.

8) 손가락질을 자주 하는 종업원

고객이 자신의 일행이 어디 있는지를 묻는데, “저기에 있어요” 하면서 감히 손가락질과 반말을 함께 하는 종업원이 있을 수 있다. 손가락은 사물을 가리킬 때나 쓰는 것이므로 손님들을 안내할 때에는 정중히 손바닥으로 방향을 제시해주거나, 직접 모시고 가는 것이 기초예절이다.

5. 종업원에 대한 지시와 보고법[25]

① 지시는 개인별로 하되 보다 구체적으로 하라.
② 희망사항인지 지시사항인지 분명히 하라.
③ 지시했으면 꼭 보고를 받아라.
④ 불만사항은 근무가 끝난 뒤에 들어라.
⑤ 결과에 대한 평가를 공평하게 내려라.
⑥ 잘 되면 종업원 탓, 못 되면 경영자 탓이라 생각하라.
⑦ 공사구별을 분명히 하라.

사례연구
Case Study

사례 1 창업 시 본인 연령대와 비슷한 직원은 피하세요

"다시 돌아가면 저와 비슷한 나이대의 직원은 채용하지 않을 것입니다." 29일 대구 달성군 ○○에서 만난 김○○(47) 대표는 기업경영에서 결국 가장 중요한 것은 '사람'이라고 말했다. 자신이 손수 뽑았던 직원관리에 실패해 사업을 포기해야 했던 상처 때문이다.

김 대표는 20대부터 대구지역을 기반으로 화장품 유통영업을 해온 미용전문가다. 그는 1인 유통회사를 만들어 미용학원 등지를 다니며 쉐도우 · 립스틱 · 브러시 등이 들어 있는 메이크업 풀세트를 납품해 나름 많은 돈을 벌었다. 그는 어린 시절 성공의 비결로 "저는 영업체질도 아니고 내성적인 성격이지만 사람을 편하게 하는 재주가 있었다"고 본인을 평가했다.

김 대표는 32살이던 2001년, 직원 7명을 거느린 화장품 유통회사를 세운다. 그간 혼자 일하다시피 했던 과거에 비하면 장족의 발전이었다.

그러나 정작 회사운영은 순탄치 않았다. 가장 큰 이유는 사람이었다. 그는 "당시 함께했던 직원들 나이 또래가 대부분 비슷했다"고 돌이켰다. 대표가 모든 영업을 직접 뛸 수 없었다. 그는 새로 영입한 영업사원과 함께 현장을 다니며 '어떻게 물건을 팔아야 하는지', '시스템이 어떻게 흘러가는 건지' 등 비법을 알려줬다.

문제는 노하우만 배우고 별말도 없이 퇴사하는 경우가 빈번히 발생했던 것. 김 대표는 3개월마다 직원이 나가는데 일은 일대로 벌이고 나가 뒷수습하는 데 애를 정말 많이 먹었다"라고 당시를 회상했다. 심지어 김 대표 본인 돈으로 개통시켜줬던 휴대전화를 엉뚱한 데 써 신용불량자 신세까지 경험했다.

김 대표는 창업준비자들에게 "저는 어린 나이에 기업을 빠르게 성장시키고자 나이가 비슷하고 경륜이 있는 사람을 채용한 게 화근이었다"며 "본인보다 조금 어린 사람과 함께 해야 서로 말이 통하고 오래갈 수 있을 것"이라고 조언했다.

그는 비슷한 이유로 동업에 대해서도 회의론을 펼쳤다. 김 대표는 "어떤 상황에서도 머리는 하나여야 한다"며 "젊은 나이에 동업을 하게 되면 분명 서로 감정을 가지고 충돌할 수밖에 없다"고 덧붙였다.

사람에 지친 김 대표는 2008년 폐업을 결정했다. 얼마 안 있어 뇌종양 판단까지 받았다. 최악의 상황에 빠진 것이다. 하지만 그는 오히려 모든 일을 긍정적으로 생각하기로 마음먹었다.

재기를 꿈꾸던 김 대표는 화장품 유통이 아닌 제조에 뛰어든다. 품목은 피부과나 피부관리실에서 주요 사용하는 고급 '모델링 마스크팩'. 당시에는 팩의 성분이 표기돼 있지 않아 김 대표는 직접 먹어보기도 하고 온갖 화장품회사에 성분을 묻기도 했다.

1년6개월이란 시간 동안 팩에 들어간 성분을 연구했으나 좀처럼 답이 나오지 않았다. 어느 날 김 대표는 팩의 성분을 공부하던 중 우연히 치과용 인상재를 떠올린다. 인상재의 끈적함과 사람 입에 들어갈 정도의 안전성이면 팩 성분과 비슷할 것이라는 추정에서다. 결과는 적중했다. 김 대표는 추가연구를 통해 유럽 등에서 고가에 수입되던 모델링 마스크팩 국산화에 성공했다.

김 대표는 2011년 에쓰엘씨라는 회사를 세우고 제품 생산에 돌입한다. 인적 구성도 경륜 있는 직원보다 가능성 있는 젊은 직원으로 채워졌다. 에쓰엘씨의 마스크팩이 좋다는 소문이 나자 여기저기서 구매행렬이 이어졌다. 2012년 16억 원에 불과했던 매출은 2014년 30억 원, 지난해 47억 원으로 가파르게 상승했다. 김 대표의 올해 매출 목표는 100억 원. 김 대표는 "빠르면 내년에 오프라인 매장을 세우겠다"며 "이와 함께 수출에도 본격적으로 나설 것"이라는 포부를 밝혔다.

출처 : 이데일리, 2016-09-02

사례 2 올리브영에서 설명 원할 땐 빨간 바구니를

올리브영 매장 직원들은 방문객에게 인사만 하고 제품을 먼저 권유하지 않는다. 올리브영 직원 교육프로그램인 서비스 아카데미는 판매직원에게 이렇게 하라고 교육한다. 제품을 사라고 권유하면 방문객이 한 번은 구입할지 몰라도 결국 부담스러움을 느껴 재방문을 꺼린다는 이유다. 대신 소비자가 먼저 도움을 요청하면 적극 응대하라는 게 판매서비스 지침이다. 이런 방식의 서비스에 올리브영을 자주 이용하는 20~30대 소비자들은 만족해왔다.

하지만 최근 들어 40~50대 소비자들이 올리브영을 찾기 시작하면서 불만의 소리가 나오기 시작했다. 주로 "손님이 왔는데 아는 체도 안한다"는 내용이었다. 중 · 장년층 소비자에겐 백화점과 달리 자유롭게 둘러보는 매장 분위기가 익숙하지 않았던 것. 이들은 혼자서 원하는 제품을 찾기엔 매장에 진열된 상품이 너무 많다고 느끼는 것으로 파악됐다.

올리브영이 찾아낸 해결책은 장바구니다. 매장에 있는 장바구니는 원래 한 종류지만 앞으로 두 종류로 나눌 예정이다. 자유롭게 둘러보고 싶은 방문객은 초록색 바구니를 들고, 자세한 쇼핑 도움을 받고 싶은 방문객은 빨간색 바구니를 드는 식이다. 맞춤형 매장서비스로 소비자층을 확대하겠다는 전략이다.

올리브영 관계자는 "이르면 연내에 장바구니를 두 종류로 늘릴 예정"이라며 "빨간색 바구니를 든 중 · 장년층 방문객에게는 먼저 필요한 점을 물어보도록 권장하는 등 판매직원서비스 교육도 달라질 것"이라고 말했다.

출처 : 한국경제, 2017-09-04

사례 3 직원이 본체만체 하는데 … 손님은 좋아하는 매장

혼자 둘러보다 구입 등 결정, 자유롭게 쇼핑하길 원해 백화점도 對面서비스 줄여

2017년 8월 20일 오후 서울 종로구의 한 화장품 매장에 들어갔다. 입구에 두 가지 종류의 바구니가 있었다. 한쪽에는 '혼자 볼게요', 다른 쪽에는 '도움이 필요해요'라고 쓰여 있었다.

'혼자 볼게요' 바구니를 집어 들었다. 매장을 20여 분 돌며 제품을 테스트해볼 동안 점원은 한 명도 다가오지 않았다. 대신 '도움이 필요해요' 바구니를 든 한 손님 옆에는 나갈 때까지 점원이 붙어서 제품 안내를 했다.

'혼자 볼게요'는 직원 접근 금지표시다. 도움 없이 혼자 둘러보다 구입하겠다는 손님들이다. 궁금한 건 스마트폰으로 검색하며 해결한다. 매장 직원은 "제품 안내를 구매 압박으로 느끼는 손님에 대한 배려, '침묵서비스'인 셈"이라고 했다. 이 화장품 브랜드는 작년 5개 매장에서 이 서비스를 시작했다. 반응이 좋아 최근 40여 개 매장에도 도입했다.

지난 7월 서울 명동에 문을 연 한 대형 잡화점. 1284㎡ 규모의 매장 안에 화장품과 기능성 식품, 음료수 등이 진열돼 있다. 상주 직원은 50여 명. 이들은 손님이 부를 때까지는 다가가지 않는다. 단골인 이연수(25) 씨는 "백화점에선 그냥 구경만 하고 싶어도 직원이 딱 달라붙어 부담스러웠다"며 "이곳에선 그런 직원과 보이지 않는 '기 싸움'을 벌이지 않아도 돼 마음이 편하다"고 했다.

'침묵서비스'는 저렴한 잡화에만 머무르지 않는다. 전문적인 정보가 필요한 전자제품이나 고급제품매장도 비슷한 서비스를 제공한다. 한 전자제품 전문매장은 제품 옆 버튼을 누르면 상세한 설명을 고객 휴대전화로 보낸다. 직원을 불러 설명을 들을 필요가 없다.

백화점은 대면서비스를 줄이는 추세다. 최근 경기도 고양에 문을 연 한 백화점은 '고객 요청 때에만 응대한다'는 것을 서비스 매뉴얼로 정했다. 백화점 측은 "젊은 고객일수록 자유로운 분위기에서 쇼핑하고 싶어 하는 사람이 많다"며 "여러 명이 붙어서 거들어야 '대우받았다'고 생각하는 옛날 고객과 다르다"고 했다.

일본에서도 비슷한 서비스가 등장하고 있다. 한 일본 의류 브랜드는 지난 5월부터 몇몇 매장 입구에 '말 걸 필요 없음' 가방을 뒀다. 교토의 한 택시회사는 지난 3월부터 '사일런스(침묵) 차량' 10대를 시범 운행하고 있다. 택시 조수석 뒤에는 '운전사가 말을 거는 것을 삼가고 조용한 차내를 제공하고 있습니다'라는 안내문이 붙어 있다. 택시기사는 차에 타는 손님에게 인사할 때, 목적지를 물을 때, 계산할 때, 손님의 질문에 답할 때를 제외하곤 말을 걸지 않는다.

출처 : chosun.com, 2017-08-21

참고문헌
Reference

01 권금택, 「전략적 고객관계관리」, 도서출판 대명, 2006, pp.147~148.

02 권기대 · 김신애, 「마케팅 전략 : 브랜드의 응용」, 박영사, 2016, p.32.

03 권기대 · 김신애, 「마케팅 전략 : 브랜드의 응용」, 박영사, 2016, pp.13~14.

04 권기대 · 김신애, 「마케팅 전략 : 브랜드의 응용」, 박영사, 2016, p.23.

05 김이태 · Chong S. K. Lee, 「고객관계관리」, 도서출판 대경, 2006, pp.101~105.

06 김이태 · Chong S. K. Lee ,「고객관계관리」, 도서출판 대경, 2006, pp.97~101.

07 김희철, 「창업경영론」, 두남, 2004, p.306.

08 김희철, 「창업경영론」, 두남, 2004, pp.25~26.

09 이종호, 「광고론」, 경문사, 1998, pp.17~22.

10 권금택, 「전략적 고객관계관리」, 도서출판 대명, 2006, pp.232~233.

11 정윤아 역, 「창업사전」, 중명, 1999, pp.202~203.

12 박명호 외 2인, 「마케팅」, 경문사, 2003, p.357.

13 권기대 · 김신애, 「마케팅 전략 : 브랜드의 응용」, 박영사, p.430.

14 김희철, 「창업경영론」, 두남, 2004, pp.310~311.

15 박명호 외 2인, 「마케팅」, 경문사, 2003, p.354.

16 이종호, 「광고론」, 경문사, 1998, p.355.

17 김이태, 「창업경영전략」, OK Press, 2005, pp.402~407.

18 이종호, 「광고론」, 경문사, 1998, p.311.

19 이종호, 「광고론」, 경문사, 1998, p.356~365.

20 방종태, 「소자본창업으로 한가족 거뜬히 살아가는 방법」, 태일출판사, 1998, pp.354~355.

21 김근종, 「음식장사 신장개업 성공대작전」, 한국언론자료간행회, 1999, pp.132~134.

22 권금택, 「전략적 고객관계관리」, 도서출판 대명, 2006, pp.154~156.

23 권금택, 「전략적 고객관계관리」, 도서출판 대명, 2006, pp.230~232.

24 김근종, 「음식장사 신장개업 성공대작전」, 한국언론자료간행회, 1999, pp.180~181.

25 채수명, 「돈 버는 SOHO 창업 성공술」, 씨엔씨미디어, 1998, p.178.

Chapter **14**

사업자등록 및 세무관리

제1절 | 창업의 사업자등록

제2절 | 창업과 세금

제3절 | 장부 작성 및 비치

제4절 | 창업과 재무제표

제1절 | 창업의 사업자등록

1. 사업자등록

1) 개인사업자의 사업자등록 신청

개인사업자는 사업과 관련한 모든 권리 · 의무활동의 주체가 개인에게 귀속되는 기업형태로 사업장을 갖춘 후 사업장 소재지 관할 세무서에 사업자등록을 신청하면 된다. 다만 영위하고자 하는 업종이 법령에 의한 허가, 등록, 신고사업인 경우에는 소관 행정관청으로부터 사업허가(등록, 신고 포함)증을 발급받아 사업자등록 신청 시 이를 첨부해야 한다. 사업자등록 신청기한은 사업개시일로부터 20일 이내이며 사업개시 전에도 사업자등록을 신청할 수 있다. 개인사업자로 사업자를 등록하면 대외 신인도가 약하고, 자금조달에 법인사업자보다 불리할 수 있다. 그러나 세무와 관련하여서는 법인보다는 덜 엄격할 수 있으며 매출이 크지 않을 경우에는 세금부담이 법인보다 작다는 장점이 있다.

개인사업자의 사업자등록 신청서류는 [도표 14-1], 사업자등록신청서는 [도표 14-2]와 같다.

:: 도표 14-1 | 개인사업자의 사업자등록 신청서류

① 사업자등록신청서 1부(소정양식)
② 사업허가증, 등록증 · 신고필증 사본
③ 사업자 임대차계약서 사본 1부(본인 자택이 사업장이면 생략)
- 임대차계약서 원본에 일정금액의 수입인지 첨부, 소인한 후 복사
- 세무서에서 임대차계약서 확정일자(상가건물임대차보호법)

④ 2인 이상 공동사업은 사실증명서류(동일계약서 등)

도표 14-2 | 개인사업자등록신청서

[별지 제3호 서식] (앞쪽)

<table>
<tr><td>접수번호</td><td rowspan="2">사업자등록신청서(개인사업자용)
(법인이 아닌 단체의 고유번호신청서)</td><td>처리기간</td></tr>
<tr><td></td><td>3일(보정기간은 불산입)</td></tr>
</table>

귀하의 사업자등록 신청내용은 영구히 관리되며 납세성실도를 검증하는 기초자료로 활용됩니다. 아래 해당 사항을 사실대로 작성하시기 바라며, 신청서에 본인이 자필로 서명하여주시기 바랍니다.

1. 인적사항

<table>
<tr><td>상호(단체명)</td><td></td><td rowspan="3">전화번호</td><td>(사업장)</td></tr>
<tr><td rowspan="2">성명(대표자)</td><td rowspan="2"></td><td>(자택)</td></tr>
<tr><td>(휴대전화)</td></tr>
<tr><td>주민등록번호</td><td></td><td>FAX번호</td><td></td></tr>
<tr><td>사업장(단체)
소재지</td><td></td><td>국세청이 제공하는 국세정보 수신 동의 여부</td><td>동의함 ( )
동의하지 않음 ( )</td></tr>
</table>

2. 사업장현황

<table>
<tr><td rowspan="4">업종</td><td rowspan="2">주업태</td><td colspan="2" rowspan="2"></td><td rowspan="2">주종목</td><td rowspan="2"></td><td>주업종코드</td><td rowspan="2">개업일</td><td rowspan="2" colspan="2">종업원수</td></tr>
<tr><td></td></tr>
<tr><td rowspan="2">부업태</td><td colspan="2" rowspan="2"></td><td rowspan="2">부종목</td><td rowspan="2"></td><td>부업종코드</td><td rowspan="2"></td><td rowspan="2" colspan="2"></td></tr>
<tr><td></td></tr>
<tr><td>사이버몰 명칭</td><td colspan="3"></td><td colspan="2">사이버몰 도메인</td><td colspan="4"></td></tr>
<tr><td rowspan="3">사업장구분</td><td rowspan="2">자가
면적</td><td rowspan="2">타가
면적</td><td colspan="3">사업장을 빌려준 사람
(임대인)</td><td colspan="4">임대차 명세</td></tr>
<tr><td>성 명
(법인명)</td><td>사업자
등록번호</td><td>주민(법인)
등록번호</td><td>임대차
계약기간</td><td>(전세)
보증금</td><td colspan="2">월세</td></tr>
<tr><td>㎡</td><td>㎡</td><td></td><td></td><td></td><td></td><td>원</td><td colspan="2">원</td></tr>
<tr><td rowspan="2">허가 등
사업 여부</td><td colspan="4" rowspan="2">신고( ) 등록( ) 허가( )
해당 없음( )</td><td rowspan="2">주류면허</td><td colspan="2">면허번호</td><td colspan="2">면허신청</td></tr>
<tr><td colspan="2"></td><td colspan="2">여( ) 부( )</td></tr>
<tr><td>개별소비세
해당 여부</td><td colspan="9">제조( ) 판매( ) 입장( ) 유흥( )</td></tr>
<tr><td>사업자금 명세
(전세보증금 포함)</td><td colspan="2">자기자금</td><td colspan="2">원</td><td colspan="2">타인자금</td><td colspan="3">원</td></tr>
<tr><td>사업자단위과세
적용 신고 여부</td><td colspan="4">여( ) 부( )</td><td>간이과세 적용
신고 여부</td><td colspan="4">여( ) 부( )</td></tr>
<tr><td rowspan="2">그 밖의
신청사항</td><td colspan="2">확정일자
신청 여부</td><td colspan="2">공동사업자
신청 여부</td><td>사업장소 외
송달장소 신청 여부</td><td colspan="4">양도자의 사업자등록번호
(사업양수의 경우에 한정함)</td></tr>
<tr><td colspan="2">여( ) 부( )</td><td colspan="2">여( ) 부( )</td><td>여( ) 부( )</td><td colspan="4"></td></tr>
</table>

210㎜×㎜[일반용지 60g/㎡(재활용품)]

2) 법인사업자의 사업자등록 신청

법인의 사업자등록은 법인이라는 독립된 인격체를 만드는 것에서부터 시작된다. 따라서 상법상에 정해진 절차에 따라서 정관, 주주명부(이사 3인 이상, 감사 1인 이상), 주주 인감증명서, 주민등록등본 및 기타 제반 서류를 구비하여 본점소재지 관할 법원(상업등기과)에 회사설립등기를 마쳐야 한다.

회사설립등기가 완료되면 회사는 법인등기부등본과 기타 서류를 갖추어 관할 소재지 세무서에서 사업자등록을 하면 된다.

법인사업자의 사업자등록 신청서류는 [도표 14-3]과 같다.

법인사업자는 개인사업자에 비하여 자금조달이 용이하고 대외 신인도를 확보할 수 있으며 매출 규모가 클 경우 법인이 개인사업자에 비하여 세금부담이 작은 장점이 있는 반면 세무상 법칙이 강하고 법인의 폐지 및 청산이 복잡하다는 점이 단점이다.

도표 14-3 | 법인사업자의 사업자등록 신청서류

① 법인설립신고 및 사업자등록신청서 1부(소정양식)
② 법인등기부등본 1부, 정관 1부, 개시대차대조표 1부
③ 사업허가증, 등록증 · 신고필증 사본
④ 주주 또는 출자자명세서
⑤ 사업장 임대차계약서 사본 1부
- 임대차계약서 원본에 일정금액의 수입인지 첨부, 소인한 후 복사
- 세무서에서 임대차계약서 확정일자(상가건물임대차보호법)

2. 허가, 등록 또는 신고

사업이 허가, 등록 내지는 신고사업인지 여부를 확인하고 필요한 서류를 갖추어 해당 관청에 허가신청서 등을 제출해야 한다. 업종별로 식품접객업과 같이 필요한 최소 시설을 갖추고 일정면적을 초과하는 경우, 조리사 면허를 가진 조리사 등을 채용하여 음식업 중앙회 등에서 실시하는 위생교육을 이수하고 건강관리수

첩 등을 구비하여 관할 관청에 영업허가, 신고를 하는 경우도 있고, 변호사업과 같이 일정한 자격을 갖춘 경우에 한하여 그 사업을 할 수 있도록 제한하는 경우도 있다.

이와 같이 창업을 함에 있어 허가, 등록 또는 신고와 관련하여 면밀하게 관련 법규 등을 검토하여 차후에 발생할 수 있는 문제를 사전에 방지해야 한다. 실정법상으로는 허가라는 용어 이외에 면허, 인가, 특허, 승인, 등록, 지정 등으로 쓰이고 있다.

1) 허가, 등록, 신고사업의 종류

허가, 등록, 신고사업의 종류로는 식품제조업, 식품접객업, 약국, 여행업, 유료직업소개업, 학원업, 독서실, 오락실, 노래연습장, 통신판매업, 다단계판매업, 출판업, 정기간행물발간업, 용역정비업, 자동차수리업, 자동차대여업, 부동산중개업 등이 있다.

2) 학교정화구역 내 금지행위

정화구역은 학교의 보건 · 위생 및 학습환경을 보호하기 위하여 학교보건법에서 설정한 구역을 말한다. 정화구역은 절대정화구역과 상대정화구역으로 구분하여 절대정화구역은 학교 출입문으로부터 직선거리로 50m까지의 지역이며, 상대정화구역은 학교 경계선으로부터 직선거리로 200m까지의 지역 중 절대정화구역을 제외한 지역을 말한다.

누구든지 학교정화구역 안에서는 극장(소극장), 단란주점, 유흥주점, 노래연습장, 컴퓨터 게임장, 만화대여업 등의 행위 및 시설을 해서는 안 된다. 다만, 시설 및 행위 예정 장소가 상대정화구역으로서 교육청에 구성되어 있는 학교환경위생정화위원회의 심의결과 학습과 학교보건위생에 나쁜 영향을 주지 않는다고 인정된 건에 한하여 금지사항이 해제되어 영업이 가능하다. 단, 당구장, 컴퓨터 게임장, 만화대여업, 노래연습장은 초 · 중 · 고등학교의 정화구역에만 적용되며(유치원 및 대학교 제외), 당구장은 초 · 중 · 고등학교의 절대정화구역도 심의 신청이 가능하다.

심의 신청은 교육청 사회체육과에 해야 하며 학교환경위생정화위원회의 심의를 거쳐 금지사항이 해제 통보된 후 인 · 허가기관(구청 · 교육청)에서 허가기준에 적합한지의 여부를 확인하기 전까지는 계약이나 시설을 해서는 안 된다.

정화구역 내에서는 누구든지 학습과 학교보건위생에 나쁜 영향을 주는 행위 및 시설을 금지하고 있다. 따라서 창업자는 점포 개설 시에 학교보건법상 정화구역 저촉 여부를 확인해야 한다.

컴퓨터 게임장, 특수목욕탕 중 증기탕, 노래연습장, 무도학원, 무도장, 비디오물 감상실, 호텔, 여관, 여인숙, 사행 행위장 및 경마장, 담배 자동판매기, 극장(소극장) 등이 정화구역 내 금지행위 업종이다.

3. 사업자의 유형

사업자등록 시 과세의 유형에 따라 면세사업자, 간이과세자, 일반과세자의 형태로 사업자등록증을 교부받게 된다.

1) 면세사업자

면세사업자의 대상은 그 범위가 한정되어 있다. 즉, 농수산물 등 미가공 식료품의 공급, 병원 등의 의료보건용역, 학교 및 학원 등의 교육용역, 도서 · 잡지 · 통신 등의 문화관련용역, 주택임대업이 그것이다.

면세사업자는 소득세법상의 계산서를 발행해야 하며, 직전연도의 사업수입 명세금액 등을 기재한 '사업장현황보고서'를 매년 1월 31일까지 관할 세무서에 제출해야 한다.

2) 간이과세자

간이과세자는 연 매출 4,800만 원 미만의 사업자로서 간이과세 적용이 배제되는 사업 또는 지역이 해당되지 않아야 한다.

간이과세자의 경우도 세금계산서는 발행할 수 없으며 개인사업자라 하더라도 사업 대상이 기업으로 나중에 세금계산서를 발행할 필요성이 있을 경우에는 일반과세자로 등록하는 것이 좋다

3) 일반과세자

면세사업자와 간이과세자를 제외한 모든 사업자는 일반과세자에 해당된다.

제2절 | 창업과 세금

창업자가 사업자등록을 하게 되면 매출에 따른 세금을 납부해야 하는데 개인사업자 또는 법인사업자에 따라 달라진다. 개인사업자와 법인사업자가 납부하여야 할 세금을 살펴보기로 한다.

1. 개인사업자

개인사업자가 반드시 알아야 할 세금은 소득세와 부가가치세이다.

1) 소득세

사업자는 1년 동안 벌어들인 연간 소득에 대하여 소득세를 신고 · 납부하여야 한다. 이때 개인사업자가 납부하는 세금을 종합소득세라고 한다.

(1) 소득세의 개념

소득세는 사업을 통해 얻은 소득에 대하여 내는 세금을 말한다. 소득은 그 종류가 다양한데 소득세법에서는 [도표 14-4]에서와 같이 이자, 배당, 부동산 임

대, 사업, 근로, 일시재산, 연금, 기타, 퇴직, 산림, 양도의 11가지 소득으로 구분하며, 이를 다시 크게 종합소득, 퇴직소득, 산림소득, 양도소득의 4가지로 분류하여 각 소득에 대한 소득세 계산에 차이를 두고 있다.

종합소득세는 원칙적으로 직전연도(1.3~12.31)의 소득에 대하여 사업운영으로 벌어들인 사업소득은 물론 부동산 임대소득 및 근로소득과 일정한 요건을 갖춘 배당소득, 이자소득, 기타소득, 일시재산소득 등을 모두 합산하여 매년 5월 1일부터 5월 31일까지 관할 세무서에 신고 · 납부해야 한다.

도표 14-4 | 소득세법상 소득의 종류

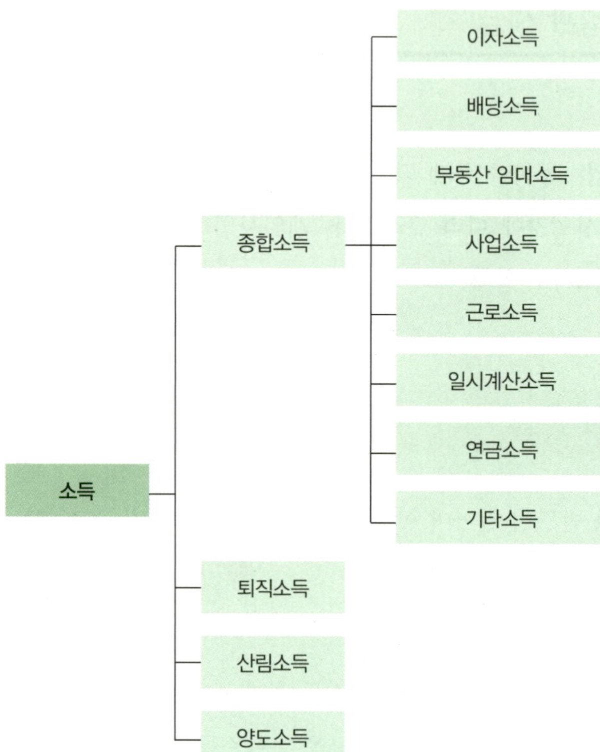

(2) 소득세의 계산방법

소득세는 다음 순서로 계산한다.

① (소득금액－소득공제)×세율＝산출세액

② 산출세액－(세액공제＋감면세액)＝결정세액

③ 결정세액－이미 납부한 세액＝자진 납부할 세액

2) 부가가치세

(1) 부가가치세의 개념

부가가치세(Value Added Tax : VAT)란 사업자가 영업활동을 하는 과정에서 부가된 가치에 대하여 내는 세금이다. 다시 말하자면 '상품(재화)의 거래나 서비스(용역)의 제공과정에서 얻어지는 부가가치(이윤)에 대하여 과세하는 세금'이며, 부가가치세 과세 대상 사업자는 상품을 판매하거나 서비스를 제공할 때 거래금액에 일정금액의 부가가치세를 징수 · 납부해야 한다. 여기에서 부가된 가치란 예를 들어 밀가루 한 봉지를 2,000원에 구매해서 국수 혹은 만두로 가공하여 판매하면 더 많은 이익을 발생시킬 수 있는데 그 차이가 부가가치이다. 따라서 소비자가 물건을 구입할 때 지불하는 물건값에는 부가가치세가 포함되어 있기 때문에 사실상 세금은 소비자가 부담하는 것이며, 사업자는 소비자가 부담한 세금을 잠시 보관하였다가 국가에 내는 것에 지나지 않는다.

즉, 부가가치세를 요약하면 다음과 같다.

① 분기별로 1년에 두 차례 사업자의 신고에 의하여 정부에 납부하는 세금이다. 단, 법인사업자는 1년에 네 번 신고해야 한다.

② 부가가치세는 사업장별로 사업자등록을 하고 사업장별로 납부한다.

③ 기본적으로 매출세액에서 매입세액을 차감한 금액이 납부할 세액이다.

④ 매출세액은 거래 상대방에게 매출할 때 재화 또는 용역대금에 10%를 붙여서 거래 징수한 금액이다.

⑤ 매입세액은 거래 상대방으로부터 공급받은 재화 또는 용역의 대금에 10%를 붙여 징수당한 금액이다.

(2) 부가가치세의 계산방법

부가가치세는 물건값에 포함되어 있기 때문에 실지로는 최종소비자가 부담하는 것이다.

부가가치세 = 매출세액 − 매입세액

부가가치세는 일반과세자와 간이과세자에 따라 매출세액과 매입세액의 계산방법이 다르게 적용된다. [도표 14-5]에서 공급가액과 공급대가는 재화 또는 용역을 제공하고 지급받은 대가를 의미한다. 공급대가는 공급가액과 유사한 개념이기는 하지만 부가가치세법은 구분하여 사용하고 있다. 공급가액이란 부가가치세를 포함하지 않은 순수한 재화 또는 용역의 교환가치만을 말하는 것으로 일반과세자의 과세표준이 되는 것이다. 그러나 공급대가란 재화 또는 용역의 교환가치와 그에 따른 부가가치세액을 포함한 금액으로서 간이과세자는 공급대가를 과세표준으로 하여 부가가치세액을 계산한다. 그리고 의제매입 세액공제는 부가가치세가 면제되는 재화를 구입하여 매입세액이 없는 경우에도 일정한 요건에 해당하는 때에는 그 매입가액 중에 일정한 매입세액이 포함되어 있는 것으로 간주하여, 계산

도표 14-5 | 부가가치세가 과세되는 개인사업자의 유형

구분	일반과세자	간이과세자
적용 대상	간이과세자 이외의 개인사업자와 법인사업자	특정업종 사업자로서 1년간의 공급대가 4,800만 원 미만인 개인사업자
납부세액	매출액×10%−매입세액	공급대가×업종별 부가가치율×10%
세금계산서 교부 여부	세금계산서 또는 영수증 교부	영수증만 교부
매입세액공제	전액공제	매입세액×업종별 부가가치율
의제매입 세액공제	모든 업종에 적용	음식점 사업자만 적용
기장의무	매입, 매출장 등 기장의무	주고받은 영수증 및 세금계산서만 보관하면 기장한 것으로 봄
장점	세금계산서 교부가능, 매입세액이 전액공제	납부세액감소, 간편한 기장
단점	매출액이 적은 반면에 비교적 세금이 많고 기장의 번거로움이 존재	세금계산서 교부가 불가능, 매입세액이 미공제, 어떤 경우에는 일반과세자보다 세금이 많을 수 있음
비고	매입세액이 많은 경우, 일반과세 적용이 유리	납세자의 신청에 의해 간이 과세포기가 가능

한 일정액을 매출세액에서 공제하는 세액을 말한다.

간이과세자의 경우에는 매출세액과 매입세액을 계산할 경우 매출(매입)액× 10%에 업종별 부가가치율(음식, 숙박, 통신은 30%, 소매는 20%, 기타 서비스업은 25%)을 별도로 적용한다.

(3) 부가가치세가 면제되는 경우

국민의 기초생활과 관련된 것이나 저소득층의 세금부담 경감 혹은 기타 정책적 목적으로 일부 제품이나 서비스의 공급에 대해서는 부가가치세를 면제하고 있다. 생활필수품을 판매하거나 의료, 교육관련 서비스를 제공하는 경우에 대해서는 부가가치세가 면제된다.

예를 들어, 다음과 같은 경우는 부가가치세가 면제된다.

① 기초생활 필수품

- 가공되지 않은 식료품(쌀, 채소, 육류, 어류, 건어물 등)
- 국내에서 생산된 식용이 아닌 농산물, 축산물, 수산물, 임산물
- 수돗물, 연탄, 여객운송용역(항공기, 고속버스, 택시 등 제외)

② 국민후생용역

- 의료보건용역(의료용역, 장의용역 등)
- 교육용역(정부의 인가 또는 허가를 받은 학원, 교습소 등)
- 주택(국민주택규모 이하)

③ 문화관련 재화 · 용역 : 도서, 신문, 잡지, 방송(광고 제외)

④ 생산요소

- 토지(토지의 임대는 과세)
- 인적용역
- 금융 · 보험용역

⑤ 기타 : 우표, 판매가격이 200원 이하인 담배 등

(4) 부가가치세 및 소득세의 신고사항

부가가치세 과세기간은 1년을 두 개의 과세기간으로 나누어 매 6개월을 하나의 과세기간으로 하고 있다. 부가가치세 과세기간은 1월 1일부터 6월 30일까지를 제1기로 하고, 7월 1일부터 12월 31일까지를 제2기로 하여 각 과세기간의 사업 실적에 대하여 그 과세기간이 끝나는 달의 다음 달 25일(7/25, 1/25)까지 사업장 소재지 관할 세무서에 부가가치세확정신고서를 제출하고 그 세액을 납부해야 한다. 또한 각 과세기간 중 앞 분기 3개월 동안을 예정신고기간으로 하여 그 기간 동안의 사업 실적에 대하여 그 분기가 끝나는 다음 달 25일(4/25, 10/25)까지 부가가치세를 신고 · 납부하여야 한다.

다만 개인사업자는 원칙적으로 예정신고를 할 필요 없이 관할 세무서에서 예정고지된 세액을 납부하면 되고, 예정신고절차는 생략된다. 그러나 개인사업자라 할지라도 직전 과세기간에 납부한 세액이 없는 경우나 당해 과세기간에 신규로 개업한 사업자는 부가가치세 예정신고 납부를 해야 한다. 부가가치세를 신고, 납

:: 도표 14-6 | 부가가치세 및 소득세의 신고사항[01]

구분	사업자	신고 · 납부기한	신고 또는 납부할 내용
부가가치세	법인사업자	1기 예정신고 4월 1일~4월 25일	1월 1일~3월 31일의 사업실적과 세액
		1기 확정신고 7월 1일~7월 25일	4월 1일~6월 30일의 사업실적과 세액
		2기 예정신고 10월 1일~10월 25일	7월 1일~9월 30일의 사업실적과 세액
		2기 확정신고 1월 1일~1월 25일	10월 1일~12월 31일의 사업실적과 세액
	개인사업자(일반, 간이)	1기 확정신고 7월 1일~7월 25일	1월 1일~6월 30일의 사업실적과 세액
		2기 확정신고 1월 1일~1월 25일	7월 1일~12월 31일의 사업실적과 세액
		신규사업, 환급 등으로 직전 과세기간의 납부세액이 없는 사업자는 예정신고를 하여야 하며, 사업부진자, 조기환급 발생자, 총괄납부자는 예정고지세액 납부와 예정신고 중 하나를 선택할 수 있다.	
소득세	개인사업자(과세, 면세)	확정신고 다음해 5월 1일~5월 31일	1월 1일~12월 31일의 연간 소득금액과 세액
		중간예납 11월 1일~11월 30일(11월 15일 고지)	중간예납 기준액의 1/2

부할 때에는 소정의 '부가가치세신고서' 외에 '매출 · 매입처별 세금계산서 합계표'와 '기타 관련 서류'도 함께 관할 세무서에 제출해야 한다.

도표 14-7 | 부가가치세 과세기간

구분	제1기	제2기
신규사업자(최초과세기간)	사업개시일~6월 30일	사업개시일~12월 31일
계속사업자	1월 1일~6월 30일	7월 1일~12월 31일
폐업자(최종과세기간)	1월 1일~폐업일	7월 1일~폐업일

2. 법인사업자

개인사업자가 1년 동안 벌어들인 연간 소득에 대하여 소득세를 신고 · 납부하여야 하듯이 법인사업자의 법인소득에 대해서 과세하는 세금을 법인세라고 한다. 소득세는 과세대상이 되는 소득을 열거하여 규정하므로 열거하지 않은 소득에 대해서는 납세의무가 없지만 법인세는 법인이 얻은 모든 순자산의 증가액에 대하여 과세를 한다. 법인사업자의 경우 법인세 외의 부가가치세 및 원천징수는 개인사업자와 같은 방법으로 신고 · 납부한다.

법인세는 법인이 벌어들인 모든 소득에 대하여 정관상 정해진 사업연도 종료일 후 3개월 내에 신고 · 납부해야 한다. 종합소득세 관할 세무서는 개인사업자의 주소지 관할 세무서이며, 법인은 본점 소재지 관할 세무서다.

1) 법인세 납세의무범위

(1) 각 사업연도소득에 대한 납세의무

법인이 계속해서 사업을 할 때, 당해 사업과 관련하여 발생한 소득에 대해 사업연도별로 납세의무를 지는 가장 통상적인 납세의무를 말한다.

(2) 청산소득에 대한 법인세

기업이 계속된다는 전제하에 각 사업연도소득에 대한 법인세를 규정한다면, 기업이 청산하여 완전히 소멸되는 경우에는 청산소득에 대해 납세의무를 진다.

(3) 토지 등 양도소득에 대한 법인세

부동산투기의 재발에 신속히 대응하기 위하여 투기지역으로 고시하는 지역에 소재하는 토지와 건물의 양도소득에 대해서는 법인세와 합산하여 과세한다. 양도가액에서 장부가액을 차감하여 계산한 양도소득의 10%(미등기자산 20%, 주택의 양도차익에 대하여는 30%)로 한다. 토지 등 양도소득에 대한 법인세는 정규법인세에 합산하여 신고 · 납부하여야 한다.

2) 법인세 과세기간

법인세는 법인의 사업연도단위로 소득을 집계하여 과세표준 및 세액을 산출하여 계산한다. 사업연도는 법인의 정관 등이 규정하거나 사업연도 신고를 해서 정할 수 있으며(1년을 초과할 수 없음), 정관 등의 규정 없이 사업연도 신고도 없는 경우에는 매년 1월 1일부터 12월 31일까지를 사업연도로 본다.

3) 법인세 과세표준

법인세 산출세액 = 법인세 과세표준 × 법인세율

법인세 과세표준 = 각 사업연도 소득금액 − (이월결손금 + 비과세소득금액 + 소득공제액)

각 사업연도 소득금액 = 순자산의 증가액(익금) − 순자산의 감소액(손금)

① 익금 : 사업에서 생기는 수익금액 외 사업과 관련하여 발생하는 자산의 양도금액, 자산평가차익, 무상으로 받은 자산가액 등이 포함된다.

② 손금 : 제품원가 및 인건비 외에 사업과 관련하여 지출한 접대비, 복리후생비 등을 포함하며 세법에서 특별히 정책목적으로 인정하는 특정손금이 있다.

2018년 현재 법인세율은 [도표 14-8]과 같다.

도표 14-8 | 법인세율

과세표준	세율
0~2억 원	10%
2~200억 원	20%
200~3,000억 원	22%
3,000억 원 초과	25%

4) 법인세 신고 · 납부기간 및 가산세

법인사업자는 각 사업연도의 종료일로부터 3개월 이내에 당해 사업연도의 소득에 대한 법인세의 과세표준과 세액을 납세지 관할 세무서장에게 신고하고, 당해 세액을 관할 세무서 등에 납부하여야 한다. 12월 말 결산 법인인 경우 3월 31일까지 신고 · 납부하여야 한다. 만약 법정기간 내에 신고 · 납부하지 않으면 가산세의 제재가 있다.

법인세 신고 시 반드시 제출해야 할 서류는 다음과 같다.

① 법인세과세표준 및 세액신고서

② 재무상태표

③ 포괄손익계산서

④ 이익잉여금처분계산서

⑤ 세무조정계산서

⑥ 세무조정계산서 부속서류 및 현금흐름표

제3절 | 장부 작성 및 비치

1. 장부

1) 복식장부

사업자는 원칙적으로 매일매일 발생하는 거래에 대하여 증빙을 갖추고 복식부기 원리에 따라 모든 거래사실이 객관적으로 파악될 수 있도록 장부에 기록 · 관리하여야 하며 소득세, 법인세 신고 시에는 소득세, 법인세 신고서와 함께 기장에 의하여 작성된 대차대조표, 손익계산서, 합계잔액시산표 및 조정계산서와 기타 세법이 요구하는 명세서를 첨부하여 관할 세무서에 제출해야 한다.

이와 같이 복식부기 원리에 따라 기장하고 신고해야 하는 사업자를 복식부기 의무자라고 하는데, 복식부기 의무자가 기장을 하지 않거나 소득세, 법인세 신고 시 재무제표를 첨부하지 않은 경우에는 무기장 가산세와 신고불성실 가산세 등이 부과되어 높은 세금을 부담하게 되는 불이익을 받게 된다.

① 소매업 등 : 직전연도 매출 3억 원 이상인 경우

② 음식 및 숙박업 등 : 직전연도 매출 1억5,000만 원 이상인 경우

③ 개인 및 가사서비스업 등 : 직전연도 매출 7,500만 원 이상인 경우

2) 간편장부

직전연도 수입금액이 일정금액 미만인 개인사업자는 복식부기에 의한 기장을 하지 않더라도 국세청장이 정하는 간편장부에 의하여 거래사실을 기록하고 관련 증빙을 보관하는 경우에는 기장의무를 이행한 것으로 보게 된다.

간편장부란 복식부기에 의한 기장능력이 취약한 중소개인사업자가 장부를 쉽고 간편하게 작성할 수 있도록 국세청장이 고시한 약식장부를 말한다. 간편장부에 의한 기장방법은 거래일자, 거래내용, 거래처, 수입(매출)란, 경비란, 고정자산매입란 등 6가지로 구분하여 매일 매일의 거래내용을 날짜순으로 기록 · 관리

하고 관련 증빙을 보관하면 되기 때문에 복식부기 의무자처럼 대차분개에 의한 전표를 발행한다든지 총계정원장이나 기타 부속 보조장부를 만들어야 할 의무는 없다.

물론 간편장부 대상자인 경우에도 사업자의 형편에 따라 다른 장부를 추가해도 되고, 기타 목적으로 복식부기에 의한 기장을 해도 무방하다.

2. 영수증

개인이나 법인의 소득을 계산하는 가장 기본적인 요소는 매출액과 매출원가 및 기타 경비로서 소득은 매출액에서 매출원가 및 일반관리비 등 경비를 차감하여 계산하는 것이다. 따라서 소득을 정확하게 계산하기 위해서는 거래증빙을 확실하게 갖춰놓아야 한다.

거래증빙을 보관하고 있으면, 동 금액은 세법이 허용하는 범위 내에서 경비로 인정받으므로 절세할 수 있으며 복식부기에 의한 기장의무를 이행하면 당해연도에 비록 결손이 나더라도 지난해 낸 소득세에서 결손금액에 해당되는 세액만큼을 환급받을 수 있을 뿐만 아니라(중소기업 사업소득 결손금 소급공제) 다음 사업연도 이후 5년간 발생하는 소득에서 결손금액을 차감하여 과세소득을 계산하게 되므로(결손금 이월공제) 그만큼 세금을 절약할 수 있다.

1) 세금계산서

(1) 세금계산서의 발행

세금계산서는 부가가치세 과세사업자 중 일반과세자가 재화 또는 용역을 공급할 때 부가가치세를 징수하고 이를 증명하기 위해서 공급받는 자에게 발행하는 거래증빙을 말하며 간이과세자와 면세사업자는 세금계산서를 교부할 수 없다. 세금계산서에는 공급하는 자와 공급받는 자의 사업자등록번호, 상호, 주소, 대표자명 및 업태, 종목과 공급가액, 부가가치세액, 거래명세 등이 기재되어 있으며, 세금계산서는 재화 또는 용역의 공급시기에 교부해야 한다. 다만 거래처별로 1개월 동안의 공급가액을 합해서 월말자로 세금계산서를 발행하는 경우 등은 공급하는 일이 속하는 날의 다음 달 10일까지 세금계산서를 교부할 수도 있다.

(2) 세금계산서의 수령과 매입세액 공제

신용카드 구매분(단, 접대비, 승용차 주유비 제외), 전기료, 통신료의 매입세액도 사업자의 명의로 된 것은 공제가 가능하다. 소수 거래처에 집중적으로 고액의 거래가 발생한 경우, 고정거래처가 아닌 자와의 거래, 원거리 사업자와의 거래 등은 가공혐의가 짙은 거래유형이다. 따라서 신규거래처나 거래금액이 큰 거래에 대해서는 상대방이 정상적인 사업자인지 확인한 후 대금결제를 하는 등의 주의를 기울일 필요가 있다.

(3) 매입 · 매출자료의 준비

부가가치세 신고에 있어서 세금계산서가 가장 중요하다. 공급자와 공급받는 자가 서로 한 장씩 나눠가져 각자 신고하기 때문에 어느 한쪽이 신고하지 않더라도 과세자료가 남게 된다. 특히 매출세금계산서는 실수로 한두 장 누락한다면 가산세를 물게 되므로 절대 빠뜨리지 않도록 주의를 기울여야 한다.

2) 계산서

부가가치세 면세사업자가 재화 또는 용역을 공급할 때 발행하는 거래증빙으로 그 기재내용은 세금계산서와 거의 동일하지만, 부가가치세가 과세되지 않는 거래이므로 부가가치세액란은 없다.

3) 신용카드 매출전표

신용카드 가맹사업자가 발행하는 거래증빙으로 공급하는 자에 관한 사항(상호, 주소, 대표자명, 업태, 종목 등)은 기재되어 있으나 일반적으로 공급받는 자에 관한 사항과 부가가치세액은 별도로 기재되지 않는다.

4) 영수증

부가가치세 과세사업자 중 간이과세자가 재화 또는 용역을 공급할 때 발행하는 거래증빙으로, 여기에도 공급하는 자에 관한 사항은 기재되어 있으나 공급받는 자에 관한 사항과 부가가치세액은 별도로 기재되지 않는다(일반과세자의 경우에도 소매, 음식, 숙박업 등과 같이 최종소비자를 대상으로 재화 또는 용역을 공급하는 자는 세금계산서 대신 영수증을 교부할 수 있다.).

5) 법정영수증

법인 및 복식부기 의무자인 개인사업자가 경비로 인정받기 위하여 지출증빙을 수취할 때에는 원칙적으로 세금계산서 또는 계산서, 신용카드 매출전표를 교부받아야 한다.

거래증빙으로 일반영수증을 교부받게 되면 경비로 인정되기는 하나 영수증 금액의 2%만큼의 증빙 불비 가산세가 부과되어 그만큼 세금을 더 내는 불이익이 있다. 다만 거래 건당 금액이 10만 원 미만이거나 기타 세법이 정하는 경우에는 예외적으로 일반영수증 수취가 인정된다.

따라서 경비 지출 시 세법상 불이익을 받지 않기 위해서는 가능한 한 일반영수증이 아닌 세금계산서와 계산서 또는 신용카드 매출전표를 받는 것이 절세에 도움이 된다. 접대비 건당 지출금액이 5만 원 이상의 경우에는 지출증빙으로 신용카드 전표나 세금계산서, 계산서 등을 교부받아야 한다.

3. 사회보험

창업을 하게 되면 소규모 1인 기업인 경우를 제외하고는 직원이 없는 상태로 혼자 사업을 영위하기란 거의 불가능하다. 유능한 직원의 고용은 사업의 성과를 좌우할 수도 있는 중요한 사항이기 때문에 채용과 인사관리, 근로조건 및 급여와 처우문제 등은 창업을 하면서 직면하게 되는 문제들이다. 사업을 처음 시작해서 종업원을 고용하게 되면 관계법령에 따라 사업주는 종업원을 대상으로 하여 고용보험, 의료보험, 국민연금, 산업재해보험에 가입해야 한다.

즉, 근로자를 1인 이상 고용하는 모든 사업자는 고용보험과 산재보험, 국민건강보험에 가입해야 하며, 근로자가 1인 이상을 넘게 되면 국민연금에도 가입해야 하는데 이들 4대 사회보험의 개요 및 제반 신고사항을 개략적으로 살펴보면 [도표 14-9]와 같다.

도표 14-9 | 4대 사회보험의 개요 및 신고사항

구분		고용보험	국민연금	국민건강보험	산재보험
가입대상사업장		상시근로자수 1인 이상	상시근로자수 1인 이상	상시근로자수 1인 이상	상시근로자수 1인 이상
보험료	근로자부담	임금총액의 0.5%	표준소득월액의 4.5%	표준소득월액의 1.7%	없음
	사업주부담	임금총액의 0.95~1.5%	표준소득월액의 4.5%	표준소득월액의 1.5%	임금총액의 0.35~30.4%
	계	1.4~2.0%	9.0%	2.8%	0.35~40%
보험관계성립 신고 및 관할처		성립일로 14일 내 근로복지공단	다음달 7일 내 국민연금관리공단	다음달 1개월 내 국민연금관리공단	성립일로 14일 내 근로복지공단

제4절 | 창업과 재무제표

재무제표는 주주, 채권자 등의 기업외부 이해관계자들에게 기업경영활동의 진행상황을 알려주는 정보전달수단일 뿐만 아니라 경영진, 노동조합 등의 기업내부 이해관계자들에게도 그들의 일상적인 의사결정에 도움이 되는 정보를 제공하는 수단이다.

회계기간 동안의 경제적 사건과 그 기간 말에 있어서의 경제적 상태를 나타내기 위한 일련의 회계보고서를 재무제표라고 한다. 통상적으로 재무제표란 기업회계기준에서 규정하는 대차대조표, 손익계산서, 이익잉여금처분계산서, 현금흐름표의 네 가지 재무보고서와 동 재무보고서의 주석사항들을 총체적으로 일컫는 용어이다.

1. 재무제표의 이해

1) 재무제표의 개념

'대차대조표(Balance Sheet : B/S)'는 결산일 현재의 자산, 부채 및 자본의 총량과 그 내역을 보고하는데, 특정일 현재의 기업 재무상태를 보고하므로 '재무상태표'라고 부르기도 한다.

'손익계산서(Income Statement : I/S)'란 한 회계기간 동안의 경영성과를 나타내는 재무보고서로 이때 경영성과를 기업이 창출한 수익, 이에 대응되는 비용 및 수익과 비용의 차이인 당기순이익 또는 당기순손실로 나타낸다.

'이익잉여금처분계산서'란 기업의 이익창출활동에서 발생한 당기순이익의 누계를 주주들에게 어느 정도 배당을 해주고, 재투자를 위하여 사내에 어느 정도 유보하고 있는지 등 이익잉여금의 처분사항을 명확히 보고하기 위해 이월이익잉여금의 총변동사항을 표시하는 보고서이다.

'현금흐름표'란 기업활동에 따른 현금의 유입과 유출 혹은 유입과 유출의 차이인 순현금흐름으로 정의되는 현금흐름을 나타내는 표로서, 현금의 변동내용을 명확하게 보고하기 위하여 일정기간 동안 기업의 영업활동, 투자활동, 재무활동 등으로 인한 현금의 유입과 유출내용을 나타내는 보고서이다.

2) 재무제표의 형식

(1) 대차대조표의 형식

대차대조표는 자산, 부채, 자본으로 구성된다. 각 구성요소에 대한 세부적인 분류는 정보의 유용성이 최대화되도록 분류되어야 한다. 즉, 유사한 항목이 결합하여 그 집계금액이 의미를 지닐 수 있고 또한 항목 분류 간에 중요한 관련성이 쉽게 부각될 수 있도록 적절하게 분류하여야 한다.

대차대조표는 [도표 14-10]에서와 같이 기업의 명칭, 재무제표의 명칭인 대차대조표 및 대차대조표의 기준일이 되는 특정일자가 명시되어야 한다.

대차대조표의 본문은 크게 자산, 부채, 자본의 세 부분으로 구성되어 있는데 자산은 왼쪽에, 부채와 자본은 오른쪽에 나타난다.

도표 14-10 | 대차대조표

대차대조표

제×기 20××년 ×월 ×일 현재

진주(주) (단위 : 백만 원)

과 목	제×(당)기	제×(전)기	과목	제×(당)기	제×(전)기
	금액	금액		금액	금액
자 산			부 채		
Ⅰ. 유동자산	×××	×××	Ⅰ. 유동부채	×××	×××
(1) 당좌자산			Ⅱ. 고정부채	×××	×××
(2) 재고자산					
Ⅱ. 고정자산	×××	×××	부채총계	×××	×××
(1) 투자자산			자 본		
(2) 유형자산			Ⅰ. 자본금	×××	×××
(3) 무형자산			Ⅱ. 자본잉여금	×××	×××
			Ⅲ. 이익잉여금	×××	×××
			Ⅳ. 자본조정	×××	×××
자산총계	×××	×××	자본총계	×××	×××
			부채와 자본총계	×××	×××

도표 14-11 | 대차대조표 계정과목

자산과목		
대분류	중분류	소분류
I. 유동자산	(1) 당좌자산	1. 현금 및 현금등가물 2. 단기금융상품 3. 유가증권 4. 매출채권, 대손충당금 5. 미수수익 6. 선급비용
	(2) 재고자산	1. 상품 2. 제품 3. 재공품 4. 원재료 · 부품 5. 미착상품
II. 고정자산	(1) 투자자산	1. 장기금융상품 2. 투자유가증권 3. 장기대여금, 대손충당금 4. 임차보증금 5. 단체퇴직보험예치금 6. 이연법인세
	(2) 유형자산	1. 토지 2. 건물 감가상각누계액 3. 기계장치 감가상각누계액 4. 차량운반구 감가상각누계액 5. 건설중인 자산
	(3) 무형자산	1. 영업권 2. 산업재산권 3. 개발비

부채과목	
대분류	소분류
I. 유동부채	1. 매입채무 2. 단기차입금 3. 미지급금 4. 예수금 5. 미지급비용 6. 미지급배당금 7. 선수수익 8. 유동성장기부채
II. 고정부채	1. 사채 사채할인발행차금 2. 장기차입금 3. 외화장기차입금 4. 퇴직급여충당금 국민연금전환금 5. 단체퇴직급여충당금 6. 이연법인세대

자본과목	
대분류	소분류
I. 자본금	1. 보통주자본금
II. 자본잉여금	1. 주식발행초과금 2. 재평가적립금 3. 자기주식처분이익
III. 이익잉여금	1. 이익준비금 2. 기업합리화적립금 3. 재무구조개선적립금 4. 사업확장적립금 5. 차기이월이익잉여금
IV. 자본조정	1. 자기주식 2. 미교부주식배당금 3. 투자수익평가손실

(2) 손익계산서의 형식

손익계산서는 [도표 14-12]와 같이 기업의 명칭, 재무제표의 명칭인 손익계산서 및 손익계산의 대상이 되는 회계기간이 표시된다.

손익계산서의 본문은 수익과 비용으로 구성되어 있고, 수익에서 비용을 차감한 후 남는 금액은 기업의 순이익(또는 순손실)으로 보고된다.

도표 14-12 | 손익계산서

손익계산서

제×기 20××년 ×월 ×일부터 20××년 ×월 ×일까지

진주(주) (단위 : 백만 원)

과목	제×(당)기	제×(전)기
Ⅰ. 매출액	×××	×××
Ⅱ. 매출원가	(×××)	(×××)
Ⅲ. 매출총이익	×××	×××
Ⅳ. 판매비 및 일반관리비	(×××)	(×××)
Ⅴ. 영업이익	×××	×××
Ⅵ. 영업외수익	×××	×××
Ⅶ. 영업외비용	(×××)	(×××)
Ⅷ. 경상이익	×××	×××
Ⅸ. 특별이익	×××	(×××)
Ⅹ. 특별손실	(×××)	(×××)
XI. 법인세차감전순이익	×××	×××
XII. 법인세비용	(×××)	(×××)
XIII. 당기순이익	×××	×××

도표 14-13 | 손익계산서 계정과목

수익과목	
영업수익	매출액
영업외수익	이자수익 배당금수익 임대료 유가증권처분이익
특별이익	자산수증이익 채무변제이익 보험차익

비용과목	
판매관리비	급여 복리후생비 접대비 감가상각비
영업외비용	이자비용 유가증권처분손실 기부금
특별손실	재해손실
법인세비용	법인세

(3) 이익잉여금 처분계산서의 형식

이익잉여금 처분계산서는 [도표 14-14]에서와 같이 기업의 명칭, 재무제표의 명칭인 이익잉여금 처분계산서, 손익계산의 대상이 되는 회계기간 그리고 이익잉여금 처분확정일이 표시된다.

이익잉여금 처분계산서는 크게 세 부분으로 구성되는데, 그 첫째 부분은 전기로부터 이월된 이익잉여금과 당기에 발생한 이익 등으로 구성된 처분전 이익잉여금이 표시된다. 두 번째 부분은 과거에 적립된 임의적립금을 처분전 이익잉여금으로 전환시키는 임의적립금이입액이 표시되고, 세 번째 부분은 처분가능이익 총액인 처분전 이익잉여금과 임의적립금이입액의 합계액에 대하여 그 처분내역을 표시하는 이익잉여금처분액이 기재된다. 이익잉여금 처분 후 남은 잔액이 차기이월 이익잉여금으로 표시된다.

도표 14-14 | 이익잉여금 처분계산서

이익잉여금 처분계산서

제×기 20××년 ×월 ×일부터 20××년 ×월 ×일까지

처분확정일 : 20××년 ×월 ×일

진주(주) (단위 : 백만 원)

과목	제×(당)기	제×(전)기
Ⅰ. 처분전 이익잉여금	×××	×××
1. 전기이월 이익잉여금		
2. 회계변경의 누적효과		
3. 전기오류 수정이익		
4. 중간배당액		
5. 당기순이익		
Ⅱ. 임의적립금 등의 이입액	×××	×××
1. ×××적립금		
2. ×××적립금		
Ⅲ. 이익잉여금처분액	(×××)	(×××)
1. 이익준비금		
2. 기타 법정적립금		
3. 주식할인발행차금상각액		
4. 배당금		
Ⅳ. 판매비 및 일반관리비	(×××)	(×××)

(4) 현금흐름표의 형식

현금흐름표는 [도표 14-15]에서와 같이 기업의 명칭, 재무제표의 명칭인 현금흐름표, 현금흐름표가 나타내는 특정기간이 표시된다.

현금흐름표는 크게 세 부분으로 구성되는데, 그 첫째 부분은 영업활동으로 인한 현금흐름이 표시되고, 두 번째 부분은 투자활동으로 인한 현금흐름이 표시되며, 세 번째 부분에서는 재무활동으로 인한 현금흐름이 표시된다. 현금흐름표는 이들 세 활동으로부터의 현금의 증감액에 기초의 현금을 가산하여 기말의 현금을 산출하는 형식으로 보고된다.

도표 14-15 | 현금흐름표

현금흐름표

제×기 20××년 ×월 ×일부터 20××년 ×월 ×일까지

진주(주) (단위 : 백만 원)

과목	제×(당)기	제×(전)기
Ⅰ. 영업활동으로 인한 현금흐름	×××	×××
Ⅱ. 투자활동으로 인한 현금흐름	×××	×××
1. 투자활동으로 인한 현금유입액		
2. 투자활동으로 인한 현금유출액		
Ⅲ. 재무활동으로 인한 현금흐름		
1. 재무활동으로 인한 현금유입액		
2. 재무활동으로 인한 현금유출액		
Ⅳ. 현금의 증가(감소)(Ⅰ+Ⅱ+Ⅲ)	×××	×××
Ⅴ. 기초의 현금	×××	×××
Ⅵ. 기말의 현금	×××	×××

3) 재무제표의 용도

대차대조표, 손익계산서, 이익잉여금처분계산서, 그리고 현금흐름표의 용도를 살펴보면 다음과 같다.[02]

(1) 대차대조표의 용도

대차대조표는 일정시점의 재무상태를 체계적으로 구분하여 상세하게 보여주므로 기업의 유동성, 지급능력 및 재무구조 안정성에 관한 정보를 제공한다. 유동성은 자금보유상태, 지급능력 및 동원능력 등을 나타내므로 예기치 않은 경영위협에 대처하거나 경영기회를 활용할 수 있는 능력을 나타낸다. 이러한 유동성은 흔히 유동자산과 유동부채의 규모를 비교하여 판단할 수 있다. 장 · 단기 자금수요에 대한 대처가 불확실하면 계속기업으로서의 존립이 어렵게 되거나 안정적인 경영이 위협을 받으므로, 대차대조표는 이러한 지급능력 및 재무구조 안정성에 관한 정보를 부채 및 자본의 내역을 통하여 제공한다.[03]

① 재산 내역을 알 수 있게 해준다.

② 지급능력이 어떠한지를 알 수 있게 해준다.

③ 자본의 조달처를 알 수 있게 해준다.

④ 자산구조가 어떠한지를 알 수 있게 해준다.

⑤ 재무구조가 어떠한지를 알 수 있게 해준다.

⑥ 개략적인 기업의 건강상태를 알 수 있게 해준다.

(2) 손익계산서의 용도

손익계산서는 기업수익성을 평가하는 데 유용한 정보를 제공한다. 그리고 당기 및 전기의 영업성과를 수익거래의 성격에 따라 구분하여 제공하므로 미래 수익력을 예측하는 데에도 도움이 된다. 미래 수익력의 예측은 투자의사결정을 할 때뿐만 아니라 내부적인 경영목표설정과 경영활동계획을 수립할 때에도 중요한 역할을 담당한다. 따라서 손익계산서를 통하여 제공되는 수익성에 대한 정보는 각종 의사결정에 매우 유용한 것이다. 또한 손익계산서는 경영자의 업적과 조직의 효율성을 평가하는 데 있어서도 가장 객관적으로 활용가능한 정보제공의 수단이다.

손익계산서의 유용성은 다음과 같다.[04]

① 일정기간 동안 실현한 전반적인 경영성과의 내용을 알 수 있게 해준다.

② 이해관계자들에게 자신의 이익배당 정도를 알 수 있게 해준다.

③ 수익성 및 비용관리의 효율성에 관한 정보를 제공한다.

④ 손익의 원인분석을 가능하게 하고, 새로운 이익계획 수립에 필요한 정보를 제공한다.

⑤ 부문별 또는 구성원별 업적평가의 기초자료를 제공한다.

⑥ 배당정책 또는 임금정책의 수립 및 세금결정의 기초자료를 제공한다.

(3) 이익잉여금 처분계산서의 용도

이익잉여금 처분계산서는 배당가능한 이익 중 어느 정도가 배당되고 있는가에 대한 정보와 더불어 기타 처분내역을 제공하므로 투자자들에게는 투자가치를 예측가능하게 하고, 경영자들은 자금조달계획을 포함한 경영계획수립에 활용이 가능하다.

(4) 현금흐름표의 용도

현금흐름표를 통해 제공되는 현금흐름정보는 손익계산서의 당기순이익과 함께 미래의 현금유입 예측에 유용한 정보를 제공한다. 물론 현금흐름이 그 자체만으로는 경영성과지표로서 활용되기 어렵지만 당기순이익이 수익성에 관한 정보로서 한계를 가지는 경우에 제약을 덜 받는 현금흐름이 경영성과에 대한 정보를 추가적으로 제공할 수 있어 유용하다.

사 례 연 구 Case Study

사례 1 시름 더 깊어진 영세 자영업자 … 영업시간 늘었는데 이익은 곤두박질

덩치 커졌지만 이익 뒷걸음
사업체 · 종사자 · 매출 늘었지만 조선 등 제조업 부진 여파
영업이익률 평균 1.7%P 감소 … 숙박 · 음식점은 9%P 급락

'자영업 공화국'
부가가치 낮은 업종서 경쟁
음식점 · 술집 좌석 2600만 개, 한국 인구의 절반 넘어

국내 사업체(종사자 1인 이상)의 수익성이 최근 5년간 뒷걸음질 쳤다. 기업이 포함된 법인사업체보다 자영업자가 주축인 개인사업체의 타격이 더 컸다. 특히 숙박 · 음식점업의 수익성 악화가 두드러져 영세 자영업자의 시름이 깊어지고 있는 것으로 나타났다.

통계청이 2017년 6월 23일 발표한 '2015년 경제총조사'에 따르면 국내 음식점 · 주점의 좌석 수는 2015년 말 기준으로 인구의 절반을 넘는 2,638만 개에 달했다.

매출은 늘고, 이익은 줄고

통계청이 2017년 6월 23일 발표한 '2015년 경제총조사 확정결과'에 따르면 2015년 말 기준 국내 사업체의 매출은 5,311조 원으로 2010년(4,332조 원)보다 22.6% 증가했다. 사업체당 매출은 13억 7,100만 원으로 2010년(12억9,100만 원)에 비해 6.2% 늘었다. 반면 같은 기간 영업이익은 361조 원에서 349조 원으로 3.2% 감소했다. 전체 매출은 증가했지만 영업이익이 줄면서 영업이익률이 8.3%에서 6.6%로 1.7%포인트 하락했다.

영업이익률 감소는 사업체 증가로 업종 내 경쟁이 치열해지면서 영업비용이 증가했기 때문으로 분석된다. 2015년 말 전국 사업체수는 2010년(335만5,000개)에 비해 15.5% 증가한 387만4,000개에 달했다. 연평균 2.9% 증가했다. 같은 기간 사업체 종사자는 1,765만 명에서 2,089만 명으로 18.4%(연평균 3.4%) 늘었다. 영업비용은 2015년 4,962조 원으로 2010년(3,973조 원)에 비해 24.9% 증가했다.

식당 좌석 인구의 절반 꼴

영업이익률 감소는 법인에 비해 개인 사업체에서 두드러졌다. 법인 영업이익률이 2010년 7.3%에서 2015년 5.6%로 1.7%포인트 하락하는 데 그쳤지만 개인사업체는 20.3%에서 15.0%로 5.3%포인트 떨어졌다. 다만 영업이익률 자체는 개인사업체가 더 높았다. 소규모사업체일수록 업주 혼자 일하거나 가족들이 무급으로 일하는 비율이 높아 인건비가 낮기 때문이라고 통계청은 설명했다.

개인사업체가 많은 업종일수록 영업이익률 하락폭도 컸다. 숙박 · 음식점업이 22.4%에서 13.4%

로 가장 많이 줄었다. 숙박업 객실수는 이 기간 98만 실에서 111만 실로 13.4%, 음식점업 좌석수는 2,438만 개에서 2,638만 개로 8.2% 증가했다. 음식점업 좌석수가 국내 인구(약 5,100만 명)의 절반을 넘는 셈이다. 이외에 광업(15.1%→9.9%) 제조업(11.3%→7.6%) 출판 · 영상 · 방송업(9.2%→6.9%) 등 대부분 업종의 수익성이 나빠졌다. 반면 전기 · 가스 · 수도(2.4%→8.9%) 부동산 · 임대업(8.4%→11%) 농림어업(3.6%→5.3%) 등은 영업이익률이 상승했다.

최근 5년간 국내사업체 변동

	2010년	2015년
사업체	336만 개	387만 개
종사자	1,765만 명	2,089만 명
매출	4,332조 원	5,311조 원
영업이익	361조 원	349조 원

산업별 영업이익률

(단위 : %)

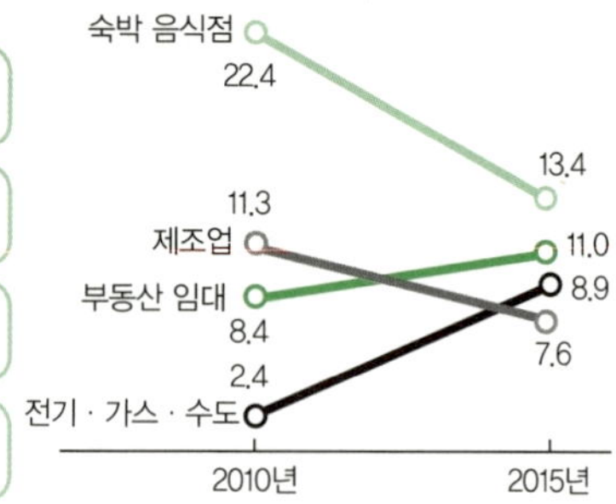

길어지는 영업시간

업체 간 경쟁이 치열해지면서 영업시간은 늘어났다. 통계청이 도 · 소매업과 숙박 · 음식점 업종을 조사한 결과 영업시간 10시간 이상인 도 · 소매업은 2015년 51.9%로 2010년(39.2%)보다 12.7%포인트 늘었다. 숙박 · 음식점업도 영업시간 10시간 이상 비율이 73.4%로 2010년(64.6%)보다 8.8%포인트 증가했다. 영세 자영업자가 늘고 임대료 절감 움직임이 일면서 매장면적은 줄어들었다. 소매업의 사업체당 매장면적은 87m^2로 2010년(93m^2)에 비해 6m^2 줄었다. 종사자 1인당 매장면적도 38m^2에서 33m^2로 5m^2 감소했다.

* 경제총조사 : 통계청이 국내 전체 산업의 구조와 경영실태를 파악하기 위해 상점 · 음식점 · 의원 등 개별 사업체를 대상으로 조사한다. 2011년 처음 조사한 이후 5년 주기로 하고 있다. 인구주택총조사(인구센서스)에 빗대 '경제센서스'로 불린다.

출처 : 한국경제, 2017-06-23

참고문헌 Reference

01 김진영 외 3인, 「창업지식과 경영정보」, (사)한국창업경영컨설팅협회, 2003.

02 이대선 외 3인, 「재무제표의 이해」, 율곡출판사, 2000, p.162.

03 박대규, 「경영분석진단론」, 세학사, 2001, p.214.

04 박대규, 「경영분석진단론」, 세학사, 2001, p.215.

■ 찾아보기 ■

| 저자소개 |

박한수

계명대학교 경영학과 졸업
계명대학교 대학원 경영학과 경영학석사
대구가톨릭대학교 경영학과 경영학박사
(현) 한국국제대학교 경영학과 교수

[대표 저서 및 논문]

- 경영학의 이해, 도서출판 청람, 2018.
- 경영과학, 도서출판 청람, 2017.
- 기초통계학, 도서출판 청람, 2017.
- 창업과 경영의 이해, 도서출판 청람, 2014.
- 비영리조직의 이해, 도서출판 청람, 2013.
- 경영학원론, 민영사, 2011.
- 소자본창업과 경영, 민영사, 2009.
- 품질경영, 북스힐, 2000.
- "수형자 창업교육의 문제점과 개선방안에 관한 연구", 디지털산업정보학회, 2011.
- "국내 대학생과 중 · 몽골 유학생들의 인터넷 쇼핑몰 만족도에 미치는 서비스 품질 요인 연구", 디지털산업정보학회, 2012 외 다수

창업론

2018년 7월 25일 1판 1쇄 발행
2021년 2월 25일 1판 2쇄 발행

저　자 | 박한수
발행인 | 이수영
발행처 | 도서출판 청람
서울시 마포구 독막로 288(대흥동, 세양상가 109호)
전　화 | 02)3272-2601(대)
팩　스 | 02)3272~2603
이메일 | crbooks@daum.net
홈페이지 | http://www.crbooks.co.kr
등　록 | 2000년 8월 26일 제6-0509호

ISBN 978-89-5972-642-4 93320 [정가 30,000원]